3판 예비교사와 현장교사를 위한

유아교과 논리 및 논술

신원애 정상녀

창지사

책을 내면서

인간은 1초에 4,000억 비트(400 billion Bits)의 정보를 접하게 된다. 그런데 보통 사람들은 그중에 2,000비트의 정보밖에 인식하지 못한다(약 2천만 분의 1 정도). 이처럼 우리는 배우거나 알고 있는 정보를 가지고서는 모든 것을 다 알고 있다고 말하기가 매우 어렵다. 여기에 최근 인공지능 알파고의 등장은 인간의 사고능력 이상을 보여주며, 다가오는 미래사회에서 인간이 마주하게 될 미래의 정보 습득의 모습을 대변하고 있다. 이제는 정보를 새로운 상황에 적용하고 변경시켜 문제를 해결하는 능력뿐만 아니라 개인들이 다양한 가치를 추구하고 다양한 사고방식으로 접근하는 다원적 사고가 필요하게 되었다. 일상에서 마주하게 되는 여러 상황 속에서 그 의미를 이해하고, 합리적으로 문제를 해결하기 위해서는 사고능력이 필요하며, 그중에서도 논리적으로 사고하는 능력을 갖추어야 한다. 더욱이 빠르게 변화하는 지식정보화시대에서는 중층적으로 복잡해진 중대한 문제들을 만나게 될 것이므로, 더욱 치밀하고 폭넓은 비판과 재구성의 논리력이 요망된다.

인간교육에 있어서 교육의 성공 여부는 교육의 과정을 통하여 그 사람이 얼마나 자기 자신과 그리고 타인과 소통할 수 있는지에 대한 소양을 갖추었는지 여부에 달려 있다. 지난 10여 년간 세계의 유수 대학들의 교양과정으로 의사소통과 인문학을 강화하는 방향으로 개정되어 왔으며, 우리나라 대학들도 교사의 자질 향상과 교육의 효율성을 위한 논리 및 논술과목이 교직 과목으로 개설되었다. 교육학 입장에서 논리 및 논술 과목은 서로 문제를 해결하기 위한 협력과 대화의 태도를 갖추고, 진리를 탐구하는 공동체를 형성하는 목적을 갖는다. 이러한 흐름에 맞추어 유아교육에서도 논리적 사고와 논술 능력의 요구와 논리 및 논술 과목이 개설되면서 유아교사에게 적합한 내용을 다루는 교재가 필요하게 되었다. 그동안 유아교사를 위한 논리 및 논술에 관한 다양한 대학교재가 출판되었으나, 유아발달 또는 교사발달 등 어느 한 부분의 이론을 중심으로 구성되어 있는 경우가 대부분이었다. 따라서 이 책에서는 필자의 다년간의 논리 및 논술, 그리고 인문학 글쓰기 강의 등에서 다루어 온 교육 경력을 발판 삼아 유아교사와 유아의 사고를 구분하여 집필하였는데, 유아교사가 논리 및 논술에 대한 내용을 체계적으로 이해하고 그 능력을 함양시켜 현장에서 쉽고 효율적으로 활용할 수 있도록 하였다.

제1부에서는 먼저 유아교사를 위한 논리 및 논술로 교사가 사고능력에 대한 이해를 선행하고 이를 함양시킬 수 있는 내용으로 구성하였다. 구체적으로 1장 교육: 삶과 사고에서는 현 시대가 요구하는 사고능력의 개념, 그리고 현재 유아교육학 논리 및 논술 교육의 흐름을 살펴봄으로써 중요성과 필요성을 고찰하였고, 2장에서는 사고기법을 논리적 사고, 비판적 사고, 창의적 사고로 구분하여 각각의 정의, 구성요소, 기법을 다룬 후에 루트번스타인의 생각도구를 활용하여 사고능력을 증진시킬 수 있는 방안을 모색하고자 하였다. 3장 논술기법에서는 논리학을 다루는 데 있어 암기해야 할 지식이 아니라 실제 생활에서 마주치게 되는 다양한 종류의 논증들의 타당성과 부당성을 평가하고 증명할 수 있는 능력을 기르고자 하였다. 4장에서는 유아교사가 현장에서 다루게 될 가정통신문, 계획안 등 문서를 작성하는 데 있어 올바른 표현을 할 수 있도록 문장의 기본성분과 바른 표기법 등 기본적인 내용을 다루었고, 이를 중심으로 글쓰기 능력을 강화할 수 있는 논술문, 교직논술, 보고서, 영화를 통한 글쓰기, 생활글쓰기 등의 이론과 실제로 구성하였다. 5장에서는 교사가 자신의 수업 내용을 평가하고 향상시킬 수 있는 반성적 저널쓰기의 방법과 평가를 다루었으며, 6장에서는 궁극적으로 교사가 현장에서 접하는 딜레마 상황을 중심으로 토론을 통해 사고능력과 윤리의식을 증진할 수 있는 방안을 모색하고자 하였다.

제2부에서는 유아를 위한 논리 및 논술로 유아의 사고발달의 기초에 근거하여 7장에

서는 유아의 사고발달의 이론적 접근을 소개하고, 8장에서는 유아의 사고발달을 중심으로 활용할 수 있는 다양한 교수방법을 안내하였다. 9장에서는 현행 국가수준 교육과정 2019 개정 누리과정을 중심으로 유아의 사고능력을 증진할 수 있는 각 영역별 이론적 고찰과 실제를 함께 구성하였으며, 10장에서는 교사와 유아의 사고능력의 평가도구를 소개하고 이를 적용할 수 있는 방법을 제공하고자 노력하였다.

마지막으로 이 책의 내용이 예비교사 및 현장에 있는 교사들에게 도움이 되기를 바라며, 끝으로 이 책이 출간되도록 기획과 편집에 많은 도움을 주신 창지사 여러분께 감사드린다. 그리고 생각하는 힘의 원천을 제공해 주신 하나님께 감사와 영광을 돌린다.

2022년 8월

저자 대표 신원애 씀

차례

제1부 유아교사를 위한 논리 및 논술

제2부 유아를 위한 논리 및 논술

7장 유아와 사고

8장 유아를 위한 사고방법

제1부

유아교사를 위한 논리 및 논술

1장 교육: 삶과 사고

2장 사고기법

3장 논술기법

4장 논리적 글쓰기

5장 교사 저널

6장 딜레마 상황과 교사 토론

1장

교육: 삶과 사고

인간은 자연 중에 가장 약한 하나의 갈대에 불과하다.
그러나 그것은 생각하는 갈대이다.
–Pascal, 1623~1662

1. 사고와 인간

아프리카에 서식하는 맹금류인 뱀잡이수리는 날 수도 있고 뛸 수도 있다. 주로 발을 이용해서 사냥하기 때문에 하루에 보통 20~30km를 걸어서 이동하기도 한다. 그런데 공격을 받는 위기상황에서 뛰어서 도망하려다 잡히고 만다. 날면 되는데, 왜 뛰어서 도망치려다 잡힐까? 위급한 상황인데 왜 날 생각을 못하는 것일까?

뱀잡이수리는 자신을 공격하는 적(눈에 보이는 것)과 자신이 지금 걷고 있다는 사실에 대한 인식만으로 판단하기 때문에 날아서 도망칠 생각을 하지 못한다. 이는 뱀잡이수리가 시각 중심적 본능에 의한 인식만으로 행동하기 때문이다. 동물은 눈을 통해서 들어온 정보만으로 판단하는 시각 중심적 본능을 취하지만, 인간은 80%의 시각 중심적 사고와 20%의 상상력 중심의 사고를 한다. 그리고 이러한 사고력(思考力)이 인간을 동물과 구분하는 주요한 특징 중의 하나이다. 인간은 생각하는 동물(호모 사피엔스: Homo Sapiens)이다. 인간은 이성적 존재로 물리적 법칙이나 본능에 따라 타율적으로 존재하는 대상들과 달리 자신의 생각과 판단을 통해 자율적으로 생각하고 행동한다.

샤르트르에 의하면 실존은 본질에 선행한다. 다시 말하면 인간은 검토되고 반성되지 않은 채 주어져 있는 것, 가령 신(神), 사회적 관습, 운명이나 숙명, 어떤 선입관, 이 모든 것에서 주체적인 선택을 시작해야 한다. 하지만 인간의 경우 본질이라고 가정된 생각들이 구체적으로 존재하고 있는 나의 실존에 선행하는 것은 아니다. 인간에게 존재의 이유는 주어진 자유를 자유롭게 활용할 수 있는 지식을 어떻게 사용해야 할 것인지를 필요로 한다. 이러한 지적인 자유는 동시에 인간 존재를 억압하는 조건이 된다. 그래서 인간은 스스로 자신의 삶을 선택해야 함에도 불구하고, 자의적이고 임의적이지 않도록 선택해야 한다. 또한 인간은 주체적으로 일상 속에서 문제 상황의 해결방안을 선택해야 하는 운명을 갖고 있으며, 이 또한 타인이 대신해 줄 수 없다. 여기에서 에릭 프롬은 "우리가 살고 있는 이 사회에서 볼 수 있는 인간의 삶은 어떠한가? 그들은 삶을 주체적으로 선택하는가? 아니면 이미 주어진 사회적 통념에 맞추어 살아가고 있는가?"라고 지적하면서 대부분의 인간은 자신의 선택과 자유를 포기한 채 더욱 강력한 힘에 자신을 의탁한다고 보았다. 자유, 즉 사고부터의 도피, 그것이 바로 현대를 살고 있는 우리들의 생활양식이다. 이러한 생활양식을 벗어나 인간이 마땅히 지향해야 할 삶을 선택한다는 것은 삶에서 얻게 되는 자극을 통해 거기에 대해 여러 가지 전략을 활용할 수 있다는 것을 의미한다. 이러한 전략을 우리는 사고(Thinking)라고 말한다.

사고는 '무게를 달다'의 라틴어 'pendere', 또는 '판단하다'의 라틴어 'pensare'라는 어원으로, 넓은 뜻으로는 문제 사태에 대하여 해결하는 수단이 만들어지는 과정을 총칭하며, 좁은 뜻으로는 언어화된 개념의 조작에 의해서 구상이 되는 것을 말한다(교육세계백과대사전, 1980). 또한 세계철학사전(1985)은 사고를 우리가 과제의 해결이 요구되는 상황에 당면하여 그것을 습관적 수단으로 해결할 수 없는 경우에는 수단의 탐구가 행해지고 그 변형이 일어나며, 또는 수단체계의 새로운 구상이 일어나는 것이라 보고 과제 상황에 대처하는 정신기능이라고 정의한다. 사전에서는 넓은 의미의 사고란 인간의 지적작용을 일컫는 말이지만 일반적으로는 감성의 작용과 구별하여 개념, 판단, 추리의 작용을 가리키는 말이라고 정의한다. 사고에 대한 개념 정의를 간추리면, 사고에는 해결해야 할 문제 상황과 개념, 판단, 추리의 정신작용이 포함된다.

사고에 대해 학자들은 다양한 입장을 밝히고 있는데, Dewey(2009)는 사고란 지식의 근거와 결론을 조명하여 적극적이고 지속적으로 조심스럽게 고려하는 행동이라고 정의하였다. DeBono(1987)는 사고란 인간이 지니고 있는 유전적인 능력, 즉 지능을 조작할 수 있는 기술이라고 하였으며, Beyer(1988)는 사고란 인간이 생각을 공식화하고 추론하고 판단하게 하는 정신적 기술 또는 정신능력이라고 하였다. 이처럼 사고는 창의적 사고와 비판적 사고의 상호작용을 통해 효율적으로 문제를 해결하게 되는 능력으로 철학의 영역에서 강조하는 형식논리에 기초한 비판적 사고와 심리학 영역에서 강조하는 새로운 아이디어를 생성해 내는 창의적 사고로 구분된다(Ruggiero, 1988). 여기에서 성일제(1989)는 사고를 인간이 합리적으로 문제를 규정하고 거기에 대처해 나가는 유목적이며 의도적인 정신활동이라고 정의하였고, 노진호(1994)는 사고란 인간과 환경의 능동적인 상호작용이며, 경험을 통해서 일어나는 지식 획득의 과정이라고 하였다. 김영채(1998)는 사고는 이해를 목적으로 하는 상징적인 활동으로 사려 깊고, 구체적이며, 창의적인 판단과 문제해결을 목적으로 하는 목표지향적인 것이라고 하였다.

지금까지 살펴본 학자들의 말을 정리하면, '사고'란 특정 개념을 바탕으로 일련의 사고기능과 성향을 통해 이루어지는 목적 지향적이며 성찰적인 작업을 하는 모든 상황을 총칭하는 개념이라고 할 수 있다. 하지만 우리가 일상적으로 사용하는 사고라는 용어는 그 의미가 애매모호한 점이 많이 있다. 흔히 사고는 생각이라는 말과 같은 의미로 사용하고 있지만, 사고와 생각은 전적으로 일치하지 않는다는 것을 알아둘 필요가 있다(김은주, 2004). 우리가 흔히 '생각한다'라고 말할 때 그것은 공상, 망상, 환상, 백일몽까지를 포함하는 경우가 있다. 하지만 우리가 '사고'라는 말을 사용할 때는, 어떤 방식으로든지 통제된 생각의 전제를 가리키는 것이다.

사고란?

가설, 가정, 각오, 간주, 간청, 강조, 개념화, 걱정, 검사, 결정, 계산, 계획, 고려, 고안, 교정, 구상, 궁리, 귀납, 기대, 기억, 꾀, 내성, 논쟁, 단언, 도식화, 떠올리다, 마음에 새기다, 명상, 묵상, 미리 살피다, 믿다, 반성, 발명, 발견, 예기, 연역, 표명, 의심, 이론화, 이유, 이해, 작정, 제시, 짐작, 집중, 창조, 체계화, 추론, 추억, 추정, 측정, 투사, 파악, 판단, 합리화, 환상, 공상, 탐험, 스케치, 개요 etc. (Smith, 1990)

인간의 사고력이란 생각하고 궁리(窮理)하는 능력(能力)으로, 여기에서 사고력이란 곧 생각하는 힘을 말한다. 사고력은 인간을 깊고 바르게 생각하게 만들어 보람 있고 행복한 삶을 살아갈 수 있는 바탕이 되도록 돕는다. 교육에서 의도적으로 사고력을 양성하겠다는 목표는 단순히 기억이나 회상, 지각 등 낮은 수준의 정신능력을 의미하는 것이 아니라, 문제 상황에 부딪혀 그러한 문제를 해결하기 위하여 보다 높은 수준의 정신능력들이 동원되고 활용되어지는 과정을 의미한다(중앙교육평가원, 1990). 즉 사고력이란 문제 상황에 처했을 때 경험을 통해 획득된 지식과 정보를 다양한 형태로 조직하여 문제해결을 도모하는 유목적이고 의도적인 정신활동인 것이다.

특히 지식정보화사회에서는 단편적인 지식습득능력보다는 자신에게 필요한 정보를 올바르게 선택하여 활용할 수 있는 사고능력이 요구된다. 우리는 다양한 문제들을 해결하기 위해 현재 주어진 정보와 자신의 지식을 연결하는 논리적 사고과정 및 논술의 방법을 활용하고 사용한다(김영채, 1998; 소홍렬, 1990). 따라서 일상에서 마주하게 되는 여러 상황 속에서 그 의미를 이해하고, 합리적으로 문제를 해결하기 위해서도 논리적으로 사고하는 능력이 있어야 한다. 더욱이 정보화시대에서는 중층적으로 복잡해진 중대한 문제들을 만나게 될 것이므로, 더욱 치밀하고 폭넓은 비판과 재구성의 논리력이 요망된다(이초식, 2000). 모든 학문에서는 해당 분야의 지식들을 체계화하는 작업을 하게 되는데, 이러한 체계화의 작업은 논리 없이는 수행할 수 없기 때문이다.

더욱이 유아교사는 세상과 적극적으로 대화하며 개인의 목적에 맞게 변화를 유도하고 기술변화에 적응해야 한다. 다원화되고 상호의존성이 높아지는 사회에서 다른 사람들과 관계를 맺는 것이 필수적이므로 이질적인 집단 속에서도 상호작용할 수 있는 능력이 요구된다. 따라서 유아교사의 논리적 사고력과 문제해결력을 향상시키기 위해서는 논리적 사고력과 문제를 해결하는 다양한 상황에 계속적으로 노출시키고, 그 과정에서 문제를 사고하고 해결하는 경험과 실천적 연습이 지속적으로 이루어지는 학습 환경을 제공하여야 한다. 이러한 경험을 통해 유아교사는 경험적 실천을 통해 자아를 발견하고 그 과정 속에서 스스로 문제를 이해하고 해결하는 문제해결력을 기를 수 있다(신차균, 안경식, 유재봉, 2006). 이를 위해 유아교사는 유아의 개인차를 인정하고, 자연스럽게 성장할 수 있는 학습 환경을 제공하여야 하며, 유아 스스로 경험하고 활동하며 그 속에서 학습에 대한 관심과 흥미를 추구할 수 있도록 해야 한다. 또 이러한 학습 활동을 위해 유아교사는 자아를 발견·실현하고 스스로 문제를 해결할 수 있는 사고력을 길러야 한다.

다음의 각 사례에서 이들의 생각이 가져온 이점과 우리도 그런 생각을 할 수 있는지 정리해 보자.

사례	생각으로 얻은 이점
금덩이 얻은 효자 이야기	
꾀로 재물 얻은 선비	

사례 하나. 금덩이 얻은 효자 이야기

외딴집에 어머니 한 분을 모시고 사는 아들이 있었다. 살림은 넉넉지 않았으나 아들은 매일 밥과 과일을 빠뜨리지 않고 어머니께 올리는 효자였다. 이 효자에게는 서너 살 먹은 아들이 있었는데, 손자를 사랑하는 할머니는 자기보다 손자 입에 들어가는 것을 더 즐거워하였다. 효자 아들과 그 며느리가 보기에, 어머니가 손자 때문에 제대로 드시지를 못하는 것 같았다. 아무리 혼자만 드시라고 해도 아들, 며느리 몰래 손자를 먹이니 방법이 없었다. 그래서 부부는 상의 끝에, "자식은 또 낳으면 되지만 어머니는 한 번 돌아가시면 그뿐이니, 우리 어머니를 위해서 자식을 죽이자."고 합의를 하였다. 그리고 아이의 어머니가 어떻게 죽이느냐고 하자 효자가, "내가 괭이를 들고 저 산모퉁이에 가서 구덩이를 하나 팔 테니, 당신은 애기를 업고 따라와." 했다. 그리하여 밤에 어머니는 어린애를 업고, 아버지는 괭이를 들고 산에 아이를 묻으려고 갔다. 땅을 파다 보니 돌담불[돌멩이가 수북하게 쌓인 것]이 나왔다. 돌멩이들을 헤치면서 파는데 갑자기 덜그렁덜그렁 소리가 났다. 이상해서 괭이로 잡아채니 솥뚜껑이

나왔고, 그 솥뚜껑을 열어 보았더니 항아리 안에서 금덩이가 찬란하게 빛을 내고 있었다. 아이 어머니가 보니까 황금이 반짝반짝하였다. 그래서 남편에게, "아이고, 여보. 이건 천복이오. 우리가 부모에게 효도를 하려고 하니까 하늘과 땅이 응해서 금을 이렇게 많이 주니, 이 금을 팔아서 어머니께 효도하고, 애도 살리면 좋을 것 아니오." 하고 소리쳤다. 그 후로 효자 부부는 어머니께 효도하고 오래오래 행복하게 잘 살았다고 한다(출처 및 인용: 디지털진천문화대전-「금덩이 얻은 효자 이야기」).

사례 둘. 꾀로 재물 얻은 선비

옛날 어떤 마을에 가난한 선비가 살고 있었는데, 살림살이가 너무나 어려워 종이 굶주림을 견디다 못해 도망쳐 버렸다. 선비가 혼자서 겨우겨우 살고 있었는데, 어느 날 도망친 종이 산 너머 마을에서 부자가 되었다는 소문이 들려왔다. 선비는 '과거에 그래도 내가 상전이었는데, 설마 문전박대 하랴?' 생각하고는 종이 살고 있는 마을을 찾아갔다. 선비가 산등성이 너럭바위에 걸터앉아 아랫동네를 내려다보며 한숨을 돌리고 있는데, 싸리비 장수가 다가와 같이 쉬자고 했다. 싸리비 장수가 담배를 피면서 선비를 바라보니, 선비 바로 뒤로 호랑이 한 마리가 소나무 가지에 끼어 꼼짝달싹 못하고 있었다. 깜짝 놀란 싸리비 장수가 "저게 뭐요?"라고 묻자 선비는 "저 호랑이가 나를 잡아먹으려고 하여 내가 제압해서 나무 사이에 끼워 놓았소."라고 했다. 그러나 사실은 선비가 고갯마루에 앉아 있는 걸 보고 호랑이가 산에서 급히 내려오다가 나무 사이에 끼었던 것이었다. 싸리비 장수는 선비와 오랫동안 같이 있다가는 무슨 봉변이라도 당하겠다 싶어서 얼른 짐을 꾸리고는 부리나케 마을로 내려갔다. 뒤이어 마을로 내려온 선비는 종이 사는 집을 찾아갔다. 주인으로 모셨던 선비가 찾아오자 종은 극진히 선비를 맞이하였다. 선비가 자신의 아버지에게 하대를 하며 거드름을 피우는 모습을 본 종의 아들들은 화가 나서 힘을 모아 선비를 죽이기로 했다. 차마 아버지의 상전을 직접 죽일 수 없었던 아들들은 마침 그 마을에 들른 싸리비 장수에게 선비를 죽여 달라고 부탁했다. 선비의 모습을 본 싸리비 장수는 깜짝 놀라며 자신은 선비를 죽일 자신이 없다고 하며, 선비가 호랑이를 잡아 나무에 끼워 놓았다는 이야기를 털어놓았다. 아들들이 고갯마루에 올라 보니 싸리비 장수의 말 그대로 호랑이가 소나무 가지 사이에 낀 채로 죽어 있었다. 아들들은 집으로 돌아와 선비에게 용서해 달라고 빌고, 선비에게 비단옷을 해 입히고 좋은 말에 금은보화를 잔뜩 실어 주었다. 이후 선비는 자신의 집으로 돌아와 종이 준 재물로 여생을 편안하게 보냈다고 한다(출처 및 인용: 디지털부산문화대전-「꾀로 재물 얻은 선비」).

2. 사고양식의 형태

삶에서 우리에게 일어나는 그 무엇은 우리가 '얼마나 잘' 생각하느냐에 달려 있는 것이 아니라 '어떻게' 생각하느냐에 달려 있다. 사람들은 각각 다른 방식으로 생각하고 각자의 사고방식에 대하여 다른 사람이 생각하는 정도를 과대평가한다. 사고에 대한 이해는 자기 자신뿐 아니라 타인을 더 잘 이해할 수 있도록 돕는다. 각자의 사고양식을 정신자치(精神自治)이론이라고도 하는데, 이는 정부의 행정적, 입법적, 사법적 기능을 사고양식으로 보았기 때문이다(Sternberg, 2004).[1)]

입법형(legislative) 사람들은 자기가 해야 할 일들의 수행방식을 스스로 생각해 내기를 좋아하고, 스스로 무엇을 할 것인가, 그것을 어떻게 할 것인가를 결정하는 것을 선호한다. 입법형의 사람들은 자신의 규칙을 만들기 좋아하고, 사전에 구조화되어 있지 않거나 미리 짜여있지 않은 문제들을 선호한다. 입법적인 양식은 특히 창의성에 도움이 되는데, 이들은 새로운 아이디어를 생각해 낼 수 있는 능력뿐만 아니라 그렇게 하고자 하는 욕구도 충분하다.

행정형(executive) 사람들은 규칙을 따르는 것을 좋아하고, 미리 조직화되거나 짜여 있는 문제를 선호한다. 이들은 스스로 어떤 조직이나 구조를 만들기보다는 기존의 것 안에서 결함이나 모자라는 부분을 채우는 역할을 좋아한다. 그래서 이들은 지시와 명령형에 따르고, 지시받은 것들을 얼마나 잘 해냈는지에 따라서 자기 자신을 평가한다.

사법형(judicial) 사람들은 규칙과 절차를 평가하기를 좋아하고, 기존의 사물이나 아이디어를 분석하고 평가할 수 있는 문제를 선호한다. 사법적 양식의 소유자는 비평문 쓰기, 의견 제시하기, 사람과 그의 과업 판단하기, 프로그램을 평가하는 등과 같은 활동을 좋아한다.

1) 자신의 사고양식은 이 책의 10장 사고능력 평가방법에서 진행해 볼 수 있다. 사고양식은 사고능력 그 자체가 아니라 능력을 사용함에 있어서 선호경향성이며, 삶에서의 선택은 능력과 양식을 잘 맞추어야 한다.

다음의 사례를 읽고 각각의 사람들이 어떤 사고양식을 취하는지 생각해 보자.

A. 정우는 주어진 틀 속에서 일하기를 좋아하고, 그의 이제까지 학창 시절에는 이러한 틀이 주어졌다. 그를 가르친 교사들은 그에게 무엇을 해야 하는가를 일일이 알려주었고, 그는 그것을 충실히 따라했으며, 아주 잘 해냈다. 그러나 그는 무엇을 해야 할지 이야기해 주는 사람이 아무도 없는 상황에서 독자적으로 구조화하는 일에는 익숙하지 않다. 현재 그는 계약전문 변호사로, 자기가 해야 할 일이 무엇인지 요청해서 투자은행가들에게 거래문서를 작성해 주고 그들이 무엇을 어떻게 결정해야 하는지를 설명해 주는 일을 한다.

B. 하균이는 자기 방식대로 일하기를 좋아하기 때문에, 학교에서 강요하는 여러 규제사항과 종종 부딪히곤 한다. 그는 사회에서 성공하기 위해서는 학교에서 좋은 성적을 얻을 필요가 있다는 것을 알고, 그렇게 하였다. 또한 그는 자신이 좋아하는 생물학에서 고등학생의 신분으로 고급 수준의 연구를 수행하기까지 하였다. 그는 생물학자가 되기 위하여 대학원에 진학하였고, 현재 그는 이 분야에서 성공한 연구자로 일하고 있다.

C. 희수는 매사에 매우 비판적이었기 때문에 다른 사람과 가까이 지낸다는 것이 결코 쉬운 일이 아니었다. 그런데 그녀는 명석했기 때문에 그녀의 비판은 늘 정곡을 찌르는 것이었다. 그녀가 대학 때 학생작품에 대한 비평을 썼을 때, 그 일은 놀라울 정도로 잘 맞았다. 그녀는 데이트 상대자의 가치관도 테스트하였고, 불합격이면 그 관계는 끝이었다. 그녀는 현재 유능한 정신과 의사로 환자의 문제를 진단하고 처방하며 시간을 보낸다.

3. 사고력의 구성요소

사고는 특정 영역에서 일어나며 사고가 잘 일어나기 위해서는 특정 영역에 대한 풍부한 지식이 있어야 한다. 그러나 지식만으로는 사고가 발생하지 않으며, 사고하기 위한 기술, 사고를 하되 바르고 철저하게 하고자 하는 습관이나 태도 등의 성향을 필요로 한다.

1) 선개념(pre-conception)

선개념(先槪念)은 학자들의 견해에 따라 매우 다양한 용어로 불렸으며 정의도 다양하다. 용어의 표기만을 가지고 해석하자면 선개념은 앞선 개념, 먼저 경험된 개념, 이미 가지고 있는 개념 정도로 해석될 수 있다. 행동주의 심리학에서는 학습자의 선개념을 선행경험으로 정의한다. 스키너는 S(자극)-R(반응) 이론을 통해 특정 S-R 경험이 새로운 S-R 경험의 조건이 된다고 설명하고 있다. 또한 블룸은 '출발점 행동'이라는 용어를 사용하여 학습자의 선개념을 정의하였다. 출발점 행동은 선수학습 경험, 학습동기, 적성 등 학습자의 준비상태를 포함하는 개념이다.

선개념에 관한 정의는 피아제의 인지발달 이론에서도 찾아볼 수 있다. 인간은 태어날 때부터 스키마로 구성된 인지구조를 갖고 있는데, 스키마는 외부의 물리적 환경과 상호작용할 때 작동하는 사고기제이다. 학습자가 새로운 대상을 접하게 되면 인지구조 내에서 스키마가 작동한다. 이때 새로운 대상이 자신의 인지구조보다 하위개념으로 인식되면 그 대상을 자신의 인지구조에 동화시킨다. 반면 새로운 대상과 자신의 인지구조 사이의 상충이 일어나게 되면 새로운 대상에 맞게 자신의 인지구조를 조절함으로써 평형화를 이룬다. 학습자의 선개념은 외부의 물리적 환경과 상호작용하는 개인의 기존 인지구조라는 점에서 사고능력의 중요한 요소가 된다. 따라서 선개념을 활용한다는 것은 자신이 이미 알고 있는 것과 실제 현상 간에 기존의 지식에 의문을 갖게 되는 인지적 불일치를 의미한다.

유아에게 선개념이란 어떤 형식적인 교육을 받기 이전부터 주변세계와 일상적 경험을 통해 여러 가지 사물의 특성과 현상에 대해 나름대로 이해한 개념을 의미한다. 따라서

유아교사는 유아가 사전에 갖고 있는 개념의 내용과 이해정도를 파악하는 것에서부터 교육에 대한 목표를 설정해야 한다. 즉 선개념에 기초한 사고활동의 제공과 적극적인 참여를 통해 정신적 조작(minds-on)이 이루어질 수 있도록 도와주어야 한다.

2) 초인지(metacognition)

1970년대부터 심리학자와 학습이론가들 사이에 많은 관심을 끌게 된 초인지는 인지에 대한 인지라는 의미로 학자들마다 다르게 설명하고 있다. Flavell(1979)은 인지현상에 대한 지식과 인식으로 정의하였고, Brown(1984)은 인지과정에 대한 자아인식이라고 하였다. 또한 Costa(1984)는 문제를 해결하는 과정에서 자신에게 무슨 정보가 요구되는지를 알아낼 수 있는 전략을 세우는 능력으로, 자신의 사고결과에 의해 얻어진 산출물을 반성해 보고 이를 평가해 볼 수 있는 능력이라고 하였다. 정리하면 초인지적 사고는 사고기법에서 말하는 사고의 흐름과는 대비되는 개념으로 사고의 흐름을 스스로 통제 및 조절할 수 있는 능력을 말한다(Brown, 1987). 즉 초인지는 예측, 검사, 모니터링, 현실테스트, 문제해결과 학습을 위한 신중한 시도의 통합과 제어 등에 기여하는 기술로 자신의 인지 활동에 대한 인식이다.

초인지는 초인지 지식과 초인지적 자기조정능력을 필요로 하는데(Baker & Brown, 1984), 초인지 지식은 학습과제를 효율적으로 수행하는 데 필요한 기능, 전략 및 자원의 인식과 관련되며, 자기조정능력은 성공적인 과제 수행을 보장하는 자기규제 기제를 사용하는 능력으로 초인지 지식을 실행하는 방법과 시기를 아는 것과 관련된다.

유아기 초인지에 대한 발달은 대략 4, 5세 정도에 발달하는데(Wellman, 1990; Wellman & Hickling, 1994), 정신에 대한 이해와 가상놀이에서 이해할 수 있다. 곧 유아가 표상되는 사건과 정신적인 표상 간의 관계에 대해서도 표상할 수 있는 상위표상적인 이해를 의미한다. 이는 유아가 내부에서 상호 관련된 개념들을 조직화 할 수 있다는 것을 의미하는 것으로, 유아기부터 초인지의 기반이 나타나면서 점진적으로 개발되는 능력으로 볼 수 있다. 다시 말하면 유아기에 점진적으로 발달하는 자신과 사물에 대한 사고, 마음에 대한 이해, 가상놀이의 출현, 상위표상 활동 등은 초인지 관련 능력으로 간주할 수 있다.

유아기 초인지적 사고의 훈련은 중요하다. 특히 유아들의 지식습득 및 사고수준의 향상은 자료 수집방법, 과제의 양이나 복잡성, 과제의 친숙성 등이 초인지 전략에 따라 이루어질 수 있다(임성혜, 1998; 조선희, 유연옥, 1998; Brown, 1987). 따라서 유아교사는 적합한 비계를 설정하여 중재하여 유아가 자신의 능력을 뛰어넘어 사고의 폭과 깊이를 확장하며 과제를 해결할 수 있도록 도움을 제공해야 한다(Vygotsky, 1978).

3) 사고성향

사고성향은 사고에 대한 태도나 동기, 정서적 상태, 가치의식 등을 포함하는 개인의 태도와 행위를 좌우하는 어떤 방식으로 행동하려는 습관적인 경향성이다. 사고를 하려는 태도나 의욕, 끈기 있게 생각하는 태도, 새로운 것에 대한 호기심과 열망, 지적인 성실성과 겸손, 지적인 용기, 논리적, 비판적, 창의적으로 사고하려는 태도나 자세, 논리적, 비판적, 창의적인 사고를 가치 있게 생각하는 자세 등은 모두 사고성향에 포함되는 것들이다. 사고를 하려는 태도나 동기가 결여되어 있으면 지식도 습득되지 않고, 사고기능도 작용하지 않기 때문에 사고에 있어 사고성향은 매우 중요한 역할을 차지한다(한국교육심리학회, 2000). 사고성향은 사고의 종류나 유형은 아니지만 바람직한 사고력을 구성하는 필수 요소로, 사고기능과 함께 작용하여 이루어진다. 아무리 지식이 많다고 해도 사고하려는 성향이 없다면 사고는 이루어질 수 없다.

(1) 논리적 사고 성향(박찬옥 외, 2012)

- 진실지향성: 발견한 내용이 자신의 이익이나 선입견에 반하더라도 사고를 정직하고 객관적으로 수행하는 성향
- 신중성: 성급하게 판단하거나 결정하지 않고, 판단에 앞서 신중하게 생각하는 성향
- 개방성: 자기 자신이 편견을 가지고 있을 가능성을 민감하게 고려하면서 다양한 견해에 대해 알고자 하는 성향
- 호기심: 다양한 문제에 대해 관심과 호기심을 가지는 성향
- 인내심: 끝까지 포기하지 않고 생각하는 성향

- 자기규제성: 성향의 핵심에 벗어나지 않기 위해 자기 자신의 사고과정을 점검하고 관리하는 성향

(2) 비판적 사고 성향

미국철학회가 실시한 전문가 집단의 연구결과인 델파이 보고서(1990)에 의하면, 일상생활에서의 비판적 사고성향 구성요소로 '다양한 쟁점에 관한 탐색', '일반적으로 정보를 잘 습득하려는 관심', '비판적 사고기능 사용기회에 대한 민감성', '합리적인 탐구과정에 대한 믿음', '자신의 추리하는 능력에 대한 자신감', '다양한 관점과 견해에 대한 열린 마음', '대안과 의견을 고려하는 융통성', '타인의견 이해', '추리평가에 공정함', '자신의 편견, 왜곡, 전형성, 자기중심성 또는 사회중심적 경향을 직면하는 정직성', '판단, 보류, 변경에 있어 신중성', '정직한 반성(사고)에 기초하여 자신의 견해를 기꺼이 재고하거나 수정함'을 들고 있다. 또한 '특정 이슈나 문제를 접근하는 데 있어 비판적 사고 성향을 구성하는 요소들로 '질문이나 관심사에 대한 서술의 선명함', '복잡한 작업에 대한 질서의 부여', '관련 정보를 추구하는 노력', '준거 선택과 적용의 타당성', '직면한 문제에 집중하는 주의력', '사고 과정 중 당면하는 난관에 대한 지구력', '주제와 상황이 허용하는 한 정확성 추구' 등이 비판적 사고성향에 포함된다.

아래의 내용을 읽고 자신의 비판적 사고 성향을 점검해 보자(윤진, 2004).

- 나는 모르는 것을 알기 위해 열성적으로 노력한다.
- 나는 타당하고 충분한 근거가 확보될 때까지 판단을 보류하고 심사숙고한다.
- 나는 어려운 일도 스스로 헤쳐 나갈 수 있다고 생각한다.
- 나는 어떤 결론을 내릴 때 시작부터 끝까지 대체로 논리적이다.
- 나는 만약 내가 확실하게 잘못한 것이 있다면 기꺼이 인정한다.
- 나는 일상적으로 하던 일도 새로운 것처럼 다시 생각해 볼 때가 있다.
- 나는 내 신념에 대해 나름대로 근거를 가지고 있다.
- 나는 복잡한 문제라도 기꺼이 풀어나가려고 애쓴다.

- 나는 어떤 결정을 할 때 충분히 생각하지 않고 속단하는 경향이 있다.
- 나는 복잡하게 얽혀있는 문제를 다룰 때 내가 설정한 기준에 따라 판단하고 문제를 처리한다.
- 다른 사람들이 나를 평할 때 논리적이라고 한다.
- 나는 어떤 상황이 내 생각과 다르더라도 사실이라고 밝혀지면 그것을 받아들인다.
- 나는 책에 있는 내용이라도 의문이 생길 때가 있다.
- 나는 어떤 주장이든 그것을 뒷받침할 수 있는 타당한 근거가 필요하다고 생각한다.
- 나는 궁금한 것이 있으면 질문하여 알려고 노력 한다
- 나는 어떤 판단이나 결정을 내릴 때 서둘러 결론짓는 편이다.
- 나는 내가 판단하고 결정할 사항이 있으면 남에게 의존하지 않고 스스로 한다.
- 나는 풀어야 할 문제가 있을 때 체계적으로 문제해결과정을 적용한다.
- 나는 내 의견에 대한 비판을 기꺼이 받아들인다.
- 내가 옳다고 믿는 것들이 혹시 잘못된 것은 아닐까 하는 생각을 할 때가 있다.
- 나는 다른 사람의 의견에 동의하지 않을 때 그 이유를 설명한다.
- 나는 내가 잘 모르는 일들이 어떻게 이루어지는지 이해하려고 애쓴다.
- 나는 빨리 판단하지 않고 거듭 생각하는 편이다.
- 나는 어떤 문제를 해결해 나갈 때 나 자신의 추론 능력을 믿는다.
- 나는 내 의견이나 다른 사람의 의견을 공평하게 평가한다.
- 나는 사람들이 당연하다고 인정하고 있는 것에도 종종 의문이 생긴다.
- 나는 모르는 문제가 발견되면 알 때까지 노력한다.

(3) 창의적 사고성향

창의적 사고성향이란 가치 있고 독창적인 아이디어를 생산해 내는 과정에서 나타나는 성향, 태도, 호기심, 자발성 등을 의미한다. Maslow(1974)는 창의적 사고성향을 자발성, 표현력, 지구력, 심리적 개방성, 자신과 반대되는 성향까지 통합하는 능력으로 모든 자아실현적인 인간의 일반적인 특성이라고 보았다. 창의적 성향에 대한 학자들의 정의는 다음과 같이 다양하다.

학자	창의적 사고 성향의 정의
Guilford(1950)	독립성, 자율성, 자기긍정성, 자기수용성, 모험성, 용기, 풍부한 상황
Torrance(1988)	개방성과 관용성, 호기심과 도전성, 융통성, 자신감과 성취의욕, 유머 감각, 자신에 대한 파악, 내향성, 독립성, 자율성
Davis(2004)	독창성, 열정적, 창의성에 대한 인식, 독립심, 위험 감수, 동기, 호기심, 개방적, 유머, 복잡한 것의 선호, 예술적, 외로움, 직관적, 지적
GIFT (Group Inventory for Finding Creative Talent)	자신감, 독자성, 고도의 에너지, 모험심, 모험 택하기, 호기심, 유머, 예술에 대한 관심, 아이디어에 대한 관심, 복잡성과 신비에 대한 호감, 창의적인 취미와 활동들
하주현(2001)	호기심, 자기확신, 상상, 인내, 집착, 유머감, 독립성, 모험심, 개방성
임선하(2000)	호기심, 탐구심, 자신감, 자발성, 정직성, 개방성, 독자성, 집중성

4. 논리 및 논술 교육과 유아교사[2)]

1) 논리 및 논술 교육의 흐름

교육의 성공 여부는 교육의 과정을 통하여 그 사람이 얼마나 자기 자신과 그리고 타인과 소통할 수 있는 소양을 갖추었는지 여부에 달려 있다. 이에 지난 10여 년간 세계 유수 대학의 교양과정이 의사소통을 강화하는 방향으로 개정되어 왔으며, 우리나라 대학들도 이러한 능력을 함양시키는 경향을 뚜렷이 드러내고 있다. 이러한 흐름에 맞추어 2007 개정 유치원 교육과정에서부터 유아의 논리적 사고능력 함양을 명시하고 있으며(교육인적자원부, 2007), 교수-학습과정에서도 논리적 사고를 신장시킬 수 있는 다양한 방법을 사용하도록 권장하고 있다(오진희, 2009; National Council of Teacher of Mathrmatics[NCTM], 2000). 또한 교수-학습을 위해 유아교육과 현행 교과과정이 2009학번부터 유아교사 양성기관 교육과정 이수단위가 변경되어, 2010년에는 논리와 논술이라는 교과목이 개설되었다. 이는 논리와 논술 과목이 유아교사로 하여금 이성적이고 감성

2) 신원애(2015). 포커스 그룹 인터뷰 방법을 통하여 살펴 본 논리 · 논술교육에 대한 교사들의 인식 및 요구, 한국열린유아교육학회 분과발표

적인 인간의 전인적 특성과 사고 구조에 있어서 그러한 특성의 이해를 넓히고, 논리적 사고를 길러 인간과 역사를 바라보는 능력을 향상시켜, 결과적으로 유아의 발달 및 교육에 대한 기본적인 지식을 갖춰 이상적인 유아교사로서 특성을 갖추게 하는 데 있다. 여기에서 유아교사의 교과지식의 종합적이고 통합적인 이해를 바탕으로, 실제 현장에서 적용할 수 있는 능력과 논리적 사고력 및 문제해결력을 측정하기 위해 교사 임용고시에도 2차 전공 논술평가가 도입되었다. 하지만 논리 및 논술 교육에 대한 교육과정 기준이 정확하게 파악되지 못하고, 유아교육기관, 즉 현장에서 유아의 사고발달에 대한 필요성이 간과되고 있다. 특히 논술은 어떤 사물이나 문제에 대한 자신의 생각이나 사고를 표현하는 것을 말하며, 이러한 논리적 논증이 말로 표현되면 토론, 웅변, 연설이 되고, 글로 자신의 표현을 드러내는 것이다(이상욱, 문태순, 김미애, 2009). 일반적으로 논술은 글쓰기와 관련된 교과목으로 인식되어 지금껏 국어교과에서 주로 다루거나 교육되어 왔다. 그러나 이제는 모든 교과의 교사에게 논리적 사고와 표현능력을 제대로 갖출 것을 적극적으로 요구하고 있으며, 교사 평가에 대한 두 가지 제도의 시행 측면에서 이제는 논리 및 논술의 중요성을 포함해야 한다. 논리 및 논술이라는 과목은 논리적으로 사고하고, 말하며, 글로 표현할 수 있는 능력을 기르는 과목이기 때문이다(Goldsberry, 2005).

본 장에서는 유아교육현장 교사의 논리 및 논술에 대한 사례를 통해, 유아교사와 논리 및 논술 교육의 중요성에 대하여 살펴보도록 하겠다.

2) 현장교사의 논리 및 논술에 대한 인식 및 실태

(1) 논리 및 논술 교육의 필요성

"논리와 논술이라는 말은 전혀 별개의 문제이기 때문에 나는 필요하지 않다고 봐요. 이 말은 자기의 말은 논문 쓰듯이 서론, 본론, 결론 형식으로 해야 한다는 건데 유아가 논리적 사고를 한다고 해도 우리가 일반 사회에서 말하는 수준을 갖기엔 턱 없이 부족한 지식이잖아요. 교사가 먼저 사고가 되지 않는데 유아들하고 뭘 하겠다는 건지…" (K원장)

아직까지 교사들은 사고능력에 대한 중요성을 간과하고 있다. 이러한 결과는 현장교사들이 논리 및 논술 교육에 대한 이해가 부족하고, 교육과정에 대한 이해가 선행되지 않았기 때문인 것으로 추측된다. Besr(1992)에 의하면 논리적 사고는 다양한 상황에서의 문제해결능력뿐 아니라 급격하게 변화하는 정보화사회에서 논리성을 띠고 대처할 수 있는 의사결정에도 영향을 미친다. 이는 유아교사의 논리적 사고는 유아의 학습을 수행하는 데 있어 내리는 의사결정과 교수-학습방법의 기초가 되며 이를 바탕으로 수행되는 교육과정의 조직과 운영에 영향을 미친다는 것을 의미하는 것이다(강민정, 2008). 논리적 사고는 유아교사로서 필요한 전문적 지식과 교수기술을 향상시키며, 지식전달자, 의사결정자, 계획자, 조직자, 평가자 등의 교사역할 수행을 도와주기 위해 요구되는 가장 기본적인 자질이다(Schickedanz et al, 1990).

(2) 논리 및 논술 교육의 의미

일반교사와 원장은 논리 및 논술교육의 의미를 창의적인 사고력, 자신의 생각을 논리적으로 표현하기, 자신의 정서를 표현하거나 자아실현을 하는 데 필요한 것, 자신의 생각을 글로 표현하는 것, 대인과의 관계로 살아가는 데 필요한 능력으로 인식하고 있다.

> "논리·논술교육은 유아가 가지고 있어야 할 능력 중에 꼭 필요한 한 가지를 제공한다고 생각해요. 왜냐하면 우선 논리적 사고라는 것은 어떤 문제를 발견하고 그것을 합리적으로 해결하는 과정에서도 필요한데, 이것은 유아뿐 아니라 성인이 되어서도 하루에 부딪히게 되는 수많은 문제 안에서 창의적인 해결방법을 찾아내는 것을 의미하거든요. 그래서 유아기 때부터 반드시 길러져야 한다고 생각해요." (S원장)

> "유아들은 자신이 사고하고 있는 것이나 어떤 상호작용을 할 때 이것이 논리인지도 모르고 그림을 그리거나 말을 하거나 글을 쓰잖아요. 이러한 상황에서 논리·논술교육을 한다는 것은 자신의 사고를 말로 표현하고 글로 조리 있게 표현하는 것이라고 생각합니다." (E일반교사)

원장들은 창의적인 사고력을 논리 및 논술 교육의 의미로 두고 있었으며, 일반교사들은 논리 및 논술 교육을 자신의 생각을 글로 표현하는 것으로 더 많이 인식하고 있었다. 이는 새로운 교육의 패러다임이 사고능력이라기보다는 글쓰기 능력이라고 교사와 원장이 인식하고 있는 것으로 사료된다. 유아에게 글쓰기를 지도하기 위해서는 창의적인 사고를 바탕으로 한 총체적 언어접근 교수법을 활용하기 위해서는 사고와 글쓰기를 분리해서 인식하지 말아야 한다(Fennacy, 1988).

(3) 논리 및 논술 교육을 위한 교사의 자질

일반교사와 원장은 논리 및 논술 교육을 위한 교사의 자질 중 인성적 자질은 유아와의 신뢰감 형성, 탐구(연구)하는 성실성, 교사의 창의적인 사고능력으로, 전문적 자질은 폭넓은 지식교육 습득 및 이를 계속할 능력, 교재·교수에 대한 적절한 활용, 유아의 발달에 적합한 교육과정 구성, 사고를 촉진시킬 수 있는 교수기술, 교사의 역할에 관한 명확한 인식, 일상생활 속에서 다독하는 자세로 인식하고 있다.

"저에게 딸아이가 있는데 네 살이에요. 그런데 다른 네 살 아이를 보면 1월생과 9월생이라는 차이뿐인데 언어체계는 굉장히 많이 달라요.... 이처럼 아이들의 연령별 차이점이라던가, 수준에 대해서 잘 모른다면 과연 아이들을 위해 교사가 무엇을 해줄 수 있을 까 싶어요. 특히 기본적으로 사고의 발달과정에 대한 기초지식이 있어야 교육과정을 이해하고 지도할 수 있지 않을까 하는 생각이 들어요." (A일반교사)

"왜 유아논리논술 과목이 생겼을까 찾아봤어요. 그랬더니 논리논술이라는 것이 영역별로 다 적용이 된다는 걸 내가 책을 읽었는데, 과연 교사들이 이러한 것을 이해하고 있을까 싶어요. 저의 원만해도 NIE 활동이라던지 프로젝트라던지 다 어떻게 보면 논리논술 교육이거든요. 그런데 이런 역할을 하기 위해서 교사가 먼저 교수기술을 갖추어야 한다고 생각해요. 그러기 위해서 교사가 먼저 창의적인 사고력을 키워야 할 것은 두말할 필요없고요." (E원장)

"교사가 먼저 다독해야 된다고 생각해요. 그래야 먼저 교사의 사고력이 증진될테고..., 교사가 사고력이 없으면 어떤 좋은 교육과정도 필요없다고 생각합니다. 또한 다독에는 인문서적, 관련 전공서적도 있기만 저는 그림책도 중요하다고 생각해요. 교사가 먼저 유아들의 발달선상의 그림책을 파악한 후에 교육과정을 구성하는 것이 바람직하다고 생각합니다. 저의 원에서 근무하고 있는 선생님들을 보면… 어쩌면 좋을지 답답할 경우가 많거든요." (A원장)

여기에서 흥미로운 것은 일반교사와 원장들이 공통적으로 다독하는 자세를 공통적으로 인식하고 있었는데, 이는 논리 및 논술 교육을 하는 데 있어 일반적인 이론 습득 외에 이를 위해 준비하는 교사의 자세가 필요하다는 것을 의미한다.

(4) 논리 및 논술 교육을 위한 활동경험

일반교사와 원장은 논리 및 논술 교육 활동경험에 대하여 현장에서 이루어지기 어려운 이유에서 논리 및 논술 교육의 활동을 위한 환경구성은 연령에 적합한 그림책 제공, 교구 및 교재 제공, 도서관 및 도서대여 활동, 관련 프로그램 개발을 주로 실시하고 있는 것으로 나타났다. 또한 활동 경험에서의 어려움은 교사의 능력 부족과 유아의 발달에 대한 이해 부족, 교육과정 실제에 대한 이해 부족으로 나타났으며, 이에 대한 원인은 교사의 교수기술 부족, 통합교육과정 실제에 대한 이해 부족, 자료 제공에 대한 미흡, 보수교육의 부족으로 나타났다.

"일단은 다양한 환경구성을 해줘야 유아들이 생각할 수 있는 기회가 제공될 것이라고 봐요. 그리고 논리·논술교육을 위해 제일 필요한 것은 무엇보다도 책과 관련된 활동이라고 생각합니다. 그래서 저희 원에서는 도서관 활동을 통해서 책을 대여해주고 있으며, 유아들이 자유롭게 드나들 수 있는 기회를 제공하고 있습니다." (H원장)

"현장에서 유아의 논리적 사고를 증진시키기 위해 가장 어려운 점은 뭐니 뭐니 해도 내가 몰라서 그런 것 같아요. 그런데 다른 동료교사의 말을 들어봐도 모르기 때문에 못하겠다는 말을 많이 하더라고요. 최근 들어온 신입교사는 논리·논술 과목을 들었는데도 불구하고 오히려 저희 경험이 더 나을 때가 있어요." (A교사)

특히 일반교사와 원장들은 논리 및 논술 교육을 주로 책과 관련한 활동으로 인식하고 있다. 그러나 논리 및 논술 교육은 어떤 하나의 교과목으로 분류가 되는 것이 아니라 통합적인 교육으로 이루어져야 한다. 또한 유아에게 논리 및 논술은 읽고, 쓰고, 사고하는 단편적인 능력으로만 치우치는 것이 아니라(명지원, 2011), 감각적 접근으로 사고하기 위해 모든 영역 교과목을 통해 실시되어야 한다. 21세기 지식정보화 사회에서는 유아교사의 과제는 각 영역별 교과목에 논리 및 논술 교육을 통합하여 유아를 위한 교육과정이 실시되어야 한다는 것이다. 이를 위해서는 유아교사가 사고력 교육을 통해 현행 교육과정 안에서 논리 및 논술교육을 통해 바라볼 수 있는 안목을 갖추어야 한다.

2장

사고기법

학생들의 마음과 관련해서 학교가 할 수 있고,
또 할 필요가 있는 것은 그들의 사고력을 발달시키는 것이다.
–Dewey, 1859~1952

1. 논리적 사고기법

1) 논리적 사고

논리를 의미하는 'logic'은 '말'을 뜻하는 희랍어 'logos'에서 유래하였다. 이러한 어원적 의미를 볼 때 논리란 '말'에 관한 것이며, 논리(論理)는 말의 이치를 의미하는 한자어로 말을 함에 있어서 따라야 할 이치를 다룬다는 것을 의미한다. 논리는 사고, 생각, 추론, 원리 등의 뜻을 가지고 있으며, 이유 혹은 근거가 분명하고 비약이 없으며, 사건 간의 관계를 타당성에 준거를 두고 검토하는 과정이다. 그래서 논리적으로 사고한다는 것은 어떤 주장, 신념, 정보의 출처에 대한 정확성, 타당성, 가치를 판단하기 위해 정밀하고 객관적이며 지속적으로 분석하는 과정을 의미한다(소흥렬, 1990; Ennis, 1995). 논리는 다음과 같은 특징을 가지고 있다(윤혜진, 2012).

(1) 논리는 이유를 가지고 결론을 도출하는 것으로 객관적이고 합리적이기 때문에 훌륭한 추론의 성격을 지닌다.

(2) 논리는 관계를 다룬다. 따라서 하나의 진술만 있으면 논리가 될 수 없고, 반드시 두 개 또는 그 이상의 진술로 이루어져야 하며, 진술간의 관계에 의해 결론을 도출한다.

(3) 논리는 진실 여부와는 독립적이다. 예를 들어 '모든 소는 달에 뛰어갈 수 있다', '삐

삐는 소이다', '그러므로 삐삐는 달에 뛰어갈 수 있다'라는 논증은 두 개의 주장과 한 개의 결론으로 구성되어 있다. 이 논증은 '모든 소는 달에 뛰어갈 수 있고, 삐삐는 소이기 때문에 삐삐는 달에 뛰어갈 수 있다'는 결론에 이르게 된다. 그러나 이 논증은 논리적 규칙에 따라 전개되었기 때문에 논리적이기는 하지만 내용에 있어서는 진실이 아니다.

(4) 논리는 질서있게 조직화되어 있다.

(5) 논리는 반드시 따라야 하는 강력한 방향성이 있으며, 이에 의해 어떤 필연적인 결론에 이르게 된다. 논리는 귀납적인 것과 연역적인 것 중 어느 하나의 방향으로 진행된다.

(6) 논리는 필연적인 결론으로 이끌어 가기 때문에 새로운 지식이 만들어질 수 있다. 예를 들어 '모든 A는 B이다', '모든 B는 C이다'의 관계를 통해 '모든 A는 C이다'라는 새로운 사실을 획득할 수 있다(김영채, 1998).

사물이나 현상에 대하여 내가 가진 생각을 남에게 알리고자 할 때, 우리는 대부분 언어를 사용한다. 언어를 도구로 하는 사고의 과정은 언어를 통한 의미의 형성과정이라고 할 수 있다. 여기에서 논리적 사고는 말이나 글에서 사고나 추리 따위를 이치에 맞게 이끌어 가는 과정을 위해 논리적 규칙과 형식(원리)에 따라 적절하게 인식하는 지적활동이다. 정리하면 논리는 어떤 견해를 수용할지 또는 어떤 행위를 할지 결정하기 위해서 주어진 언어적, 비언어적 자료 등을 기반으로 하여 합리적인 판단을 내릴 수 있도록 도와주는 사고체계이다. 여기에서 논리적 사고는 사고체계에 의해 전후 주장과 근거 사이의 관계가 올바르게 되어 있는가를 성찰하는 과정이다.

논리적 사고에서는 학자들 간의 어떤 공통된 합의가 이루어지지 않지만, 사고력의 유형과 그 활동 양상은 언어기능 요소로 설정한다. 논리적 사고의 언어기능의 요소에는 어휘능력, 사실적 사고능력, 추리·상상적 사고능력, 비판적 사고능력, 논리적 사고능력 등이 포함되는데, 이 중 논리적 사고능력과 관련된 활동 내용은 언어논리와 추론이다.

2) 논리적 사고 구성요소

추리한다는 것은 이미 알고 있는 어떤 사실들을 바탕으로 새로운 사실들을 알아내는 방법이다. 논리적 사고는 사건들 간의 관계, 모순 등 일련의 규칙을 타당성에 준거를 두고 사고하는 추리능력이라 말할 수 있다(소홍렬, 2000). 인간이 자연 환경이나 사물을 접촉하면서 갖게 되는 의혹 또는 의문에 대해서 의문을 풀고자 하는 의욕을 가질 때 사유가 시작되고 이 과정에서 논리 유형들이 나타난다(Piaget, 1974).

(1) 언어논리

① 개념과 정의의 방법과 규칙에 따라 사고하기

논리는 텍스트를 구성하는 개별 언어들을 분석하여 개념과 정의의 방법과 규칙에 따라 사고한다(이초식, 1996). 논리학에서 논리적으로 사고한다는 것은 개념이나 문장을 보다 단순한 개념이나 문장으로 나누어 그 의미를 명료하게 하는 것을 뜻하며, 철학에서는 복잡한 현상이나 대상, 또는 개념을 구성하는 단순한 요소로 분해하는 일을 일컫는다(서울대 국어교육연구소, 1999).

② 언어 사용상의 오류가 없이 사용하기

언어상 오류나 애매성을 피하기 위해서는 텍스트를 구성하는 개별 언어들의 논리적 관계를 분석해야 한다. 그리고 내용에 맞는 적절한 언어가 사용되었는지, 또는 같은 말이 둘 이상의 뜻으로 해석되어 그 의미가 애매하거나 언어의 의미 경계가 불명확하거나 지시하는 대상이 분명하지 못하여 그 의미가 모호한 경우, 이를 분석하여 명료화하여야 한다.

(2) 추론

추론이라는 것은 생각을 끌어냄과 동시에 이미 가지고 있는 사전지식과 통합하는 복잡한 인지적 처리과정을 의미한다. 특히 추론은 단어 의미를 습득할 때 주로 사용하고, 생각하는 것을 말로 표현하기 위한 전략으로 활용된다. 따라서 추론의 개념은 추론 규칙을 사용하여 명제들을 다른 명제로부터 도출하고, 개별 언어들이 모여 이루는 의미 단락

사이의 관계를 밝히는 것을 의미한다.

① 연역적 추론능력

연역적 추론능력은 전체에 대한 지식이나 일반적인 법칙 또는 원리에서 출발하여 부분에 관한 지식이나 특수 사례 등을 이끌어 내는 방법이다. 즉 공리, 정의 또는 이미 증명된 정의로부터 논리에서의 유효한 추론에 의하여 새로운 정리를 유도하는 방법을 말한다. 이와 같은 사고는 대부분 한 번에 한 단계씩 진행한다. 각 단계는 명백히 드러나며, 분석적으로 사고하는 사람은 각 단계를 타인에게 충분히 설명할 수 있다. 또한 자기가 어떤 내용의 지식을 다루며 어떤 방법으로 그 지식을 다루는가를 비교적 명확히 알고 있다(Bruner, 1973).

② 귀납적 추론능력

귀납적 추론능력의 방법은 몇몇의 예를 설명하면서 일반화를 추출하는 데 도달하기 위한 발견적인 방법으로 상당한 직관성을 내포하고 있다. Edmund Husserl(1959)에 의하면 모든 지식은 의도성과 직관의 산물이다. 다시 말하면 직관이 배제된 지식이란 없기 때문에 지식은 경험 그 자체로, 본질적으로 경험에 속하고 분리될 수 없다(Hermberg, 2006). 특히 귀납추론은 관찰, 실험, 측정, 세어보기, 열거하기, 유추하기 등을 통해 예상하고 사고패턴을 확장하여 일반화하기에 적합한 사고능력이다.

- 일반화: 일반화는 주어진 대상의 집합에 대한 고찰로부터 주어진 집합을 포함하는 더 큰 집합의 고찰로의 이행, 혹은 어떤 제한된 집합에 대한 고찰로부터 그것을 포함하는 더 포괄적인 집합에 대한 고찰로의 이행이다(Polya, 1973).
- 유비 또는 유추적 사고: 유비 또는 유추적 사고란 일종의 닮음으로 어떤 관계가 일치하는지에 대해 사고하는 것이다. 인간은 미지의 개념과 추상적 개념을 이미 알고 있는 개념과 결부시켜 생각함으로써 개념의 형성하는 것뿐만이 아니라 문제해결 과정에 크게 개입한다. 유추는 예술적 표현방법, 과학적 탐구는 물론 일상회화 등 우리의 모든 사고와 연결되어 있는 사고능력이다.

2. 비판적 사고기법

1) 비판적 사고

비판적 사고(critical thinking)의 역사는 2000년 전 소크라테스의 가르침에서 볼 수 있는 철학함의 방법과 정신에서 시작하였다. 비판(criticism)이란 '골라내다', '판별하다'를 의미하는 그리스어 'krinein'에서 비롯되었으며, 이는 옳은 부분과 그른 부분을 가르고 평가하는 이성활동과 관련된다(이정우, 2000). 비판이란 사물의 시비가 부등을 가리어 판단하거나 밝히는 일로 비평이라고도 한다. 비평이란 주어진 대상을 구성하고 있는 요소로 나누고 각각의 의미와 가치를 인정하고 전체 의미와의 관계를 분명히 하며 그 존재의 논리적 기초를 밝히며 평가하는 것을 의미한다(국립국어연구원, 2000).

비판적 사고는 존 듀이의 성찰적 사고(reflective thought)에서 도입된 개념으로 어떠한 믿음이나 지식이라고 여겨지는 형식에 대하여 그것을 지지하고 더 나아가는 결론에 이르게 하는, 근거에 비추어 적극적이고 끊임없이, 그리고 주의 깊게 고찰하는 것으로 정의되었다(Dewey, 1916). 또한 Ennis(1989)는 비판적 사고를 무엇을 믿고 무엇을 할 것인지를 분별 있고(reasonable), 성찰적인(reflective) 방식에서 결정하는 사고로 합리적인 기준에서 이루어지는 의사결정으로 정의하였다. 정리하면 비판적 사고는 우리 삶의 문제해결에 대한 의사결정의 합당성을 높이기 위하여 끊임없이 스스로 질문을 던지고 정보를 찾아보는 능동적 사고이며, 반성적 사고를 통해 추론하고, 이유를 제시하고, 논증을 검증하는 작업이다.

2) 비판적 사고 구성요소

Ennis(1991)는 비판적 사고의 기능은 각각의 사고 기능과 성향이 통합적으로 구성되어 있다고 보았다. 비판적 사고의 구성에는 그 진술의 의미는 무엇인가, 추론과정에서 모호한 점은 없는가, 진술들 간에 서로 모순되는 점은 없는가, 결론이 타당하게 유도되었는가, 진술은 충분히 구체적이며 명확한가, 어떤 진술이 실제로 확실한 원리를 적용하고 있는가, 관찰에 의한 진술은 신빙성이 있는가, 결론은 귀납적으로 타당한가, 문제가 확인되었는가, 어떤 진술이 가정인지를 알고 있는가, 정의는 타당한가, 권위에 의한 진술은 받아들일 수 있는가 등에 대한 분석이 포함된다. 또한 그는 비판적 사고 성향은 어떤 대상에 대하여 항상 비판적으로 분석하고 평가하려는 태도와 습관 경향성으로 보았다. Russell(1978)은 정보를 추상화하고, 조직하는 능력, 추론하는 능력, 적당한 자료를 찾는 능력, 자료를 평가하는 능력, 자료를 비교하는 능력, 사실과 의견을 구별하는 능력, 편견을 조사하는 것, 논리추론의 법칙을 사용하는 것이라고 하였다. Beyer(1985)는 비판적 사고의 두 측면을 분석과 평가로 보았다. 분석의 측면은 어떤 분석적 목적에 적합한 특별한 실마리를 발견하기 위하여 그것을 분리하는 것, 발견된 실마리들 가운데 어떤 패턴들이 나타나는가를 보는 것이며, 평가의 측면은 어떤 실마리와 패턴의 정도가 비판적 사고의 본질과 어느 정도로 조화되는가를 보는 것을 의미한다. KEDI(1991)는 비판적 사고를 크게 기능과 성향으로 나누었다. 기능면에는 사실과 의견 구별하기, 타당하고 충분한 근거를 들어 의견과 주장을 평가하기, 다양한 정보원의 신뢰성을 비교 분석하고 더 신뢰할 만한 정보를 선택하기, 한 문제를 다양한 관점으로 조망하기, 주장이나 진술에 게재된 편견 탐지하기, 어떤 진술에 숨겨진 의미와 가정을 확인하기, 문제의 본질에 적합한 평가의 준거 사용하기 등이 있다.

비판적 사고 성향으로는 건전한 회의성, 지적 정직성, 객관성, 체계성, 유보성이 있다. 학자들마다 비판적 사고에 관한 합의된 개념이 혼용되자 미국철학회(American Philosophical Association, 1990)에서는 비판적 사고 관련 전문가 46명의 입장을 델파방법을 통해 철학자를 중심으로 교육·심리·과학 분야의 전문가들이 1988년부터 1990년까지 2년여에 걸쳐 체계화한 델피 보고서를 제안하였다. 델피 보고서의 비판적 사고에 대한 정의는 다음과 같다(김명숙, 2002).

> 우리는 비판적 사고가 해석·분석·평가·추론·설명을 산출하는 의도적이고 자기 규제적 판단이라고 이해한다. 그리고 해석·분석·평가·추론·설명을 할 때는 그 판단이 기초하고 있는 근거·개념·방법·기준 또는 맥락 등의 측면들을 고려한다. 비판적 사고는 탐구의 도구로 필요불가결하다. 그래서 비판적 사고는 교육에서는 해방적 힘이며, 개인적 시민적 삶에서는 위력을

지닌 자산이다. 이상적인 비판적 사고자는 습관적으로 이유를 꼬치꼬치 묻고 잘 알고자 하고, 근거를 중시하며 열린 마음을 가지고 있고, 유연성이 있으며, 평가에 있어서 공정하고 개인적 편견을 다룸에 있어 성실하고 판단을 내리는 데 있어서 신중하고 기꺼이 재고하고 현안 문제들에 대해 분명하고 복잡한 문제들을 다루는 데 있어 체계적이고 유관한 정보를 부지런히 찾고 기준을 선택하는 데 있어서 합리적이고 집중하여 탐구하고 주제와 탐구의 상황이 허락하는 한 되도록 명료한 결과를 끈기있게 추구한다.

비판적 사고를 위해서는 인지적 측면에서의 비판적 사고 기능과 더불어 비판적 사고를 잘하게 해주는 정의적 측면에서의 사고 성향을 갖추고 있어야 한다(노수남, 2009).

비판적 사고력의 구성요소

<table>
<tr><td rowspan="3">인지적 측면</td><td>자료수집 및 분석</td><td>· 자료의 수집
· 자료에 대한 분석: 자료의 식별, 비교, 사실과 의견의 구별
· 자료에 대한 평가: 자료의 신뢰성, 타당성, 충분성 검증
· 자료의 선택 및 조직화</td></tr>
<tr><td>주장 및 논증 평가</td><td>· 타당하고 충분한 증거로 논증을 평가하기, 해석하기
· 논증이나 주장에 숨겨진 편견을 조사하고 숨은 의미를 조사하기
· 논증이나 주장에 사실적 정확성을 찾기
· 논리적으로 검증하기
– 논리적 모순이나 오류 찾기
– 막연하고 애매한 것, 모호한 점 찾기
– 적절한 것을 가려내기</td></tr>
<tr><td>문제해결능력</td><td>· 한 문제를 다양한 관점으로 조망하기
· 용어의 정의, 가설의 정립
· 논리적 탐구 및 추론, 연역, 귀납, 판단, 종합
· 문제의 본질에 적합한 평가의 준거를 가지고 평가하기</td></tr>
<tr><td>정의적 측면</td><td colspan="2">· 합리성
· 신중함
· 객관성
· 지적 회의심, 의문을 가짐
· 명백함, 명료성, 공정성, 정확성의 추구
· 지적열망, 많은 정보 소장에의 열망, 호기심, 체계성, 지속성</td></tr>
</table>

3) 비판적 사고기법(Raths et al, 2003)

(1) 비교하기(comparing)

비교하기는 둘 이상의 사물과 아이디어 현상들을 비교하는 활동으로 유사점과 차이점을 비교, 관계성 파악하기, 일치와 불일치, 특정 요소의 포함 요소를 비교해보는 방법이다. 비교하기를 할 때 주의할 점은 단순하고 피상적인 비교 활동이 아니라 실제적인 목적 동기와 직결된 의미 있는 비교를 하여야 한다.

(2) 요약하기(summarizing)

요약하기는 제시된 사물 현상, 아이디어의 논점을 간략하게 서술하거나 표현하는 것으로, 상대편이 쉽게 이해할 수 있도록 간결하게 표현하여야 한다. 요약하기의 방법으로는 제목 붙이기(big idea), 주요 요소 적기(important concepts), 주요 요소에 대하여 각각 간략한 설명이나 서술을 곁들이기(talks about) 등이 있다.

요약하기 연습하기

- 'Visualliteracy(정돈되지 않고 구조화 되지 않은 시각자료)'를 통한 요약하기
  - Decoding 전략: 그림, 사진, 도표, 그래프 등의 시각자료를 정확히 분석하여 해석, 인터넷자료나 TV 프로그램에 대해 토론, 신문 내용을 요약해서 자막 만들기
  - Encoding 전략: 책을 읽고 몇 컷의 만화로 표현하기, 2분 동안 설명할 내용을 요약하여 제시하기

(3) 관찰하기(observing)

관찰을 한다는 것은 지식과 정보를 수집하고 주변 세상과 환경에 대하여 의미 있게 반응하는 데 오감을 충분히 활용하여 주시하고, 기록, 인식하는 것을 의미한다. 예를 들면 마트를 돌아보면서 음식의 종류와 질, 가격 등을 관찰하고 기록함으로써 어떤 것을 구매하였을 때 더 좋은 결과를 가져올 수 있는지에 대하여 판단하고 그를 통하여 더 나은 행동, 결과를 얻을 수 있다. 이 때 서로 간의 관찰 결과를 타인과 충분히 공유하여 서로의

사각지대를 지적함으로써 학습의 효과를 높일 수 있다.

(4) 분류하기(classifying)

분류하기는 특정 원칙이나 공통된 특성에 입각하여 아이디어나 사물현상을 유목화하는 전략으로, '목록화', '유목화', '명명하기', '토론하기'의 단계를 거친다.

- 목록화(listup): 지금까지 자신이 경험하거나 알고 있는 것, 조사한 것에 대하여 나열하여 목록을 만들어보는 것
- 유목화(categorization): 목록화한 대상들을 일정한 기준에 따라 분류해 보는 것
- 명명하기(lable): 분류된 대상이나 목록에 그 내용을 잘 표현할 수 있는 소제목을 붙여보는 것
- 토론하기(discuss): 어떤 기준에 따라 분류했는지에 대해 학습자 상호간, 학습자와 교수자 간에 토론하는 것

(5) 해석하기(interpreting)

해석하기는 경험한 것에 대해 논리적인 근거를 바탕으로 의미를 찾아내거나 추정하여 설명하는 전략이다. 해석하기는 이전의 활동을 비교, 요약, 관찰, 분류한 결과를 중심으로 하기 때문에, 자신의 이전 학습결과물에 대한 확신을 갖고 진위 여부에 대한 세심한 확인을 통해 결과를 예측할 수 있어야 한다.

(6) 비평하기(criticizing)

비평하기는 분석 및 평가하여 판단을 내리는 것으로 사물이나 현상 아이디어의 '질'을 종합적으로 검토, 고찰, 심사하는 것이다. 즉 어떤 것에 대하여 '좋은 것', '가치 있는 것', '일반적인 것'을 찾는 것이다. 비평하기를 할 때 반드시 고려해야 할 점은 기준 또는 근거가 세워져 있어야 한다. 또한 비평하기를 할 때는 서로 간에 상처받거나 기분이 상하지 않도록 어떻게 비평할 것인가에 대한 방법을 계획하는 것이 필요하다.

(7) 가정 전제 검토하기(examining assumptions)

가정 전제 검토하기는 주장이나 결론이 합리적이고 수용되기 위해서는 진실(truth)에 입각한 전제를 기반으로 하여야 한다. 가정 전제를 검토하기 위해서는 기반 전제(underlying assumption)의 원리를 따르는데, 기반 전제란 사실에 입각한 전제를 의미한다. 그렇기 때문에 가정 전제 검토 시에는 "내가 만약 어떤 전제를 믿게 된다면 과연 그것만을 믿어야 하는가?", "나는 다른 것을 믿어서는 안 되는가?"라는 의문을 가질 수 있어야 한다. '가정'은 진리 또는 거짓일 수도 있기 때문에, 진리이자 의문의 여지가 없다는 속성을 지닌 '사실'과는 확연하게 구분된다. 또한 가정은 조사하는 데 있어서 꽤 많은 시간이 소요되기 때문에, 전제가 확실한 주장의 상대적 사실과 오류를 밝혀내지 못할 수도 있다. 가정 전제 검토하기는 자신의 생각을 다른 사람들에게 설득시키기 위해서는 확실한 기반 위에 주장을 하였을 때만이 가능하다는 관점에서 볼 때 비판적 사고력 교육의 핵심이라 볼 수 있다.

가정 전제 검토하기의 전략

- 겉포장에 '매우 커다란 아이스크림이 300원'이라고 쓴 아이스크림 콘 그림이 있다.
- '이 아이스크림 콘을 보았을 때 어떻게 할 것인가?'에 대해서 써보기
- 왜 그 행동을 하게 되었는지에 대해 써보기
- 자신이 행동한 이유, 가정이나 전제가 오류였다면 어떻게 할 것인가에 대해 써보기

3. 창의적 사고기법

아래는 창의성에 관한 8대 신화[3]들이다. 각 내용들을 읽고 자신의 생각을 적어보자.

창의성에 관한 신화	맞다(○), 틀리다(×)
1. 창의성은 소수의 영재들에게서만 나타난다.	
2. 창의성은 배울 수 없는 것이다.	
3. 발산적인 사고를 의미한다.	
4. 완전히 새로운 것이다.	
5. 노력을 하지 않아도 창의적인 생각이 떠오른다.	
6. 창의적인 사람은 대작을 남긴다.	
7. 전문가만이 창의성을 발현한다.	

창의성의 현실(이해)

1. 모든 인간은 창의성을 갖고 있고, 자연스러운 인간의 재능으로 모든 사람에게 필요한 것이다.
2. 창의성은 교육으로 가르쳐서 능력을 향상 시킬 수 있을까? 이 질문에 대해 많은 사람이 고민한다. 이 질문에 대한 답은 '그렇다!'이다. 물론 보통 사람들은 아무리 많은 창의성 훈련을 받는다고 해도 높은 창의성과 지능을 갖고 태어난 사람들처럼 높은 수준에 도달하지 못하지만, 유전적인 한계에도 불구하고 창의성은 향상될 수 있다.
3. 창의성에서 발산적 사고는 유창성, 융통성, 독창성, 정교성 등을 의미하지만 이런 요소 외에 유머, 공상, 심상의 다채로움과 풍요로움, 진기한 시각화, 내적 시각화, 동작, 명료하게 이야기하는 것 등 다양한 질적인 요소를 고려해야 한다. 창의적인 것은 완전히 새로워야 한다는 것이 아니다. 창의적으로 사고한다는 것은 이전의 다른 사람의 아이디어나 산출물을 이용하지 않는 것은 없다. 오즈번은 지구상의 모든 창의적인 산출물이라고 하는 것은 과거에서 아이디어를 빌어온 것이라고 보았다.

[3] 창의성에 관한 신화는 Isaksen, Torrance, LeBoeuf, Weisberg가 그간의 창의성 연구들을 통해 밝힌 바 있다(전경원, 2000).

4. 창의적인 것은 완전히 새로워야 한다는 것이 아니다. 창의적으로 사고한다는 것은 이전의 다른 사람의 아이디어나 산출물을 이용하지 않는 것은 없다. 오즈번은 지구상의 모든 창의적인 산출물이라고 하는 것은 과거에서 아이디어를 빌어온 것이라고 보았다.
5. 창의적인 사람들에게는 마치 아이디어가 쉽게 쏟아져 나오는 것으로 여기기 쉬운데, 이들도 엄청난 노력을 기울인다. 창의적인 물건, 연구물로 구체화하기 위해서는 오랜 시간 동안 뜸을 들이면서 평생 동안 매달려서 씨름을 하게 되기도 한다. 이러한 노력은 정도의 차이는 있지만 노력을 많이 해야 창의적인 산출물이 나오게 된다는 것을 의미한다.
6. 많은 사람이 창의적인 천재는 실패는 절대로 하지 않을 것이고 믿지만 실제로 창의적인 천재도 실수를 한다. 사이먼턴은 피카소의 2만 개의 작품 중에는 아주 평범한 것도 많이 있다고 하면서, 피카소의 작품이라고 해서 모두 걸작은 아니라고 보았다.
7. 공적인 수준에서는 창의성은 어느 정도의 전문 지식과 경험을 요할 수도 있지만, 사적인 수준에서는 아마추어도 창의성을 발휘하기도 한다. 역사적으로도 어떤 특정 분야에 전문가가 아닌 사람들이 해낸 창의적인 업적이 많다.

1) 창의적 사고

미래창조과학부(2016)는 '제 4차 산업혁명에 대응한 지능정보사회 중장비 종합대책'을 통해 창의교육을 강조하였다. 창의력은 미래 지능정보사회에 필요한 역량이자, 우수한 인재를 육성하기 위해 반드시 필요한 역량이기 때문이다. 특히 미래학자들은 인간 본연의 영역은 창조적 아이디어와 예술, 개인적 서비스 분야에서 독보적인 능력을 발현할 수 있는 창의적인 인간이라고 밝히고 있다(구본형, 1998).

창의성의 어원은 본래 라틴어의 크레오(creō)로 '만들다', '창조하다'라는 의미로 창작이나 창조에 관련되는 단어의 접두사로 시작되어, 신이 무에서부터 유를 창조한다는 'creatio'란 표현으로 사용되었다. 창의성이 본격적으로 연구되기 시작한 시점은 심리학자인 길포드가 1949년 미국심리학회 회장 취임 연설에서 창의성의 중요성을 역설한 것이 이듬해 1950년, '창의성'이라는 제목으로 학회지에 발표되면서부터 비롯되었다. 1950년대 이후, 학자들은 창의성을 창의적인 사람들이 가지고 있는 특성으로 생각하고 창의적인 사람의 정신 과정이나 특성을 밝혀서 창의성을 이해하고자 하였다. Csikszentmihalyi(1996)는 창의성이란 특별한 사람들의 머릿속에서 일어나는 정신적 활동이 아니라 사람의 사고와 사회 문화적 맥락의 상호작용에서 나오는 새롭고 가치가 있는 아이디어나 행위라고 정의하였다. 또한 Fromm(1959)은 창의성에 대해 일에 대한 집중력과 모순을 수용할 수 있는 능력 및 새롭게 태어나고자 하는 의욕이라고 하였으며, Maslow(1974)는 자발성, 개방성, 여러 성향을 통합하는 능력이라고 정의하였다. 학자들마다 창의성에 대한 정의가 다양하지만 창의성은 2가지 핵심요소로 정리할 수 있는데, 인간이 '새로움(독창적, 독특한, 새로운, 신선한, 예기치 못한)'과 '적절성(유용한, 구체화된, 가치 있는, 의미 있는, 과제조건을 충족시키는)'이다(조연순 외, 2011). 어떤 결과나 산출물이 창의적이라고 평가되기 위해서는 이 두 요소를 동시에 충족시켜야 한다. 새롭긴 하지만 쓸모나 가치가 없고 적절하지 않다면 새로운 것일지라도 창의적인 것이 될 수 없다. 마찬가지로 유용하기는 하지만 새롭거나 독특하거나 독창적이지 않다면 그저 유용한 것일 뿐 창의적인 것이 될 수 없다.

2) 창의적 사고 구성요소

(1) 민감성(sensitiveness)

민감성이란 주변의 환경에서 감각을 통해 들어오는 다양한 정보에 대해 민감한 관심을 보이고 이를 통하여 새로운 영역을 탐색해 가는 것을 의미한다. 일상생활에서 접할 수 있는 문제나 주변 환경에 대해서 세심한 관심을 가지고 당연히 여겨지는 것에 대해서도 의문을 품고 생각해 보는 능력으로 새로운 아이디어를 생각해 낼 수 있는 기본적 능력이다.

(2) 유창성(fluency)

유창성은 특정한 문제 상황에서 가능한 많은 양의 아이디어를 산출해 내는 양적인 사고능력이다. 창의적 사고의 목적이 독창적이고 질적으로 우수한 아이디어를 산출해 내는 데 있지만 자유로운 사고 자체를 방해할 수 있고, 사고 초기의 과정에서 가능한 많은 아이디어를 얻어내는 것이 질 높은 아이디어를 만들어낼 가능성이 높다.

(3) 융통성(flexibility)

융통성은 고정적인 사고방식 혹은 시각 자체를 변화시켜 다양한 해결책을 착안해 내는 능력으로, 지배적인 사고나 익숙한 관점을 벗어나 발상 자체를 변화시켜 유연하게 사고한다고 하여 유연성으로 말하기도 한다. 주어진 어떤 문제를 해결할 때 한 가지 방법에 집착하지 않고 여러 가지 접근을 통해 해결할 수 있도록 하는 것이다.

(4) 독창성(originality)

독창성은 기존의 것에서 탈피하여 주변에서 흔히 볼 수 없는 기발하고 독특한 아이디어를 산출해 내는 능력이다. 독창성은 일반적으로 기존의 사고를 부정하거나 새로운 방식으로 산출할 때 나타나게 된다.

(5) 정교성(elaboration)

정교성은 독창적으로 만들어진 아이디어들을 유용하고 가치 있게 만드는 중요한 것으로, 다듬어지지 않은 기존의 아이디어를 보다 정교하게 발전시키는 능력이다. 정교성은 유창하고 다양하게 내놓은 아이디어를 수렴적 사고를 활용하여 최종적인 산출물의 형태로 평가하는 역할을 갖는다.

3) 창의적 사고기법

(1) 발산적 사고 기법

① 마인드 맵

마인드맵은 1974년 토니 부잔이 주창한 학습법으로 방사형으로 뻗어나가는 형태로 표현하는 방식을 말한다. 즉 읽고, 생각하고, 분석하고, 기억하는 모든 것을 빈 종이 위에 이미지와 핵심 단어 그리고 색과 기호를 사용하여 마음의 지도를 그려나가는 방법이다. 마인드맵은 정보를 서로 연결해 기억할 수 있을 뿐만 아니라 수업 복습, 학습 정리, 책 요약, 문제해결 등에 유용하게 사용된다(Buzan, 2002).

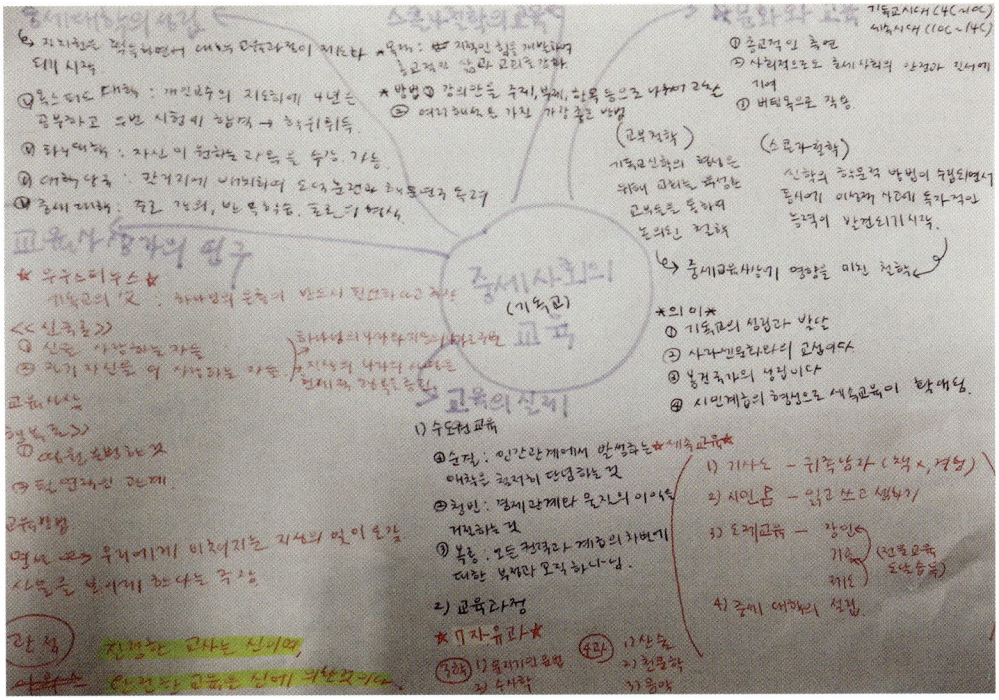

② 브레인 스토밍

브레인스토밍은 뇌에 폭풍을 일으킨다는 뜻으로 특정한 주제에 대해 생각나는 아이디어를 마치 폭풍이 몰아치듯 짧은 시간 안에 내어 놓은 것을 말한다. 이 기법은 미국에서 BBDO(Battern Barton DurStineand Osborn) 광고회사의 부장으로 있던 알렉스 F. 오즈번이 광고 관계의 아이디어를 창출하기 위하여 전통적인 회의 방식에 불만을 품고 그것을 개선하여 고안해 낸 일종의 회의 방식이다.

③ 육색모자 사고기법

DeBono(1985)는 수직적 사고뿐만 아니라 수평적 사고까지 기를 수 있는 사고기법을 제시하였다. 이는 6가지 색깔의 모자가 의미하는 특정의 사고를 함으로써 폭넓은 창의적 사고를 가능하게 하는 기법이다.

6색 모자 사고기법의 종류와 역할

모자 색깔		사고종류	역할
1	하얀 모자	중립적, 객관적 사고	정확한 정보에 기초하고 이미 검증된 중립적이고 객관적 사실 제시
2	초록 모자	창의적, 확산적 사고	창의적이고 확산적인 새로운 측면을 제시, 두뇌가 만든 고정화된 패턴을 깨뜨리고 수평적 사고를 하게 만드는 과정
3	빨간 모자	감정이나 정서의 사고	하얀색과는 반대로 자신의 분노, 두려움, 직관과 같은 감정이나 정서 제시
4	노란 모자	긍정적, 낙관적 사고	긍정적이고 낙관적인 의견 제시(가치, 이익, 구체적인 제안)
5	검은 모자	비판적, 부정적 사고	부정적이고 비판적인 의견 제시(문제점, 위험, 오류, 부정확)
6	파란 모자	지휘자의 사고	지휘자나 사회자처럼 정리 및 요약, 결론적인 내용 제시

④ 강제결합법

네브라스카 대학의 R. 크로포드 교수가 개발한 강제결합법은 문제점을 파악하기 위해 활용한다. 이것은 문제를 넓은 부분에서 좁은 부분으로 나누어 생각하는 기법으로, 특정한 좁은 부분을 명확히 밝히는 것이 문제를 해결하는 지름길이 되는 경우가 많다. 예를 들면 어떤 물건을 개선하기 위하여 아이디어를 얻고 싶을 때 우선 그 물건이 가지고 있는 특성을 열거하여 거기에서 어떤 문제점 발견의 힌트를 얻고자 하는 기법이다.

- 명사적 특성(물질, 전체, 부분, 재료, 제조 방법, 물리적 특성)
- 형용사적 특성(성질, 크기, 모양, 색 , 맛, 무게)
- 동사적 특성(그 물건이 갖고 있는 기능, 작용)

⑤ 스캠퍼기법

스캠퍼 기법은 문제해결의 착안점을 정해놓고 그에 따라 다양한 관점에서 사고함으로써 아이디어를 얻는 방법으로, 알렉스 F. 오즈번이 소개하고 밥 에버럴이 재구성한 아이디어 촉진 질문법이다. 스캠퍼(SCAMPER)는 8단어의 약자로 전개하도록 구성되어 있으며, 아이디어와 상상력을 동원하도록 도와주는 체크리스트이다.

스캠퍼의 단계별 질문

- 대치하기(Substitute): 어떤 일정한 기존의 장소, 방법, 내용, 색깔, 소리 등을 다른 것으로 대치, 대체하는 방안으로 '무엇으로 대체할 수 있는가? 현재 그대로인 상태에서 새로운 이미지를 추가하면 어떻게 될까? 옛 것에서, 자연에서, 생활 속에서, 다른 무엇으로, 다른 과정으로, 다른 장소로 대체할 수 없을까?'를 생각하는 방법

  예 석탄난로→석유난로, 휘발유 사용 자동차→알코올 사용 자동차
- 결합하기(Combine): '유사한 것', '상이한 것'을 서로 결합 또는 혼합을 적용하는 방식으로 다른 요소끼리 결합시키면 어떻게 될까? 비슷한 기능끼리 결합시키면 어떻게 될까? 아주 다른 기능끼리 결합시키면 어떻게 될까?'를 생각하는 방법

  예 등산용 칼→숟가락+드라이브+병따개
- 적용하기(Adapt): 어떤 원리나 형태를 다른 분야에 적용하는 것으로 '아이디어를 차용할 수 없는가? 다른 데서 빌릴 수는 없는가? 무엇을 모방할 수 없을까? 이것과 비슷한 것은 무엇인가? 과거에 비슷한 것은 없었던가? 누구의 흉내를 낼 수 없는가?'를 생각하는 방법

  예 사진→조각품, 조각→그림
- 수정-확대-축소하기(Modify-Magnify-Minify):
  - 수정: 의미, 색깔, 운동, 소리, 냄새, 형태 등을 좀 고쳐서 변화를 주면 어떨지를 생각하는 방법

    예 유행하는 각종 자동차, 유행하는 각종 의상
  - 확대: '어떤 형태나 아이디어를 크게 또는 조금 확대하면 어떨까?'를 생각하는 방법

    예 점포에 있는 큰 도장, 소리 확대→확성기
  - 축소: '대폭 또는 소폭으로 축소하거나 가볍게, 늦게, 가늘게 등으로 축소 또는 감소시키면 어떨까?'를 생각하는 방법

    예 컴퓨터→노트북, 라디오→트랜지스터
- 다른 용도로 사용하기(Put to other use): 어떤 사물이나 아이디어를 다른 방법으로 쓰는 방안을 생각하는 방법

  예 헌 구두→슬리퍼, 벽돌→책꽂이

- 제거하기(Eliminate): 어떤 부분을 삭제 또는 소거시키면 어떨지를 생각하는 방법

  예 덮개 없는 오픈카, 노천극장

- 재배치하기(Rearrange-Reverse)

  - 재배치: 순서나 배치를 달리하면 어떨지를 생각하는 방법

    예 사무실근무→재택근무, 옷 앞 단추→등 뒤 단추

  - 전도: 전후, 좌우, 안팎, 대소, 노소 등 아이디어를 거꾸로 뒤집는 것을 생각하는 방법

    예 여름에 겨울상품 세일, 양면으로 입을 수 있는 의류

창의적 사고 연습하기

유명인 실종사건[4)]

다음 목록에서 이야기의 주인공이 될 사람의 성과 이름(여자 또는 남자)을 하나 선택해서 아래에 적어 보자.

성: 강, 경, 고, 구, 권, 김, 나, 노, 도, 마, 박, 반, 배, 복, 서, 성, 신, 오, 옥, 우, 유, 윤, 이, 인, 임, 장, 주, 지, 차, 최, 추, 피, 하, 한, 함, 황보

여자이름: 경림, 경미, 경희, 기은, 길순, 나림, 다정, 미나, 미자, 서진, 선옥, 소연, 수자, 영숙, 윤전, 은영, 은숙, 인선, 자현, 정인, 지연, 진희, 혜인, 혜정

남자이름: 규동, 규석, 기훈, 대웅, 덕하, 명기, 문지, 민재, 백림, 성부, 성호, 수열, 승규, 영일, 우섭, 원익, 정용, 종환, 준기, 중용, 지우, 택수, 판철, 학수

한때 이 사람은 언론의 스포트라이트를 받았는데, 어느 날 갑자기 자취를 감췄다.

주인공 이름: ____________________________

4) Bonnie Neubauer(2012). 하루 10분씩 100일 동안 1000가지 창의적 글쓰기. 전소혁 역. 서울: 넥서스 books, 67days.

◎ 1과 10 사이에서 숫자 하나를 선택하라. 당신과 이 사람과의 관계와 함께 이야기를 만들 때 꼭 사용해야 하는 의태어가 나온다.

1. 관계: 여동생, 의태어: 보슬보슬
2. 관계: 미용사, 의태어: 하늘하늘
3. 관계: 개 관리인, 의태어: 아롱아롱
4. 관계: 삼촌, 의태어: 송알송알
5. 관계: 매니저, 의태어: 보글보글
6. 관계: 변호사, 의태어: 울긋불긋
7. 관계: 조부모, 의태어: 찰방찰방
8. 관계: 심리치료사, 의태어: 나풀나풀
9. 관계: 전 배우자, 의태어: 방울방울
10. 관계: 어릴 적 친구, 의태어: 둥실둥실

◎ 이제 10분 동안 자유롭게 글을 써보자!

(2) 수렴적 사고기법

① 하이라이팅 기법

하이라이팅 기법(highlighting)에서는 히트(hits, 대안들 가운데서 그럴 듯 하고 괜찮다고 생각되는 대안)한 아이디어들을 관련한 것끼리 묶어서 해결을 위한 적중 영역(hot spot)을 만들어낸다. 그리고 이러한 적중 영역의 해결책이 필요하면 수정하고 발전시켜 더 나은 대안으로 만든다. 이 기법은 아이디어들을 평가하고 선택하는 간단하면서도 가장 효과적인 방법이다.

② 평가행렬법

평가행렬법(evaluation matrix)는 대안들의 수가 많을 경우, 이들을 준거에 따라 체계적으로 평가하고자 할 때 사용할 수 있다. 이 기법은 해결대안을 평가하고 선택할 뿐만 아니라 문제해결의 어떠한 단계에서도 사용할 수 있다.

어느 것이 가장 ____________________

	가장 바삭바삭 한가?	가장 오래 보관 할 수 있는가?	가장 부드러운 느낌이 드는가?	가장 맛이 좋은가?	가장 영양가가 많은가?	가장 포장이 예쁜가?	총점
새우깡	5	1	4	2	1	3	16
쵸코칩	4	5	5	5	3	4	26
에이스	3	4	2	4	5	2	19
죠리퐁	2	2	3	3	4	5	20
꼬깔콘	1	3	1	1	2	1	9

③ 쌍비교분석법

쌍비교분석법(Paried Comparison Analysis, PCA)은 몇 개의 대안들을 우선순위 또는 순서를 매길 때 사용하는 방법으로, 상대적인 우선순위에 따라 대안들을 선택하고 결정해야 할 때 사용하는 기법이다. 몇 가지 문제 진술들 가운데서 어느 것을 먼저 다룰 것인지를 결정할 때, 또는 해결 대안들 가운데서 어느 것을 먼저 고려하여 분석하고 발전시킬 것인지를 결정할 때 사용한다. 모든 대안을 한 번에 한 쌍씩 비교해 보고 상대적인 중요성을 결정한다.

④ 강점, 약점, 흥미로운 것 알아보기

PMI(Plus, Minus, Interesting)는 어떤 아이디어를 좋아한다거나 좋아하지 않는다고 말하기 위해 사용하는 방법이다. 먼저 좋은 점을, 다음으로 나쁜 점을, 그리고 그다음으로 좋지도 나쁘지도 아니하지만 흥미롭다고 생각하는 점을 나열하여 선택한다.

⑤ 다른 사람의 견해 살피기

OPV(Other People's View)는 누구나 사고를 하면서 다른 사람의 의견도 살펴보아야 한다는 것이다. 어떤 사건의 결과나 목적에 대해 나와 의견이 다른 사람이 있다는 것을 알고, 내가 생각하기에 다른 사람과 다른 결과, 다른 목적, 다른 것에 대한 중요도를 생각하고 뽑는 방법이다. 여러 생각 가운데 비슷한 점과 다른 점을 찾아보면서, 자신의 생각이 옳다고 해서 그것을 다른 사람들에게 강요하지 않도록 한다.

4. 루트번스타인의 생각도구

루트번스타인에 의하면, 가드너 등이 범한 실수는 창조적인 사람들의 '사고(思考)'가 자신을 표현하는 객관적인 양식인 '산출물'에 따라 분류될 수 있다고 한 점이라고 보았다. 그는 사람이 가진 수많은 지적 과정 중 단 한 가지 요인만으로 개인을 분류하는 것은 아인슈타인을 논리 수학적으로 사고하는 사람으로 규정하는 것만큼 그릇된 견해라고 강조하였다(Root-Bernstein, 2004). 특히 루트번스타인은 오늘날의 교육이 여러 다양한 학문 영역을 서로 묶어줄 수 있는 창조적 사고과정의 보편성을 간과한 채 서로 철저하게 분리된 과목과 공식 언어 체계에만 기반을 두고 있어 수학자들은 오로지 수식 안에서, 작가들은 단어 안에서, 음악가들은 음표 안에서만 생각하도록 강요한다고 비판한다. 그래서 현재의 교육은 '생각하기'의 본질을 절반만 이해하게 하여 지식을 파편화시키고 자신의 분야 밖에서는 소통할 수 없는 전문가를 양성하고 있다고 보고 있다(Root- Bernstein, 2007).

Root-Bernstein과 Root-Bernstine(1999)[5]은 10여 년 동안 수많은 인터뷰, 자서전, 전기, 기록물 등을 분석하여 역사상 가장 위대했던 천재들이 자신의 창작경험을 통해 '생각'에 대해 어떻게 생각했는지, 생각하는 법을 어떻게 배웠는지에 대해 분석하면서 공통적인 사고법을 발견하였다. 루트번스타인이 12가지 생각도구의 유기적 관계를 관찰, 형상화, 추상화, 패턴 인식과 형성, 유추, 몸으로 생각하기, 감정 이입, 차원적 사고, 모형 만들기, 놀이, 변형, 통합의 형태로 설명한 것을 요약하여 정리해보면 다음과 같다.[6]

(1) 관찰(observing)

세상에 관한 모든 지식은 처음에는 관찰에서 시작된다. 관찰은 오감을 활용하는 민감성이 요구되는 능력으로 모든 직관적이고 상상적인 사고의 시작점이 된다. 따라서 관찰은 수동적인 '보기'가 아닌 적극적인 '관찰'이 되어야 한다. 예를 들어 음악을 다른 일을 하면서 듣는 것과 집중해서 듣는 것과는 차이가 있다. 이러한 관찰력은 미세한 감각을 발달시킬 수 있다. 평소에 눈을 감고 상상해 보거나 좋아하는 물건을 수집하는 관찰 연습이 도움이 된다.

---

5) 이하 루트번스타인으로 표기. Robert Root-Bernstein과 Michele Root-Bernstein은 『생각의 탄생』의 작가들로 부부이자 연구의 동반자이기도 하다. Robert Root-Bernstein은 미시건 주립대학 생리학과 교수로 활동하고 있으며, '천재들의 상'으로 불리는 맥아더펠로우십(A John D. and Catherine T. MacArthur Fellowship)의 수상자이다. Michele Root-Bernstein은 역사학자로 역사와 창작을 가르치고 있다.

6) 본 장에서 루트번스타인의 생각도구 12가지 형태는 Robert Root-Bernstein & Michele Root-Bernstein(2007)의 『생각의 탄생』을 중심으로 본 저자가 요약, 정리하여 재구성하였다.

(2) 형상화(imaging)

형상화는 우리의 관찰을 통해 느낀 감정이나 생각을 오감은 물론 몸의 감각까지 동원해서 다시 불러내거나 어떤 심상으로 만들어 머릿속에 떠올리는 과정이다. 무용가 마샤 그레이엄(Martha Graham, 1894~1991)은 음악을 마음으로 들으며 자신의 몸동작을 상상하곤 했으며, 작곡가 헨리 코웰(Henry Cowell, 1897~1965)은 악보로 읽으면서 음악을 상상하는 것을 좋아했다. 알버트 아인슈타인(Albert Einstein, 1879~1955)은 물리학 연구가 잘 풀리지 않을 때면 바이올린이나 피아노를 연주하곤 했다.

(3) 추상화(abstracting)

추상화란 복잡한 체계에서 단순한 핵심적 의미를 발견하는 것이다. 감각적 경험과 형상은 너무 많고 복잡하기 때문에 몇 가지 단순한 원칙으로 줄여나가는 것이 필요하다. 이러한 추상화는 미술 분야에서 많이 발견되는데, 파블로 피카소(Pablo Picasso, 1881~1973)는 구체적인 실재로부터 시작해서 추상에 도달해야 한다고 주장했다. 그는 '황소'를 그리기 위해 복잡한 황소 그림을 1개월 동안의 꾸준한 관찰과 작업을 통해 10개 남짓의 단순한 선만으로 간략화하였다. 하지만 이렇게 단순화된 선에도 불구하고 아래에

Bull(1945)

나타난 것처럼 피카소의 그림은 황소의 본질을 보여줄 수 있다.

또한 미국 애플이 아이폰, 아이패드 등에 특유의 세련된 디자인을 구현할 수 있었던 건은 20세기 최고화가인 파블로 피카소에 대한 꾸준한 모방을 통해 이루어진 것으로 확인되었다. 반면 문학에서는 시를 예로 들 수 있다. 복잡한 생각을 핵심적인 한 단어로 표현하기 위해 시인들은 많은 시간을 고뇌한다.

(4) 패턴 인식과 형성(pattern recognizing & forming)

패턴 인식과 형성은 우리가 매순간 보고 듣고 느끼는 무질서한 사건들을 분류해서 체계화 하는 것으로 자연법칙과 수학구조를 발견하거나 언어와 춤, 음악의 운율을 발견하는 것이다. 화가인 모리츠 에셔(Maurits Cornelis Escher, 1898~1972)는 기하학적 원리와 수학적 개념을 토대로 자신의 상상에서 비롯된 내적 이미지를 표현하는 작가로 유명하다. 그는 주변에 있는 것을 보이는 대로 그리지 않고 평면의 규칙적인 분할을 바탕으로 한 무한한 공간, 공간 속의 원과 회전체 등이 중심을 이루는 교묘한 수학적 계산에 따라 작품활동을 했다.

Angel/Devil(1941)

Clowns No. 21(1938)

또한 모든 음악가에게 패턴을 본다는 것은 음악을 듣는 것만큼 중요하다. 퍼즐이나 체스나 바둑 또한 이러한 패턴을 인식하는 연습이 될 수 있다. 바흐(Johann Sebastian Bach, 1685~1750)는 패턴을 인식하고 대칭적인 패턴을 통해 독창적인 음악을 작곡하였는데, 대표적인 곡이 'The Art of Fuge(푸가의 기법)'이다. 우리는 일상에서 패턴을 가진 사물을 가지고 콜라주를 만들어보거나, 레고나 퍼즐을 통해 새로운 패턴을 형성하는 훈련을 해볼 수 있다.

(5) 유추(analogizing)

형성된 패턴은 유추로 이어진다. 유추란 명백히 달라 보이는 두 개의 사물이 중요한 특질과 기능을 공유하고 있음을 깨닫는 것으로, 복잡한 현상들 사이에서 내적 관련성을 알아내는 것을 말한다. 유추는 중요한 과학적 발견의 시작점이 되었는데, 예를 들면 아이작 뉴턴(Sir Isaac Newton, 1642~1727)은 사과가 나무에서 떨어지는 것을 보고 사물의 작용과 천체 역학 간의 유추를 시작하게 되었다. 특히 예술은 은유와 유추를 기반으로 한다. 화가 모리츠 에셔는 바흐의 캐논에서 반복 패턴을 유추하여 자신의 작품에 활용하였다. 우리의 세계는 보이는 것만이 전부가 아니기 때문에 유추를 통해 상상하고 은유하는 훈련이 필요하다.

(6) 몸으로 생각하기(body thinking)

몸으로 생각하기는 근육의 움직임, 몸의 감각, 다양한 감정들이 더욱 정련된 사고 단계로 향상되도록 도약대 역할을 하는 과정이다. 예를 들면 연주자들은 몸이 음악을 기억한다. 세계적인 지휘자 레너드 번스타인(Leonard Bernstein, 1918~1990)은 격렬하고 역동적인 지휘를 통해 그의 내면의 음악을 표현한다. 또한 화가 잭슨 폴록(Jackson Pollock, 1912~1956)은 액션 페인팅을 통해서 몸의 동작을 캔버스에 기록하였다.

몸에 대한 감각은 우리의 정신과 분리되어 있지 않다. 따라서 운동 감각적 상상력을 통해 몸으로 생각하는 훈련은 일상적이고 자연스럽게 이루어져야 한다.

(7) 감정 이입(empathizing)

몸으로 생각하는 것과 긴밀하게 연결되어 있는 감정 이입은 나를 잊고 사물과 하나가 되는 과정과도 같다. 감정 이입은 문제를 해결하기 위해서 문제 속으로 들어가 그 문제의 일부가 되는 것을 나타낸다. 예를 들면 배우들은 극중 인물에 완전히 몰입하여 연기한다. 또한 역사가들은 그 시대의 현장으로 돌아가기 위해 감정을 이입한다. 이러한 상상력은 기존의 자료 수집만으로는 볼 수 없었던 것도 발견할 수 있게 해준다. 과학 분야에서도 이러한 감정 이입의 사례를 찾아볼 수 있는데, 복잡한 침팬지의 사회에 깊숙이 감정을 이입하여 연구한 제인 구달(Jane Goodall, 1934~)이나, 평생을 혼자 연구하며 식물들과 소통하였던 바바라 맥클린톡(Barbara McClintock, 1902~1992)이 그 예이다.

제인 구달이 침팬지 플린트와 접촉하는 순간

(8) 차원적 사고(dimensional thinking)

차원적 사고란 어떤 사물을 평면으로부터 3차원 이상의 세계로 확장하여 생각하는 것이다. 예를 들면 화가 조지아 오키프(Georgia O'Keeffe, 1887~1986)는 작품의 주제를 주로 두개골, 짐승의 뼈, 식물의 기관, 조개껍데기, 산 등의 자연을 확대시킨다. 일반적으로 사람들은 3차원 물체를 잘 지각하지 못하는데, 화가인 피에트 몬드리안(Piet Mondrian, 1872~1944)은 가능한 모든 위치에서 사물을 보아야 한다고 주장한다. 일상에서는 조각이나 종이접기와 같은 3차원 미술과 같은 훈련을 통해 차원적 사고능력을 개발할 수 있다.

White Calla Lily(1928)

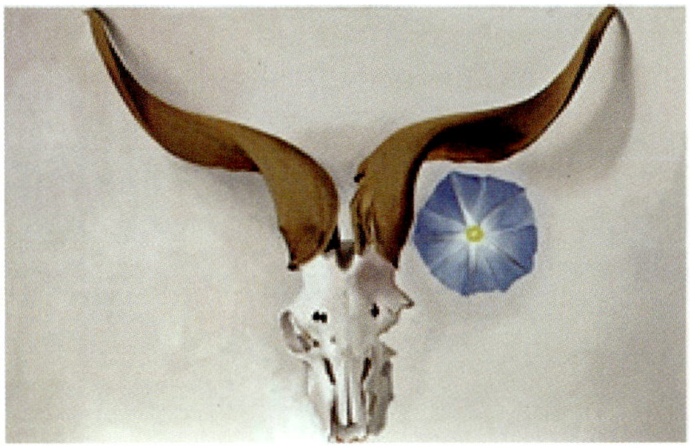

Ram's Head, Blue Morning Glory(1938)

(9) 모형 만들기(modeling)

고차원적인 사고과정을 거쳐 모형 만들기에 돌입하게 된다. 모형 만들기는 어떤 대상과 개념을 모형으로 만드는 것으로, 모형은 실제를 축약하여 본질을 구현해야 한다. 모형은 유추와 추상화, 차원적 사고, 손재주의 결합이 요구되는 작업이다. 예를 들면 건축가들은 자신의 설계도를 작은 모형으로 만드는 데 완성된 건물에 대한 더 분명한 예측을 할 수 있고, 문제점을 미리 파악할 수도 있다. 또한 작곡가 필립 글라스(Philip Glass, 1937~)는 전통 음악을 자신의 필요에 따라 모형으로 만들고 변형해서 사용하였다. 이와 같이 우리를 둘러싼 세계를 이해하기 위해서는 다양한 모형을 만들어 보는 훈련이 필요하다.

(10) 놀이(playing)

놀이는 몸으로 생각하기, 감정 이입, 모형 만들기 등의 생각도구를 바탕으로 통합적 생각도구로 형상화될 수 있다. 창의적인 인물들에게 공통적으로 발견되는 것이 즐거움과 재미이다. 예를 들면 물리학자 리처드 파인만(Richard Feynman, 1918~1988)은 취미생활과 일을 모두 하나의 놀이로 생각하였다. 그는 십대 시절 놀이삼아 4차원 형상을 머릿속에 그리곤 했는데, 이는 어떠한 결과를 얻기 위한 것이 아니라 오로지 즐거움을 위한 것이었다. 또한 음악가 찰스 아이브스(Charles Ives, 1874~1954)는 집에서 찾아낸 물건들, 막대기, 상자갈대 같은 것을 가지고 연주하며 놀았고, 이는 후에 타악기 음을 기반으로 한 독특한 그의 음악세계를 만들어냈다. 놀이는 본능적인 느낌과 정서, 직관, 쾌락을 선사하는데 그것들로부터 바로 창조적인 통찰이 나온다.

(11) 변형(transforming)

모형을 만들고 놀이로의 형상화가 이루어지면 최초의 생각을 곧 변형을 맞게 된다. 변형적 사고는 하나의 생각도구와 다른 생각도구 사이에서 일어나는 새로움을 찾는 과정이다. 창조적인 사람들은 복잡한 사고의 변형 과정을 쉽게 다룬다. 예를 들면, 화가인 파울 클레(Paul Klee, 1879~1940)는 바흐의 음악을 그래프로 변화시키고 순수한 선으로 추상화한 이미지를 만들었다.

Bahnwarter Garden(1934)

Heroic Rose(1938)

Schwimmfahiges(1938)

반대로 드뷔시는 인상파 미술에 많은 영향을 받았고, 색채주의라는 음악 사조를 만들어 냈다. 이처럼 변형은 문제를 이미지나 모형으로 변환하고 면밀한 관창을 통해 패턴을 찾아내어 이를 추상화하고 다시 모형으로 만든다. 그런 후 감정 이입 등을 통해 다양한 해결책을 모색하며 놀아보는 것이다. 생각도구인 변형은 분야 간의 경계를 뛰어 넘는 창조적 사고력으로 발전할 수 있다.

(12) 통합(synthesizing)

통합은 앞선 생각도구들의 완결 과정으로 통합된 지식 안에서 관찰, 형상화, 감정 이입과 기타 생각도구들의 과정을 거친 느낌, 지식과 기억이 다양하면서도 통합적인 방법으로 결합되는 것이다. 이를 몸과 마음 감각과 분별력을 이어주는 '통합적 이해' 혹은 '종합지'라고 부른다. 다양한 감각이 뒤섞이는 통합적 사고는 많은 예술가의 사례에서 찾아볼 수 있다. 영국의 화가이자 사진가인 데이비드 호크니(David Hockney, 1937~)는 "라벨작품의 경우 어떤 악절은 온통 파란색과 녹색으로 나에게 다가온다"라고 언급하면서 음악을 들을 때마다 색을 지각한다고 하였다. 이처럼 통합은 공감각적 사고를 넘어서서 감각과 인식을 동시에 결합하는 것으로, 특정학문을 뛰어 넘는 지식을 추구하고 상상하면서 분석하는 것이다.

3장

논술기법

논증이 진리에 이르는 수단임을 깨닫지 못하고 있기 때문에,
상호 대립하는 이데올로기를 신봉하는 사람들은
각각 그들의 목적을 성취하는 수단으로 전쟁 이외에는 아무런 방법도 갖고 있지 않다.
–Russell, 1872~1970

하나의 테마를 문장으로 표현할 경우, 그 속에 포함되어 있는 조건에 따라서 그 표현이 '옳다', '옳지 않다' 중 하나의 것으로 되는 문장을 명제라 한다. 명제(proposition)는 진술이라고도 하며, 서술문(참과 거짓을 따질 수 있는 문장)을 통해 어떤 사실에 대한 믿음과 판단을 표현하는 것, 즉 하나의 사실을 진술하는 문장의 내용을 의미한다. 예를 들면, 'X는 철학자이다.'라는 명제를 생각하였을 경우, X에 칸트를 대입하면 이것은 '참'으로 되고 나폴레옹을 넣으면 '거짓'으로 된다. 대개 사람들은 여러 상황에서 다양한 주장을 하고, 이러한 주장은 문장(Sentence)의 형태로 나타난다.

(a) 송중기는 장동건의 친구다.
(b) 차승원은 송중기의 친구다.

(a)의 주어는 '송중기'이고, (b)의 주어는 '차승원'이다. 이 두 문장이 말하는 것은 '송중기'와 '차승원' 사이에서 이루어진 어떤 관계에 대해 말하고 있는데, 그것은 같은 내용을 의미한다. 결국 (a)와 (b)는 상이한 문장이지만 동일한 의미를 담고 있으며, 동일한 주장을 하고 있다.

논증은 명제들의 집합이 특정한 구조를 가지고 있는 것을 말한다. 논증은 우리가 어떤 것을 믿고 어떻게 행동해야 하는가에 대한 물음에 정당화를 요구하는 것이다. 그래서 명제를 가지고 설득을 시도하는데, 이러한 명제는 '참(truth)'을 알아내기 위함이다. 우리는 논증에 주의를 기울임으로써 여러 문제에 대한 참에 다가갈 수 있으며, 세계와 다양한 사람들을 좀 더 잘 이해하고 대처할 수 있게 될 것이다.

논리적 사고의 규칙에 따른 논리의 형식으로는 논증이 전형적이다. 논증은 결론이 주장으로 먼저 제시되고 주장을 뒷받침하는 이유나 증거를 모색하는 과정이다. 논증은 추론의 과정을 통하여 명백히 주장하는 바가 있고, 그것을 뒷받침 하는 이유(근거)가 제시되는 일련의 진술이다. 논리적인 주장이 글로 표현될 때, 그것은 전제와 결론의 관계를 가진 두 개 이상의 진술로 구성된다. 논증의 구조에 내적으로 속하는 요소에는 주장, 근거, 정당화, 증거, 반박이 있다(서정혁, 2015).

논증(reasoning)의 요소

- 주장(claim): 논란이 되고 있는 문제에 대해 말이나 글로 표현된 일관된 의견이다. 주장은 논리적으로는 결론에 해당하지만 문제해결의 맥락에서는 특정한 문제에 대한 해결책이다.
- 근거(ground): 근거나 정당화 요소가 참이라는 것을 입증하는 구체적인 개별 자료다. 보통 '신뢰할 만한 증거를 얼마나 제시하는가?', '논증이 설득력이 있는가?'를 결정하기 위해 사용한다. 논증 요소들의 관계가 연역적으로 타당할 뿐만 아니라 각 전제가 참인 논증은 건전하므로 설득력이 가장 높다.
- 정당화(warrant): 정당화는 근거가 주장을 뒷받침한다는 것을 정당화해 주는 연결 요소로 논리적으로는 대전제에 해당한다.
- 증거(backing): 증거는 근거나 정당화 요소가 참이라는 것을 입증하는 구체적인 개별 자료다. 보통 '신뢰할 만한 증거를 얼마나 제시하는가?', '논증이 설득력이 있는가?'를 결정하는 경우가 많다. 증거를 제시하게 될 경우 논증 요소들의 관계가 연역적으로 타당하게 될 뿐만 아니라, 각 전제가 참이 되기 때문에 논증이 건전해져 설

득력을 높일 수 있다.

- 반박(rebuttal): 반박은 논증의 나머지 요소들이 그렇지 않을 경우를 가정할 때 그 요소들에 대해 부정적으로 제기될 수 있는 조건이다. 반박은 흔히 '만일 그렇지 않다면(unless)'이라는 형식으로 표현된다. 예를 들어, '모든 사람은 죽는다'라는 정당화 요소에 대해 '만일 모든 사람이 죽는 것은 아니라면~'이나 '만일 어떤 사람은 죽지 않는다면~'이라는 반박을 가정해 볼 수 있다.

아리스토텔레스의 『수사학』을 통해 살펴보는 논증이야기

아리스토텔레스는 수사학의 세 가지 요소를 설명한 세 권으로 구성된 그의 『수사학』 가운데 처음 두 권의 대부분을 논리적 추론에 할애하고 있다. 그는 다양한 형태의 인간의 성품과 미덕들을 이해할 수 있고(에토스), 인간의 제반 정서들을 이해할 수 있는 능력(파토스)보다는 논리적으로 추론하고 사유할 수 있는 능력(로고스 또는 논증)을 강조함으로써 철학적이고 논리적인 학문으로 수사학의 위상을 정립하고자 하였다(박성창, 2000). 아리스토텔레스는 감정의 조작에 치우친 소피스트 수사학에 반대하여 논리적 체계가 여전히 수사적 설득의 기술에서 중요하다는 것을 역설하고 있다. 우리는 이를 『수사학』의 첫 장 앞부분에서 확인해 볼 수 있다.

> 오늘날 수사학에 관해 글을 쓰는 사람들은 그에 관한 극히 일부분만을 다룰 뿐이다. 논리적 논의에 의한 설득의 양식만이 수사학의 유일한 본질적 요소이고, 나머지는 장식적인 것들이다. 그러나 과거의 수사학자들은 대부분의 경우 논리적 설득의 요체인 수사적 삼단 논법(enthymème)에 대해서는 일언반구도 없이 비본질적 요소들에만 관심을 기울인다. 편견·연민·분노와 비슷한 감정을 불러일으키는 것은 본질적인 사실과는 아무런 관련이 없고 소송 사건을 판결하는 배심원들에게 개인적인 호소를 한 것뿐이다. —Rhétorique, I, 1354a

아리스토텔레스는 수사학적인 맥락에서 설득을 위한 방법적 요소로 '에토스(ethos)', '파토스(pathos)', '로고스(logos)'를 제시하였다(Aristoteles, 2015). 효과적인 설득에는 반드시 이

세 가지 방법적 요소의 동시적 작용이 존재해야 한다. 에토스는 논증을 펼치는 논자가 지녀야 할 성품으로 연설자의 말은 에토스가 사용될 때 신뢰를 가져온다. 아리스토텔레스는 기본적으로 사람들이 화자를 신뢰해야만 설득할 수 있다고 믿었다. 파토스는 감정과 정서로 구성되는 정념들로 논증에서는 청중이나 독자의 심적 상태 및 성향들을 총칭하는 것으로 파토스가 사용될 때 감정이라는 반응을 가져온다. 청자의 심리 또는 감정 상태는 설득에 영향을 미칠 수 있기 때문이다. 기쁘고 호감을 느낄 때의 판단은 고통과 적의를 느낄 때의 판단과 같지 않지 않다. 파토스를 고려할 때 청자의 실제 정신 상태와 그가 바라는 정신 상태 모두를 이해하는 것은 중요하다. 로고스는 메시지의 본질 또는 청자에게 명확한 증거를 제공하기 위한 논리로 논증의 요소인 주장, 근거, 정당화, 증거, 반박이 해당된다.

에토스와 파토스는 논증의 내적인 요소는 아니지만 설득의 수사학에서는 이러한 외적 요소가 더 중요하게 부각되는 경우도 있다. 사람들은 말의 결과, 곧 효과가 일어나게 되면 말의 능력이 발휘되었다고 판단한다. 이때 말의 능력은 그 자체로 능력을 가지는 것이 아니라 말이 어떤 틀에 따라 사용되느냐에 근거하여 그 능력을 판단 받게 된다. 즉 성공적인 설득을 위해서는 우선 평소 행동을 통해 그 사람과의 신뢰의 다리를 구축한 다음(에토스), 그 사람이 당신의 마음을 받아들일 마음 상태일 때(파토스), 논리적으로 설득을 진행(로고스)해야 한다.

1. 개념과 정의

비트겐슈타인이 자신의 책『논리 철학 논고』에서 "개념의 의미는 개념을 올바르게 사용하는 데 있다"라고 말한 것처럼, 사용하지 못하는 개념은 아무 짝에도 쓸모가 없고, 그것은 심지어 개념조차도 되지 못한다.

개념(concept)은 어떤 사물현상에 대한 일반적인 인식이며, 정의(extension)는 한 낱말이 어떠한 의미를 갖는 것으로 하자는 사람들의 동의로 이루어지는 약속이다. 개념은 다시 개념이 지칭하는 대상의 속성을 다른 것과 구분하여 진술함으로써 내리는 내포적 정의(사전적 정의)와 개념이 지칭하는 대상의 일부 혹은 전부를 열거함으로써 내리는 외연적 정의(열거형 정의)로 구분된다.

연습문제 A. 다음 중 개념 정의의 방식이 예시문과 같은 것은?

'삼각형' 은 세 개의 각을 가진 도형이다.

① '영희' 는 철수의 동생이다.
② '학생' 은 학교에서 공부하는 사람이다.
③ '아바타' 는 사이버 공간에서 사용자를 대변하는 주체이다.
④ '동물' 은 식물과 구분되는 생명체이다.

연습문제 B. 다음을 외연적 정의와 내포적 정의를 내리시오.

1. 사람 :

2. 동물 :

2. 추론

추론(推論)이란 미루어 생각하는 것으로 어떠한 판단을 근거로 삼아 다른 판단을 이끌어 내는 것이다(표준국어대사전, 1999). 추론은 주어진 사실로부터 새로운 사실을 이끌어 내는 사고의 과정으로 논증이 이루어지는 인지과정을 의미하기 때문에 여러 표상들을 연결하여 개념을 형성하게 한다.

1) 귀납추론(inductive inference)

귀납추론은 지금까지의 구체적인 사실에서 이 사실들을 모두 아우르는 보편적인 결론에 이루는 방식으로 경험을 통해 결론을 유추하는 추론이다. 귀납적 추론의 특징은 예측성과 개연성 두 가지가 있다. 예측성은 단순히 지식을 종합하는 데 그치는 것이 아니라 지식을 모아 일반화하고 일반화된 것을 바탕으로 미래를 잠정적으로 예측하는 것이다. 그리고 개연성은 결론에 가까운 사례들을 모아 추측하지만 이것은 확률적으로 있을 뿐이다. 귀납법은 언제나 수정될 수 있으며, 귀납추론은 전제가 모두 참이라 해서 결론이 반드시 참인 것은 아니다.

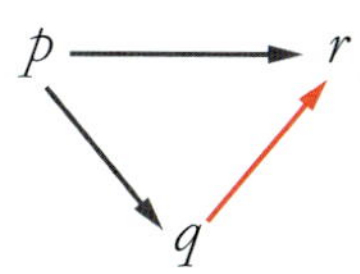

[사례] $p1, p2, p3$……은 q의 일부이다.
[결과] $p1, p2, p3$……은 r이다.
[규칙] (아마도) 모든 q는 r이다.

예 식물은 영양을 섭취해야 한다.
동물도 영양을 섭취해야 한다.
식물과 동물은 생물이다.
그러므로 모든 생물은 영양을 섭취해야 한다.

2) 연역추론(deductive inference)

연역추론은 보편적인 전제와 이유에서 구체적인 주장으로 이르는 방식으로 하나의 전제를 통해 그것으로 결론을 추론해 낸다. 전제가 모두 참이면 결론이 반드시 참이다.

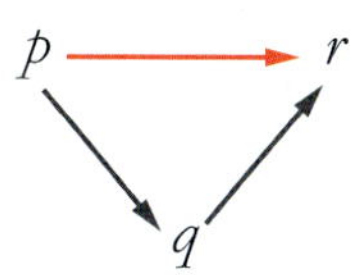

[사례] 모든 q는 r이다.
[결과] 모든 p는 q이다.
[규칙] 모든 p는 r이다.

예 사람은 음식을 먹어야 살 수 있다.
나는 사람이다.
그러므로 나는 음식을 먹어야 살 수 있다.

3) 가추추론(abduction inference)

전제와 이유는 주장에 대한 목적에 알맞을 때 데이터로 충분한 가치가 있다. 따라서 현실에서는 대부분 문제에 대한 가능한 해법을 주장의 목적에 따라 어느 정도 예측하는데, 이러한 잠정적인 해법을 가설(hypothesis)이라고 한다. 가설을 검토하기 위해서 문제와 관련한 데이터를 더 수집하는데, 여기에서 문제가 되는 데이터를 잠정적으로 설명하는 가설을 추론해 나아가는 방식이 가추추론이다.

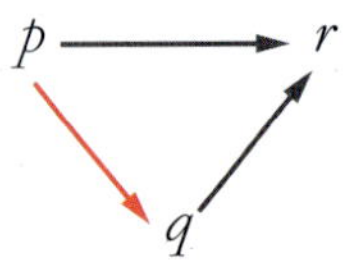

[사례] $q1, q2, q3$……은 r의 일부이다.
[결과] $p1, p2, p3$……은 r이다.
[규칙] (아마도) 모든 p는 q이다.

예 멘델은 작년에 콩을 심어 둥근 콩과 주름진 콩이 3:1로 나왔다는 것을 확인하였다. 그리고 올해에도 콩을 심어 같은 비율로 콩을 수확했다. 귀납법에 의하면 내년에도 콩을 심으면 둥근 콩과 주름진 콩이 3:1로 나올 것이라고 예측할 수 있다. 하지만 그것만으로는 '유전학 법칙'이라는 새로운 이론을 발견해 내지 못했을 것이다. 따라서 멘델은 둥근 콩과 주름진 콩의 비율을 직접 눈으로 확인한 뒤, 눈으로는 확인되지 않은 유전에 관한 몇 가지 원리를 가정했다.

1. 유전 형질은 그 성질을 나타나게 하는 유전자가 있다.
2. 각 개체는 유전자를 쌍으로 가지고 있다.

관찰된 현상을 설명하기 위해 관찰되지 않은 어떤 것을 이용하여 새로운 가설과 이론을 개발해낸 것이다. 멘델은 당시에 이 주장을 뒷받침할 증거를 확보하지 못했지만, 이후 미국의 생물학자 서턴이 체세포에 염색체가 쌍으로 존재하며 염색체 안에 유전자가 들어 있다는 것을 밝혀내었다.

3. 논증

논증은 어떤 의견이나 견해를 비판적으로 생각한다는 것으로, 우리가 어떠한 견해가 올바른지를 비판적으로 생각하기 위해서는 논리적 구조를 분석하는 방법을 알고 제시된 근거가 주장을 적절히 지지해 주는가를 평가해야 한다. 또한 논증을 사용한다는 것은 어떤 문제에 대하여 자신의 의견이 공정하고 타당하다는 것을 제시하기 위함이다. 좋은 논증이 되기 위해서는 타당성과 함께 전제들이 모두 실제로 참이어야 한다. 논증에서 참이라는 것은 가치가 아니라 명제가 어떻게 사용되었는지를 의미한다. 논증은 논거를 전제, 명제를 결론으로 하는 추론형식을 취하기는 하지만, 결론이 이미 주어진다는 점에서 추론과 다르다.

논증을 이루는 글은 그것의 구성요소들을 쉽게 판단할 수 있도록 적절한 접속부사(지시어)를 사용한다. 전제임을 암시하거나 나타내는 낱말을 '전제지시어'라고 하고, 결론임을 암시하거나 나타내는 낱말을 '결론지시어'라 한다. 논증의 전제와 결론을 확인할 때에 전제지시어와 결론지시어를 활용하면 편리하다.

결론지시어	전제지시어
그러므로, 따라서, 그래서, 결론적으로, ~임을 보여준다, 이런 연고로, ~이 도출된다, 반드시 ~이다, ~이에 틀림없다, 그런 까닭에, 다음과 같은 결론으로, 그 결과는 etc	왜냐하면, ~이기 때문에, ~라는 점을 생각해보면, 그 이유로는, ~를 보건대, 첫째, 둘째…, etc

연습문제 C. 다음을 전제와 결론이 분명한 논증으로 바꾸시오.

> 나는 한국이 알파고 시대의 열등생을 만들어 낼 것이라 생각한다. 현재 우리나라의 교육은 개별지식, 배경지식은 많으나 따로 놀고 있지 않는가? 미래를 판단할 줄 아는 사람이라면 나와 같은 생각일 것이다.

전제:

결론:

연습문제 D. 다음 결론이 전제하는 것은 무엇인가?

> 어떤 심리학 이론에 따르면 행복하기 위해서는 다른 사람과 친밀한 관계를 가져야만 한다. 그러나 세상의 위대한 작곡가들은 혼자서 시간을 보내고 친밀한 관계를 전혀 가지지 않는다. 따라서 이 심리학 이론은 틀림없이 거짓이다.

① 위대한 작곡가들은 친밀한 관계를 피한다.
② 친밀한 관계를 가지는 사람들은 혼자서 시간을 보내지 않는다.
③ 고독은 훌륭한 음악을 작곡하기 위해 필요하다.
④ 덜 알려진 작곡가들은 친밀한 관계를 갖는다.
⑤ 세상의 위대한 작곡가들은 행복하다.

연습문제 E. 다음 단락들 중 어떤 것이 논증인지를 결정하고, 논증인 경우 전제 지시어 또는 결론지시어가 있으면 이를 찾으시오.

1) 교통 혼잡을 근절할 최선책은 쉽게 찾기 어렵기 때문에, 너무나 많은 가능성이 경합하다 보니, 선택 가능한 모든 방법을 연구하려면 수백만 달러가 들 것이며, 그리고 대부분의 방법들은 어마어마한 실행 비용이 예상된다고 결론 내릴 수 있다.

2) 박근혜 대통령은 21일 오후 창조경제 전진기지인 판교 창조 경제 밸리를 방문해, 스타트업 및 ICT 기업 관계자들을 격려했다. 이날 일정은 지난달부터 시작된 박 대통령의 5번째 정책현장 점검 행보다. 박 대통령은 지난달 23일 초등 돌봄 교실 방문을 시작으로 현재까지 시간 선택제 일자리 우수기업, 친환경 에너지 타운, 일산 행정복지센터를 차례로 찾았다.

3) 만일 재혁이가 갤럭시 노트7을 구입한다면, 그는 생활비가 부족하게 될 것이다. 재혁이는 갤럭시 노트7을 구입하지 않을 것이다. 그러므로 재혁이는 생활비가 부족하지 않을 것이다.

4) 검사결과 오스왈드의 총이 한번 발사되는 데는 적어도 2.3초가 걸린다는 것이 확인되었으므로 오스왈드는 분명히 5.6초 동안에 세발을 발사할 수는 없다.

5) 강남에서 흔하게 볼 수 있어 '강남 싼타페'라 불리며 상반기 베스트셀링 1위 모델로 자주 이름을 올렸던 티구안의 약세가 두드러진다. 업계 관계자는 "아우디 폭스바겐 코리아가 대대적인 프로모션을 펴고 있는데도 소비자들이 외면하는 현상을 보이고 있다"면서 "문제가 된 79개 모델에 해당되는 차만 15만대 정도인데, 사실상 아우디 폭스바겐 코리아의 정상적인 영업이 어려울 것으로 보인다"고 전망했다. 아우디 폭스바겐 코리아의 주력 차종의 판매가 정지되면 대체 수요가 발생할 수밖에 없는 만큼 업계에서는 하반기 내수 시장에 지각변동이 올 것으로 보는 분위기다.

6) 만일 우리가 우연히 시계나 다른 정교한 기계 부품을 발견한다면 우리는 그것이 어느 누군가에 의해서 만들어진 것이라고 생각하게 된다. 그런데 우리를 둘러싸고 있는 자연이라는 기계는 시계와는 비교가 안 될 정도로 정교하다. 게다가 우주의 진행과정은 복잡한 연관 속에서 이루어지고 있는 것 같다. 그러므로 우리는 이것 역시 창조자가 있을 것이라고 생각하지 않을 수 없다.

7) 본 연구의 제한점은 다음과 같다. 첫째, 본 연구의 대상은 I시에 위치한 N구 민간어린이집에 재원하고 있는 만 2세 영아 29명을 대상으로 하였으며 연구대상의 사례수가 적어 연구결과를 일반화시키는 데 제한점이 있다. 둘째, 본 연구의 실험은 8주(16회)간 비교적 단기간에 걸쳐 실시하였기 때문에 연구결과를 일반화시키는 데 제한점이 있다.

1) 연역 논증(deductive argument)

연역논증은 결정적 논증, 전제가 결론에 대한 결정적 증거라는 주장을 포함한 논증을 의미한다. 주장이 정당하면 연역 논증에서 그 추리는 옳으며, 논증 또한 타당하다고 말한다. 반면에 주장이 확증될 수 없으면, 연역 논증의 추리는 틀린 것이며, 논증 또한 부당하다고 말한다. 결론적으로 모든 연역 논증은 타당하거나 부당하다.

- 만일 전제가 모두 옳다면 결론은 반드시 옳다(필연성).
- 결론의 내용은 전제 속에 암암리에라도 이미 포함되어 있다(비확장성).

2) 귀납 논증(inductive argument)

개연적 논증과 전제가 결론에 대한 결정적 증거라는 주장을 포함하지 않은 논증으로, 귀납 논증에서는 더 좋은 논증 혹은 더 나쁜 논증, 더 강한 논증 혹은 더 약한 논증이라는 평가가 있을 수 있다. 귀납 논증에서는 전제가 결론에 부여하는 개연성의 정도가 높을수록 귀납 논증의 장점이 커진다.

- 만일 전제가 모두 옳다면 결론은 반드시 옳지는 않지만 옳음직하다(개연성).
- 결론은 전제 속에 없는 새로운 내용을 포함한다(확장성).

연습문제 F. 다음 논증을 연역 논증으로 해석하는 바람직한지 아니면 귀납 논증으로 해석하는 것이 바람직한지 결정하시오.

1) 백두산은 한라산보다 높다.
그리고 한라산은 지리산보다 높다.
따라서 백두산은 지리산보다 높다.

2) 커피자판기에 '고장남'이라는 안내문이 붙어있다.
따라서 이 자판기는 고장 난 것이 틀림없다.

3) 모든 포유류는 심장이 있다.
모든 토끼는 포유류이다.
그러므로 모든 토끼는 심장이 있다.

4) 어제 본 고양이는 눈이 있었다.
오늘 본 고양이도 눈이 있었다.
고양이 사진을 보아도 전부 눈이 있었다.
그러므로 모든 고양이는 눈이 있다.

5) 거짓말을 하면 엄마한테 꼭 들킨다.
나는 오늘 거짓말을 했다.

그러므로 오늘도 엄마에게 들킬 것이다.

6) 어제 해가 동쪽에서 떴다.
오늘도 해가 동쪽에서 떴다.
그러므로 내일도 해가 동쪽에서 뜰 것이다.

3) 삼단논법

표준형식 삼단논법에서는 대전제가 먼저 진술되고, 그 다음에 소전제가 진술된다. 그러나 대전제와 소전제는 위치에 따라 정해지는 것이 아니라 대개념과 소개념의 포함 여부로 결정된다. 매 개념들은 두 전제에서만 나타나 결론에서는 나타나지 않으며, 완벽한 삼단논법은 두 가지의 전제(대전제, 소전제)와 결론 한 가지로 구성되어진다.

- 대전제: 결론의 술어 개념인 대개념을 포함한 전제
- 소전제: 결론의 주어 개념인 소개념을 포함한 전제

(1) 정언삼단논법

세 개의 정언명제와 세 개의 개념으로 이루어진 연역추론으로 세 개의 정언명제로 구성된 간접 추리 방식이다. 세 개의 명제 가운데 두 개의 명제는 전제이고, 하나의 명제는 결론이다. 세 명제의 주어와 술어는 세 개의 서로 다른 개념을 포함한다.

(2) 선언삼단논법

두 개의 정언명제를 구성요소로 갖고 있는 명제로, 대전제가 선언 명제로 연결되어 선택을 필요로 하는 두 개의 요소 명제이다. 소전제는 대전제인 선언명제 중 어느 하나를 선택할 것을 주장하는 정언 명제로 이루어져 있다.

(3) 가언삼단논법

'만일 p라면, q이다'와 같은 조건문의 형식으로 된 명제이다. 가언삼단논법은 ~라면 요소명제를 전(前)건으로 갖고, ~라면 요소명제를 후(後)건으로 갖는다. 가언삼단논법은 가언명제 하나만으로는 논증을 구성할 수 없으며, 전제의 가언명제의 전건과 후건을 긍정하거나 부정하는 또 하나의 명제를 갖추어야만 논증이 성립할 수 있다.

(4) 생략삼단논법

삼단논법의 전제들 중 하나가 생략되어 있거나, 또는 두 전제에만 제시되어 있고 결론이 생략되어 있는 논법이다. 생략삼단논법 내에서 전제를 생략할 수 있는 경우는 전제가 확실한 지표, 일반적 통념, 지표에 속할 경우이다. 따라서 생략삼단논법이라는 용어는 때때로 삼단논법이라기보다는 다소 불 완벽하다고 보이는 논증의 형식에 대해 설명하기 위해 쓰인다. 생략삼단논법을 사용한 주장이 논증인지 아닌지 구별하는 방법은 먼저 생략된 숨겨진 전제를 찾고, 다음으로 숨겨진 전제가 생략 가능한지, 보편타당한지 검토한다. 여기에서 숨겨진 전제가 보편타당하면 논증으로 보고, 그렇지 않다면 단순 주장 내지 오류로 취급하여 삼단논법을 사용하지 않았다고 판단해야 한다.

연습문제 G. 다음 논증의 논법의 유형을 고르시오.

1) 어떤 사람은 소방관이다.
모든 소방관은 공무원이다.
따라서 어떤 사람은 공무원이다.

2) 모든 스마트폰은 컴퓨터이다.
어떤 컴퓨터는 고물이다.
따라서 모든 고물은 스마트폰이다.

3) 철수는 중학생이거나 남자이다.
철수는 중학생이다.
그러므로 철수는 남자가 아니다

4) ‘르네’는 철수가 기르는 고양이의 이름이거나 강아지의 이름이다.
지금 철수는 고양이 이름을 '몰리'라고 부른다.
‘르네’는 강아지의 이름이다.

5) 만약 천년이 하루 같다면, 일각은 여삼추(如三秋)이다.
만약 신선놀음에 도끼 자루가 썩는다면, 천 년이 하루 같을 것이다.
그러므로 만약 신선놀음에 도끼자루가 썩는다면, 일각은 여삼추이다.

6) 만약 도둑이 이방으로 잠입했다면, 이 방에 도둑의 흔적이 남아 있을 것이다.
이 방에 도둑의 흔적이 남아 있지 않다.
그러므로 도둑은 이 방으로 잠입하지 않았다.

연습문제 H. 다음에서 생략된 전제를 찾으시오

1) 소크라테스는 죽는다. 왜냐면 그는 인간이기 때문이다.

2) 나는 자연을 그대로 담은 것을 좋아한다.
그래서 A사 화장품을 좋아한다.

3) 환율이 오른다.
외환공급이 부족하기 때문이다.

4) 말을 잘 들었으니 아이스크림 사줄게.

4. 수사적 전략의 정의 및 전략

별 다른 근거가 없는데도 어떤 주장을 수용하거나 거부하고 싶어질 때가 있다. 이런 경우의 대부분은 말하는 사람이 실제로는 그렇지 않지만 마치 좋은 이유를 제시하는 것처럼 보이는 방식으로 우리를 설득하고 있기 때문이다. 이와 같은 방법을 '수사적 전략'으로 정의하는데, 말이나 글을 통해 어떤 믿음이나 욕구를 가지게 하거나 행위를 하도록 설득하려는 시도를 의미한다. 수사는 믿음, 욕구, 행위에 대한 좋은 이유를 제시하지 않은 채 단지 사용한 말이나 글로 믿음, 욕구, 행위 등을 유발하려고 시도한다.

1) 특정감정에 호소하기

인간의 감정을 자극하여 행동이나 의견에(특히 소비 행위에)영향을 끼치는 수사적 전략이다.

2) 참신함에 호소하기

새로 출시된 제품이라는 이유로 다른 제품에 비해 색다르고 성능도 나아졌다는 것을 함축하면서 구매를 설득하는 경우로 새로운 생각에 유연하지 못하고 고집불통인 것처럼 보이기 싫어하는 인간의 욕구에 호소한다.

3) 대중적 인기에 호소하기

무언가를 구매하거나 특정한 믿음을 가지거나 특정한 행동을 하도록 설득하고자할 때 사용된다. 다른 사람이 소유한 것을 갖고 싶다는 욕구, 그 제품의 사용자가 이미 누리고 있는 혜택을 함께 누리려는 욕구에 호소한다.

4) 동정에 호소하기

자선과 관련된 활동이나 광고에서 주로 발견된다. 짧은 문구와 함께 굶주린 아이들이나 고통 받는 동물들을 담은 사진은 우리의 동정심과 양심의 가책을 자극하기 위해 고안된 것이다.

5) 귀여움에 호소하기

귀여운 어린아이나 동물 등이 전하는 이미지를 통해 메시지를 전달하는 수사적 전략이다.

6) 섹시함에 호소하기(부, 지위, 권력, 세련된, 멋짐 등)

연상 작용을 통해 소비자에게 상품에 대한 좋은 인상을 갖게 하고, 광고 모델처럼 섹시한 사람이 되고 싶어 하는 사람들에게 좋은 인상을 준다.

7) 두려움에 호소하기

두려움에 호소하기의 실례는 선진국에서의 이민자들에 대한 논의 가운데 종종 등장한다. 예를 들어 정치인이나 저널리스트처럼 여론을 형성하는 사람들은 두려움에 호소하기 기법을 사용해서 경기 침체나 문화적 혼란에 대한 두려움을 유도한다.

8) 직접 공격하기

가장 간단한 전략으로 이유를 전혀 제시하지 않으면서 정치 캠페인, 광고에서 많이 사용되며, 매우 간단한 슬로건의 형태를 갖는다. 이런 전략을 많이 쓰는 사람들은 상대방이 자신의 주장을 더 많이 듣고 읽어서 익숙해지면 별다른 이유 없이도 그 주장대로 상대방이 움직일 가능성이 크며, 끈질기게 직접 공격함으로써 상대방이 자신의 뜻대로 움직이도록 영향을 끼친다.

9) 고상한 어구 사용하기

'널리 유행하고 있다', '최근에 집중 조명되고 있는' 등의 표현을 사용하여 글이나 말의 의미를 차분하게 이해하지 못하도록 방해하는 전략이다.

10) 의구심 유발하기

의구심 유발을 위한 인용부호를 사용하게 되면 어떤 용어나 표현 앞에 '이른 바'는 부사를 써넣을 때와 똑같은 수사적 효과를 가지게 된다.

11) 애매성 사용하기

일반적으로 제품을 구매하도록 유도하거나 어떤 정책의 장점만을 설득하려 할 때 사용된다. 광고에서 흔히 볼 수 있다.

12) 함의 사용하기

어떤 진술이 함의하는 바를 이용해 사람들을 잘못된 길로 인도하는 전략이다. 결과적으로 진술자가 원하는 방향대로 사람들의 마음을 움직이도록 시도한다. 사람들을 잘못된 해석으로 이끌었다는 비난에 대해서는 진술자는 거짓을 말한 게 아니라고 회피할 수 있다.

13) 연막 사용하기

연막작전은 주요 주제에서 화제를 전환시켜 상대의 주의를 다른 쪽으로 돌리는 수사방법이다.

연습문제 I. 다음의 글들은 어떤 수사적 전략을 사용하고 있는가?

1) 새로운 세금 감축안은 자국민의 중산층에게 실질적이고 즉각적인 혜택을 가져다줄 것이다. 8.500만 명의 국민들은 평균 100만 원 이상의 돈을 갖게 될 것이다.

2) 스킨홀드: 한국에서 가장 인기 있는 자연주의 화장품 브랜드

3) 거의 모든 '불법체류자'는 폭력성의 성향을 갖는다.

4) 많은 엄마가 아이를 위해 다른 일회용 기저귀보다 "최고다" 기저귀를 사용합니다. "최고다"는 기저귀 판매율 1위입니다. 당신의 아이는 최고로 인기 있는 기저귀를 쓰나요?

5) 생산에서 사업화까지 전주기에 걸친 산학연 컨소시엄을 구성하여, 요소기술별 역할분담을 통한 통합적 기술개발로 사업화 기간을 단축하고 성공률을 제고하는 한편, 최종 수요기업을 참여시켜서 신소재 제품 개발에 가장 큰 위험 요소인 판로 확보 문제를 해소하고 원소재 양산체제 구축을 위한 제품적용 테스트를 병행할 계획이다.

6) 붕붕 청바지는 애프터스쿨의 유이가 입는 청바지입니다. 당신도 유이처럼 섹시해지고 싶으신가요? 그렇다면 붕붕 청바지를 입으세요.

5. 오류의 정의 및 전략

일상에서 오류(fallacy)라는 개념은 무엇이 잘못되었다거나 실수를 했다거나 거짓이라는 것을 나타내기 위해 사용된다. 오류는 알든 모르든 의도적이든 그렇지 않든 모든 경우에 발생할 수 있다. 논증에서 오류(fallacy)란 겉으로 그럴듯해 보이나 실제로는 부당하거나 건전하지 않은 논증을 말한다. 오류는 크게 형식적 오류와 비형식적 오류로 구분되는데, 형식적 오류는 주로 연역 추론에서 연역 규칙을 어길 때 발생하는 것으로 겉으로는 타당해 보이지만 실제로는 그렇지 않은 추론 규칙을 사용하는 오류를 말한다. 비형식적 오류는 논제에 대한 주의나 엄격성의 결함, 혹은 논증에 사용되는 언어의 애매성에 의해서 야기되는 오류를 뜻한다.

1) 형식적 오류(formal fallacy)

(1) 후건긍정

타당한 논증이 아닌 오류로 삼단논법에서 후건(後件)을 긍정하여 전건(前件)을 결론으로 이끌어냄으로써 생기는 오류이다. 전제가 모두 참이라 할지라도 결론이 참일 필요는 없다. 만약 p(전건)이 q(후건)와 전제(q)로부터 결론 〈p〉를 논증할 때 발생한다.

예 A이면 B이다. B이다(후건을 긍정함). 그러므로 A이다.
그것이 고양이라면 죽는다.
그것은 죽는다.
그러니까 그것은 고양이이다.

(2) 전건부정

삼단논법에서 전건을 부정하여 후건의 부정을 결론으로 이끌어냄으로써 생기는 오류이다. 각 명제들이 모두 참임에도 불구하고 결론이 거짓일 수가 있다. 만약 〈p이면, q〉와 조건문의 전건에 대한 부정(p가 아니다)로부터 후건 역시 부정된다는 결론(q가 아니다)을 논증할 때 발생한다.

예 A면 B이다. 그런데 A가 아니다. 그러므로 B가 아니다.
컴퓨터 게임에 몰두하면 눈이 나빠진다.
복동이는 게임에 몰두하지 않는다.
그러므로 복동이는 눈이 나빠지지 않는다.
(게임을 안 하지만 눈이 나빠질 수 있다)

2) 비형식적 오류(informal fallacy)

(1) 기초 비율의 오류

기초 비율의 오류는 남자와 여자 또는 인종에 따라 각기 다른 전형적 특징에 의존하여 논증을 펼치려 할 때 자주 발생한다.

(2) 연좌의 오류

어떤 주장이나 행위를 그 내용과 관련된 정당한 근거에서 비판하는 것이 아니라 그 주장이나 행위를 지지하는 사람, 또는 그 사람의 성격이나 지적 수준, 사상, 인종적 배경 등을 이유로 그 주장이 틀리거나 나쁘다고 일축하는 오류이다.

(3) 다수 믿음의 오류

대중의 인기에 호소하기라는 수사적 전략과 비슷하다. 대중적으로 인기가 있거나 널리 공유되어 있다는 사실을 이용하여 누군가를 설득하기 위해 사용하는 오류이다.

(4) 일반적 관행의 오류

'모든 사람이 다 그것을 하고, 모든 사람이 하니까 너도 해도 된다'는 식의 정당화를 제시함으로써 해서는 안 될 것을 하도록 설득하기 위해 사용한다.

(5) 사람에 호소하는 오류

어떤 사람에 대한 심리적 거부감 때문에 그의 주장까지도 받아들이지 않으려 할 때 논증 자를 공격하기 위해 나타나는 오류이다.

(6) 허수아비의 오류

실재하지 않는 허구의 대상을 세워 놓고 마구 공격하는 것을 허수아비의 오류라고 한다. A의 주장 X에 대해 Y라는 X를 왜곡한 주장을 공격함으로써 X를 무력화시키려 하지만, 실제로 X는 전혀 논박되지 않는 오류이다. 상대방의 입장을 오판, 과장, 왜곡, 단순화 등을 통해 공격하기 쉬운 형태로 바꾸어 버린다.

(7) 인과 전도의 오류

두 사건의 관계를 잘못 파악하여 어떤 사건의 결과를 그 사건의 원인으로 보거나 원인을 결과로 보는 오류이다. 전제와 결론이 거꾸로 되어 있다고 하여 '말 앞에 수레 놓는 오류'라고 부르기도 한다.

(8) 언어적 혼동의 오류

애매모호한 전제를 사용함으로써 원하는 결론을 도출해 내는 논증이 가지고 있는 오류이다. 이런 오류는 논증에 사용된 낱말, 어구, 문장 등의 오용 또는 의미의 혼동 때문에 생겨난다. 쉽게 간파되지 않거나 이해될 수 없는 전제를 포함하고 있는 논증도 이런 오류를 범하기 십상이다.

(9) 힘/위협에의 호소에 대한 오류

부적절한 권위(출처)에 호소하는 오류로 의심스러운 출처, 해당분야의 권위자가 아닌 사람의 판단, 확인되지 않은 권위자의 판단, 편향되기 쉬운 권위자의 판단을 인용하여 논증을 입증하려는 논증의 오류, 힘에 호소하거나 위협함으로써 자신의 주장을 받아들이게 하는 오류로 이 오류의 설득력은 상대방으로 하여금 공포를 불러일으키는 데 있다.

(10) 피장파장의 오류

두 사람 간의 논쟁에서 상대방이 그가 처한 정황 또는 상황으로 미루어 보아 자기의 생각을 받아들일 수밖에 없다고 주장하거나, 상대방도 자기와 마찬가지 상황이므로 자기의 입장이 정당화된다고 주장하는 오류이다. 사람에 대한 반대의 추론에는 '욕설과 환경적 추론'과 '너도 역시의 오류'가 있는데, '너도 역시'의 오류를 피장파장의 오류 또는 두 개 과오에 의한 정당화의 오류라고도 한다.

(11) 우물에 독약 치는 오류

토론이나 논쟁을 하다가 자기주장에 반대하면 불완전하거나 나쁜 생각이라 규정함으로써 상대방으로 하여금 자기주장에 반론을 제기할 수 있는 가능성을 원천적으로 봉쇄하는 오류를 말한다.

(12) 성급한 일반화의 오류

너무 적은 사례, 편향되거나 대표성이 없는 자료로부터 결론을 이끌어 내는 오류로 일부분만 보고 전체를 판단하여 결론을 내버리는 오류이다. 대표하기 어려운 한 개 또는 몇 개의 특수한 사례를 들어 전체가 그 사례의 특성을 갖고 있다고 추론하면 성급한 일반화의 오류를 범하게 된다.

(13) 감정, 연민, 동정에 호소하는 오류

어떤 주장을 논리적으로 설득되어서가 아니라 심리적으로 영향을 받아들일 경우 심리적 오류를 범하게 된다. 심리적 요인에 근거한 오류에서는 주장을 받아들이는 것을 당연하게 만들어 줄 어떤 심리적 반응을 이끌어내기 위해 하고자 하는 주장이외의 어떤 다른 것이 진술되고 있다.

(14) 전통에 호소하는 오류

어떤 명제가 오랫동안 지속되어 왔기 때문에 좋은 명제하고 주장하는 오류이다.

(15) 발생적 오류

어떤 것의 발생과정이 나쁘거나 좋다는 이유로 그 발생과정을 거쳐 얻어진 것은 그 내용이 어떠하든 간에 관계없이 나쁘거나 좋다고 논증하는 오류이다.

연습문제 J. 다음 논증들이 오류를 범하는지 아닌지를 평가하고, 만일 오류를 범한다면 그 오류가 무엇인지 밝히시오.

1) 강준이는 진짜기업의 올해의 우수사원상을 받아야 한다. 그의 아내는 오랜 투병생활 끝에 최근 암으로 세상을 떴고, 그는 노모를 포함해 여섯 식구를 먹여 살려야 한다. 게다가 최근에 그의 어린 딸이 교통사고를 당해 많은 치료비가 든다고 하였다.

2) 강씨네 일가가 높은 범죄율을 기록하고 있더라도 강씨네 일가보다 김씨네 일가의 수가 훨씬 많기 때문에 범죄이력을 가진 사람은 김씨네 일가일 가능성이 높다.

3) P국회의원의 주장에 대해 S당이 지지를 발표했다. 그런데 S당은 순 사기꾼 집단이다. 그러니까 P국회의원의 주장은 믿을 만한 것이 못된다.

4) 다이어트를 결심한 혜리는 백화점에 가서 자신의 치수보다 훨씬 작은 치수의 예쁜 미니스커트를 구입했다. 혜리는 다짐했다. "기필코 살을 빼서 이 미니스커트를 입어야지! 날씬해지면 이 미니스커트를 입을 수 있어!"

5) 콩트(Auguste Comte, 1798~1857)는 실증주의의 창시자로 불린다. 실증주의란 의심할 수 없이 확실한 것만 탐구하려는 학문적 견해를 가리키는 말이다. 하지만 과학 문명이 이미 뿌리내린 현대사회에서 실증주의는 별로 매력적인 이론이 아니다. 더 나아가 이제 와서는 철학자들의 샌드백 구실을 하는 듯도 보인다. 실증적인 것만을 중시하는 과학 문명은 환경 파괴 등 수많은 부작용을 낳았다. 모든 것을 측정 가능한 형태로 계량화하려는 실증주의는 도저히 점수화할 수 없는 많은 가치를 망가뜨리는 폐해의 근원으로 지탄의 대상이 되고 있다.

6) 저는 2002년 사회를 떠들썩하게 했던 '압구정 룸싸롱 살인 사건'에 연루되어 지난 8년간 복역하고 출소한 김악질입니다. 출감한 후 일을 하려 했으나 받아주는 사람은 없고 장사를 해보고 싶지만 자본이 없어서 이렇게 여러분들 앞에 섰습니다. 여러분들이 사업 자본을 도와주신다면 열심히 살아나겠습니다만, 만일 그렇지 않다면 저는 다시 살인을 하게 될 것입니다. 저는 여러분 각자가 이제 안전한 판단을 하리라 믿습니다.

7) 한국 부동산 조세제도는 불공평하고 터무니없어! 당장 누구에게나 물어봐라. 그런가 안 그런가.

8) 어느 국회의원이 자신의 출신 지역구의 민원 처리와 관련하여 모종의 부정혐의를 받게 되었다. 그는 "나는 부당하지 않아요! 그런 식의 민원처리는 정치판에서는 흔한 일입니다."라고 주장했다.

9) 오늘은 아파서 못나간다고 해도 돼. 누구나 1년에 한번쯤을 그러잖아.

10) 나는 비타민 C가 감기 예방에 효과가 탁월하다고 확신한다. 우리 가족은 모두 매년 최소한 한 번씩은 감기에 걸렸지만, 올해는 모두 매일 비타민 C를 1,000mg씩 꾸준히 복용한 결과 한 사람도 감기에 걸리지 않았다.

11) 의사 선생님도 담배를 피시면서 왜 저한테 끊으라고 하는 건가요?

12) 장관은 고압적인 자세로 형사 재판 법안을 제시했다. 어떤 법안이 고압적인 자세로 제시되었다면, 그것은 거부되어야 한다. 따라서 그 법안은 거부되어야 한다.

13) 정빈아 빨리자, 늦게 자면 착한 어린이가 아니야

14) 루소의 교육론은 믿을 만한 것이 못된다. 왜냐하면 그는 자식을 스스로 기르지 않고 고아원에 맡긴 사람이기 때문이다.

4장

논리적 글쓰기

모든 문서의 초안은 끔찍하다. 글 쓰는 데에는 죽치고 앉아서 쓰는 수밖에 없다. 나는 〈무기여 잘 있거라〉를 마지막 페이지까지 총 38번 새로 썼다. 글쓰기는 언제나 어려웠고 가끔은 거의 불가능했다

– Ernest Miller Hemingway, 1899~1961

1. 문장 성분

문장은 글의 기본단위로 사용된 낱말들 사이가 어떠한 관계를 맺고 있는가를 보임으로써 생각을 나타낸다. 다시 말하면 문장은 낱말들이 질서에 맞게 배열되어서 생각, 사고나 관념을 전달하는 말의 단위다. 국어의 모든 문장은 궁극적으로 '무엇이 어찌한다', '무엇이 어떠하다', '무엇이 무엇이다' 중에서 한 가지 내용을 담고 있다. 이때 '어찌한다, 어떠하다, 무엇이다'의 문장은 내용에 따라 여러 가지 형식을 취하게 된다.

문장은 우리가 생각이나 감정을 하나의 완결된 내용으로 표현하는 최소의 언어 형식이다. 문장이란 의미면에서는 완결된 내용을 갖춘 것이고, 형식면에서는 문장이 끝났음을 나타내는 표지가 있는 것을 말한다. 낱말은 뜻, 의미 또는 개념을 담고 있지만 생각을 나타내지는 못하지만, 여러 가지 낱말이 모여서 문장을 이루면 쓰는 이의 생각을 나타내는 말의 단위가 된다. 김봉군(1999)은 문장의 원리를 정확성, 경제성, 다양성, 강조성, 동어반복의 회피의 다섯 가지로 나누었다.

정확성

문장은 문법에 맞도록 써야 한다. 글 속에 비문 곧 문법에 맞지 않는 문장이 들어 있으면 글 전체의 뜻이 훼손을 입는다. 문법에 맞는 정확한 글을 쓰려면 조사, 어미, 시제, 서술

어 등의 형태와 구실에 유의해야 성분끼리 자연스럽게 호응되어 문장의 뜻이 분명해진다.

예 (가) 그는 가수치고 노래를 잘 부른다.

(나) 은해는 바야흐로 그림을 그렸다.

(가)와 (나)는 비문이다. (가)는 '그는 가수치고 노래를 잘한다'로, (나)는 '은해는 바야흐로 그림을 그리려 한다' 등으로 고쳐야 한다. 글을 쓸 때는 기본적으로 주어와 서술어 사이의 호응관계와 부사의 사용에 유의해야 한다.

경제성

문장은 필요한 낱말을 필요한 상황에 쓰되 필요한 만큼만 길게 나타내야 한다. 즉 똑같은 생각을 말만 바꾸어 반복하거나, 대등 동의어를 사용하거나, 활용성 없는 낱말을 사용하거나, 우회적으로 표현하거나 중의적인 표현을 하는 것은 삼가야 한다.

예 (가) 모든 학회는 시간에 틀림없이 맞추어 진행되어야 한다.

→ 모든 학회는 시간에 맞추어 진행되어야 한다.

(나) 나의 취미는 웹서핑인데, 쇼핑하기와 웹툰 보기이다.

→ 나의 취미는 쇼핑하기와 웹툰 보기이다.

다양성

뜻은 같거나 비슷하더라도 다양한 문장을 써서 효과를 달리 할 수 있다.

예 책상은 정돈되고, 연필도 깎았으며, 백지 두 장이 마련되었으니, 그는 이제 시험치를 만반의 태세를 하고 있는 셈이다.

→ 정돈된 책상, 뾰족하게 깎인 연필, 백지 두 장, 그는 이제 시험을 치를 만반의 준비를 완료했다.

강조성

한국어의 큰 특징은 성분의 순서를 자유롭게 바꿀 수 있다는 것이다. 단어, 구, 문장 속의 문장 등을 문장의 첫 머리에 분리시키거나, 순서를 도치시키거나, 강조할 말을 문장 안에서 반복하거나, 대등한 단어, 구, 절 등을 병치시키는 방법으로 강조할 수 있다.

동어 반복의 회피

반복을 피할 수 없거나 뜻을 강조하여 쓸 때를 제외하고, 같은 글 속에서 같은 단어나 구절이나 어미, 조사 등을 되풀이하여 사용하지 않아야 한다. 반복할 필요가 없는 말은 같거나 비슷한 뜻을 지닌 다른 말로 바꾸어 쓰거나 지시어 또는 접속어를 써서 반복을 피하여야 한다.

예 대법원의 이번 판결은 의미 있는 판결로 받아들여지고 있다.
→ 대법원의 이번 판결은 의미 있는 것으로 받아들여지고 있다.

1) 문장의 주성분

주성분은 문장을 구성하는 뼈대가 되는 요소로 그것이 빠지면 불완전한 문장이 된다.

(1) 주어

주어는 문장의 주체로 문장에서 동작 또는 상태나 성질의 주체를 나타낸다. 한 문장은 '무엇이 어찌한다', '무엇이 어떠하다', '무엇이 무엇이다' 중의 한 가지 형식을 취하는데, 이때의 '무엇이' 또는 '누가'에 해당하는 성분이 주어이다. 주어는 한 문장을 구성하는 요소인 문장성분 가운데 서술어, 목적어, 보어와 함께 문장의 성립에 필수적인 주성분이다.

체언 + 주격 조사(이, 가)
체언 + 보조사(도, 만)
체언 + 에서[단체], 께서[높임]

예 하늘이 파랗다.
어머니가 외출하신다.
학교에서 연주회를 한다.

주어의 보편적인 특징

① 주어가 존대되어야 하는 대상이면 서술어에 '-(으)시'가 첨가된다.
② 하나의 문장에서 주어와 동일한 말이 반복될 때는 뒤의 말이 '자기'로 재귀화한다(예: 영희는 자기가 예쁘다고 생각한다). 또 일반적으로 '읽히다'와 같은 사역동사(使役動詞), '보내다'와 같은 사역의 의미를 지닌 단어들이 문장의 서술어로 쓰이면 내용상으로만 주어인 말도 '자기'로 표시될 수 있다(예: 선생님께서 민호를 자기 집으로 돌려보냈다).
③ 정상적인 주어는 도치(倒置)와 같은 특별한 경우를 제외하고는 문장의 첫머리에 놓이지만 국어에서는 정상적인 위치를 자주 벗어날 수 있다.
④ 국어에서는 주어가 2개 이상인 것처럼 보이는 경우가 있다. '프랑스는 집들이 마당이 좁다'와 같은 문장은 주어가 셋인 것처럼 보이는데, 이는 서술어인 서술절 속에 또 서술절이 들어 있는 것이다.
⑤ 국어 문장에서의 주어는 필수성분이지만 주어가 생략되는 경우가 있는데, 이는 상황이나 문맥에 의해서 그 문장의 주어를 알 수 있는 경우에 한정한다. 대부분 이런 경우는 제한된 수의 속담이나 관용어구에 한정되어 있다. 반면 명령문에서의 주어 생략과 서술어가 '기쁘다'나 '슬프다'와 같은 느낌을 나타내는 형용사인 경우 문장에서의 주어 생략은 문법적으로 설명될 수 있는 경우이다.

(2) 서술어

서술어는 주어의 동작, 상태, 성질 따위를 풀이하는 것으로 '어찌한다', '어떠하다', '무엇이다'에 해당하는 것이다. 서술어는 동사, 형용사 그리고 체언 또는 체언구실을 하는 말에 '-이다'가 붙어서 된 말들로 이루어진다. 문장 속의 다른 요소들의 기능은 서술어를 둘러싸고 구성되며 서술어는 주어를 동반하지만 명령문 등에서는 주어 없이 나타나기도 한다. 서술어의 생략은 문장의 필수성분이므로 생략되지 않는 것이 원칙이지만, 똑같은 서술어가 반복되거나 (영희는 사과를, 나는 배를 먹었다) 앞의 문맥에 의해서 서술어를 예측할 수 있을 경우에는 생략될 수 있다.

동사/형용사 + 어미
체언 + 서술격 조사(이다)

예 하늘이 파랗다.
어머니가 외출하신다.
학교에서 연주회를 한다.

(3) 목적어

목적어는 서술어의 동작 대상이 되는 문장성분으로 타동사가 서술어로 쓰일 때 필요하다. 목적어가 특별히 주성분의 하나로 다루어지는 것은, 목적어를 취하는지의 여부에 따라 동사가 크게 자동사와 타동사의 두 부류로 나누어지고, 타동사의 수가 무척 많아 문장에서 목적어가 흔히 쓰이기 때문이다.

체언 + 목적격 조사(을, 를)
체언 + 보조사(도, 만)

예 나는 복숭아를 먹는다.
현주는 만화만 본다.
학교에서 연주회를 한다.

(4) 보어

서술어의 부족한 부분을 메워주는 말로, 보충어, 보족어, 기움말로 불리기도 한다. 동사 '되다'나 형용사 '아니다'가 서술어로 쓰일 때는 그 앞에 필수적인 성분을 필요로 한다.

이때 그 앞의 성분을 보어라 하는데, 보어는 체언뿐만 아니라 명사구, 명사절을 비롯하여 체언구실을 하는 말에 조사 '-이/가'가 붙어서 이루어진다.

체언 + 주격 조사(이/가) '되다/아니다' 앞에서

예 나는 선생님이 아니다.
혜수는 시인이 되었다.

2) 문장의 부속성분

문장의 주성분을 수식하는 요소로, 문장의 성립에 필수적으로 요구되는 것이 아니므로 수의적 성분이라고도 한다.

(1) 관형어

관형어는 체언으로 된 주어, 목적어 같은 문장성분으로 앞에 붙어서 그것을 수식하는 말을 이른다. 그런데 수식을 받는 중심성분인 체언의 의존명사인 경우(큰 것, 저 분, 잘난 체)에는 생략될 수 없으므로 필수적인 성분이 되기도 한다. 관형어는 단독으로 쓰일 수 없고, 반드시 그것이 꾸미는 체언 앞에서만 나타난다. 같은 부속성분이라도 부사어는 피수식어 뒤에서도 쓰일 수 있다는 점에서, 이는 관형어의 한 특징이라 할 수 있다.

관형사 체언 + 관형격 조사(의) 동사/형용사 + 관형사형 어미 (ㄴ/는/ㄹ) 장소관형사, 지시관형사(이, 그, 저…), 수량관형사(한, 두…), 성상관형어(새, 헌, 옛)

예 온갖 악담을 늘어놓고…
오빠의 가방이다.
눈이 온다는 뉴스를 들었다.

(2) 부사어

부사어는 용언, 관형사, 다른 부사 또는 문장 전체를 수식하는 말이다. 이 때 꾸밈을 받는 서술어를 주성분으로 하여 부사어는 그에 딸린 부속성분이 된다. 부사어가 이루어지는 방식은 여러 가지로 우선 부사는 모두 그대로 부사어가 된다.

부사
체언 **+** 부사격 조사(에, 로, 와 등)

예 미용실에 간다.
드라이버로 의자를 조립한다.
나와 데이트하자.
그러나 아직 배고프다.
과연 그는 믿을만할까?

(3) 독립성분

독립어는 문장 중의 어느 성분과도 직접적인 관련이 없는 독립된 성분으로 다른 문장 성분과 상관없이 홀로 쓰이는 말이다. 감탄사나 체언에 호격조사가 붙은 것, 그리고 접속 부사로 이루어진다.

감탄사
체언 **+** 호격 조사
접속 부사

예 아~ 슬프다~
보검아, 영화 보러 가자!
나는 엄마다. 그리고 너는 딸이다.
아이구, 힘들어 죽겠다.

문장성분 연습문제

1. 다음 문장에 대한 설명으로 알맞은 것은?

> 노란 들국화가 매우 아름답게 피었다.

① 주성분으로 주어, 서술어가 사용되었다.
② '노란' 은 주성분을 꾸며 주는 부사어이다.
③ '피었다' 를 수식하는 성분은 '매우' 로 부사어이다.
④ '피었다' 를 수식하는 '아름답게' 는 필수적인 성분이다.
⑤ 위 문장을 두 부분으로 나누면 '노란 들국화가 매우/아름답게 피었다.' 이다.

2. 밑줄 친 부분의 문장성분이 다른 하나는?

① 성민이는 여학생이 아니다.
② 너 빨리 밥 먹으러 오너라.
③ 펑펑 내리는 하얀 눈이 예쁘다.
④ 우리에게 그 일은 결코 일어날 수 없어!
⑤ 도원이의 노란 우산이 나란히 걸어간다.

3. 다음 ( )에 들어갈 수 있는 문장성분으로 알맞은 것은?

> 하얀 나비가 예쁜 ( ) 찾아 날아가는구나!

① 주어
② 서술어
③ 부사어
④ 독립어
⑤ 목적어

4. 문장 성분을 고려할 때, 다음 문장과 같은 구조를 지닌 것은?

> 둥근 보름달이 두둥실 떴다.

① 영희는 푸른 바다를 좋아한다.
② 눈부시게 하얀 눈이 내린다.
③ 아기가 과자를 맛있게 먹는다.
④ 노란 들국화가 아름답게 피었다.
⑤ 나는 맛있는 자장면을 좋아한다.

5. 밑줄 친 부분의 문장성분을 바르게 나타낸 것은?

어머나,	귀여운	아기가	물을	엎질렀구나
① 독립어	② 부사어	③ 목적어	④ 보어	⑤ 관형어

6. 다음 문장 성분을 분석한 것으로 알맞지 않은 것은?

① 강아지는(주어) 고양이가(보어) 아니다.(서술어)

② 비가(주어) 주룩주룩(부사어) 내린다.(서술어)

③ 예쁜(관형어) 우산이(주어) 나란히(부사어) 걸어갑니다.(서술어)

④ 작은(관형어) 개미가(주어) 커다란(부사어) 과자를(목적어) 먹는다.(서술어)

⑤ 눈부시게(부사어) 하얀(관형어) 눈이(주어) 펑펑(부사어) 내린다.(서술어)

7. 다음 문장에 포함되지 않은 문장 성분은?

> 어머나, 예쁜 글씨를 아주 잘 쓰는구나.

① 목적어　② 주어　③ 독립어
④ 서술어　⑤ 부사어

8. 다음 보기의 문장을 온전한 문장으로 만들기 위해 꼭 필요한 문장 성분은?

> 키가 큰 소년은 매우 사랑한다.

① 주어　② 보어　③ 부사어
④ 목적어　⑤ 서술어

9. 다음 문장의 문장성분을 적으시오.

얘야.(ㄱ)　너는(ㄴ)　언제(ㄷ)　어느(ㄹ)　별에서(ㅁ)　왔니?(ㅂ)

((ㄱ))　((ㄴ))　((ㄷ))　((ㄹ))　((ㅁ))　((ㅂ))

10. 〈보기〉의 밑줄 친 문장에서 생략된 문장 성분은?

> 〈보기〉　"상원이는 뭐 하니?"
> 　　　　"책 봐."

① 주어　② 보어　③ 서술어
④ 목적어　⑤ 관형어

2. 국어의 규범[7]

1) 표준어 규정[8]

(1) 총칙

[제1항] 표준어는 교양 있는 사람들이 두루 쓰는 현대 서울말로 정함을 원칙으로 한다.

(2) 발음 변화에 따른 표준어 규정

① 자음

[제3항] 다음 단어들은 거센소리를 가진 형태를 표준어로 삼는다.

→ 끄나풀, 나팔꽃, 녘, 살쾡이, 칸, 털어먹다

[제5항] 어원에서 멀어진 형태로 굳어져서 널리 쓰이는 것은, 그것을 표준어로 삼는다.

→ 강낭콩(어원: 강남콩), 사글세(어원: 삭월세)

다만, 어원적으로 원형에 더 가까운 형태가 아직 쓰이고 있는 경우에는, 그것을 표준어로 삼는다.

→ 굴비, 갓모, 굴젓, 휴지, 밀뜨리다

[제6항] 다음 단어들은 의미를 구별함이 없이, 한 가지 형태만을 표준어로 삼는다.

→ 돌, 둘째, 셋째, 넷째

[제7항] 수컷을 이르는 접두사는 '수-'로 통일한다.

→ 수컷, 수캐, 수탉, 수소, 수퇘지, 수평아리

② 모음

[제8항] 양성 모음이 음성 모음으로 바뀌어 굳어진 다음 단어는 음성 모음 형태를 표준어로 삼는다.

→ 깡충깡충, 주춧돌, 보퉁이, 막둥이, 오뚝이, 발가숭이, 뻗정다리

---

[7] http://www.korean.go.kr/

[8] 저자 주: 본 장에서는 표준어 규정과 한글맞춤법의 규정 중 대학생들이 많이 헷갈려하고, 자주 사용하는 필수적인 부분을 중점으로 실었음

[제9항] 'ㅣ' 역행 동화 현상에 의한 발음은 원칙적으로 표준 발음으로 인정하지 아니하되, 다만 다음 단어들은 그러한 동화가 적용된 형태를 표준어로 삼는다.

→ 시골내기, 서울내기, 풋내기, 신출내기, 냄비, 동댕이치다

[붙임 2] 기술자에게는 '-장이', 그 외에는 '-쟁이'가 붙는 형태를 표준어로 삼는다.

→ 유기장이, 멋쟁이, 소금쟁이, 담쟁이, 발목쟁이

[제12항] '웃-' 및 '윗-'은 명사 '위'에 맞추어 '윗-'으로 통일한다.

→ 윗눈썹, 윗니, 윗도리, 윗머리, 윗목, 위쪽, 위층, 웃어른, 웃옷, 웃돈

③ 준말

[제14항] 준말이 널리 쓰이고 본말이 잘 쓰이지 않는 경우에는, 준말만을 표준어로 삼는다.

→ 귀찮다(귀치않다×), 장사치(장사아치×), 똬리(또아리×), 설빔(설비음×), 생쥐(새앙쥐×), 무(무우×), 온갖(온가지×)

[제15항] 준말이 쓰이고 있더라도, 본말이 널리 쓰이고 있으면 본말을 표준어로 삼는다.

→ 수두룩하다(수둑하다×), 일구다(일다×), 부스럼(부럼×), 돗자리(돗×), 암죽(암×), 경황없다(경×). 낌새(낌×), 마구잡이(막잡이×)

[제16항] 준말과 본말이 다 같이 널리 쓰이면서 준말의 효용이 뚜렷이 인정되는 것은, 두 가지를 다 표준어로 삼는다.

→ 거짓부리(거짓불), 막대기(막대), 머무르다(머물다), 서두르다(서둘다), 서투르다(서툴다), 시누이(시누), 외우다(외다), 이기죽거리다(이죽거리다)

④ 단수표준어

[제17항] 비슷한 발음의 몇 형태가 쓰일 경우, 그 의미에 아무런 차이가 없고, 그 중 하나가 더 널리 쓰이면, 그 한 형태만을 표준어로 삼는다.

→ 꼭두각시(꼭둑각시×), 까딱하면(까땍하면×), 귀고리(귀엣고리×), 귀띔(귀뜸×), 천장(천정×), 부지깽이(부지껭이×), 냠냠거리다(얌냠거리다×), -던(-든×), 봉숭아(봉숭화×), 본새(뽄새×)

⑤ 복수표준어

[제19항] 어감의 차이를 나타내는 단어 또는 발음이 비슷한 단어들이 다 같이 널리 쓰이는 경우에는, 그 모두를 표준어로 삼는다.

→ 네(예), 쐬다(쏘이다), 쬐다(쪼이다), 넝쿨(덩굴), 곰곰(곰곰이), 딴전(딴청), 가엾다(가엽다), 쇠고기(소고기), 거슴츠레하다(게슴츠레하다), 구린내(쿠린내), 나부랭이(너부렁이), 꾀다(꼬이다), 죄다(조이다)

(3) 어휘선택의 변화에 따른 표준어 규정

[제20항] 사어(死語)가 되어 쓰이지 않게 된 단어는 고어로 처리하고, 현재 널리 사용되는 단어를 표준어로 삼는다.

→ 난봉(봉×), 설거지하다(설겆다×), 애달프다(애닯다×), 낭떠러지(낭×)

[제21항] 고유어 계열의 단어가 널리 쓰이고 그에 대응되는 한자어 계열의 단어가 용도를 잃게 된 것은, 고유어 계열의 단어만을 표준어로 삼는다.

→ 잔돈(잔전×), 까막눈(맹눈×), 구들장(방돌×), 가루약(말약×), 마른빨래(건빨래×), 흰죽(백죽×)

[제22항] 고유어 계열의 단어가 생명력을 잃고 그에 대응되는 한자어 계열의 단어가 널리 쓰이면, 한자어 계열의 단어를 표준어로 삼는다.

→ 개다리소반(개다리밥상×), 겸상(맞상×), 산줄기(멧줄기/멧발×), 양파(둥근파×), 총각무(알무/알타리무×), 칫솔(잇솔×)

2) 한글맞춤법

한글 맞춤법의 총칙

[제1항] 한글 맞춤법은 표준어를 소리대로 적되, 어법에 맞도록 함을 원칙으로 한다.

[제2항] 문장의 각 단어는 띄어 씀을 원칙으로 한다.

[제3항] 외래어는 '외래어 표기법'에 따라 적는다.

(1) 있음/*있슴[9]

서울에 있음./서울에 있습니다.

(2) 거친/*거칠은

- 하늘을 나는 비행기 / *하늘을 날으는 비행기
- 멀리 날아가는 비행기 / *멀리 날라가는 비행기
- 거친 벌판 / *거칠은 벌판
- 놀이터에서 *놀으는 아이들 / 놀이터에서 노는 아이들

※ 'ㄹ' 받침을 가진 용언 어간에 관형형 어미가 연결되면 'ㄹ'이 줄어드는 것이 원칙이다. '거칠-+-은', '그을-+-은', '날-+-으는', '녹슬-+-은'은 '거친', '그은', '나는', '녹슨'이 된다. '*날으는', '*거칠은'으로 표기한 경우를 흔히 볼 수 있는데, 이러한 표기는 규범에 맞지 않는다.

(3) 도와/*도워

- 옷감이 고와서(← 곱-+-아서) 옷을 만들기가 아까워(← 아깝-+-아).
- 이삿짐 싸는 것을 좀 도와줘.

※ 'ㅂ' 받침을 가진 용언 중 '곱다', '돕다'만 '고와', '도와'로 활용한다. 나머지 경우는 '부끄럽다/부끄러워', '가깝다/가까워'처럼 활용한다.

(4) 되라/돼라

- 부지런한 사람이 {*되/돼/돼라}.
- 선생님께서는 학생들에게 부지런한 사람이 되라고 말씀하셨다.

※ '되-'에 '어'로 시작하는 어미가 연결되어 줄어들면 '돼'가 된다. '되-+-었다 → 됐다', '되-+-어서 → 돼서'가 그러한 경우다. 한편, '되라'는 '되-+-(으)라'의 구조이므로 '되-+-어라'의 구조로 된 '돼라'와는 구별해야 한다.

9) '*' 표시가 붙은 '단어', '구', '문장'은 규범에 맞지 않음을 뜻한다.

(5) 사귀어/*사겨

- 너희 둘이 {사귀어/*사겨} 보면 어떨까?
- 내 것과 네 것이 {바뀌었어/*바꼈어}

※ '사귀어'와 '바뀌어'는 '*사겨', '*바껴'로 줄지 않는다. 따라서 '사귀어', '바뀌어'로 적어야 한다.

(6) 연도/년도

- 연도별 생산 실적, 회계 연도
- 2014 년도/2014년도, 2010 년대/2010년대
- 동구릉, 태릉, 선릉, 실낙원/*실락원

※ 위의 예는 두음법칙(頭音法則) 표기에 관한 것이다. 두음법칙은 'ㄹ'과 'ㄴ'이 단어의 첫머리에 발음되는 것을 꺼려 다른 소리로 발음되는 음운 현상을 일컫는 말이다. 국어의 경우 한자음에 한하여 두음법칙을 표기에 적용하고 있는데, 'ㅣ, ㅑ, ㅕ, ㅛ, ㅠ' 앞의 'ㄹ'과 'ㄴ'이 'ㅇ'이 되고, 'ㅏ, ㅓ, ㅗ, ㅜ, ㅡ, ㅐ, ㅔ, ㅚ' 앞의 'ㄹ'이 'ㄴ'으로 변하는 것을 말한다.

(7) –률/–율

- 비율(比率), 실패율(失敗率)
- 선율(旋律), 전율(戰慄), 백분율(百分率)
- 법률(法律), 능률, 출석률

(8) 만듦/*만듬, 갈다/갊, 잡다/잡음

※ 국어의 명사형 어미로는 '-(으)ㅁ'과 '-기'가 있다. '-(으)ㅁ'은 '앞말이 '모음'이나 'ㄹ'이면 'ㅁ'을 붙이고, 'ㄹ' 이외의 자음이면 '-음'을 붙인다. 따라서 '만들다'의 명사형은 '만듦(만들-+-ㅁ)'이고, '갈다'의 명사형은 '갊(갈-+-ㅁ)'이다. 앞말이 '모음'이나 'ㄹ'이 아닌, '잡다'의 명사형은 '잡음(잡-+-음)'이다.

(9) 숟가락/젓가락

※ 앞말이 'ㄹ' 받침인 어기가 뒷말과 결합하여 합성어가 될 때, 'ㄹ' 받침이 'ㄷ'으로 변한 것은 'ㄷ'으로 적는다('한글 맞춤법' 제 29항 참조)

※ '반짇고리(바느질~), 사흗날(사흘~), 삼짇날(삼질~), 섣달(설~), 숟가락(술~), 이튿날(이틀~), 잗주름(잘~), 푿소(풀~), 섣부르다(설~), 잗다듬다(잘~), 잗다랗다(잘~)' 한편 '젓가락'은 '저+가락'의 구성인데, 합성어가 되면서 구성 성분 사이에 '사이시옷'이 개입된 것이다.

(10) 요/오

- 이것은 책이요, 저것은 연필이다.
- 무엇을 드릴까(요)?
- 말씀 낮추십시오.
- 안녕히 가세요.
- 무엇하셔요?

※ '요'와 '오'의 구분: '이것은 책이요, 저것은 연필이다'처럼 연결형이면 '이요'이다. 연결형이 아니면 '이요'가 아니라 '이오'이다. '이것은 내 책이오' '요/오'는 문장 끝에 붙는데 '요/오'를 빼고 문장이 성립하면 '요'를 쓰고, 문장이 성립하지 않으면 '오'를 쓴다. '어떻게 살리-요', '참으리-요', '좋지-요'는 '요'를 빼도 문장이 성립하지만 '이리 오시오', '무엇하오'는 '오'를 빼면 문장이 성립하지 않는다.

(11) 아니요/*아니오

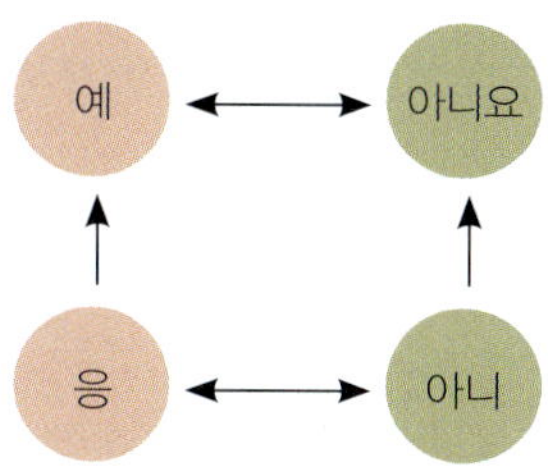

- 오늘 철수가 온다고 했니?
- {아니요/*아니오}, 영수가 온다고 했어요.
- 나는 의사가 아니오.
- 다음 물음에 예, {아니요/*아니오}로 답하시오.

※ '예'의 짝은 '아니요'이고, '아니오'는 '그것은 당신 책이 아니

오'처럼 '아니-'에 '-오'가 붙은 서술어이므로 문장의 첫머리에 쓰이지 않는다.

(12) 왠지/*웬지

- 오늘은 {왠지/*웬지} 기분이 좋아.
- {웬/*왠} 낯선 사람이 찾아왔던데?

※ '왠지'는 '왜인지'에서 줄어든 말이므로 문맥에서 '왜인지'로 대체할 수 있어야 한다. '웬 잔소리', '웬 낯선 사람'의 경우 '*왜인 잔소리', '*왜인 낯선 사람'이 아니므로 '웬'으로 표기해야 한다.

(13) 샛노랗다/*싯노랗다

- 새빨갛다, 새파랗다
- 샛노랗다, 샛말갛다
- 싯누렇다, 싯멀겋다

※ 접두사 '새-/시-, 샛-/싯-'은 뒤에 오는 용언 어간 첫음절의 자음과 모음이 무엇이냐에 따라 그 결합 양상이 달라진다.

'파랗다'는 첫음절 자음이 '거센소리(격음)'인 'ㅍ'이므로 '새'나 '시' 가운데 하나로 제한되고, 첫음절 모음이 'ㅏ'로 양성 모음이므로, '새'와 '시' 중에서 '새'가 선택되어 '새파랗다'가 된다. 따라서 '샛파랗다', '시파랗다', '싯파랗다'는 틀린 표기가 된다. 다른 예로, '누렇다'의 경우, 첫음절 자음이 유성음 'ㄴ'이므로 '샛'이나 '싯' 가운데 하나로 제한되고, 첫음절 모음이 'ㅜ'로 음성 모음이므로, '샛'과 '싯' 중에서 '싯'이 선택되어 '싯누렇다'가 된다. 따라서 '샛누렇다', '새누렇다', '시누렇다'는 틀린 표기이다.

(14) 개선코자, 매입코자, 조성코자/*개선코져, *매입하고져, *조성코저

- 꾸준히 {학습도록/*학습토록}
- 꾸준히{*연구도록/연구토록}

- 근무∨시간까지 *도착토록, *수립토록, *참석치 않으면
- 도착도록, 수립도록, 참석지

(15) 안/않

- 다시는 금지된 장소에 {안/*않} 가겠다.
- 그 일은 제가 하지 {*안았습니다/않았습니다}.

※ '안'은 부사 '아니'의 준말이고, '않-'은 '아니하-'의 준말이다. '안'은 다른 용언을 수식하는 구성(예: 안 간다/안 먹는다)에 쓰이고, '않-'은 문장의 서술어로 '내가 하지 않았다'와 같은 '-지 않-'의 구성으로 주로 쓰인다.

(16) –든/–던

- 사과든(지) 배든(지) 마음대로 먹어라.
  사과든가 배든가 마음대로 먹어라.
  *사과던 배던 마음대로 먹어라.
- 어릴 때 살던 곳
  *어릴 때 살든 곳

※ '-든'은 선택을, '-던'은 과거를 나타낸다. '내가 무엇을 하든(지) 상관하지 마', '먹든(지) 말든(지) 마음대로 하렴', '있든가 가든가 뜻대로 해'는 선택의 상황이고, '어릴 적 살던 곳', '집이 크던지 작던지 생각이 나지 않아', '영이가 뭐라던?', '철수가 집에 있던가 (어디) 가던가'는 과거의 상황이다. '던'이 들어 있는 '-던', '-던가', '-던걸', '-던고', '-던데', '-던들' 등도 모두 과거를 나타낸다.

(17) 의존명사는 띄어쓴다.

- 아는 것이 힘이다 / 나도 할 수 있다/ 먹을 만큼 먹어라/ 아는 이를 만났다.

3) 표기법

(1) 외래어 표기법

외래어는 외국에서 들어온 말로 국어처럼 쓰이는 말이다. 외래어는 국어의 음운 체계, 문법체계, 어휘 체계의 특징이 반영되어 있으므로 국어의 어휘에 속한다. 외래어표기법은 외국에서 들어온 국어를 적는 규정으로 외국의 발음을 그대로 옮겨 적는 방법이 아니라, 국어로의 외래어를 통일되게 표기한다.

[제1항] 외래어는 국어의 현용 24 자모만으로 적는다.

- 자음: ㄱ, ㄴ, ㄷ, ㄹ, ㅁ, ㅂ, ㅅ, ㅇ, ㅈ, ㅊ, ㅋ, ㅌ, ㅍ, ㅎ
- 모음: ㅏ, ㅑ, ㅓ, ㅕ, ㅗ, ㅛ, ㅜ, ㅠ, ㅡ, ㅣ

[제2항] 외래어의 1 음운은 원칙적으로 1 기호로 적는다.

→ family: 패밀리(○), 훼밀리(×)

fighting: 파이팅(○), 화이팅(×)

[제3항] 받침에는 'ㄱ, ㄴ, ㄹ, ㅁ, ㅂ, ㅅ, ㅇ'만을 쓴다.

→ carpet: 카펫(○), 카페트(×)

[제4항] 파열음 표기에는 된소리를 쓰지 않는 것을 원칙으로 한다.

[제5항] 이미 굳어진 외래어는 관용을 존중하되, 그 범위와 용례는 따로 정한다.

→ paris: 파리(○), 빠리(×)

다음 중 외래어 표기법이 맞는 것을 고르시오

1. 불독 vs 불도그
2. 엘리베이터 vs 엘레베이터
3. 프리젠테이션 vs 프레젠테이션
4. 프로포즈 vs 프러포즈
5. 도쿄 vs 토쿄
6. 러키세븐 vs 럭키세븐
7. 메론 vs 멜론
8. 바베큐 vs 바비큐
9. 초콜렛 vs 초콜릿
10. 판다 vs 팬더

(2) 로마자표기법

국어의 로마자 표기법은 외국인이 국어를 읽고 발음하는 것을 돕기 위해 어휘, 인명, 지명, 상호 등을 로마자로 표기하는 방법이다. 외래어를 우리말로 표기하는 외래어 표기법과 반대개념으로 우리말을 로마자로 표기하는 방법을 규정해 놓은 것이다.

[제1장 1항] 국어의 로마자 표기는 국어의 표준 발음법에 따라 적는 것을 원칙으로 한다.

→ 신라: Sinra(○), Silla(×)

[제2장 1항] 모음은 다음 각 호와 같이 적는다.

단모음	ㅏ(a)	ㅓ(eo)	ㅗ(o)	ㅜ(u)	ㅡ(eu)	ㅣ(i)
	ㅐ(ae)	ㅔ(e)	ㅚ(oe)	ㅟ(wi)		
이중모음	ㅑ(ya)	ㅕ(yeo)	ㅛ(yo)	ㅠ(yu)	ㅒ(yae)	ㅖ(ye)
	ㅘ(wa)	ㅙ(wae)	ㅞ(we)	ㅢ(ui)		

다음의 국어를 로마자로 표기해 보자

1. 종로
2. 남산
3. 해돋이
4. 거북선
5. 낙동강
6. 강남구
7. 같이

3. 논술문 작성하기

논설문 작성하기는 논증을 바탕으로 하는 글쓰기이다. 논설문에서의 논증은 언어적 규칙성은 물론이고 텍스트 생산자의 인지적 과정 및 사회적 상호작용까지 나타낼 수 있어야 한다. 다시 말하면 논설문 작성하기는 자신의 내면에서 일어나는 사고과정을 통한 혼자만의 글쓰기가 아니라 상대방을 고려하며, 상대방과 상호작용을 통한 대화적인 글쓰기이다.

1) 주제 찾기

논술문의 주제란 글에서 다루고자 하는 구체적이고 핵심적인 중심 생각을 말한다. 따라서 주제는 자신이 말하고자 하는 바의 핵심 내용이며, 논술문의 시작으로부터 끝날 때까지 고려해야 한다. 자신이 말하고자 하는 바를 명확하게 밝히는 논술문을 쓰기 위해서는 먼저 주제를 결정하고 시작해야 한다. 주제가 명확하지 않은 경우에는 무엇에 대해 쓰고자 하였는지 알 수 없는 글이 되기 쉽다. 주제 찾기란 논술문을 쓰는 전 과정에 걸쳐 고려해야 하는 것으로, 글을 완성하는 순간까지 모든 문장을 다스리는 것으로 '무엇에 대해서 쓸 것인가?'라는 질문에 대해 명확해질 수 있다.

주제 선정의 기준

- 글쓴이가 잘 알고 있는 내용일 것
- 독자에게 흥미와 관심을 불러일으킬 수 있는 가치가 있는 것
- 풍부한 글감이 있는 것
- 시의성이 있는 것
- 자료의 종류: 보편적 진리, 용어의 개념, 통계나 보도 자료, 대상의 분류, 본질이나 특성, 학설, 속담, 격언, 체험담, 우화, 소설, 역사적인 사건, 권위자의 견해, 사물의 공통점, 차이점 등

⊙ 발산적 사고를 활용한 글감 찾기

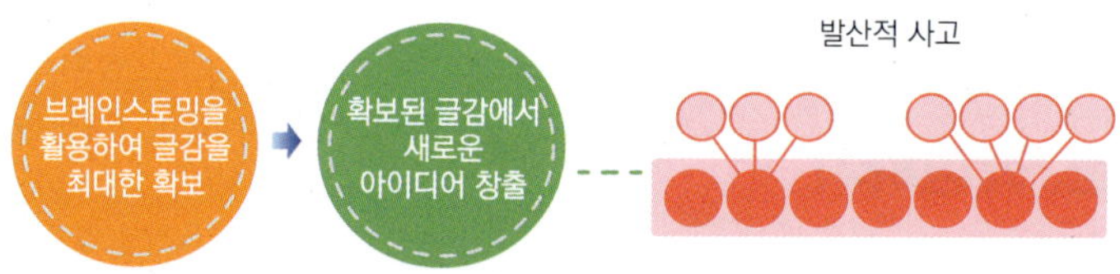

⊙ 수렴적 사고를 활용한 글감 찾기

2) 구성하기

주제와 주제문이 확정되고 자료가 선정되면 그 자료를 줄거리를 짜는 것을 구성하기라고 한다. 논설문에서는 구성하기는 논리적인 구성의 방법을 따라 단계식 구성, 포괄식 구성, 열거식 구성으로 구분된다.

(1) 단계식 구성

전체적인 내용에 대한 단계에 따라 3단 구성, 4단 구성, 5단 구성으로 나뉜다. 3단 구성은 글의 가장 기본적인 형식으로 '서론, 본론, 결론'이며, 4단 구성은 '서론, 전개, 발전, 결론' 또는 '도입, 발전, 전환, 정리'로 구성되는데, 본론에서 논지를 바꾸는 전환점을 마련하여 필자의 주장에 상반되는 의견까지 충분히 검토하는 구성 방식이다. 5단 구성은 '관심 환기, 과제 제시, 전개, 발전, 결론'으로, 이는 4단 구성에서 다시 서론 부분을 둘로 나누어 독자의 관심을 불러일으키려는 방법이다.

(2) 포괄식 구성

글의 결론이 해당하는 부분이 놓이는 위치에 따라 두괄식, 미괄식, 양괄식, 중괄식으로 나뉜다. 두괄식은 결론(주제문)을 앞에 두는 방식으로, 독자는 주제가 되는 단락을 먼저 접하게 되므로, 나머지 내용을 이해하기 쉬운 방식이다. 미괄식은 결론(주제문)을 뒤에 두는 방식으로, 자신이 말하고자 하는 바를 이해시키기 위해 독자들이 쉽게 받아들일 수 있는 내용들을 먼저 배치하는 방식이다. 양괄식은 결론(주제문)을 앞 뒤 양쪽에 두는 방식으로, 독자가 주제를 이해하기 쉽고, 마지막에 주제를 한 번 더 제시함으로써 깊은 인상을 가질 수 있는 방식이다. 중괄식은 결론(주제문)을 가운데에 두는 방식으로, 쉬운 내용을 앞쪽에 배치하고, 주제를 제시한 후에 이를 뒷받침할 수 있는 내용을 제시하여 다시 한 번 주제를 뒷받침하는 방식이다.

구성하기 연습하기

1. '스마트 폰이 우리 생활에 미치는 영향'이라는 주제로 글을 쓰려고 한다. 이를 뒷받침할 만한 자료들을 될 수 있는 한 많이 열거해 보자.

2. 열거한 자료들을 바탕으로 포괄식 구성 가운데 두괄식으로 정리해 보자.

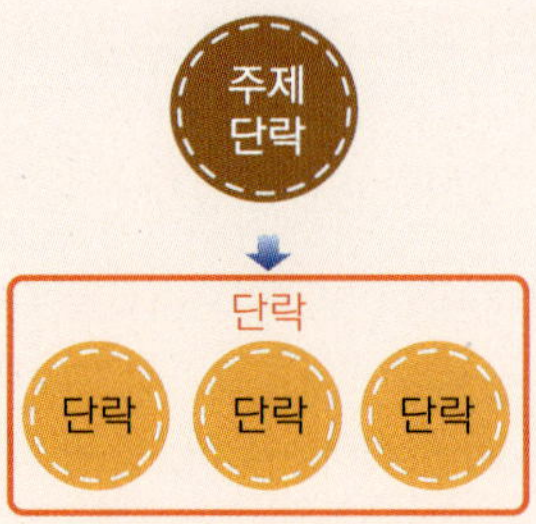

3) 개요 작성

개요는 글의 자료(제재)를 배열한 줄거리를 항목화한 것으로, 구성이 이루어진 후 그 결과를 도식화하여 기술하는 것으로, 글의 설계도 구실을 한다. 개요는 중요한 내용을 빠뜨리지 않게 하고, 쓸데없는 중복을 피하게 하여 글 전체의 균형을 유지할 수 있도록 돕다. 개요도를 작성하면 체계적인 조직력과 사고력이 길러지며, 요점을 정리하고 큰 의미를 파악하거나 회상하는 데 도움을 준다.

개요작성과정

- 제목과 주제문을 쓴 후 작성한다.
- 글의 전개 방식을 고려하면서 작성한다.
- 주요 논점을 설정한다.
- 대항목과 소항목의 관계에 주목하면서 작성한다.
- 소항목을 세부 항목으로 구분하면서 구체화한다.
- 문장식 개요나 항목식 개요 중 하나를 선정한다.

4) 서론쓰기

서론은 글 전체의 인상을 결정지어 주는 중요한 부분으로 독자가 글 속으로 몰입할 수 있도록 도와주고, 앞으로 어떤 내용이 다루어지게 될 지에 대해 소개하는 방향으로 작성하여야 한다. 그러므로 서론은 본론에서 다룰 문제의 제기, 의의 정도만 정리하여 작성한다. 서론이 장황해지면 본론에서 해야 할 말이 없어지고, 결론에 이르기까지 비약이 심해지거나, 무엇을 말하려는지 자신도 모른 채 끝날 위험이 있다. 서론은 글의 도입 단계이면서 길잡이 구실을 하기 때문에 '문제'와 '주제'가 반드시 나타나야 한다.

서론의 도입부를 쓰는 방법

첫째, 구체적 사실, 경험, 일화를 소개하는 방법이 있다. 논제와 관련하여 자기 자신이나 주변의 사람들이 일상생활에서 겪은 체험이나, 보고 들은 사실 또는 사회에서 일어난 일 등으로 서론을 시작하고, 이를 바탕으로 주제를 도입하거나 문제를 제기하는 방식이다. 이 방식은 논제의 범위가 넓은 경우에 효과적이다.

둘째, 잘 알려진 속담이나 고사성어, 명언이나 일화, 통계, 보도 자료, 일반 상식 등을 인용하여 문제 제기로 유도해 가는 방법이다. 인용하고자 하는 내용은 쓰고자 하는 글의 논지에 적합하면서도 가급적 다른 사람들이 잘 쓰지 않는 참신한 내용이어야 하며, 출처를 반드시 밝혀야 한다. 또한 인용문에 대한 주제와 관련한 자신의 해석이 있어야 한다.

셋째, 자신과 상반되는 견해로 시작하기가 있다. 이는 주로 찬성과 반대의 두 가지 견해로 나누어지는 논쟁형 문제제기를 위해 사용한다.

넷째, 자신이 다룰 화제나 주장할 주제를 제시하거나 문제상황에 대한 질문을 통해 제시하는 방법이다. 서론 쓰기에 가장 쉬운 방법이면서 주제를 분명히 제시할 수 있다는 장점이 있으나 글이 너무 단순해지는 약점이 있다.

다섯째, 용어를 풀이하거나 정의하면서 시작하기가 있다. 추상적이거나 일반적인 개념이어서 그 개념의 파악이 모호하거나, 글을 쓰기에 너무 범위가 넓은 경우에 개념을 분명하게 정의하거나 쓸 범위를 한정하는 데 이용한다.

5) 본론쓰기

본론은 글에서 실제로 다루고자 하는 내용을 작성된 개요에 의거하여 구체적으로 드러내는 쓰기의 과정이다. 서론에서 제시한 중심 과제를 구체적으로 입증하여 자신의 생각이나 느낌, 주장이나 의견이 타당함을 구체적인 근거를 들어 증명하는 단계로, 단락의 구성과 연결이 중요하기 때문에 반드시 단락을 나누어가면서 작성하도록 한다.

(1) 열거식 구성

중요하다고 생각되는 점을 "첫째…, 둘째…" 등으로 임의로 배열하는 방법으로 문제 간의 관련성이나 논리적 일관성이 요구되지는 않는다. 대등한 내용들을 나열하여 주제를 밝히는 방식이다. 의견을 간결하게 서술하거나 중요하다고 생각하는 문제들을 체계적으로 밝힐 때 사용된다.

(2) 반론형 구성

상대편의 견해를 반박하면서 자신의 견해를 강조하고자 할 때 쓰는 방식이다. 먼저 상대편의 주장과 주장의 근거를 제시하고, '그러나, 하지만'과 같은 접속어를 쓴 후 상대편 주장과 근거의 문제점 제시, 자신의 주장과 주장의 근거제시 순으로 서술한다.

(3) 점층적 구성

주제가 덜 중요한 것에서부터 더 중요한 것, 혹은 그 반대 순으로 배열하는 방식이다. 주제를 심화하고자 할 때 서술하면 효과적이다.

6) 결론쓰기

영화를 보고 난 후 라스트 신이 오래 기억에 남는 것처럼, 논술문을 읽고 난 뒤에 남게 되는 끝 인상도 매우 중요하다. 따라서 결론은 지금까지 앞에 쓰인 내용과 긴밀한 관계를 맺고 있어야 하고, 삭제할 수 없는 필요 불가결한 것이어야 한다. 결론 쓰기에서는 본론을 요약하고, 새로운 논의를 첨가하지 않으며, 대안을 제시하고 향후 과제를 제시해야 한다.

7) 고쳐 쓰기

고쳐 쓸 때에는 짧은 시간을 투자하여 글의 내용이 바뀌지 않도록 글의 목적과 독자를 고려하여 썼는지, 글의 주제에서 벗어나는 내용이 없는지, 순서를 바꾸어 효과를 더 높을 수 없는지에 대한 점검을 통해 수정하도록 한다. 특히 문장 차원에서는 문장이 너무 복잡하고 길어서 의미 전달에 무리는 없는지, 문맥에 맞지 않는 어구나 모호하고 부정확한 표현은 없는지, 어법, 문법에 맞는지, 각 문장들이 자연스럽게 연결되었는지를 생각하여 고쳐 쓴다. 단어 차원에서는 시점에 맞는 단어가 사용되었는지, 모호한 단어나 무의미어, 상투어는 사용되지 않았는지, 은어나 속어, 유행어를 사용하지 않았는지, 단어의 사용이 문맥 속에서 명확하고 정확한지, 맞춤법이나 띄어쓰기는 잘 되었는지, 용어는 정확하고 독자가 이해하기 힘든 것은 없는지를 파악하여 고쳐 쓰도록 한다.

8) 교직논술 작성하기

본 장에서는 논술문 작성하기의 1~7)의 최종연습으로 교직논술을 다루고자 한다. 교직논술은 매년 시행되는 초등교사임용시험에서 유아교사를 대상으로 교직과 관련된 논제에 대하여 배경지식을 활용하여 논리에 맞게 효과적으로 작성해내는시험과목이다. 60분 안에 1100~1200자로, 채점자가 원하는 답을 써서 채점관의 평가를 받는 시험이다. 이를 위해 교직논술은 1. 논제를 분석할 수 있어야 하며, 2. 문제를 발견하고 해결하는 과정에 유아교사의 배경지식을 활용할 수 있어야 하며, 3. 논리에 맞게 효과적으로 작성할 수 있어야 한다. 논증이 있으면 반드시 이를 뒷받침하는 설명이 있어야 하고, 전체 구성은 서론-본론-결론을 따라야 한다. 본 교직논술 연습을 통해 논술문 작성을 정리해보자.

아래는 2022학년도 공립유치원 교사 임용후보자 선정경쟁시험의 교직논술문제이다.

다음은 유치원 교사들이 만들어가는 교육과정에 대해 학습공동체에서 나눈 대화이다. 1) 최 교사의 대화에 근거하여 만들어 가는 교육과정의 개념을 논하고, 이것이 유아에게 미치는 긍정적 효과 2가지를 논하시오. 2) 임 교사가 유아 놀이를 지원하기 위해 실행할 수 있는 방안을 시간, 공간, 자료, 활동유형 측면에서 각각 1가지씩 논하시오. 3) 박 교사가 사용한 교수 행동 전략 2가지를 제시하고, 그 장점을 각각 1가지씩 논하시오. 4) 김 교사의 대화에 나타난 교사 학습공동체의 특징 2가지와 이를 통해 교사 개인과 기관 차원에서 나타날 수 있는 기대효과를 각각 1가지씩 논하시오. [총 20점].

김 교사 : 유아 놀이 중심 교육과정을 운영해 온 지 벌써 2년째네요. 그런데도 만들어가는 교육과정을 실행하는 것은 여전히 어렵게 느껴져요.

최 교사 : 네, 저도 그래요. 만들어가는 교육과정은 교사와 유아가 함께 구성해 가는 것이 중요한 것 같아요. 지난주에 아이들이 버스를 만들고 싶어 해서 큰 상자를 찾아 주었더니, 버스를 만드는 것에 흥미와 관심을 가지고 적극참여하더라고요. 아이들의 놀이를 관찰하고 기록하면서 필요한 것들을 지원해 주었더니, 이제는 아이들의 놀이가 버스 여행 놀이로 발전해 가고 있더라고요.

임 교사 : 저는 아이들과 경사로 놀이를 했는데요. 아이들이 경사로를 만들기에 교실은 좁다고 하면서도 이 놀이를 더 하고 싶어 했어요. 또 장난감 자동차보다 더 빠른 것으로 굴려 보고 싶어 하기도 하고요. 아이들이 경사로 놀이를 하는 중에 경사로의 기울기에 따라 속도가 어떻게 변하는지도 궁금해 했어요. 박 선생님은 이번 주에 어떠셨어요?
박 교사 : 저는 아이들과 함께 숲에 갔다가 도토리가 굴러가는 것을 보았어요. 아이들이 도토리가 구르는 모습을 재미있어해서 도토리처럼 구르는 신체 놀이를 하게 되었어요. 그런데 민이가 도토리처럼 구르는 것이 안 돼서 속상해하길래, "선생님이 구르기 하는 것을 보여줄게."라고 말하고 제가 직접 구르기하는 것을 보여 줬더니, 민이가 구르기를 쉽게 따라 했어요. 또 "선생님, 저도 도토리처럼 구를 수 있어요."라며 구르기를 보여주던 지혜에게는 "몸을 움츠려서 구르기를 하니까 정말 도토리가 굴러가는 것 같아."라고 말해 주었더니, 지혜가 신나서 신체 표현을 하더라고요.
김 교사 : 네, 그러셨군요. 유아의 놀이를 상황에 맞게 지원한다는 것이 쉽지 않지요. 이렇게 선생님들의 경험 사례를 듣고, 고민도 솔직하게 나누며, 서로 격려하면서 많이 배운 것 같아요. 또 어려움을 해결하는 방안도 서로 도와가며 찾다 보니까, 교사로서 한층 성장해 가는 것 같고, 서로 도와주는 유치원 분위기로 발전해 가는 것 같아 뿌듯해요.

답안 작성 시 유의 사항	배 점
· 주어진 답안지 면수(2매 이내)에 맞게 서술하시오. · 글의 체계를 논리적으로 짜임새 있게 구성하시오. · 글의 명료성, 타당성, 일관성을 고려하여 서술하시오.	논술의 내용 [총 15점] – 만들어가는 교육과정의 개념 1가지(1점)와 만들어가는 교육과정이 유아에게 미치는 긍정적 효과 2가지(2점) [3점] – 시간, 공간, 자료, 활동유형 각각의 측면에서 유아 놀이 지원 방안 1가지씩 4가지 [4점] – 교수 행동 전략 2가지(2점)와 각각의 장점 1가지씩 2가지(2점) [4점] – 학습공동체의 특징 2가지(2점)와 교사 개인, 기관 차원에서 나타날 수 있는 기대 효과 각각 1가지씩 2가지(2점) [4점] · 논술의 체계 [총 5점] – 글의 논리적 체계성 [3점] – 맞춤법 및 어휘 문장의 적절성 [2점]

알아두기

만들어가는 교육과정

교육과정은 교사와 유아의 교수학습공동체 안에서 '교사와 유아가 함께 만들어가는 교육과정'을 실행할 때 가능해진다. 이러한 교사와 유아가 함께 만들어가는 교육과정이란 바로 교사와 유아 상호관점에 의해 함께 설계해가는 교육과정으로 교사와 유아가 교육과정의 공동 디자이너 됨을 의미한다. 만들어가는 교육과정은 1) 교실에서 발현적으로 일어나는 일을 중심으로 교사와 유아가 만들어가는 교육과정이자 2) 교육의 표준화를 교사수준에서 재구성해가는 과정에 교사와 유아가 관점을 교류하며 만들어가는 교육과정이다(곽향림, 2019).

학습공동체

2019 개정 누리과정에서는 놀이중심 교육과정을 실행하면서 경험하는 교사들의 다양한 어려움(교사의 이해 결여와 부족한 놀이 역량, 교육과정 재구성 역량의 한계나 놀이 지원 및 기록에 대한 부담 등)을 해결하고 놀이중심 교육과정 운영을 지원하기 위해 교사 간 학습공동체를 자율적으로 구성하여 서로의 전문성을 함께 배우고 성정하기를 제안하고 있다(교육부, 보건복지부, 2019b). 교사학습공동체란 구성원의 학습증진을 위해 자신의 실천을 비판적으로 반성함과 더불어 협력적으로 배우고 실행하며 서로의 지식과 경험 그리고 실천을 공유하는 교사 집단을 의미한다(김태영, 2022).

개요도 만들기

<table>
<tr><th>내용</th><th colspan="2">작성란</th></tr>
<tr><td rowspan="2">만들어가는 교육과정의 개념 1가지(1점)와 만들어가는 교육과정이 유아에게 미치는 긍정적 효과 2가지(2점)</td><td>만들어가는 교육과정의 개념 1가지(1점)</td><td></td></tr>
<tr><td>만들어가는 교육과정이 유아에게 미치는 긍정적 효과 2가지(2점)</td><td></td></tr>
</table>

시간, 공간, 자료, 활동유형 각각의 측면에서 유아 놀이 지원 방안 1가지씩 4가지 [4점]	시간 측면에서 유아놀이지원방안 1가지	
	공간 측면에서 유아놀이지원방안 1가지	
	자료 측면에서 유아놀이지원방안 1가지	
	활동유형 측면에서 유아놀이지원방안 1가지	
교수 행동 전략 2가지(2점)와 각각의 장점 1가지씩 2가지(2점) [4점]	교수 행동 전략 1가지와 장점 1가지(2점)	
	교수 행동 전략 1가지와 장점 1가지(2점)	
학습공동체의 특징 2가지(2점)와 교사 개인, 기관 차원에서 나타날 수 있는 기대 효과 각각 1가지씩 2가지 (2점) [4점]	학습공동체의 특징 2가지(2점)	
	교사 개인 차원에서 나타날 수 있는 기대 효과 1가지 (1점)	
	기관 차원에서 나타날 수 있는 기대 효과 1가지(1점)	

개요도를 중심으로 작성한 모범답안

서론		2019 개정 누리과정은 교사와 유아가 함께 만들어가는 교육과정을 위한 교수학습공동체를 강조한다. 이에 사례를 바탕으로 만들어가는 교육과정이 미치는 긍정적 효과에 대해 알아보고, 이를 실현해나가기 위한 놀이지원방안 및 교수행동전략과 이에 대한 장점, 학습공동체의 특징 및 기대효과 등에 대해 논해보고자 한다.
본론	만들어가는 교육과정의 개념 1가지(1점)와 만들어가는 교육과정이 유아에게 미치는 긍정적 효과 2가지(2점)	1) 만들어가는 교육과정은 교사와 유아 상호관점에 의해 함께 설계해가는 교육과정을 의미한다. 만들어가는 교육과정이 유아에게 미치는 긍정적 효과는 다음과 같다. 첫째, 교사의 적극적인 놀이관찰로 유아들에게 적합한 놀이지원이 가능해짐으로써, 유아들이 자신의 흥미와 관심에 맞는 놀이활동을 할 수 있어 적극적태도를 지속적으로 유지할 수 있다. 둘째, 교사가 유아의 다양하게 변화되는 놀이를 제한하지 않고 적절히 지원해줌으로써 유아의 놀이가 확장 및 심화될 수 있다.

<table>
<tr><td rowspan="3">본론</td><td>시간, 공간, 자료, 활동유형 각각의 측면에서 유아 놀이 지원 방안 1가지씩 4가지 [4점]</td><td>2) 유아의 놀이의 지원방안은 다음과 같다. 먼저 시간 측면에서 충분한 시간을 제공한다. 경사로 놀이를 더 하고 싶어하는 유아들을 위해 일과를 융통성있게 조정하여 놀이시간을 더 제공할 수 있다. 둘째, 공간 측면에서 놀이에 적합한 공간으로 제공한다. 경사로 만들기에서 교실이 좁다고 말하는 유아들을 위해 놀이공간을 복도와 연결하여 넓혀주거나, 더 넓은 공간 영역으로 이동하여 제공할 수 있다. 셋째, 자료 측면에서 유아의 요구에 따른 자료를 제공하도록 한다. 경사로에 장난감 자동차보다 더 빠른 것을 굴려보고 싶어하는 유아들을 위해 더 빠르게 굴러갈 수 있는 다양한 자료를 제공한다. 넷째, 활동유형 측면에서 놀이가 심화될 수 있도록 적절한 활동유형을 제시한다. 경사로의 기울기에 따라 속도가 어떻게 변하는지 궁금해하는 유아들을 위해 교사가 과학활동을 계획하여 경사로 기울기에 따른 속도변화를 실험해 보도록 제공할 수 있다.</td></tr>
<tr><td>교수 행동 전략 2가지(2점)와 각각의 장점 1가지씩 2가지(2점) [4점]</td><td>3) 박 교사가 사용한 교수행동전략과 장점은 다음과 같다. 첫째, 박 교사는 시범보이기 전략을 사용하였다. 박 교사는 도토리처럼 구르기를 어려워하는 민이를 위해 직접적으로 구르기 행동을 보여주고 관찰하도록 하였다. 이러한 시범보이기의 장점은 교사의 시범을 관찰하고 따라함으로써 쉽게 배울 수 있다. 둘째, 박 교사는 인정하기 전략을 사용하였다. 박 교사는 구르기를 잘하는 지혜에게 몸을 움츠려서 구르기를 하니까 도토리가 굴러가는 것 같다라며 지혜의 동작을 언어화하고 칭찬해주었다. 이러한 인정하기의 장점은 잘하고 있는 유아의 행동을 구체적으로 언급하고 칭찬해줌으로써 유아가 교사로부터 인정받았다는 느낌을 받음으로 인해 자아효능감을 증진할 수 있다.</td></tr>
<tr><td>학습공동체의 특징 2가지(2점)와 교사 개인, 기관 차원에서 나타날 수 있는 기대 효과 각각 1가지씩 2가지 (2점) [4점]</td><td>4) 사례를 통해 살펴본 교사 학습공동체의 특징은 다음과 같다. 첫째, 교사들은 학습공동체를 통해 각자의 경험과 사례 등을 공유함으로써 문제 상황에 대한 해결방안을 함께 모색할 수 있다. 둘째, 교사들은 학습공동체를 통해 자신의 어려움, 고민 등에 대해 함께 나눔으로써 서로 격려하고 정서적 지지를 얻을 수 있다. 이러한 학습공동체의 기대효과는 다음과 같다. 교사 개인 차원에서 교사 개인에게 전문성 성장의 기회를 얻을 수 있다. 학습공동체를 통해 자신의 경험과 사례를 공유하고 여러 의견을 나눔으로써 해결하는 과정을 통해 교사로서의 성장이 이루어질 수 있다. 기관 차원에서 협력적인 조직 문화를 형성해나갈 수 있다. 학습공동체를 통해 문제를 고민하고 해결해 나감으로써 협력적인 분위기가 조성되며, 교사들의 유대감이 증진될 것이다.</td></tr>
<tr><td colspan="2">결론</td><td>교사와 유아가 함께 만들어가는 교육과정이 되기 위해서는 교사가 유아의 놀이를 적극적으로 관찰하고 기록하며, 시간, 공간, 자료, 활동 유형의 측면에서 지원해나가는 것이 중요하다. 여기에서 계획된 교육과정이 아니기 때문에 교육과정 운영 시 어려움이 생길 수도 있다. 이때 동료들과 학습공동체를 통해 서로 협력하고 지지함으로써 놀이중심 교육과정을 효율적으로 운영하기 위해 끊임없이 노력해 나가야 한다.</td></tr>
</table>

제시된 글을 읽고, 논설문을 작성해 보자.

유치원 교실 안 CCTV, 아동 보호인가 교사 감시인가

최근 유치원 교실에 CCTV를 의무적으로 설치하도록 하는 법안이 국회에서 발의되면서 아동학대 관련 시민단체와 유치원 단체 간의 갈등이 커지고 있다. 시민단체는 "아동학대 예방과 교사 보호를 위한 조치"라며 찬성의 목소리를 내는 반면 유치원 측에서는 "교사를 잠재적 범죄자로 생각하는 것"이라며 맞서고 있는 상황이다.

지난달 24일 김병욱 국민의힘 의원은 아동학대 방지를 목표로 유치원 교실에 CCTV를 의무적으로 설치하는 '유아교육법 일부 개정 법률안'을 대표 발의했다. CCTV 열람 시기와 절차 및 방법 등은 교육부령에 위임했다. 현행 유아교육법상 유치원 교실 내 CCTV 설치는 선택 사항이다. 교육부 자료에 따르면 2021년 6월 기준 전국 유치원 교실 내 설치 비율은 39%다. 그 중 국공립 유치원은 4.98%, 사립 유치원은 87.91%다. 김 의원은 "해당 개정안이 통과되면 유치원에서 발생하는 아동학대를 미연에 방지하고 사후 조치를 확실하게 할 수 있을 뿐만 아니라, 정인이 사건 당시 CCTV 녹화 영상이 어린이집 선생들의 아동 방치 논란을 해소했던 것처럼 교원들 또한 보호할 수 있을 것으로 기대되고 있다"라고 설명했다.

〈중간 생략〉

반면 한국국공립유치원연합회는 반대 입장을 내놨다. 신뢰를 바탕으로 한 교육 현장이 CCTV 감시를 받는 불신의 현장이 될 것이라는 우려에서다. 한국국공립유치원연합회 우영혜 회장은 기자와의 전화 통화에서 "어린이집에 CCTV가 설치됐다고 유치원에서 똑같이 설치해야 하는 것은 아니라고 생각한다"라며 "교사의 전문성과 수업권 침해와 일부 학부모들의 과도한 열람 요청 등 악용 사례 여지가 있어 반대한다"라고 주장했다.

뉴스포스트, 2021. 07. 08. "유치원 교실 안 CCTV, 아동 보호인가 교사 감시인가"

1. 유치원 CCTV와 관련있는 자료를 수집해 보자.

2. 수집한 자료를 바탕으로 하여 자신이 주장하고자 하는 의견이나 관점을 주제문으로 간단하게 작성해 보자.

3. 2에서 세운 자신의 주장을 뒷받침하기 위한 논거를 마련하여 내용을 조직해 보자.

서론	

본론	
결론	

4. 3에서 조직한 내용을 바탕으로 논설문을 써 보자.

5. 글 전체 구성 차원, 단락 차원, 문장 차원, 단어 차원을 바탕으로 작성한 글을 서로 평가해 보자.

4. 연구보고서 작성하기

연구를 한다는 것은 (1) 구체적인 주제를 찾아내는 것, (2) 그 주제에 관한 자료들을 수집하는 것, (3) 수집한 자료들을 정리하는 것, (4) 수집된 자료들을 토대로 자신이 직접 테마를 재검토 하는 것, (5) 이전의 모든 고찰에 대해 유기적인 형식을 부여하는 것, (6) 논문을 읽는 사람이 자기가 의도하는 바를 이해하도록 해주고 또한 필요하다면 그 동일한 자료들로 거슬러 올라가서 그 주제를 나름대로 다시 파악할 수 있도록 해주는 것이다. 정리하면 연구보고서를 작성한다는 것은 자신의 개념을 체계화하고 자료를 정리하는 방법을 배우는 것을 의미한다. 본 장에서는 유아교사에게 필요한 연구보고서의 작성을 다루도록 한다.

연구보고서에서 중요한 논제발견은 연구자의 일상적 관심사와 흥미, 문헌연구, 다양한 학술경험, 현장경험, 지도교수 혹은 전문가의 조언 등을 통해 얻을 수 있다. 특히 유아를 대상으로 하는 보고서는 현장경험이 많은 영향을 미치기 때문에, 교육기관에서 습득한 지식과 현장에서 얻게 되는 교육적 경험과 연구자의 지적인 호기심을 필요로 한다. 다른 사람의 연구를 베끼거나 편집하는 것은 연구윤리에 위배되므로 반드시 자신이 지닌 의문을 해결하는 계기가 될 수 있도록 주제를 설정해야 한다. 특히 연구보고서에는 용어정의를 필요로 하는데, 여기에는 의미를 밝히는 개념적 정의와 의미를 지닌 변인을 어떻게 측정했는지를 밝히는 조작적 정의가 있다. 용어정의가 중요한 이유는 연구자가 연구를 시작하면서 자신이 다루어야 할 연구문제의 범위를 명료하게 하고, 연구결과를 공유할 다른 연구자와의 의사소통을 통해 연구결과가 확대·해석됨으로써 야기될 수 있는 해석의 오류를 미리 방지하여 연구의 타당성을 보호하기 위해서이다.

용어정의의 예

나. 부모 코칭역량

부모 코칭역량은 부모가 자녀의 잠재능력을 최대한 발휘하도록 자녀의 감정과 생각에 귀 기울이며 자녀 스스로 자신을 성장시킬 수 있는 에너지와 행동계획을 실행할 수 있는 동기를 부여할 수 있는 능력을 의미한다(정대현, 신원애, 2012). 여기에서 부모 코칭역량이란 부모의 변화를 통해 자녀와의 관계에서 발생하는 여러 가지 갈등상황과 문제 상황을 스스로 해결할 수 있도록 도와 부모가 자녀의 코치역할을 할 수 있도록 하는 역할을 의미한다. 본 연구에서 부모 코칭역량은 '실행역량', '의사소통역량', '관계역량', '의식역량', '성장역량'의 요인으로 구성하였다.

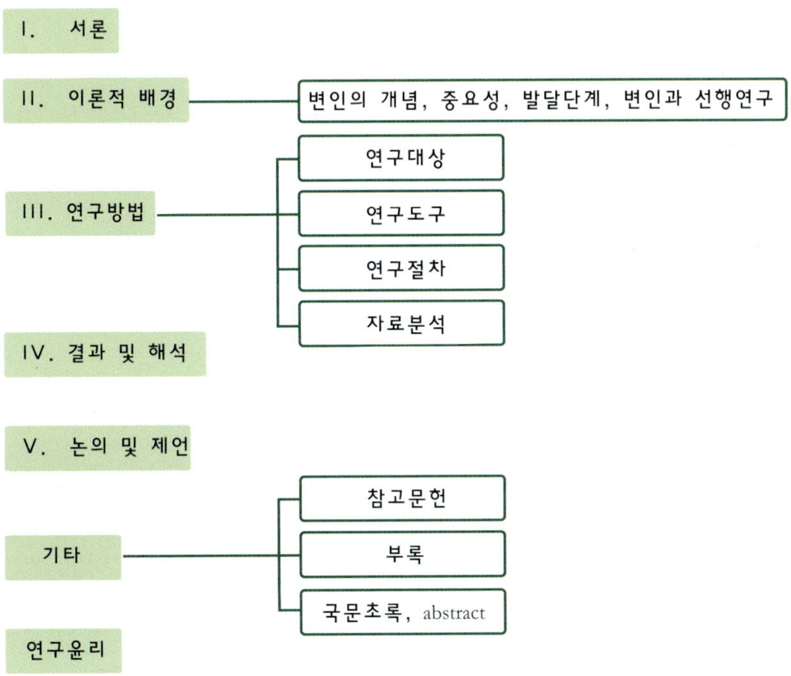

연구보고서의 구성

연구보고서는 크게 서론, 이론적 배경, 연구방법, 결과 및 해석, 논의 및 제언, 기타의 단계를 따르며, 연구윤리를 고려해야 한다.

1) 서론 작성하기

서론에서는 연구의 목적과 의의가 분명하게 서술되어야 한다. 자신이 왜 이런 연구를 하려고 하는지, 다른 연구와의 차별점은 무엇인지, 가치는 무엇인지, 그리고 연구의 결과가 어떤 영향을 줄 수 있을지, 연구의 목적 등을 밝혀야 한다. 이를 위해 도서관과 인터넷 조사를 통해 일반출판물, 석·박사 학위논문, 학술지 연구 등 관계문헌 목록을 조사하고 이에 대한 선행연구 고찰하고 자신이 연구를 통해 얻고자 하는 것이 무엇인지를 분명하게 기술하여야 한다. 연구문제는 현 시대의 사회현상에서부터 시작할 수 있다. 평소 신문기사와 뉴스에 보도되는 내용 또는 유아교육과 관련된 이슈(예: 유보통합, 맞춤보육 등), 전공서적의 탐색을 통해서도 가능하다. 연구문제는 이론적으로나 사실적으로 의의 있는 것이어야 하며, 학문적 기여를 할 수 있는 것이어야 한다.

연구 질문의 3단계

1. 주제를 명명한다.
   나는 ____________________을 연구하고자 한다.
2. 질문을 던진다.
   그 이유는 왜/어떻게/누가 ____________________를 알고 싶기 때문이다.
3. 연구과제와 문제제기의 정당성을 부여한다.
   이것은 어떻게/왜 ____________________인지/아닌지 이해하고 싶어서이다.

연구보고서 작성 시 문장과 문장, 그리고 단락과 단락 사이의 주요 사고를 연결시키기 위해 'Hook-and-Eye(Wikinson, 1991)'기법을 사용할 수 있다. 아래 예와 같이 후크앤아이 기법을 사용하면, 각 문장과 문단사이의 연결이 쉽게 이루어지게 함으로써 글의 일관성을 유지할 수 있다.

Hook-and-Eye 기법의 예

현대사회의 가장 큰 변화는 가족의 형태로써 이전의 대가족이었던 시절과는 다르게 부모와 자녀만 사는 맞벌이 중심의 핵가족 시대가 되었다는 것이다. 이러한 변화는 부모가 자녀와 보내는 시간보다 외적인 시간을 증가하게 만들었고, 이는 부모-자녀간의 결속력이 약해지게 만드는 결과를 초래하였다. 그러나 부모의 역할은 시대의 변화와는 상관없이 자녀에게 직접적인 영향을 미치기 때문에, 부모는 단순한 양육에서 벗어나 유아의 발달적 측면을 고려한 새로운 역할기대 및 수행능력을 가져야 한다. 유아가 태어나 처음 만나게 되는 사람인 부모는 유아의 인간관계의 시작과 사회화의 시초가 된다. 그래서 유아는 부모와의 개방적 의사소통과 신뢰감이 높을수록, 그리고 문제적 의사소통이 낮을수록 유아는 자기조절능력에 필요한 자기의 감정을 적절하게 처리하고 변화시킬 수 있는 능력이 높다(Gottfredson & Hirischi, 1990).

이러한 능력을 신장하기 위해 대두된 것이 바로 부모코칭역량이다. 부모코칭역량은 부모와 자녀 개개인에 대한 인간발달 지식과 전문적인 코칭기술을 기반으로 사회 환경변화와 부모자녀간의 관계변화에 유연하게 대처하는 능력이다(정대현, 신원애, 2012). 부모코칭역량은 유아가 자기 자신과 주위환경에 보다 성공적으로 대처할 수 있는 능력을 길러줌으로써 자기조절능력(백윤진, 2012; Leslie et al, 2012; Luc et al, 2001)과 리더십(이은숙, 2008; 전성희, 2008; Daniel, 2000; Whitemore, 2009)에 긍정적인 영향을 미친다. 특히 부모코칭역량은 효과적인 의사소통기술을 사용하는데, 이러한 기술은 유아에게 영향을 미쳐 자기조절능력과 리더십에서 효과적인 또래와의 상호작용이 이루어지도록 돕는다(Perry & Busset, 1984).

유아의 자기조절능력과 리더십은 매우 어린시기부터 발달하고 시작하기 때문에(김성숙, 2009; Bloom, 2004), 이와 관련한 교육은 유아기부터 이루어져야 한다. 더욱이 유아는 유전과 환경의 영향을 받으며 성장하기 때문에(정옥분, 2002), 유아와 가장 많은 시간을 보내며 상호작용을 하는 부모의 역할과 신념이 중요하다. 이는 유아가 생활에 필요한 여러 가지 행동양상을 부모와 함께 성장하고 변화하면서 지속적이고 광범위적인 자극을 통해 관찰되고 모방하기 때문이다(박미숙, 2008). 유아는 부모를 통해 자기조절능력과 리더십에 필요한 조직 내 상호작용의 기술을 배워 나간다(임은경, 유연옥, 2012).

이러한 부모의 역할과 함께 사회 인구학적 변인 또한 유아의 발달 전반에 결정적인 영향을 미치는 데 유아의 자기조절능력(이정란, 2003; Buss & Goldsmith, 1998; Bloom, 2004; Raver, Blackburn, Bancroft & Trop, 1999)과 리더십(김순자, 2001; 이연실, 2011; 황윤세, 2010)과 관련성이 높다.

—신원애(2016). "부모코칭역량과 유아의 자기조절능력 및 리더십의 관계"의 서론 일부 발췌. 열린부모교육연구, 8(2), 53-70

2) 이론적 배경 작성하기

논제가 어느 정도 구체화되면 이와 관련한 이론이나 선행연구를 고찰함으로써 이론적 배경을 작성한다. 유아교육 분야의 문헌탐색은 학교도서관 페이지 또는 학술정보사이트(www.riss4u.co.kr)를 이용하여 자신의 관심분야 키워드를 입력하여 기존의 연구를 찾아볼 수 있다. 이론적 배경은 문헌고찰과 선행연구 조사를 위한 목적으로 수행하는 과정으로 양적으로 그 비중을 많이 차지하는 부분이다. 이론적 배경은 곧 그 자체가 연구문제를 해결하는 과정이기 때문에 연구자의 오랜 시간 동안의 학문적 연구의 결과이자 연구의 실행과 분석을 위한 가장 중요한 부분이다. 따라서 이론적 배경의 구성은 목차만으로도 논리적 구성이 이루어졌다는 것을 알 수 있도록 이루어져야 한다. 일반적으로 많이 이루어지는 양적연구에서는 독립변인, 종속변인, 독립변인과 종속변인 간의 관계와 같은 순서로 논의가 이루어진다. 가장 기본적이고 단순한 형태일 수 있지만 많은 연구의 기초가 되는 연구모형이다. 목차의 구성은 먼저 독립변인에 대해 논의를 먼저 제시하고 독립변인에 의해서 영향을 받는 종속변인에 대한 논의를 제시하는 것이 바람직하다. 이론적으로 두 변인 간의 관계가 증명되거나 시사되지 않는다면 통계적으로 아무리 유의미한 관계성을 보인다고 하더라도 학문적으로는 의미가 없게 되기 때문에, 이론적 배경에는 연구자의 견해가 들어가는 것이 바람직하다. 이론적 배경을 작성할 때는 형용사, 부사의 남용은 피하고

'~이다', '~를 포함한다', '~를 제시하였다' 등의 객관적 동사를 사용하도록 한다. 또한 현재의 이론, 즉 해석, 설명, 결론을 기술할 때는 현재시제, 자료결과, 과정, 관찰에 대한 내용은 과거시제, 완료된 결과를 언급하는 경우는 현재완료, 이미 종료된 결과를 언급하는 결과를 기술할 경우는 과거완료를 사용하도록 한다. 이론적 배경 제목의 번호 붙임에는 단계가 있으며, 그 단계별로 구성의 논리적 순서를 고려하여 작성해야 한다.

제목의 번호 붙임의 예

1단계 : Ⅰ, Ⅱ, Ⅲ …

2단계:1, 2, 3 …

3단계:1), 2), 3) …

4단계: (1), (2), (3) …

5단계: ①, ②, ③ …

이론적 배경 목차 구성의 논리적 순서의 예

예비유아교사를 위한 라이프코칭(Life-Coaching) 프로그램이 안녕감과 자아탄력성에 미치는 효과

1. 라이프 코칭 프로그램
    1) 라이프 코칭 프로그램의 배경 및 이론적 의의
    2) 예비유아교사와 라이프 코칭 프로그램
    3) 라이프 코칭 프로그램과 안녕감
    4) 라이프 코칭 프로그램과 자아탄력성
2. 안녕감
    1) 안녕감의 개념 및 중요성
    2) 예비유아교사와 안녕감
3. 자아탄력성.. (이하 생략)

3) 연구방법 작성하기

연구방법은 연구자가 발견한 연구문제를 해결하고 의도한 결과를 얻기 위한 구체적인 계획 및 절차를 설계한다. 연구방법은 연구가 실행가능한 것인지 이를 검증할 수 있는 적절한 방법이 있는지를 파악하도록 돕는다. 연구방법은 연구대상의 표집, 연구도구의 수집, 연구절차, 자료분석의 단계를 따른다.

연구의 실험 설계 모형 계획하기

대상	사전검사	실험처치	사후검사
실험집단	O_1	X_1	O_2
통제집단	O_3	X_2	O_4

- O_1, O_3: 사전 검사(안녕감, 자아탄력성 검사)
- X_1: 예비유아교사를 위한 라이프 코칭 프로그램 진행
- X_2: 프로그램 처치하지 않음
- O_2, O_4: 사후 검사(안녕감, 자아탄력성 검사)

4) 결과 및 해석 작성하기

결과 및 해석은 자신이 지금까지 진행해 온 연구문제를 중심으로 제목을 정해서 수치와 그래프, 그리고 문장으로 풀어내는 과정이다. 결과는 단순기술하고, 체계성과 통일성을 갖추어 결과들을 비교하여 기술한다. 중요한 것은 논거에 의거하여 논의된 결과를 종합·판단하여 귀납적으로 얻어진 것으로만 해석해야 하며, 데이터 결과만 나열하거나 제시하지 않은 결과에 대한 저자의 해석은 삼가야 한다.

결과 및 해석의 예

2) 독서지도 인식에서 부모의 소득수준에 따른 차이

〈표 4〉 독서지도 인식에서 부모의 소득수준에 따른 차이

문항		생계곤란층	생계유지층	생활안정층	상층	x^2
책을 접하기에 좋은 시기	태내기부터 만 1세 이상	6(21.4)	25(43.1)	25(43.1)	12(26.7)	22.685*
	만 2세 미만	4(14.3)	12(20.7)	12(14.3)	12(26.7)	
	만 2세 이상 만 3세 이하	8(28.6)	13(22.4)	26(31.0)	13(28.9)	
	만 4세 이상	9(32.1)	3(5.2)	9(10.7)	5(11.1)	
	시기는 중요하지 않다	1(3.6)	5(8.6)	12(14.3)	3(6.7)	
독서를 해야 하는 가장 중요한 이유	창의적이고 비판적인 사고력 증진	7(25.0)	16(25.8)	30(35.7)	24(53.3)	21.675*
	초등학교 연계학습에 도움	3(10.7)	2(3.2)	1(1.2)	3(6.7)	
	인격형성에 도움	5(17.9)	17(27.4)	12(14.3)	5(11.1)	
	표현력과 발표력 증진	6(21.4)	9(14.5)	17(20.2)	3(6.7)	
	새로운 지식이나 다양한 정보습득	7(25.0)	18(29.0)	24(28.6)	10(22.2)	
자녀가 독서를 할 때 요구되는 능력	어휘력	4(14.8)	3(4.8)	15(18.1)	1(2.2)	31.308**
	문장이해력	17(63.0)	29(46.8)	47(56.6)	37(82.2)	
	비판력	0(0.0)	4(6.5)	1(1.2)	0(0.0)	
	감상력	2(7.4)	11(17.7)	6(7.2)	3(6.7)	
	표현력	4(14.8)	14(22.6)	13(15.7)	4(8.9)	
	기타	0(0.0)	1(1.6)	1(1.2)	0(0.0)	

$^{*}p<.05$, $^{**}p<.01$

자녀가 책을 접하기에 가장 좋은 시기에 대한 인식에 부모의 변인에 따른 차이가 있는지 알아본 결과, 소득수준(x^2=22.685, $p<.05$)에 따라 유의미한 차이가 나타났다. 소득수준이 생계곤란층 부모의 경우 '만 4세 이상(32.1%)' 이라고 응답한 경우가 가장 많았으며, 생활안정층인 부모는 '태내기부터(각 43.1%)' 라고 응답한 경우가 가장 많았다. 그리고 소득수준 상층인 부모의 응답은 '태내기부터(26.7%)', '만 1세 이상~2세 미만(26.7%)', '만 2세 이상~3세 이하(28.9%)' 에 고르게 분포되어 주로 '어린시기부터 책을 접하기에 가장 좋다' 고 응답한 것으로 나타났다.

자녀가 독서를 해야 하는 가장 중요한 이유에 대한 인식은 소득수준(x^2=21.675, $p<.05$)에 따라 유의미한 차이가 나타났으며, 생계곤란층인 부모는 '창의적이고 비판적인 사고력을 길러준다', '새로운 지식이나 다양한 정보를 얻는 데 도움을 준다(각 25.0%)' 에 가장 많이 응답한 반면, 생계유지층, 생활안정층, 상층인 부모는 '창의적이고 비판적인 사고력을 길러준다(각 35.7%, 53.3%, 35.2%)' 에 가장 많이 응답하였다.

자녀가 독서를 할 때 요구되는 능력에 대한 인식은 소득수준(x^2=31.308, $p<.01$)에 따라 유의미한 차이가 나타났다. 자세히 살펴보면 부모들이 '문장이해력(각 63.0%, 46.8%, 56.6%, 82.2%)' 에 가장 많은 응답을 한 반면, 생계곤란층인 부모의 경우 '어휘력' 또는 '표현력' 에 응답한 경우도 많이 있었다.

〈표 5〉 독서지도 인식에서 부모의 소득수준에 따른 차이

문항		생계곤란층	생계유지층	생활안정층	상층	F
독서와 학습의 관련성	*N*	28	62	85	45	4.644**
	M	4.46ab	4.40a	4.69b	4.38a	
	SD	0.63	0.59	0.46	0.65	

***$p<.01$, a, b는 Scheffe 사후검증(b > a)

독서와 학습의 관련성에 대한 응답에서 '전혀 그렇지 않다' 부터 '매우 그렇다' 까지 1점부터 5점 사이에 응답을 살펴본 결과 소득수준(F=4.644, $p<.01$)에 따라 유의미한 차이가 나타났다. 이에 대한 사후분석 결과를 살펴보면, 생활안정층(M=4.68, SD=.46)인 부모가 생계유지층(M=4.40, SD=.59), 상층(M=4.38, SD=.65)인 부모보다 독서와 학습에 관련성이 있다고 생각하는 것으로 알 수 있다.

–정대현, 신원애(2011). "유아기 부모의 독서지도 인식 및 실태" 의 결과 및 해석 일부 발췌, 어린이문학교육연구, 12(1), 137–163

5) 논의 및 제언 작성하기

논의 및 제언은 비교적 연구자의 주관적인 해석이 허용됨으로 해당 연구에서 발견된 사실과 일치하지 않은 과거의 연구 결과나 연구의 배경이 된 이론과의 차이와 일치를 기술하도록 한다. 또한 연구를 진행하면서 얻어진 결과를 여러 가지 각도에서 분석 및 검토해 보고, 최종결론을 도출해내기 위해 얻어진 결과에 기초해 제기된 이론을 확인하거나 수정하며 자료 수집상의 문제점 및 실험방안의 문제와 관련시켜 자신의 연구결과를 검토한다. 마지막으로 연구보고서에서 제언은 지금까지 진행을 하면서 느낀 연구의 부족한 점 또는 아쉬운 점, 그리고 후속연구가 나아갈 연구의 방향성을 제시한다.

논의 작성 시 검토해야 할 사항

- 연구문제 및 연구가설과 직접 관련이 있는 통계적 분석결과를 통계적인 전문용어를 사용하지 않고 설명·요약해 진술하였는가?
- 해석을 위한 지식과 논리적 틀이 적합한가?
- 연구 결과가 관련된 선행연구나 이론적 틀 속에서 논리적으로 해석되고 설명되었는가?
- 연구결과가 기대와 합치되지 않은 방향으로 도출되었을 경우 합치 되지 않게 나타난 데 대한 설명과 가능한 이유를 논리적으로 추출하여 진술하였는가?

6) 기타

기타는 참고문헌, 부록, 국문 및 영문초록 등을 의미한다. 사회과학 연구에서는 일반적으로 참고문헌은 APA(American Psychological Association) 양식을 따른다.

APA 참고문헌 양식의 예

단행본의 경우

정상녀, 박미자, 박형신, 김경란 (2010). 교과교재 연구 및 지도법: 2007 개정 유치원 교육과정에 근거한. 고양: 공동체.

Berlyne, D. (1970). *Conflict, arousal and curiosity*. New York : McGrawhill.

역서의 경우

Creswell, J. (2015). 그리스도 중심 코칭: 그리스도인들을 위한 코칭의 7가지 유익(Christ-centered coaching: 7 benefits for ministry leaders). (정대현, 신원애 역). 서울: 그리심 출판사. (원전은 2006에 출판).

정기간행물 속의 논문의 경우

정대현, 신원애 (2007). 부모코칭역량의 구성요인 탐색 및 검사도구 개발: 유아기 부모를 중심으로. 유아교육·보육복지연구, 16(1), 181-208.

Day, D. E., & Sheelhan, R. (1974). Elements of a better school. *Young Children*, 30(1), 15-23.

학위논문의 경우

신원애 (2012). 유아의 독서능력 관련 변인들에 대한 구조모형 분석: 부모 코칭역량, 유아의 다중지능 및 결정지능을 중심으로. 총신대학교 대학원 박사학위논문.

Dickie, J. (1973). Private speech: The effect of presence of others, task and intrapersonal variables. Unpublished Doctoral Dissertation, Michigan State University, East Lansing.

부록은 연구를 하면서 사용한 검사도구, 프로그램 처치 내용 등 본문에서는 다루지 않았지만 자신의 연구에서 사용한 자료들을 제시하는 장이다.

국문초록은 제목 다음으로 많이 읽히는 부분으로, 일반 독자가 연구의 내용을 파악하는 데 기본이 되는 내용으로 문제점 제시, 연구목적, 연구방법과 자료수집의 과정에 대한 간단한 설명, 연구보고서에서 밝혀진 중요한 결과, 간략한 제시 등이 중심이 된다. 분량은 대체로 1페이지~2페이지 정도가 적당하다.

영문초록은 Abstract라는 이름으로 외국어(주로 영어)로 된 논문요지를 작성하는 것으로 I, We, My, Our 등 인칭대명사는 사용하지 않는다. 또한 영문초록의 취지가 국제적인 문헌의 검색에 편의를 제공하자는 데에 있기 때문에 논문의 내용과 관련이 없는 사항은 초록에 포함시키지 않도록 하고 논문의 주요한 내용 또는 주요 특징만을 기록하여야 한다. 영문 용어를 찾는 경우 일반 영어사전보다는 그 분야의 전문용어 사전을 참조하는 것이 좋다. 별도의 영문 용어가 있는 것을 미처 확인하지 못하고 새로운 용어를 만들어 사용하지 않도록 한다.

7) 연구윤리

마지막으로 연구자는 보고서를 작성하는 데 있어 연구윤리를 반드시 숙지하고 있어야 한다. 연구윤리란 연구자가 연구를 수행하면서 지켜야할 원칙이나 행동양식을 의미한다. 연구자는 보고서를 작성하는 데 있어 다음과 같은 역할과 책임을 갖는다.

연구자의 역할과 책임

1. 연구대상자의 인격존중, 공정한 대우
2. 연구대상자의 개인정보·사생활의 보호
3. 정직·투명한 연구 진행
4. 전문가로서 학문적 양심 견지
5. 학문 발전에 기여
6. 자신 및 타인의 저작물 활용 시 적절하게 출처를 밝힘
7. 연구계약 체결, 연구비 수주, 집행 등 윤리적 책임 견지
8. 이해관계에 영향을 받지 않고, 연구결과물에 모든 이해관계 명시
9. 연구결과물을 발표할 경우, 연구자의 소속, 직위(저자 정보)를 정확하게 밝힘
10. 지속적 연구윤리 교육에 참여

또한 연구자는 연구부정행위를 하지 않도록 주의해야 한다. 연구부정행위란 속임수, 기만행위 등 연구공동체 및 심각한 피해를 유발하는 것을 의미한다. 구체적으로 학문적·과학적 위반행위 연구의 계획, 수행, 결과 발표 등에서의 위조, 변조, 표절, 부당한 저자표시, 부당한 중복게재 등 각 학문분야에서 통상적으로 용인되는 범위를 심각하게 벗어나는 행위를 해서는 안된다(교육부 연구윤리 확보를 위한 지침 제 12조).

연구보고서의 예

업사이클링 메이커 활동을 통한 유아 환경교육 프로그램 개발 및 효과

초록

요 약: 본 연구에서는 유아가 환경문제를 직면하고 이에 대한 해결방안을 모색하는 방법으로써 업사이클링재료를 활용하여 메이커 활동의 과정을 통해 결과물을 만들어내고, 이를 만들어내는 경험과 결과를 다른 또래와 공유하고 소통하는 업사이클링 메이커 활동을 통한 프로그램을 개발하고 실행하였다. 본 연구에 참여한 유아는 총 30명으로 실험집단 유아 14명, 통제집단 유아 16명이다. 본 프로그램의 효과를 검증하기 위해 유아 종합 창의성 검사, 환경보전지식, 환경보전태도 검사도구를 사용하였다. 수집된 자료는 SPSS 24.0Win을 활용하여 공변량분석(ANCOVA)을 실시하였으며, 교사면담은 범주화 및 구성원 점검을 실시하였다.

그 결과 유아의 창의성, 환경보전지식, 환경보전태도에 대해 실험집단이 통제집단보다 유의미한 차이가 있었다. 본 연구의 결과는 업사이클링 메이커 활동을 통한 환경교육 프로그램은 적합하게 구성되었으며, 유아의창의성, 환경보전지식, 환경보전태도에 대한 적합한 지식, 기술 및 태도를 증진하는 데 유용하게 활용될수 있을 것을 시사한다.

주제어: 업사이클링메이커 활동, 유아환경교육 프로그램, 창의성, 환경보전지식, 환경보전태도

I. 서론

2016년 세계경제포럼(WEF)에서 발표한 "직업의 미래 2016(The Future of Jobs 2016)" 보고서에 따르면 2020년까지 약 500만 개의 일자리가 사라질 것으로 전망하고 있다(WEF, 2016). 일자리가 사라진다는 것에 대한 전망은 학자마다 이견을 갖지만, 일자리의 형태가 크게 변화될 것에 대해서는 모두가 동의하고 있다. 이에 국내 정부에서도 4차 산업혁명이 본격화되면서 사회가 필요로 하는 인재의 역량이 달라질 것을 예상

함에 따라, I-Korea 4.0 정책을 추진하기로 했다(파이낸셜, 2018. 12. 09). 이는 교육적 대안이 무엇보다 중요하며 정부와 기업, 교육 부문과의 파트너십을 통해 미래사회의 교육 과정을 구체적이고 실질적으로 구상해야 할 때라는 것을 의미한다.

이에 미래핵심역량을 키우는데 효과적인 창의·융합 교육의 한 방편으로, 메이커교육(MakerEducation)이 강조되고 있다(강인애, 김홍순, 2017; 서희정, 이종연, 2018; 이동국, 2019; Martinez& Stager, 2013).

메이커교육은 미국에서 DIY(Do It Yourself) 운동의 영향을 받아 확산되고 있는 메이커 운동(maker movement)에서 파생되었다. 메이커교육이란 메이커(maker)들이 개별적이고 자율적이고 비형식적으로 진행해온 만들기(making)를 교육적 환경에 적용한 것으로 수업환경 또는 수업방법으로서의 만들기(making) 교육을 의미한다(Martinez & Stager, 2013). 이러한 정신적 바탕 위에 점차 사회에서는 컴퓨터, 디지털 기기, 교육용 3D프린터 등 관련 교구가 보급되기 시작하면서 확산의 속도에 더욱 박차를 가해왔다. 이처럼 메이커교육은 자극과 상호작용을 하며 구성한 개별적 지식을 분명한 유형의 다양한 재료와 도구, 기술을 활용하는 자기 주도적 학습활동으로 결과물로 나타내는 학습환경을 갖는다. 또한, 메이커교육은 다른 사람들과 다른 견해와 생각을 조율하는 협력적 관계를 통해 그 과정에서 경험하는 실패를 배움의 기회로 삼기도 하면서 더욱더 견고하고 유용한 지식을 구성해나가는 장점이 있다(강인애, 김홍순, 2017). 따라서 교사는 메이커교육을 제공하면서 촉진자(Facilitator)로서 충분한 시간과 격려를 줄 뿐만 아니라 학습자가 도움이 필요한 순간에 의미있는 질문을 하는 역할을 한다(Martinez & Stager, 2013). 4차 산업혁명 시대를 맞이하기 위한 메이커교육은 새로운 교육적 패러다임으로 가능성을 시사한다. 이는 유아교육에서도 메이커교육을 본격적으로 도입하기 위해 유아교육현장에서 또한 다양한 메이커교육이 실현될 필요가 있음을 시사한다. 특히 구성주의교육에 바탕을 두고 있는 메이커 활동은 유아가 실제적인 상황에서 문제해결을 위해 자발적이고 자기 주도적으로 창의적인 결과물을 만드는 과정을 경험할 기회를 제공한다(한국과학창의재단, 2016). 따라서 유아는 메이커 활동을 통해 실험과 실패, 도전을 반복하며 스스로 지식을 구성해 봄으로써, 자신감과 창의력을 키워나갈 수 있다.

반면 최근 우리나라의 경우, 학령기에서부터 시작해 중·고등학생 대상으로 한 메이커교육은 이루어지고 있는 편이나(김정현, 2020; 김인옥, 2018; 엄승표, 2020; 이동국, 2019) 호기심과 탐구심이 왕성한 유아를 대상으로 한 메이커 프로그램이 미비한 실정이다. 이는 우리나라의 메이커교육과 관련된 연구 대부분이 중학교 이상의 기술교육과 컴퓨터 교육에 초점을 맞추어져 이루어지고 있기 때문이다. 이에 유아기 발달단계에 적합한 메이커 활동과 관련된 프로그램에 관한 연구가 필요하다.

환경은 인간이 존재하는 공간이자, 삶에서 긴밀하게 영향을 미치는 요소이다. 하지만 현대사회의 급격한 산업화는 동식물의 멸종, 급격한 기후변화, 바다의 수위 상승 등의 범지구적인 재앙을 초래하게 되었다. 이러한 재앙은 자연을 바라보는 관점의 변화와 환경보호를 위한 실제적인 노력이 필요하다는 것을 시사했다. 그 노력의 중심에는 환경교육이 있다. 특히 유아기에 이루어지는 환경교육은 성장하면서 맞이하게 될 다양한 환경문제를 대처하고, 환경에 대한 정신적인 가치 및 태도에도 중요하게 영향을 미치기 때문에, 환경교육은 반드시 다루어져야 할 필요가 있다(류혜숙, 신금호, 2010; Cohen, 1994; Davis, 1998). 이러한 유아를 위한 환경교육은 환경과 환경문제에 관한 환경보전지식을 배우고 체득하게 함으로써 환경보전태도를 향상시키는 것을 목표로 한다(환경부, 2006). 환경보전지식이란 미래에 닥칠 환경오염을 이해하고 현재 환경을 보호하고 오염된 환경을 이전의 상태로 되돌리려는 방법에 대해 아는 지식을 의미한다(홍지명, 2006).

이러한 환경보전지식이 중요하게 다루어져야 하는 이유는 환경보전태도를 습득하기 위한 필수조건이기 때문이다(이수진, 2014). 환경보전태도는 생태계의 흐름을 인지하는 것, 자연과 함께사는 소중함을 느끼는 것, 자연과 접하는 교육을 통해 자연과 친숙해지는 것, 그리고 이들 생태계를 존중하고 보전할 필요성을 느끼는 것이다(곽은복, 2005). 따라서 환경보전지식과 환경보전태도는 각각의 교육으로 학습시키는 것보다 함께 교육했을 때, 도움을 준다(박희숙, 2010). 이러한 맥락에서 업사이클링 메이커 활동을 통한 환경교육은 환경보전지식과 환경보전태도를 동시에 형성하고, 구체적인 경험을 지속해서 제공할 수 있다.

특히 '업사이클링'은 현대사회의 환경오염과 자원 낭비에 대한 창의적인 대안으로서 새롭게 대두되고 있다(김대명, 2018; 김래현, 2017; 오연주, 2019). 업사이클링이란, 'Upgrade'와 'Recycle'의 합성어로 재활용하는 과정에서 버려진 물건에 대한 자원의 가치를 높여 새로운 물건으로 재탄생시키는 것을 말한다(박자명, 2014). 업사이클을 활용한 메이커교육은 유아들에게 주변 환경에서 쓰레기로 인식되는 다양한 재활용품을 수업활동 재료로 적용함으로써 버려진 자원을 새롭게 바라볼 기회를 제공할 수 있다. 또한, 버려진 것에 가치를 불어넣어 자신만의 창조적인 아이디어와 디자인을 결합하여 새로운 가치를 부여한다는 점에서 자원절약과 환경보호에 중요성 인식과 습관형성을 할 수 있는 경험을 제공해 줄 수 있다. 이에 최근 유아교육현장에서는 업사이클링을 통한 환경교육을 위한 시도들이 이루어지고 있는데, 강선영(2016)은 업사이클링 사진감상을 통한 통합적 미술활동이 유아의 미술표현능력과 환경친화적 태도에 미치는 영향을 살펴보고, 오연주(2019)는 업사이클링을 통한 놀잇감 발명활동을 통해 유아의 창의성 및 환경친화적 태도의 증진을 탐색하였다. 그러나 유아를 대상으로 이루어진 업사이클링을 활용한 환경교육은 매우 미흡한 실정이고, 제한된 교사의 안내를 통해 활동이 실시되었다. 하지만 오지민(2017)은 업사이클링의 필요성을 환경문제와 연계하여 생각함으로써 환경보존에 대한 인식이 높아졌고, 오연주(2019)는 재활용품에 새로운 가치를 부여하는 업사이클링 경험을 통해 환경오염으로부터 영향을 받을 수 있는 인간과 동식물에 대해 생각하는 계기가 되었다는 점에서 유아를 대상으로 하는 업사이클링 연구는 본질적인 목적을 적시하고 더욱 적극적으로 이루어질 필요가 있다. 이처럼, 업사이클링 관련 다양한 체험중심의 환경교육이 학습자가 직접 실천하고 체험하는 환경교육의 실천의 주요한 목적임을 갖는다고 고려할 때(오민주, 이성희, 이상원, 2015), 업사이클링 메이커 활동을 통한 환경교육은 유아에게 환경보전지식과 환경보전태도를 동시에 형성할 뿐만 아니라, 환경문제에 직접적이고 구체적인 경험을 지속적으로 제공할 수 있다. 이상의 논의에 기초하여 본 연구에서는 유아가 환경문제를 직면하고 이에 대한 해결방안을 모색하는 방법으로써 업사이클링 재료를 활용하여 메이커 활동의 과정을 통해 결과물을 만들어내고, 이를 만들어내는 경험과 결과를 다른 또래와 공유하고 소통하는 업사이클링 메이커 활동을 통한 환경교육을 개발하고 실행하고자 한다. 이를 위해 업사이클링 메이커 활동을 통한 환경교육의 구체적인 방안을 계획하고 실행함으로써, 유아의 창의성 및 환경보전지식, 환경보전태도를 증진시키는데 그 목적을 두고자 한다. 이를 위한 본 연구의 연구문제는 다음과 같다.

첫째, 업사이클링 메이커 활동을 통한 유아환경교육 프로그램의 구성은 어떠한가?

둘째, 업사이클링 메이커 활동을 통한 유아환경교육 프로그램의 효과는 어떠한가?

II. 프로그램 개발 및 적용

1. 업사이클링 메이커 활동을 통한 유아환경교육 프로그램 개발

업사이클링 메이커 활동을 통한 유아환경교육 프로그램의 연구절차는 분석, 설계 및 개발, 실행, 평가의 총 4단계로 하여 이루어졌다. 분석의 단계에서는 문헌분석 및 선행연구고찰을 통해 본 프로그램의 개발 방향을 설정하고 연구의 이론적 기초를 마련하였다. 설계 및 개발의 단계에서는 프로그램의 기본방향 및 목적, 교육내용선정, 교수-학습방법, 교수학습계획안 구안, 이에 따른 평가도구를 선정하였다. 또한, 프로그램의 각 절차마다 필요한 유아교육 전문가, 유아교육 전공 박사, 환경 관련 전문가, 유아 및 보육 현장 교사에게 타당도 검증을 실시한 후, 수정·보완을 거쳐 안면타당도를 통해 확정하였다. 다음으로 상기와 같은 과정을 거쳐 업사이클링 메이커 활동을 통한 환경교육 최종안을 고안하여 현장에서 실행하고 평가하였다.

단계	연구절차	연구방법
분석	문헌, 선행연구고찰	▶ 유아 환경교육, 업사이클링, 메이커교육 선행연구 고찰 및 문헌분석 ▶ 프로그램 개발의 방향 및 목적 확인 ▶ 연구의 이론적 기초 마련
↓		
설계 및 개발	업사이클링 메이커 활동을 통한 환경교육 설계	▶ 기본방향 및 목적 ▶ 교육내용 선정 ▶ 교수–학습방법 ▶ 교수학습계획안 구안 ▶ 프로그램 평가 [각 단계는 전문가 타당도를 거침]
↓		
실행	업사이클링 메이커 활동을 통한 환경교육 실행	▶ 준실험설계 ▶ 실험집단: 수원시 T어린이집 만 5세반 유아 14명/ 통제집단: B어린이집 만 5세반 유아 16명 ▶ 2020년 7월 8일부터 2020년 10월 8일까지 14주간 진행
↓		
평가	프로그램 평가	▶ 유아의 창의성, 환경보전지식, 환경보전태도에 대한 평가 ▶ 교사면담을 통한 프로그램 평가
↓		↓
업사이클링 메이커 활동을 통한 환경교육의 교육적 의의 도출		

[그림 1] 프로그램 연구절차

1) 프로그램 기본방향 및 목적

업사이클링 메이커 활동을 통한 환경교육을 개발하기 위해 다음 단계에 따라 본 연구의 기본 방향 목적을 설정하였으며, 업사이클링 메이커 활동을 통한 환경교육의 교육목표, 교육내용, 교수·학습방법을 구성하기 위한 선행연구와 문헌(김대명, 2018; 김래현, 2017; 김진옥, 2018; 오민주 등, 2015; 오연주, 2019; 오지민, 2017; 이동국, 2019; 현온강, 이완정, 김영명, 2002; 환경부, 2006; Davis, 1998; Evans et al., 2007)을 분석 및 검토하였다. 이러한 문헌 고찰을 통해 업사이클의 재료 및 특징이 유아의 수준에서 메이커 활동에 중요하게 다루어질 수 있도록 하고, 유아가 주도적으로 참여하여 실제 환경 관련 경험을 통해 지식을 구성해나가는 것을 목적으로 하였다.

2) 교육내용 선정

본 연구는 유아교육현장에 적용하는 것을 고려하여, 업사이클링 메이커 활동을 통한 환경교육이 2019 개정 누리과정의 핵심적 지향점인 '놀이'의 본질적 성격에 주안점을 두고(교육부, 보건복지부, 2019), 환경교육 프로그램으로 자연스럽게 연결될 수 있도록 교육내용을 선정하고자 하였다. 이를 위해 업사이클링 메이커 활동을 통한 환경교육은 첫째, 만 5세 유아의 발달수준에 적합한 활동을 구성하였다. 둘째, 최근의 환경문제(예: 미세먼지, 지구온난화 현상 등)에 대한 영상 및 관련 추가자료를 제시하여, 환경문제에 대한 충분한 관심을 이끌도록 하였다. 셋째, 활동을 제시하고 난 후에도 지속적인 놀이관찰을 통해 유아들의 관심과 흥미를 반영하여 유아가 활동에 몰입할 수 있도록 구성하는 것에 중점을 두었다. 넷째, 유아가 주체적으로 참여하여 재활용품을 다양한 방법으로 업사이클링 해보고 창의적인 메이커활동을 즐길 수 있도록 활동을 구성하였다. 다섯째, 유아들의 업사이클링 메이커 활동의 결과물로 놀이 및 평가하는 경험을 통해 환경에 대한 긍정적인 태도를 기르고 자원의 새로운 가치를 알 수 있도록 활동을 구성하였다.

3) 교수-학습방법

업사이클링 메이커활동을 통한 유아환경교육은 강인애, 김명기(2017)이 제시한 것을 그림 2와 같이 팅커링(Thinkering), 만들기(Making), 공유하기(Sharing)단계를 기초로 재구성하였다

팅커링 (Thinkering)	▶ 환경오염 및 업사이클 재료활용에 관한 영상 보기 ▶ 영상에 대한 느낌 나누기 ▶ 재료 탐색 및 도구 사용법 익히기
메이킹 1,.2차 (Making)	▶ 아이디어 생성하기 ▶ 도구 및 재료 선정하기 ▶ 아이디어를 결과로 제작하기(1차) ▶ 1차 쉐어링을 통해 발견된 문제점 수정하기(2차)
쉐어링 1, 2차 (Sharing)	▶ 메이킹 활동 결과물로 생활 및 놀이하기 ▶ 제작과정 및 만들기 활동 결과물 공유하기 ▶ 피드백 공유하기 ▶ 만들기 활동 결과를 정교화 및 개선방안 논의하기(개선방안을 찾게 될 경우, 메이킹 2차 단계로 다시 진행)

팅커링(Thikering)단계에서는 유아에게 환경오염 및 재활용품 재료 활용에 관한 영상 및 자료를 보여주고 난 후, 관련 이야기를 자유롭게 나눈다. 본 단계에서는 유아가 업사이클 메이커활동을 통한 유아환경교육의 목적에 필요한 정보나 원리, 환경 관련 지식을 습득하기 위해 재활용품재료를 자유롭게 탐색하고 이와 관련한 도구의 사용법과 업사이클 활용도를 익혀 보는 것을 목적으로 하였다. 특히 유아가 업사이클 메이커 활동 목적에 맞는 재료와 도구를 적절하게 선택할수 있도록 하는 것에 주안점을 두었다. 이를 위해 교사는 유아가 재활용품 재료의 성질, 크기등에 대해 오감각을 통해 탐색할 수 있도록 충분한 시간을 제공하였다. 또한, 교사는 유아가 다양한 재활용 재료의 특성을 비교할 수 있도록 적절한 상호작용 발문을 준비했으며, 유아들이 재활용 재료를 통해 조립, 분해, 재창조하는 경험을 얻을 수 있도록 허용적이고 개방적인 분위기를 제공하였다. 그리고 본 활동 내에서 주로 사용하는 단어들이 유아들에게는 생소한 단어("업사이클링", "메이커", "설계도", "작업물" 등)로 느껴져 개념을 이해하는 데 있어 어려움을 겪을 경우가 있을 것을 고려하여 교사가 이와 관련한 단어들을 자주 언급해주었으며, 다양한 업사이클링 완성작업물 사진을 수시로 제공하였다. 메이킹(Making)단계에서는 팅커링 단계에서 유아가 재활용품 재료를 관찰하고 탐색한 것을 중심으로 아이디어를 생성하여 필요하거나 만들고 싶은 것을 설계하

고 제작하였다. 이 단계에서는 또래와 협력하여 결과물을 제작하면서 다양한 문제상황을 직면하고 예상한 대로 결과물이 제작되지 않는 실패를 경험하기도 한다. 이 과정에서는 유아들이 각 단계별로 모둠을 만들어 의논하면서 설계도를 작성하고, 재료를 바꿔 사용해 가면서 더 적절하게 작업을 완성해나갈 수 있도록 제안하였다. 쉐어링(Sharing)단계에서는 또래와 함께 제작한 작업물로 놀이하거나 사용해 본 후, 다른 모둠 앞에서 발표하였다. 여기에서 유아는 각 모둠별로 제작 과정과 결과물을 공유하여 1차 결과물의 문제점을 해결할 수 있는 개선방안 및 정교화 방안을 의논하는 과정을 거쳤다. 발표를 통해 교사와 또래로부터 1차 결과물의 문제점을 해결할 수 있는 다양한 방법들을 서로 공유하였다. 그리고 본 단계에서 보안할 점이나 더 나은 방향에 대한 의견이 도출된 경우, 재작업을 통해 이전의 것보다 더 나은 작업물을 만들도록 하였다. 따라서 교사는 이 단계에서 유아들 간에 충분한 피드백이 일어날 수 있도록 유아들을 적극적으로 격려하였다. 여기에서 메이킹과 쉐어링 단계는 유아들 간 충분한 토의를 통해 반복되기도 한다.

4) 교수학습계획 최종구안

업사이클링 메이커 활동을 통한 유아 환경교육의 각 단계는 작업물의 결과에 따라 다양한 형태로 순환 또는 반복되어 이루어져 각 회기당 짧게는 1주일, 길게는 2주일 정도의 활동 기간을 거쳤다. 교수학습계획안은 한 회기당 1, 2, 3차시로 구분하여 진행하였다. 표 1과 같이 1차시는 팅커링(Thikering)단계로 업사이클 메이커활동을 통한 환경교육을 시작하기 전 이야기나누기를 통한 문제상황 탐색하기와 문제해결을 위한 토의하기의 과정을 거쳤다. 2차시는 1차 메이커 활동으로 메이킹, 쉐어링, 3차시는 2차 메이커 활동으로 리-메이킹(Re-Making), 리-쉐어링(Re-Sharing)의 단계를 거쳤다(표 1 참조). 각 차시의 시간은 제한이 없으며, 코로나 상황으로 인한 원의 사정과 유아의 출석에 따라 유동적으로 운영하여 평균적으로 2주 정도 소요되었다.

〈표 1〉 업사이클링 메이커활동을 통한 유아환경교육 교수학습계획안(1회기)

<table>
<tr><td>활동
목표</td><td colspan="2">- 문제상황을 인식하고 적극적으로 해결하려는 태도를 기른다.
- 재활용품에 호기심을 갖고 다양한 방법으로 탐색해 본다.
- 업사이클 메이커활동에 흥미를 갖고 참여한다.
- 다양한 재활용품을 활용하여 작업물을 창의적으로 만들어 본다.
- 완성한 작업물을 실생활에서 활용해 본다.</td></tr>
<tr><td>활동
자료</td><td colspan="2">1차시: 업사이클 영상자료
2차시: 다양한 재활용품, 도화지, 색연필, 사인펜, 꾸미기 재료 등</td></tr>
<tr><td colspan="2">활동 과정</td><td>메이커 단계</td></tr>
<tr><td colspan="3">1단계: 이야기를 통한 문제상황 탐색하기</td></tr>
<tr><td rowspan="3">1차시</td><td>▶ 동영상을 보고 이야기 나눈다.
https://www.youtube.com/watch?v=FsMgfAs6NNw
- 재활용품을 분리해야 하는 이유는 무엇일까?
- 지난 일주일간 우리는 재활용품을 살펴보았는데, 집에서도 본 적 있니?
- 재활용품을 집에서는 어떻게 하니?
- 재활용품을 버리지 않고 사용할 방법은 없는 걸까?</td><td>팅커링 1
(Thinkering)</td></tr>
<tr><td colspan="2">2단계: 문제해결을 위한 토의하기</td></tr>
<tr><td>▶ 업사이클링에 대해 이야기나눈다.
- 업사이클링은 무엇인가요? (업사이클링은 재활용품을 이용하여 새롭게 사용할 수 있도록 만들어주는 것을 의미한다)
- 업사이클링으로 만들어 진 것은 어떤 것이 있었니?
- 우리도 재활용품으로 업사이클링 할 수 있을까? 상상해보자. (업사이클링이라는 단어를 반복적으로, 의도적으로 사용한다)
- 우리에게 도움이 주는 물건으로 만들 수 있을까? 어떤 것을 업사이클링 할 수 있을까?
- 업사이클링 한다면 어떤 점이 좋을까? 어떤 점이 불편할까?</td><td>팅커링 1
(Thinkering)</td></tr>
<tr><td colspan="3">3단계: 1차 업사이클링 메이커 활동</td></tr>
<tr><td>2차시</td><td>▶ 재활용품의 종류와 특성을 탐색하고, 업사이클링 활동을 계획한다.
- 어떤 재료들이 있니?
- 느낌이 어떠니? 본 적 있니?
- 무엇을 업사이클링 할 수 있을까? 왜 그렇게 생각했니?
- 00(유아가 원하는 작품)를 만들려면 어떤 것들을 사용하면 될까?
- 만약 ~한다면 어떨 것 같니?
- 우리가 지금까지 이야기 나눈 것을 떠올리며 나에게 필요한 업사이클링을 어떻게 만들면 좋을지 설계도를 그려보자.</td><td>메이킹 1
(Making)</td></tr>
</table>

<table>
<tr><td>2차시</td><td>– 모둠별로 모여 의논하며 설계도를 그린다.
– 모둠 이름을 지어보자. 모둠별로 서로 상의하면서 설계도를 그려보자.
– 도움이 필요하면 언제든지 선생님한테 도움을 요청해도 좋단다.
(유아들이 다양한 재료를 활용할 수 있도록 분해하거나 재조립하는 방법을 안내한다)

[설계도 만들기: 그림으로 그려보기, 필요한 재료 생각해보기, 편리함에 대해 생각해보기]
유아들은 재활용품을 그대로 사용하거나 표상의 어려움을 느끼는 경우를 고려하여 제작하는 단계에서 주어진 재활용품을 다양한 방법으로 변형(예. 구부리기, 자르기, 오르기, 구멍뚫기 등)시켜 사용할 수 있도록 교사가 미리 알려주고, 계속해서 안내한다. 충분한 시간을 제공하고 따뜻한 격려와 함께 지속적인 도움을 주도록 한다.
[유아가 그린설계도: 머리핀] </td><td>메이킹 1
(Making</td></tr>
<tr><td colspan="3">4단계: 1차 업사이클링 메이커활동 공유하기</td></tr>
<tr><td>2차시</td><td>▶ 업사이클링 메이커 활동 후, 작업물을 소개 및 평가해본다.
[상기의 설계도 사진에 따른 작업물 예]

– 너희들이 만든 작업물을 친구들에게 소개해보자.
– 00모둠이 만든 00는 어떤 점이 좋았니?
– 재활용품으로 우리가 무엇을 업사이클링 해보았니?
– 버려진 물건들로 업사이클링 해 본 기분이 어떠니?
– 많은 사람들이 00를 사용한다면 어떤 점이 좋을까?
– 어떻게 바꿔보면 좋을까?
– 왜 그렇게 생각했니?
(서로 비교해보면서 좋은 점과 추가할 점을 찾아본다.)</td><td>쉐어링 1
(Sharing)</td></tr>
</table>

5단계: 2차 업사이클링 메이커활동

3차시	▶ 1차 메이킹 활동에서 공유한 내용을 바탕으로 2차 메이커 활동에 필요한 재료를 탐색한다. – 00는 어떻게 하면 될까? – 어떤 재료를 사용하면 보완할 수 있을까? ▶ 2차 메이킹 활동을 재시도한다. ▶ 업사이클링 메이킹 활동 결과물을 놀이 및 사용한 후, 다시 공유한다. – 문제를 해결하기 위해 어떤 재료를 사용했니? – ( )재료를 사용한 이유는 무엇이니? – 재료를 바꾸니까 어땠니? 왜 그랬을까?	팅커링2 (Thinkering), 메이킹 2 (Making)
	6단계: 업사이클링 메이커 활동으로 만든 작업물을 사용하거나 공유하기/ 평가하기	
	▶ 업사이클링 메이커 활동으로 만든 작업물을 평가한다. – 버려진 물건을 우리가 업사이클하면 지구에게 어떤 도움을 줄 수 있을까? – 앞으로도 다양한 재활용품을 업사이클링하여 새로운 작업물을 만들어보자. 이후로도 유아들이 만든 작업물을 실제로 사용해보면서 자주 망가지는 불편함이나, 자주 사용하지 못하게 되는 어려움을 찾아 끊임없이 수정 및 보완할 수 있도록 안내한다.	쉐어링2 (Sharing)

2. 업사이클링 메이커활동을 통한 유아환경교육 프로그램 적용

1) 연구대상

(1) 유아

본 연구는 두 개의 자연집단을 그대로 사용하여 한 집단에만 실시하여 실험의 효과를 알아보는 준실험설계(quasi-experimental design)의 이질통제집단 전후검사 설계로 계획하였다. 이를 위해 수원시에 위치한 T어린이집 만 5세반 유아 14명을 실험대상으로, B어린이집 만 5세반 유아 16명을 통제집단으로 하였다. 실험집단에는 업사이클링 메이커 활동을 통한 환경교육을 실시하였으며, 통제집단은 원의 일정에 따른 환경교육은 일부 실시할 예정이었으나 코로나 19에 따른 긴급보육정책으로 인해 별도의 환경교육이 실시되지 않았다.

단계 \ 집단	사례수(N)	평균월령	사전검사	실험처치	사후검사
실험집단	14명(남6, 여8)	70.38	O1	X1	O2
통제집단	16명(남7, 여9)	69.78	O3		O4

O1, O2: 사전검사(창의성, 환경보전지식, 환경보전태도)

X1: 업사이클링 메이커 활동을 통한 환경교육

O3, O4: 사후검사(창의성, 환경보전지식, 환경보전태도)

2) 연구도구

(1) 창의성

본 연구에서는 유아의 창의성을 측정하기 위해 전경원(2014)이 개발한 유아 종합 창의성 검사중에서 '언어 창의성' 검사와 '도형 창의성' 검사가 사용하였다. 유아의 창의성 검사 실시 시간은 오전 자유선택놀이 시간인 오전 10~12시에 실시하였고, 검사 장소는 다른 유아와의 의견 교류를 줄이고자 기관으로부터 교실 외의 개별적인 공간을 제공받아 진행되었다. 유아와의 라포형성과 검사방법에 대한 유아의 이해를 돕고자 본 검사 전에 미리 사전검사를 실시하였다. 검사 시간은 언어검사, 도형검사의 각각 3분으로 총 8~10분이 소요되었다. 총점은 분석 기준표(전경원, 2014)에 따라 점수가 높을수록 창의성이 높음을 의미한다. 검사는 연구자가 검사방법을 숙지한 후 참여하였으며 검사 후 채점은 연구자와 연구 보조자 1명이 실시하였다. 연구 보조자 1명은 유아교육기관 현장의 10년 경력과 석사학위를 소지하였다. 검사의 채점은 연구자 본인과 본 연구자에게 채점자 교육을 받은 검사자 1명과 함께 실시하였으며, 2차 채점은 연구자 본인이 실시하였다.

채점자 간의 신뢰성을 판단하기 위해 채점자간 일치도를 실시한 결과 r=.92로 나타나, 채점 결과는 비교적 객관적이고 신뢰할 수 있다. 전경원(2014)이 제작한 유아 창의성 검사의 Cronbach α값은 .841로 나타났으며, 본 연구에서의 Cronbach α값은 .882로 나타났다.

(2) 환경보전지식 검사도구

유아의 환경보전지식을 측정하기 위해 한태현(2001)이 보완(윤기영, 조경희, 1993; 윤애희, 박정민, 1998; 환경처, 1994)하고 제작한 환경보전지식 검사 도구를 사용하였다. 환경보전지식은 4개의 하위영역('물의 보전', '공기의 보전', '흙의 보전', '쓰레기 분리수거') 총 16문항으로 구성되어 있다. 검사는 유아환경보전지식에 대한 각 문항을 유아에게 질문하고 대답하는 방식으로 실시하였다. 채점방식은 최고점수를 받을 경우, 3점으로 영역별 점수는 최고 12점으로 되어있다. 총 점수는 최저 0점에서 최고 48점으로 점수가 높을수록 환경보전지식이 많은 것으로 간주한다. 본 연구에서 환경보전지식 검사 도구의 전체 Cronbach's α값은 .887로 나타났다.

(3) 환경보전태도 검사도구

유아의 환경보전태도를 측정하기 위해 홍지명(2006)이 수정(김세영, 2002; 유혜숙, 1999)하고 보완한 유치원의 일과를 통해서 관찰한 후 4점 척도로 평정하는 교사용 관찰지를 사용하였다. 4개의 하위영역('절약', '재활용', '환경오염방지')과 총 18문항으로 구성되어 있다. 환경보전태도의 총 점수 범위는 최저 18점부터 최고 72점까지이며, 총 점수가 높을수록 유아의 환경보전태도가 높은 것으로 본다. 본 연구에서 환경보전태도 검사 도구의 전체 Cronbach's α값은 .927으로 나타났다.

(4) 교사 면담자료

본 연구에 참여한 실험집단 교사는 유아교육 전공 대학원 석사학위를 가지고 있으며, 10년 이상의 교육경력을 가지고 있다. 업사이클링 메이커 활동을 통한 환경교육 프로그램의 강점과 약점, 지속적인 적용 가능성을 알아보기 실험집단 교사를 대상으로 교사면담을 실시하였다. 또한 매회기 이루어진 교사와의 면담은 휴대전화로 녹음하여 전사하고, 전사된 자료는 범주화 및 구성원 점검을 실시하여 분석하였다.

3) 연구절차

(1) 예비검사 및 예비연구

업사이클링 메이커 활동을 통한 환경교육 및 검사도구의 적합성, 난이도 등을 알아보기 위하여 수원시 소재한 A어린이집 만 5세 유아 6명(남 3명, 여 3명)을 대상으로 2020년 6월 18일 예비검사와 1회기 예비연구를 실시하였다. 그 결과, 별다른 문제점이 발견되지 않아 수정없이 그대로 진행하기로 하였다.

(2) 검사자훈련

본 연구의 사전검사, 사후검사를 함께 진행할 연구보조자 훈련은 2020년 6월 22일, 24일 총 2회에 걸쳐 약 두 시간 정도씩 실시하였다. 연구보조자는 일반대학원에서 유아교육학 전공 석사학위를 가지고 있으며, 3년 이상의 현장경력이 있는 2명으로 구성하였다. 연구보조자 2명과 연구자를 포함한 총 3명이 검사자훈련에 참여하였다. 검사자훈련은 검사지의 검사방법, 채점기준을 충분히 숙지하였다.

(3) 교사훈련 및 협의

교사훈련 및 협의는 업사이클링 메이커 활동을 통한 환경교육 적용 전인 2020년 6월 29일 실험집단 담임교사를 대상으로 실시하였다. 교사훈련은 연구자가 실험집단 담임교사에게 활동 적용 전 업사이클링 메이커 활동을 통한 환경교육에 대한 전반적 내용에 대해서 집중적으로 이루어졌다. 교사교육은 연구자가 실험집단 담임교사에게 기본방향, 프로그램의 내용과 방법, 교사의 역할, 프로그램 적용에 관한 전반적인 일정에 대한 교육내용을 프리젠테이션 자료로 제시하면서 강의, 설명, 토론, 시연하는 방법으로 이루어졌다. 또한 본 연구자는 실험집단 담임교사에게 업사이클링 메이커 활동을 통한 환경교육을 적용하는 구체적인 교육활동을 제시하였다. 활동유형, 활동시간, 유아의 업사이클링 메이커 활동 이해를 위한 교사 질문의 중요성 등 교수 기법과 전략을 시연하고 설명하였다. 이후 계속해서 교사훈련은 1회기의 실험이 종료되는 그 주마다 1회씩 진행하여, 환경교육이 끝나는 10월 8일까지 계속해서 실시하였다. 실험을 진행하는 동안, 교사훈련은 코로나 상황으로 인해 온라인 화상회의 프로그램

Zoom을 활용하여 실시하였다. 교사훈련의 내용은 본 활동을 적용하는 동안 연구자와 교사 간 본 프로그램의 목적 및 목표, 교육내용, 교수-학습방법, 평가방법에 대한 경험과 생각을 나누며 방향성이 일치하고자 하였다. 업사이클링 메이커 활동을 통한 환경교육 프로그램의 적용 시 파생되는 문제점에 대해 수시로 의논하며 조정하였다. 그리고 교사가 활동 적용 중에 궁금한 사항이 생기면 수시로 연구자에게 SNS를 통해 질문 및 요구, 의견에 대한 내용을 지속적으로 피드백하는 것과 동시에 프로그램에 적극반영 하여 적용하고자 하였다.

(4) 사전검사

업사이클링 메이커 활동을 통한 환경교육 프로그램의 적용에 앞서 실험집단과 통제집단 유아를 대상으로 창의성 및 환경보전지식과 환경보전태도를 이용하여 사전검사를 실시하였다. 사전검사는 본 연구의 '통제집단 사전 사후검사 설계(Pretest control group design)에 따라서 개별 면접 형식으로 실시하였다. 검사는 2020년 6월 30일부터 7월 7일까지 총 6일 동안 이루어졌다. 검사소요시간은 소집단 형식의 창의성 검사는 6~8분, 환경보전지식은 10분, 환경친화적 태도는 교사관찰로 총 16~18분 이내였다. 검사는 실험집단은 연구자와 훈련받은 연구 보조자 1명이 실시하였다.

(5) 업사이클링 메이커 활동을 통한 환경교육 프로그램 실시

실험처치에 앞서 유아가 다양한 재활용품에 익숙해질 수 있고, 진행할 활동에 대한 관심을 이끌기 위해 교실 한쪽에 다양한 재활용품을 미리 전시해 충분히 탐색할 수 있는 시간을 제공하였다. 본 프로그램에 활용한 재활용품(예. 폐현수막, 우산, 코르크마개, 요쿠르트병, 헌책, 여행가방, CD, 와인통, 신발, 작아진 옷, 도마, 휴지심, 일회용컵, 고장난 장난감 등)은 유아가 보다 다양한 재료를 접할 수 있도록 연구자가 한 달여에 거쳐 미리 준비하여 어린이집에 제공하였다. 업사이클링 메이커 활동을 통한 환경교육 프로그램의 처치는 2020년 7월 8일부터 2020년 10월 8일까지 14주간 진행하였다. 이 중 2주간은 코로나 2.5단계 격상(8월 31일~9월 4일)으로 인한 어린이집 휴원으로 인해 업사이클링 메이커 환경교육 활동이 중단되었으며, 어린이집 방학(8월 3일~8월 5일)과 추석 연휴(9월 30일~10월 2일)를 제외하고 총 12주간 진행하였다. 실험의 진행 속도 및 회기는 유아의 놀이 발현 및 작업속도에 따라 1~2주 정도씩 소요되었다. 실험일과 운영은 일과 중 오후 자유선택활동시간을 활용하여 소그룹으로 진행하기로 하였으나, 어린이집과 반의 일정에 따라 담임교사와 협의하여 시간을 유동적으로 진행하였다. 각 회기당 활동시간은 유아의 요구, 흥미에 따라 융통성이 있게 조절되었으며, 결석하거나 활동시간 동안 마치지 못한 유아가 원할경우 다음 시간까지 이어서 진행하였다. 본 프로그램의 14주간 활동은 총 6차시로 이루어졌으며, 구체적인 내용은 표 3과 같다.

〈표 3〉 업사이클링 메이커 활동을 통한 환경교육 프로그램 실제 회기 및 내용

회기	진행기간	활동내용			작업결과물 예
1	7.8~21	1차	T	·「재활용품 분리수거」 영상 시청 및 토의 ·재활용품 탐색	
			M	·모둠별 설계도 그리기 및 작업하기	
			S	·함께 모여 작업공유하기	
		2차	M	·작업물 사용해보고 보완하거나 제거하기	폐CD 시계
			S	·보완하여 개선된 점 이야기 나누기 ·전시하기	
2	7.22~31	1차	T	·「버려지는 것들의 변신, 업사이클링이란?」 영상 시청 및 토의 ·재활용품 탐색	
			M	·모둠별 설계도 그리기 및 작업하기	
			S	·함께 모여 작업공유하기	폐현수막가방
여름방학 8.3~5					
3	8.6~14	1차	T	·「재활용으로는 부족하다. 떠오르는 환경지키기 '새활용'」 영상 시청 및 토의 · 재활용품 탐색	
			M	·모둠별 설계도 그리기 및 작업하기	
			S	·함께 모여 작업공유하기	
		2차	M	·작업물 사용해보고 보완하거나 제거하기	
			S	·보완하여 개선된 점 이야기 나누기 ·전시하기	이유식병 스노우볼

<table>
<tr><td rowspan="5">3</td><td rowspan="5">8.6~14</td><td rowspan="3">1차</td><td>T</td><td>·「새활용플라자」 영상 시청 및 체험, 토의
· 재활용품 탐색</td><td rowspan="5">
폐우산 두더지잡기놀이,
pet병 망치</td></tr>
<tr><td>M</td><td>·모둠별 설계도 그리기 및 작업하기</td></tr>
<tr><td>S</td><td>·함께 모여 작업공유하기</td></tr>
<tr><td rowspan="2">2차</td><td>M</td><td>·작업물 사용해보고 보완하거나 제거하기</td></tr>
<tr><td>S</td><td>·보완하여 개선된 점 이야기 나누기
·전시하기</td></tr>
<tr><td rowspan="3">4</td><td rowspan="3">8.18~28</td><td rowspan="3">1차</td><td>T</td><td>· 「새활용플라자」 영상 시청 및 토의
· 재활용품 탐색</td><td rowspan="3">
스티로폼 정리함</td></tr>
<tr><td>M</td><td>·모둠별 설계도 그리기 및 작업하기</td></tr>
<tr><td>S</td><td>·함께 모여 작업공유하기</td></tr>
<tr><td colspan="6">코로나격상단계로 인한 휴원 8.31~9.4</td></tr>
<tr><td rowspan="5">5</td><td rowspan="5">9.7~18</td><td rowspan="3">1차</td><td>T</td><td>·「업사이클링과 웨어러블」 영상 시청 및 토의
· 재활용품 탐색</td><td rowspan="5">
작아진 옷을 이용해
패치 및 만능주머니
만들기</td></tr>
<tr><td>M</td><td>·모둠별 설계도 그리기 및 작업하기</td></tr>
<tr><td>S</td><td>·함께 모여 작업공유하기</td></tr>
<tr><td rowspan="2">2차</td><td>M</td><td>·작업물 사용해보고 보완하거나 제거하기</td></tr>
<tr><td>S</td><td>·보완하여 개선된 점 이야기 나누기
·전시하기</td></tr>
<tr><td colspan="6">추석연휴 9.30~10.2</td></tr>
<tr><td rowspan="5">6</td><td rowspan="5">9.21~10.8</td><td rowspan="3">1차</td><td>T</td><td>·「버려진 물건이 새로운 가치를 가지고 다시 태어난다. 업사이클링 산업」 영상 시청 및 토의
· 재활용품 탐색</td><td rowspan="5">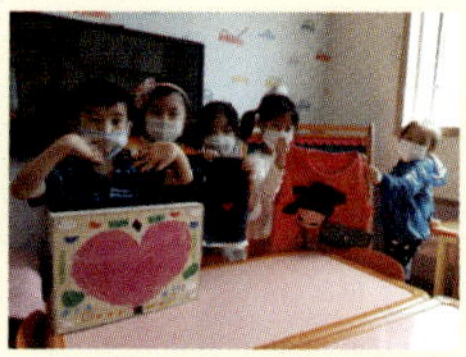
재활용박스 강아지집,
작아진 옷으로 만든
강아지 옷</td></tr>
<tr><td>M</td><td>·모둠별 설계도 그리기 및 작업하기</td></tr>
<tr><td>S</td><td>·함께 모여 작업공유하기</td></tr>
<tr><td rowspan="2">2차</td><td>M</td><td>·작업물 사용해보고 보완하거나 제거하기</td></tr>
<tr><td>S</td><td>·보완하여 개선된 점 이야기 나누기
· 그동안 만든 작업물 공유하기
· 가정으로 가져가 실생활에 활용해보기</td></tr>
</table>

(6) 사후검사

업사이클링 메이커 활동을 통한 환경교육의 효과를 검증하기 위한 사후검사는 프로그램 적용을 마친 후, 2020년 10월 12일부터 16일까지 5일간 이루어졌다. 검사소요시간, 검사방법 등은 사전검사와 동일하였다.

(7) 실험집단 교사 면담

업사이클링 메이커 활동을 통한 환경교육 프로그램의 강점과 약점, 지속적인 적용 가능성을 알아보기 실험집단 교사를 대상으로 교사면담을 실시하였다. 면담은 교사가 편안한 시간에 일정을 조율하여 진행하였으며, 면담의 내용은 유아 업사이클링 메이커 활동을 통한 환경교육 프로그램을 적용하기 전(예. 프로그램을 적용하기 전에 유아 업사이클 메이커를 활용한 환경교육을 어떻게 생각하셨습니까?)과 후(예. 유아 업사이클 메이커를 활용한 환경교육을 적용한 후 본 프로그램을 어떻게 생각하십니까?)의 교사의 반응, 프로그램의 목표(예. 본 프로그램이 꼭 필요하다고 생각하십니까?), 내용(예. 프로그램의 내용에 대해 어떻게 생각하십니까? 제외하거나 추가할 내용은 무엇입니까?), 평가(예. 프로그램의 평가방법은 적절하다고 생각하십니까?) 등에 관한 질문으로 이루어졌다.

4) 자료분석

업사이클링 메이커 활동을 통한 환경교육의 효과를 검증하기 위하여 SPSS 24.0 Win을 활용하여 분석하였다. 실험집단과 통제집단의 평균비교와 검증력을 높이기 위해 창의성 및 자연친화적 태도와 환경보전태도의 사전검사 점수를 공변인으로 통제한 후 공변량분석(ANCOVA)를 실시하여 업사이클링 메이커 활동을 통한 환경교육의 효과가 나타나는지 분석하였다. 또한 실험집단 교사를 대상으로 실시한 면담은 연구자가 전사본을 읽으면서 목표, 교육내용, 교수-학습방법, 평가방법의 적절성, 교사교육의 적절성, 개선점 등의 질문 항목에 따라 범주화하였고 범주화한 내용을 중심으로 결과를 기술하였다. 자료의 신뢰도와 타당도를 높이기 위해 면담 과정에서 면담 상황과 실험집단 교사의 표정 등을 함께 기록하며 교사의 숨겨진 의도와 의미를 파악하였다. 또한 분석된 결과를 재검토하고 연구자가 분석한 내용의 의미가 적합한지를 판별하기 위해 구성원 점검을 실시하였다.

Ⅲ. 연구결과 및 해석

1. 업사이클링 메이커 활동을 통한 환경교육의 효과

1) 업사이클링 메이커 활동을 통한 환경교육이 유아의 창의성에 미치는 효과

표 4는 업사이클링 메이커 활동을 통한 환경교육이 유아의 창의성에 영향을 미치는지를 알아보기 위한 실험집단과 통제집단 유아들의 창의성 사전·사후 검사점수의 평균과 표준편차이다.

〈표 4〉 창의성 사전·사후 점수의 평균 및 표준편차(N=30)

구분	N	사전점수	사후점수	교정된 사후점수
		M(SD)	M(SD)	M(SD)
실험집단	14	18.09(1.70)	22.93(1.40)	22.72(.36)
통제집단	16	17.86(1.54)	19.06(1.84)	19.27(.37)

표 4를 보면 실험집단의 사전검사점수 평균은 18.09(SD=1.70)이었으나 사후검사 점수의 평균은 22.93(SD=1.40)으로 4.84점이 향상되었으며, 통제집단의 사전검사 평균은 17.86(SD=1.54)이었으나 사후검사점수는 19.06(SD=1.84)으로 1.20점이 향상되었음을 알 수 있다. 집단 간 유의미한 차이를 알아보기 위하여 사전검사 점수를 공변인으로, 사후검사 점수를 종속변인으로 하여 공분산 분석을 실시한 결과 표 5와 같이 나타났다.

〈표 5〉 창의성 사후검사에 대한 공변량 분석결과

구분	df	SS	MS	F
공변량	1	2.88	2.88	43.27***
집단	1	4.84	4.84	72.74***
오차	53	3.53	.61	
전체	55	12.36		

***p<.001

표 5에서 나타난 바와 같이 공분산 분석결과 두 집단 간 창의성에 있어서 유의미한 차이가 있는 것으로 나타났다(F=72.74, p<.001). 업사이클링 메이커 활동을 통한 환경교육 실시 후 실험집단 유아들의 창의성점수가 통제집단 유아들의 점수보다 높게 나타났다. 이러한 결과는 업사이클링 메이커 활동을 통한 환경교육이 유아의 창의성을 향상시키는데 효과가 있음을 보여준다.

2) 업사이클링 메이커 활동을 통한 환경교육이 유아의 환경보전지식에 미치는 효과

표 6은 업사이클링 메이커 활동을 통한 환경교육이 유아의 환경보전지식에 영향을 미치는지를 알아보기 위한 실험집단과 통제집단 유아들의 환경보전지식 사전·사후 검사점수의 평균과 표준편차이다.

구분	N	사전점수	사후점수	교정된 사후점수
		M(SD)	M(SD)	M(SD)
실험집단	14	0.45(.13)	2.15(.21)	2.17(.09)
통제집단	16	0.51(.12)	1.67(.13)	1.69(.03)

표 6을 보면 실험집단의 사전검사점수 평균은 0.45(SD=.13)이었으나 사후검사 점수의 평균은2.15(SD=.21)으로 1.70점이 향상되었으며, 통제집단의 사전검사 평균은 0.51(SD=.12)이었으나 사후검사점수는 1.67(SD=.13)으로 1.16점이 향상되었음을 알 수 있다. 집단 간 유의미한 차이를 알아보기 위하여 사전검사 점수를 공변인으로, 사후검사 점수를 종속변인으로 하여 공분산 분석을 실시한 결과 표 7과 같이 나타났다.

〈표 7〉 환경보전지식 사후검사에 대한 공변량 분석결과

구분	df	SS	MS	F
공변량	1	14.90	1.49	7.32***
집단	1	0.05	0.05	33.55***
오차	45	9.16	0.20	
전체	55	24.05		

표 7에서 나타난 바와 같이 공분산 분석결과 두 집단 간 환경보전지식에 있어서 유의미한 차이가 있는 것으로 나타났다(F=33.55, p〈.001). 업사이클링 메이커 활동을 통한 환경교육 실시 후 실험집단 유아들의 환경보전지식 점수가 통제집단 유아들의 점수보다 높게 나타났다. 이러한 결과는 업사이클링 메이커 활동을 통한 환경교육이 유아의 환경보전지식을 향상시키는데 효과가 있음을 보여준다.

3) 업사이클링 메이커 활동을 통한 환경교육이 유아의 환경보전태도에 미치는 효과

표 8은 업사이클링 메이커 활동을 통한 환경교육이 유아의 환경보전태도에 영향을 미치는지를 알아보기 위한 실험집단과 통제집단 유아들의 창의성 사전·사후 검사점수의 평균과 표준편차이다.

〈표 8〉 환경보전태도 사전·사후 점수의 평균 및 표준편차(N=30)

구분	N	사전점수	사후점수	교정된 사후점수
		M(SD)	M(SD)	M(SD)
실험집단	14	42.00(2.70)	65.73(3.15)	65.73(.67)
통제집단	16	42.00(4.46)	44.40(4.07)	44.40(.67)

표 8을 보면 실험집단의 사전검사점수 평균은 42.00(SD=2.70)이었으나 사후검사 점수의 평균은 65.73(SD=3.15)으로 23.73점이 향상되었으며, 통제집단의 사전검사 평균은 42.00(SD=4.46)이었으나 사후검사점수는 44.40(SD=3.07)으로 22.40점이 향상되었음을

알 수 있다. 집단 간 유의미한 차이를 알아보기 위하여 사전검사 점수를 공변인으로, 사후검사 점수를 종속변인으로 하여 공분산 분석을 실시한 결과 표 9와 같이 나타났다.

〈표 9〉 환경보전태도 사후검사에 대한 공변량 분석결과

구분	df	SS	MS	F
공변량	1	89.10	89.10	13.26***
집단	1	3413.33	3413.33	507.94***
오차	27	181.44	6.72	
전체	30	94654.00		

표 9에서 나타난 바와 같이 공분산 분석결과 두 집단 간 환경보전태도에 있어서 유의미한 차이가 있는 것으로 나타났다(F=507.94, p<.001). 업사이클링 메이커 활동을 통한 환경교육 실시 후 실험집단 유아들의 환경보전태도 점수가 통제집단 유아들의 점수보다 높게 나타났다. 이러한 결과는 업사이클링 메이커 활동을 통한 환경교육이 유아의 환경보전태도를 향상시키는데 효과가 있음을 보여준다.

2. 실험집단 교사 면담 결과

1) 프로그램 목표, 교육내용, 교수-학습 방법의 적절성

실험집단 교사는 프로그램 목표와 교육내용이 유아에게 적절하다고 판단하였다. 특히 업사이클링 환경교육을 실시하고 난 후, 재활용품을 접하는 유아들의 태도가 이전과는 다른 변화가 있었다고 응답하였다. 또한 SNS를 통해 제공된 영상과 책에 소개된 업사이클링 작품을 제안했던 방법이 유아가 다양한 작품을 표현할 수 있는데 도움이 되었다고 응답하였다. 그러나 아이들이 팀을 이루어 협력하는 과정에서는 의견 충돌이 일어나, 개인적 활동을 선호하는 유아들도 종종있어 활동을 진행하는 데 있어 조금 어려웠다고 응답하였다. 하지만 이와 같은 갈등 안에서 함께 토의하는 활동이 유아의 협동력을 증진시킨 것 같다고 응답하였다. 처음에는 단순히 재활용품을 용도가 아닌 형태만 변화시키는 정도(샌들을 슬리퍼로)로 파악하고 참여했던 유아들이 토론하는 여러 번의 과정을 통해 재료의 변형까지도 파악할 수 있었다. 처음에는 교사에게 "이거 어떻게 해요?", "이거 잘라도 돼요?" 등 소극적인 태도로 참여했던 유아들이, 점차 많은 흥미를 보이며 적극적으로 참여하였다고 응답하였다. 이러한 과정에서 유아들은 창의성과 집중력을 발휘하였으며 서로 도와주고 협력하는 행동이 많이 나타났다.

"재활용품을 아이들이 직접 계획하고 만들어 보는 것이 좋았던 것 같아요. 처음에는 막연한지 어떤 걸 만들어야 할지 고민하다가 영상이나 책의 작품을 보여주니 "해보고 싶다" 면서 호기심을 보이더라고요. 제가 재료를 준비하고 이것을 만들라고 제안해 보는 건 해봤어도, 아이들이 회의와 설계도를 통해 만들어 보는 경험은 처음이었는데, 이번 개정 누리과정에서 추구하는 놀이의 철학과도 맞는 것 같아서 활동을 진행하는 동안 저도 아이들도 너무 즐거웠어요. - 중략- 아이들이 처음에는 재료를 자르거나 망가지는 것에 대해 겁내했어요. 하지만 회차를 거듭할수록 알아서 우산도 자르고, 캐리어도 부수어 보면서 원하는 대로 자를 수 있다는 거에 굉장히 즐거워했어요. 재활용품이 이렇게 다양하게 다시 쓰임새 있게 만들어 질 수 있다 는 점에도 저도 아이들도 신기했어요."

(교사면담, 2020. 8. 6.)

2) 교사교육의 적절성

프로그램 적용 전 교사는 메이커교육 또는 업사이클링 개념에 대해 들어본 적이 없다고 하였다. 그래서 어떤 내용을 어떤 방법으로 적용해야 할지 모르겠다고 하였다.

"처음에는 메이커교육이나 업사이클링 둘 다 너무 생소한 용어들이라 제가 잘 할 수 있을지 걱정이 많이 되었어요. 그런데 교사교육을 진행해 주시고, 회차가 끝날때마다 계속되는 피드백이 너무 많이 도움이 되었어요."

(교사면담, 2020. 9. 15.)

그러나 교사교육을 통해 업사이클링 메이커 활동을 통한 환경교육의 개념과 필요성에 대해 정확히 인식하게 되었고, 교육을 실시하는데 자신감도 생겼다고 대답하였다. 그리고 회차를 거듭할수록 활동에 대한 이해가 높아져 본 연구는 마무리되었지만, 계속해서 아이들과 업사이클링 메이커 활동을 통한 환경교육을 틈틈이 해보겠다고 응답하였다. 또한 활동에 대해 협의하고 SNS를 통해 협의하는 시간을 갖는 것도 프로그램을 진행하는 데 도움이 되었다고 하였다.

"하면 할수록 활동이 재미있었어요. 처음에는 제대로 하고 있는 것인지에 대한 불안감도 많았는데, 활동이 거듭될수록 아이들의 변화를 발견하게 되는 것도 너무 뿌듯하더라고요. -중략- 내년에 또 7세반을 맡으면 원에서 나오는 재활용품으로 틈틈이 아이들과 활동을 지속적으로 1년 내내 해보고 싶어요."

(교사면담, 2020, 10, 5.)

3) 프로그램의 개선점

교사는 약 12주 동안 진행된 업사이클링 메이커 활동을 통한 환경교육의 기간이 조금 짧았다고 응답하였다. 12주 동안 유아의 창의력, 환경보전지식, 환경보전태도 능력은 변화되었으나 조금 더 장기적으로 적용했더라면 환경 관련 지식과 태도가 체화되었을 것으로 예상하였다. 이러한 이유로 연간에 따른 활동 개발을 요구하였다. 또한 교사는 업사이클링 메이커 활동을 통한 환경교육을 하는 데 있어서 재활용품이 제한되어있는 것에 대해 매우 아쉬워했다.

"처음에는 활동의 기간이 너무 길지 않을까 생각했는데, 물론 코로나로 인한 휴원이나 방학도 있긴 했지만.. 활동이 심화되고 아이들의 발달이 눈에 보일정도로 향상되는 것을 보니 조금만 더 기간이 길었더라면 더 큰 향상이 있지 않았을까 하는 아쉬움이 들어요. -중략- 그리고다음에는 다른 영역의 발달도 한번 확인해보고 싶어요."

(교사면담, 2020. 10. 19.)

"활동을 위해 준비해주신 재활용품으로 12주 동안 활동하기에는 충분했지만, 재활용품들이 중복된다는 생각이 들었어요. 좀 더 다양한 재활용품이 있었더라면 아이들에게서 더 색다른 작품이 나오지 않았을까 하는 생각이 들었어요. 재활용품에 대한 제 시각이 변하면, 앞으로 재활용품 수집에도 도움이 될 것 같아요."

(교사면담, 2020. 10. 19.)

Ⅳ. 논의 및 결론

본 연구는 업사이클링 메이커 활동을 통한 환경교육을 개발하고 그 적용효과를 검증하는 데 그 목적이 있다. 연구문제에 따라 결과를 논의하면 다음과 같다.

첫째, 선행연구 및 문헌을 고찰함으로써 업사이클링 메이커 활동을 통한 환경교육 프로그램을 개발하였으며, 여기에서 본 프로그램은 유아에게 적합하게 구성되었다고 사료된다. 업사이클링 메이커 활동을 통한 환경교육 프로그램의 교육내용 선정 및 활동구안은 2019 개정 누리과정에서 지향하고 있는 유아 중심을 근본바탕으로 하면서, 유아들의 자발적인 자유놀이 상황과 부합되어 진행할 수 있도록 하였고, 그 안에서 다양한 환경문제를 제시하고 이와 관련한 업사이클링 재료를 계속해서 제공함으로써 놀이 및 평가하는 경험을 통해 환경에 대한 긍정적인 태도를 기르고 자원의 새로운 가치를 알 수 있도록 활동을 구성하였다. 이는 업사이클링 활동이 환경에 대한 태도를 증진할 수 있기 때문에 그 중요성을 논의한 문헌들(김대명, 2018; 김래현, 2017; 김진옥, 2018; 오민주 등, 2015; 오연주, 2019; 오지민, 2017; 이동국, 2019; 현온강 등, 2002; 환경부, 2006; Davis, 1998; Evans et al., 2007)과 본 프로그램이 개발될 당시 2019 개정 누리과정이 적용되고 있던 시점(교육부, 보건복지부, 2019)의 관점을 반영한 것이다. 따라서 본 프로그램의 개발절차에 대한 교육내용 선정 및 활동구안의 적용은 타당한 것으로 여겨진다. 그리고 프로그램의 평가에서 형식적, 비형식적 평가방식을 도입하여 최대한 다면적 평가가 이루어질 수 있도록 고안하였다. 이에 형식적 평가방식 면에서 유아의 창의성, 환경보전지식, 환경보전태도의 요소들을 프로그램 핵심 내용과 평가의 목적으로 활동과정과 그 결과들이 목적을 달성함으로써 의미를 도출했다. 비형식적 평가방식을 위해 이루어진 실험교사와의 면담은 코로나 19의 특수상황에서 최대한 유아의 발달상황 및 프로그램에 대한 평가에 의미와 가치가 드러낼 수 있도록 하였다.

둘째, 업사이클링 메이커 활동을 통한 환경교육 프로그램이 유아의 창의성, 환경보전지식, 환경보전태도에 미치는 효과를 검증해 봄으로써, 본 연구에서 개발한 프로그램의 유아교육현장에 대한 적용가능성을 탐색하였다.

그 결과, 먼저 업사이클링 메이커 활동을 통한 환경교육 프로그램에 참여한 실험집단의 창의성이 환경교육을 실시하지 않은 통제집단보다 유의한 차이가 나타났다. 이러한 연구결과는 메이커 활동이 유아의 창의성 증진에 긍정적인 영향을 미치고 있음을 보여주는 결과들(김진옥, 2018; 김정현, 2020; 이승철, 2018; 엄승표, 2020; 오연주, 2019)과 같은 맥락이라고 할 수 있다. 이와같은 선행연구들은 메이킹 활동을 통해 주제를 전개해 나가는 과정에서 풍부한 자료와 자율적인 선택의 기회를 접하면서 유아의 창의성이 증진되었다. 본 연구의 프로그램 또한, 이러한 활동과정 안에서 유아들이 주변에서 흔히 볼 수 있는 다양한 재활용품들에 대해 새로운 시각을 갖고 바라볼 수 있었을 뿐만 아니라, 창의성 능력을 증진시켜 나갔다고 할 수 있다.

업사이클링 메이커 활동을 통한 환경교육의 각 단계에서 나타나는 유아의 창의적 사고 과정의 특징을 자세히 살펴보면 다음과 같다. '팅커링 단계'에서 유아들은 다양한 업사이클링 재료들을 탐색하면서 자신들의 작품을 만들어 가면서 이들 재료와 원리, 방법에 흥미를 갖고 탐구하였으며, 계속해서 재료의 특징을 익혀 나가면서 창의적인 아이디어를 생성해 나갔다. 유아들이 재활용품 재료의 성질, 크기 등을 오감각을 통해 탐색할 수 있도록 충분한 시간을 제공하고, 또한 재료의 특성을 비교할 수 있도록 적절한 발문함으로써 또래와 협의하는 과정을 통해 모방하고 개선해 나간다. 따라서 유아들은 업사이클링 메이커활동을 통해 참신한 아이디어를 생성해 나가면서 메이커가 되어보는 경험을 하였다. 이처럼 메이커활동은 머릿속에 존재하는 생각을 의미있게 몰입, 실현해 나가면서 창의력을 증진시켜 나간다(Ackermann, 2010). 이는 '만들기 단계'로까지 이어져 실제로 일상생활에도 적용할 수 있는 유용하고 실용적인 가치를 담은 아이디어를 내고자 하는 모습으로 발전하였다. 또한 유아들은 작업물을 직접 사용하는 데 어려움을 겪거나, 잘되지 않는 부분에 대해 지속적인 실패와 도전을 극복해나가는 방안으로 본인들만의 새로운 방법으로 문제를 변형시키고, 해결해 나갔다. 이러한 경험은 유아로 하여금 창조적인 본능을 표현하도록 이끌었다(Lowenfeld, 1965). '공유하기 단계'에서 유아들이 또래와 함께 제작한 작업물로 놀이한 후 제작 과정과 결과물을 공유하여 1차 결과물의 문제점을 해결할 수 있는 개선방안 및 정교화 방안을 상호작용하는 과정을 통해 자기성찰과 반성을 하고, 또래의 시각을 통해 결과물을 보며 개방성과 융통성을 넓혀나갔다. 이와 같은 유아의 경험은 문제상황에 적절한 것을 만들고 수정해낼 수 있는 능력을 증진시켰다(Sternberd, 1994). 그리고 다시 만들기(Making), 공유하기(Sharing)의 단계가 다양하고 유동성있게 반복 및 순환되어 이루어지는 업사이클링 메이커활동을 통한 환경교육은 유아에게 있어 이전 단계들에서 얻은 배경지식과 정보, 피드백, 성찰을 조직화하여 더욱 질 높은 작품으로 아이디어를 수정하고 결과물을 개선하도록 제공하였다. 이 모든 과정은 자발적이고 순환적인 과정으로 진행하였으며, 여기에서 유아들은 작품을 보완 및 수정해나가는 과정을 통해 내적동기와 자신감을 가졌다. 상기의 결론과 시사점을 통해 업사이클링 메이커 활동을 통한 환경교육이 유아의 창의성 향상에 영향을 미친다는 점을 알 수 있었으며, 유아교육기관에서 적용 가능성을 확인할 수 있었다. 따라서 유아들에게 업사이클링 메이커 활동을 통한 환경교육을 효과적으로 지도하기 위해서는 유아에게 메이커 전반의 흐름을 스스로 인식할 수 있는 능력을 길러주어야 하며, 교사는 업사이클링 재료와 도구, 메이커 활동에 대한 충분한 탐색의 기회와 안내를 제공하여 유아의 흥미와 내적동기, 자신감을 불러일으킬 수 있는 전략적인 지도를 해야 할 것이다.

다음으로 업사이클링 메이커 활동을 통한 환경교육 프로그램에 참여한 실험집단의 환경보전 지식이 환경교육을 실시하지 않은 통제집단보다 유의한 차이가 나타났다. 이는 업사이클 활동이 유아의 환경보전지식 증진에 긍정적인 영향을 미치고 있음을 보여주는 결과들(박자명, 2014; 오연주, 2019; 오지민, 2017)과 부분적으로 같은 맥락이라고 할 수 있다. 특히 유아들은 업사이클 메이커 활동 이전에는 몰랐던 환경보전지식에 대한 내용들을 프로그램을 진행하는 과정에서 직접적인 경험과 체험을 통해 배워나갔다. 재활용품의 특징을 자유롭게 탐색해 나가면서 유아들은 환경을 지키고 이를 실천하는 방법에 대한 지식을 획득해 나갔다. 마지막으로 업사이클링 메이커 활동을 통한 환경교육 프로그램에 참여한 실험집단의 환경보전태도가 환경교육을 실시하지 않은 통제집단보다 유의한 차이가 나타났다. 본 연구결과는 업사이클링 활동이 유아의 환경보전태도 증진에 긍정적인 영향을 미치고 있음을 보여주는 결과들(박자명, 2014; 오민주 등, 2015; 오연주, 2019; 오지민, 2017)과 부분적으로 같은 맥락이라고 할 수있다. 특히 오민주(2014)는 업사이클링이라는 구체적인 조작활동을 통해 환경문제를 재미있는 방법으로 경험하고 접근함으로써 환경보전에 대한 긍정적인 인식변화가 나타났다고 보았는데, 본 연구에 참여한 유아들은 재활용품을 자유롭게 구성해나가는 과정을 통해 재접근함으로써 환경보전을 위한 자신만의 방법들을 찾아 나갔다. 유아들은 업사이클링 메이커 활동을 통해 업사이클링의 필요성을 환경문제와 연계하여 생각할 수 있게 되었고, 더 나아가 환경보전에 대한 태도 능력을 함양하였다. 특히 본 연구에서 유아들은 업사이클링 메이커 활동에 참여함으로써, 자원의 새로운 가치를 알고 개인이 환경보전에 일조하였다는 자신감을 획득하게 되었고, 더불어 책임감을 통해 보전하려는 노력이 이어져 환경보전태도 증진에 도움이 되는 조건을 채워나갈 수 있었다. 상기의 논의들을 바탕으로 업사이클링 메이커 활동을 통한 환경교육 프로그램은 기존 유아교육기관에서 이루어지던 환경교육과는 다른 유아 환경교육의 새로운 패러다임을 제안하고, 이를기관에서 효과적으로 운영되기 위해 유아가 직접 경험하고 창작할 수 있는 형태의 교육활동을제안한 점에서 본 연구의 의의를 찾을 수 있다. 이상의 연구결과와 연구의 제한점을 토대로 후속연구를 위한 제언은 다음과 같다.

첫째, 본 프로그램은 목적과 내용에서 기존의 환경교육에서 다루지 않았던 메이커 활동을 활용함으로써 이전 교육들과는 차별화하였다. 그 결과 업사이클링 메이커 활동을 통한 환경교육은 만 5세 유아의 창의성, 환경보전지식, 환경보전태도를 증진시켰다. 하지만 본 프로그램은 만 5세의 유아를 대상으로 구성되었지만, 창의성과 환경 관련 지식 및 태도를 더 어린 연령부터 함양할 수 있는 능력이기 때문에, 업사이클링 메이커 활동을 통한 환경교육을 위한 발달 및 교육접근 가능성을 기초로 더 어린 연령의 유아들을 대상으로 적용할 수 있는 업사이클링 메이커 활동을 통한 환경교육 프로그램을 수정 및 보완하여 적용해 볼 필요가 있다.

둘째, 본 프로그램은 12주간의 활동으로 구성되었다. 그러나 업사이클링 메이커 활동을 통한 환경교육은 장기적인 교육이 이루어질 때, 그 효과가 더욱 강력하게 나타날 수 있으므로 연간 단위의 활동 개발이 이루어져야 하겠다.

셋째, 본 연구에서는 개발된 프로그램의 효과를 검증하는 데 있어 종속변인을 유아의 창의성, 환경보전지식, 환경보전태도로 하였지만, 이는 순수하게 프로그램만으로 그 원인을 귀인하기에는 무리가 있다. 이는 본 연구의 한계로 개발된 프로그램 외의 다른 원인으로 실험집단 유아가 통제집단 유아보다 종속변인에서 유의한 차이를 보일 수 있다. 따라서 이후 연구에서는 유아변인, 교사변인 등 보다 다양한 변인을 투입하여 통제한 후 효과를 검증하기를 제안한다.

넷째, 유아의 업사이클링 메이커 활동을 통한 환경교육 프로그램은 2019 개정 누리과정의 철학에 따른 "놀이"를 중심으로, 유아 중심으로 활동이 이루어지도록 계획하였다. 여기에서 유아의 적극적인 참여와 호기심에 대한 동기유발을 위해서는 교사의 역할이 매우 중요하다. 그러므로 교사가 프로그램 운영에서 효과적인 역할 수행을 할 수 있도록 업사이클링 메이커 활동을 통한 환경교육에 대한 체계적인 교사교육이 강화되어야 하겠다.

상기의 추후 연구들은 유아 업사이클링 메이커 활동이 유아교육 현장에서 교수 실제가 보다잘 적용되도록 도울 수 있을 것이다.

신원애(2020). 업사이클링 메이커활동을 통한 유아환경교육 프로그램 개발 및 효과. 한국유아교육연구,23(1). p. 86~112.

5. 영화를 통한 글쓰기

인문학의 위기론이 대두되면서 그 대안의 하나로 등장한 것이 영화를 통한 글쓰기이다. 종합예술로의 영화는 이전에 등장한 건축, 음악, 회화, 문학, 무용, 연극 등의 장르를 모두 포함함으로써 새로운 예술을 창조하고 감동을 전해 준다.

대중예술로의 영화는 사람들의 이야기를 바탕으로 그들의 정서와 환상, 무의식을 뒤섞으며 사람들의 삶을 드러낸다. 이로 인해 사람들은 영화에 대해 친밀감을 느끼며 다른 예술 장르에 비해 부담 없이 즐길 수 있는 매체로 인식한다고 할 수 있다. 또한 영화의 시각적, 청각적, 자극 등은 관객에게 간접 체험의 기회를 제공함과 동시에 몰입과 등장인물에 대한 동일시라는 강한 정서적 작용을 유발시킨다. 특히 최근 영상의 기술이 발전함에 따라 교육에 있어 영상매체를 활용하는 비중이 날로 커져, 유치원을 비롯한 초등 교육기관일수록 영화를 활용하는 교수방법이 눈에 띄게 급증하고 있다. 여기에서 우리가 주목해야 할 점은 영화 그 자체가 교육의 대상이 되어야 한다는 것이다. 유아뿐 아니라 교사는 이미 어려서부터 영상매체에 노출되었고, 이제는 이를 어떻게 접근, 이해, 비판할 수 있는지를 가르치는 미디어 수용자 교육이 필요한 시점이다. 교육의 목적 중 하나가 사람들로 하여금 현대사회에 대한 이해를 돕고, 그에 대한 적응력을 키우는 것에 있다고 할 때 영화는 바로 이러한 교육의 직접적인 대상으로 이루어져야 한다.

교육과 관련하여 영화가 가지는 성격은 '수단으로의 영화', '대상으로의 영화'로의 시네리터러시(cineliterlacy)의 개념으로 제시할 수 있다. 시네리터러시란 기존의 영화교육의 개념을 확장하여 '영화(cinama)'와 시각적 '해독능력(visual literacy)'를 조합한 합성어이다. 다시 말하면 영화교육은 학습자가 지닌 잠재적 능력을 시네리터러시를 통해 이상적인 인간, 성숙한 인간의 행동특성을 지니도록 육성하는 행위로 볼 수 있다(이아람찬, 2005). 따라서 현재 교육의 패러다임은 영화매체의 능동적 활용이라는 중요한 교육적 의미를 갖는다.

영화는 기본적으로 언어라는 점에서 글쓰기 및 논술과 밀접한 관계가 있다. 영화감독 안드레아 타르콥스키(Андре́й Арсе́ньевич Тарко́вский, 1932~1986)는 영화매체는 기본적으로 영화의 창작자와 감상자 간에 영화작품 안에 내재하는 미학적 특질과 다양한 가치관이 소통가능하다는 점을 들어 말하면서, 영화는 일종의 넓은 의미의 언어라고 보았다(Таркóвский, 2001). 창작자와 감상자 간의 상호소통은 모든 예술장르의 공통적인 속성이긴 하지만, 음악과 미술과는 달리 영화가 문학에 가까운 것은 영화가 기본적으로 플롯으로 대변되는 서사성을 지니고 있기 때문이다. 따라서 영화작품이 내포하고 있는 미학적 특질과 외면적으로 드러나는 독자적인 세계관과 가치관에 대한 비판적 읽기를 통해서 사고력 증진에 도움을 얻을 수 있다. 특히 영화는 고전도서에 대한 독서에 비해 시간 소요가 적기 때문에, 상대적으로 훨씬 짧은 시간 안에 하나의 세계관을 가진 작품을 접할 수 있다는 장점을 갖는다(조현, 2007).

논술을 위한 추천 영화 목록

더 리더(The Reader, 2008)
세 얼간이(3 Idiots, 2009)
완득이(Punch, 2011)
피아니스트(The Pianist, 2002)
곡성(The WAILING, 2016)
클릭(Click, 2013)
박쥐(Thirst, 2009)
블랙(Black, 2005)
밀양(Secret Sunshine, 2007)
미라클워커(The Miracle Worker, 1962)
설국열차(Snowpiercer, 2013)
더 게임(The Game, 2007)
트루먼쇼(The Truman Show, 1998)
더 테러 라이브(The Terror, LIVE, 2013)
아이 엠 샘(I Am Sam, 2001)
에이아이(A.I. Artificial Intelligence, 2001)
행복을 찾아서(The Pursuit of Happyness, 2006)
업사이드다운(Upside Down, 2012)
이퀼리브리엄(Equilibrium, 2002)
카드로 만든 집(House Of Cards, 1993)
줄무늬 파자마를 입은 소년(The Boy In The Striped Pajamas, 2008)
월터의 상상은 현실이 된다(The Secret Life of Walter Mitty, 2013)
지상의 별처럼(T.Z.P., Like Stars on Earth, 2007)
엑스맨:최후의 전쟁(X-Men: The Last Stand, 2006)
죽은 시인의 사회(Dead Poets Society, 1989)
하울의 움직이는 성(Howl's Moving Castle, 2004)

영화를 활용한 글쓰기의 실례 #1

블랙(Black, 2005)

생각해 볼 문제

1. 우리에게 불가능을 가능으로 만들려면, 무엇이 있어야 하는가?
2. 정상적인 사람과 선천적인 장애나 후천적인 장애를 가진 사람과 똑같은 경쟁의식과 대우를 하는 것은 타당한 것인가?

논술 TIP

- 기(起): 장애를 가진 누구에게도 노력하면 기회를 얻을 수 있고, 불가능을 없다는 것에 대해 문제제기를 한다.
- 승(承): 〈블랙〉에서 처럼 장애 때문에 처음 대학에서 받아주지 않으려고 할 때 장애를 가진 인간보다는 편견을 가지고 바라보는 것이 우선시 한다는 점을 예시한다.
- 전(承): 정상적인 사람과 장애를 가진 사람이 한 곳에서 교육을 받는 것에 대한 편견을 가지고 바라보는 것이 타당하게 생각되는 경우를 제시하고 그 역기능을 근거로 이를 비판한다.
- 결(結): 장애인이라는 차별적인 대우를 받게 될 때, 그러한 편견을 버리고 장애인도 정상적인 인간과 마찬가지로 공정한 삶을 살아갈 수 있음을 주장한다.

지금까지 나의 삶은 무엇인가를 배우고 학습하는 삶이 아니었나 생각해 본다. 가정에서, 학교에서, 교회에서, 직장에서… 아마 이제까지 나의 삶을 시간으로 환산해 본다면, 그 시간의 대부분을 무언가를 배우는 데 썼다고 해도 과언이 아닐 것이다.

듣지도 보지도 못하는 미셸은 태어나서 8살까지 누군가로부터 통제받거나, 배워본 적이 없는 아이이다. 그저 미셸의 부모에게도 사랑스러운 8살 딸이 아닌 문제만 일으키는 딸일 뿐이다. 그러나 사하이 선생님의 생각은 달랐다. 미셸은 단지 몸이 불편할 뿐이지, 정신은 멀쩡하다고. 그래서 정상인과 똑같이 가르치면, 미셸도 말을 할 수 있고 날 보살펴주는 사람이 엄마인지, 아빠인지 말할 수 있을 거라고 부모를 설득했다. 결국 아버지를 설득하는 데 실패하여 쫓겨나게 되었지만 아버지가 출장을 가는 20일 동안만이라도 미셸을 가르치겠다고 엄마를 설득하는 데는 성공을 하게 된다. 20일이 되는 바로 그날, 미셸은 아니 미셸뿐만 아니라 선생님, 미셸의 부모님 심지어 집의 가정부조차 그들 생애에서 가장 눈부신 기적을 만나게 된다. 보지도 못하고 듣지도 못하는 미셸이 드디어 '물'이라는 존재를 느끼고 그것을 '워터'라고 말을 한 것이다. 그 뒤에도 사하이 선생님은 멈추지 않았고, 미셸이 다른 사람과 소통할 수 있도록 수화를 가르치고, 이런 노력에 힘입어 미셸은 장애인을 대상으로 한 대학이 아닌 일반인들이 다니는 보통 대학에 진학을 하게 된다. 물론 수업을 듣는 것이 미셸에게는 너무 힘든 과정이자 혼자 해낼 수 없는 큰일이었을지도 모른다.

이 영화에서 사하이 선생님은 장애인인 미셸을 학교에 입학시키기 꺼려하는 학교 총장에게 말한다. 선생님께서 유일하게 미셸에게 가르치지 않은 단어가 '불가능'이라고. 그리고 알츠하이머는 치료법이 없다고 단정 짓는 의사에게 미셸의 어머니는 말한다. 저 선생님이 우리 딸에게 가르치지 않는 유일한 단어가 바로 '불가능'이라고. 내가 만난 수많은 선생님 중에서 나에게 '불가능'이란 없다는 것을 가르쳐주신 선생님이 계셨나? 하는 생각이 저절로 들었다. 불가능을 절대 가르치지 않는 교사, 이런 교사 아래서 자란 학생인 미셸의 미래는 당연히 밝을 수밖에 없다. 면접을 보고 학교에 당당하게 입학한 그녀는 즐겁게 학교생활을 하지만, 현실의 벽은 그녀가 뛰어넘기엔 높았다. 시험시간 안에 점자를 써야 했지만 머릿속의 지식을 시간 안에 다 쓴다는 게 그녀에겐 버거웠고, 결과는 학상 F학점이었다. 장애라는 두 단어로 인해 배움에 있어서 제약이 되는 것은 장애를 가진 것보다 더 큰 상처로 남을 수밖에 없을 것이다. 물론 그 누구도 장애를 갖고 태어나기를 희망하지 않는다. 모두가 같은 출발선에 같은 유니폼을 입고 선다면 문제될 것이 없겠지만, 세상일이 그럴 수는 없기에 장애를 가지고 태어난 사람들은 조금 뒤에서, 다른 유니폼을 입고 출발하는 사람들이다. 그들을 조금 늦었다거나 다르다는 이유로 차별하는 것이 과연 옳을 일인가를 생각해보게 한다. 그리고 날로 상심이 커졌던 그녀는 모든 걸 포기한다고 선생에게 말하고 자신에겐 모든 게 BLACK라고 점자를 치기 시작하며 선생은 그 순간 빠른 속도로 점자를 치고 있는 그녀에게서 희망을 발견한다. 희망의 시간에 찾아온 불행의 시간 선생은 알츠하이머병에 걸렸고, 그녀는 더이상 자신이 그에게 보살핌을 받는 것이 아니라 자신이 선생을 돌봐드려야 한다는 걸 알게 된다. 그런 혼란의 시간을 겪는 중에 여동생이 결혼을 하게 된다. 늘 부모님이 언니에게 관심을 쏟는 동안 외롭게 성장해 온 동생은 언니에게 마지막 부탁을 한다. 결혼식 때만큼은 언니가 아닌 자신이 주인공이고 싶다고 남자쪽 가족과 저녁을 먹는 자리에서 동생은 그동안 자신이 느꼈던 설움에 대하여 부모와 언니에게 말한다. 언니가 뛰다가 함께 넘어지면 똑같이 팔을 삔고 있어도 엄마는 늘 언니만 일으켜 세워줬고, 그런 언니가 얄미워 밤이 되면 목이 마르다는 언니에게 일부러 물을 떠다 주지 않았다고 그런 말을 듣고 실망하는 미셸 그녀가 준비했던 축시를 선생이 대신 읽기 시작한다. 동생이 늘 자신과 함께 있어 행복했다고 밤이 되면 목이 마르다는 자신을 위해 물을 떠다주는 동생에게 늘 고마웠다고 눈물 한 바가지 장면이었다. 그 후로 병을 앓고 있는 선생이 더 이상 그녀를 알아보지 못하게 만들었고, 그녀는 40년 만에 대학교를 졸업하게 된다.

선생님의 사랑과 보살핌은 그녀의 불가능의 장애를 가능하게 만들어준 힘이었다고 볼 수 있다. 또한 장애를 가진 자와 정상적인 인간이 한 교실 한 공간에서 배우게 되면 장애를 가진 사람에게 더 신경이 쓰이고 공평하게 대하기도 어려울 것이며 자칫 정상적인 인간에게 손해를 입힐 수도 있다. 그렇지만 이런 장애를 가진 인간도 노력하면 또래보다는 두 배 세 배 늦더라도 언젠가는 해낼 것이라 생각한다. 그러한 이유로 몇 가지 사례를 살펴보면 소아마비 장애를 가지고 있던 루즈벨트는 미국의 대통령이 되었으며, 시각장애를 가지고 있던 스티비 원더는 사람들의 마음을 울리는 가수가 되었다. 심지어 온몸이 굳어버리는 루게릭병을 안고 살았던 스티븐 호킹 박사는 자신의 몸이라는 틀에 갇히지 않고 세계 최고의 우주물리학자로 이름을 남겼고, 그들이 이렇게 성공한 것은 그들의 노력뿐 아니라 그들이 끊임없이 도전하고 성취할 수 있게끔 도와준 사람들의 배려도 분명히 있었을 거라 생각한다. 배움은 진정으로 그것을 원하는 사람에게 주어졌을 때 빛을 발하며 장애를 가졌다고 해서 배움에 대한 열망이 결코 작지 않다는 것을 알아야 한다. 배우고자 가는 학교가 그들에게 꿈과 희망을 줄 수 있고 또한 그들이 그 배움을 실천할 수 있는 사회가 되길 진심으로 바란다.

영화를 활용한 글쓰기의 실례 #2

줄무늬 파자마를 입은 소년(The Boy In The Striped Pajamas, 2008)

생각해 볼 문제

1. 제 2차 세계대전 때 독일의 유태인 학살은 바람직한가?
2. 현대에도 사라지지 않은 인종차별을 극복하기 위한 방법은 무엇인가?

논술 TIP

· 기(起): 제2차 세계대전 때 독일의 유태인 학살에 대해 알아본다.

· 승(承): 영화〈줄무늬 파자마를 입은 소년〉속 나치 장교 아들 브루노와 유대인의 아들 슈무엘의 순수한 우정을 통해 유태인 학살이 옳지 않음을 밝힌다.

· 전(承): 제2차 세계대전 속 다른 나라의 전쟁 사례를 통해서 강대국의 만행이 바람직하지 못함을 주장한다.

· 결(結): 현대에도 사라지지 않은 인종차별을 극복하기 위한 방법에 대해 생각해본다.

이 영화는 제2차 세계대전 중에 일어나는 유태인 대학살을 나치 장교의 아들인 8살 브루노의 시점에서 그린 영화이다. 브루노가 나치 장교인 아버지를 따라 시골로 이사를 가게 되면서 사건이 일어난다. 시골로 이사 후, 함께 놀 친구가 없어서 심심하기만 한 브루노가 집 주변의 철조망 건너편에 있는 줄무늬 파자마를 입은 슈무엘을 만나게 되고 둘은 곧 친구가 된다. 어느 날 슈무엘의 아버지가 사라지자 브루노는 슈무엘과 똑같은 줄무늬 파자마를 입고 철조망 안으로 들어가 슈무엘의 아버지를 찾아주려고 한다. 그러나 브루노가 줄무늬 파자마를 입고 수용소에 들어간 날은 유태인을 대량학살하는 날이었다. 브루노와 슈무엘이 옷을 벗고 가스실로 들어가고 영화가 끝난다. 8살 아이의 시각으로 볼 때 수용소 안의 유태인은 똑같은 줄무늬 파자마를 입은 한 사람에 불과했다. 철조망을 사이에 두고 피어난 독일 소년과 유태인 소년의 우정 속에서 우리는 강대국의 야만스러운 행위와 그로 인한 인간성 파괴를 엿보게 된다. 단지 유태인이라는 이유만으로 참혹하게 학살하는 것은 옳지 못하다. 결국 강대국의 만행 속에서 아이들의 순수함이 파괴되고 불행한 죽음에 이르게 된다.

제2차 세계대전에서 일본은 아시아 침략을 이루기 위해 1937년 7월에 중국 대륙을 침략한다. 욱일기를 앞세운 일본군은 중화민국의 수도 난징을 점령하고 점점 전선을 중국 내륙으로 이동시킨다. 나치 독일이 유럽에서 프랑스를 점령하자 프랑스의 병력들이 인도차이나에서 철수한 것을 틈타 인도차이나를 공격, 점령한다. 그 후 나치 독일, 이탈리아 왕국과 삼국 군사동맹을 맺고 일본은 선전포고도 없이 1941년 12월 진주만을 습격하여 태평양 전쟁을 일으킨다. 그 후 필리핀과 영국령 말레이시아, 홍콩, 싱가포르, 네덜란드령 동인도, 오스트레일리아령, 파푸아 뉴기니를 침공하여 동남아시아를 장악하게 된다. 일본은 보름만에 약 30여 만에 이르는 군인과 시민들을 갖가지 방법으로 학살하고 부녀자를 강간했다. 또한 한국, 중국, 러시아인 등 인간을 대상으로 잔인한 생체 실험을 했다. 일본의 경우도 강대국이라는 이유만으로 수많은 인간을 학살하는 만행을 저질렀다. 강대국의 만행은 인간의 존엄성을 무시하고 파괴시키는 바람직하지 않은 행위이다.

나치 독일과 일본, 제2차 세계 대전 속 수많은 강대국의 인간 학살은 자신의 나라와 다르다는 '인종차별'에서 비롯된 것이다. 인종차별이라 함은 사람들을 여러 인종으로 나누고 특정 인종에 대하여 불이익을 주는 것이다. 흑인에 대한 차별을 예로 들 수 있는데, 남아프리카 공화국은 1948년부터 1994년까지 세계적으로 유례가 없을 만큼 백인들 위주의 인종차별 정책을 썼다. 남아공의 인종 차별 정책은 모든 사람을 백인, 흑인, 유색인, 인도인 등 4가지 인종 등급으로 나누고 인종에 따라 사는 곳, 출입할 수 있는 곳을 구분했다. 심지어 서로 다른 인종 간의 결혼도 반대했다. 남아공의 차별정책은 세계적으로 많은 비난을 받았고 1994년에 넬슨 만델라 대통령이 당선되어 흑백연합정부가 수립되면서 차별정책이 폐지되었다. 그러나 흑인에 대한 인종차별 의식은 한국 등 많은 나라에서 아직도 개선되지 않고 있다. 이를 해결하기 위해 우리는 다문화 교육을 강화하여 다른 문화와 인종에 대해 개방적이고 이해하는 마음으로 그 문화를 함께 나눌 수 있도록 해야 한다. 또한 백인과 흑인을 다르게 판단하는 이중적 잣대를 버리고 인종차별 금지법을 만들어 정부 차원에서 차별 근절에 앞장서야 한다.

6. 생활글쓰기

1) 이력서 작성하기

이력서란 취업을 하기 위해 필요한 서류로 '나'를 최대한 간결하고 명확하게 알리기 위해 작성한다. 서류를 통해 사람을 판별하고 선발하는 데 오랜 경험을 가지고 있는 전문가들에게 보이기 위한 것이기 때문에 허위 사실이나 과장된 내용을 기입하지 않도록 한다.

(1) 국문 이력서의 작성요령

- 학력 및 경력, 봉사, 수상, 자격, 수상 및 특기사항
- 자신의 능력이나 장점을 돋보이게 할 수 있는 사항을 구체적으로 정리하여 기록
- 사진 첨부 및 도장/사인 날인

(2) 인적사항

- 직접 연락이 가능한 주소와 휴대전화번호, 이메일 주소 등 분명한 연락처를 남긴다.
- 사진은 이력서용(3×4cm, 3개월 이내의 상반신 컬러사진)으로 만든다.
  특히 사진은 과도한 이미지 수정작업은 하지 않도록 한다.

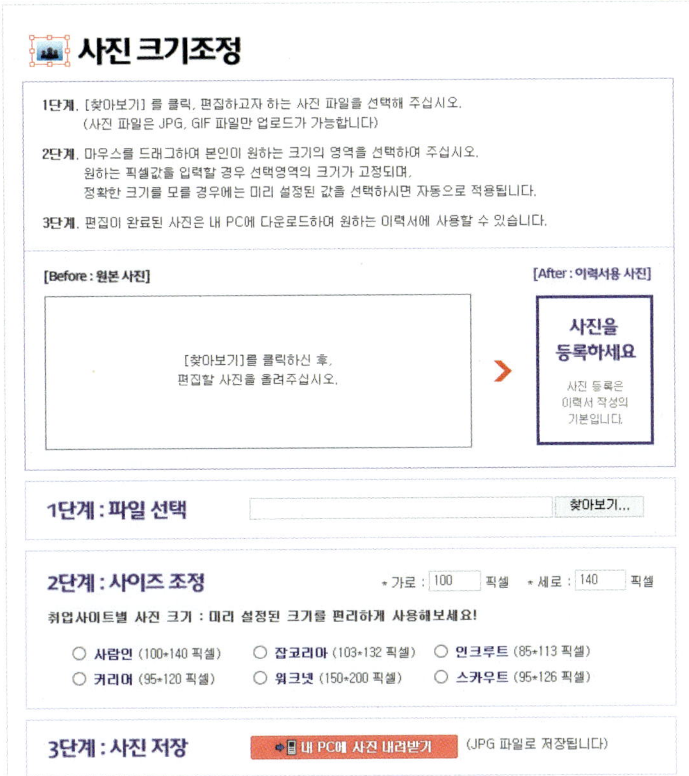

이력서용 사진크기 만들기: www.saramin.com

(3) 학력 및 경력사항

- 고등학교부터 기입하며, 졸업연도를 중심으로 작성
- 남자의 경우 병역사항 기입
- 경력은 지원하는 분야와 유사한 경력을 중심으로 기입
- 동아리 활동 및 임원회 활동

(4) 자격·수상 및 특기사항

- 국가 공인 자격증이나 면허증 취득 사항(보육교사, 유치원 2급 정교사. 운전면허 등)
- 사설기관 자격증 취득사항(종이접기지도사 2급, 유아마사지 지도사 2급 등)
- 취득일과 발행기관을 반드시 적어야 한다.
- 상벌사항은 교내외 행사나 대회에서의 수상경력을 기록한다.
- 외국어 관련 인증서나 수상경력
- 봉사활동

지금까지의 내용을 바탕으로 자신의 입사지원서를 작성해보자.

이 력 서

사진 (3 x 4)	성명	한글) 한문)
	생년월일	
	전화번호	
	E-mail	
	주소	

■ 학력사항

학업기간	학교명	학과	학점/만점
20 년 월 일 ~20 년 월 일	고등학교 졸업		
20 년 월 일 ~20 년 월 일	대학교 졸업/재학		
20 년 월 일 ~20 년 월 일	대학원 졸업/재학		

■ 자격 사항

구분	자격 및 등급	취득일	발령청

■ 어학 능력

구분	어학자격명	등급	발급기간

■ 봉사기간

봉사기간	봉사내용	봉사기간	국 가

■ 병역사항

병역	계급	기간	면제사유
1. 필, 2. 미필, 3. 면제			

■ 희망 취업조건

구 분	지원분야	희망연봉
1지망		
2지망		

위 내용은 사실임을 서약합니다.

년 월 일

작성자 (인)

2) 자기소개서 작성하기

이력서가 개인을 개괄적으로 이해할 수 있는 자료라면, 자기소개서는 자기를 알리는 공식적인 문서로 한 개인을 좀 더 심층적으로 이해할 수 있는 자료로 활용된다. 자기소개서를 통해 대인관계, 조직에 대한 적응력, 성격, 인생관 등을 알 수 있으며, 성장배경과 장래성을 가늠해 볼 수 있다.

자기소개서를 작성하기 위해서는 먼저 자신에 대해 알고, 자신의 삶을 돌아보는 것이 중요하다. 다음의 지시문을 중심으로 자신의 돌아보는 여행을 떠나보자.

나를 찾아 떠나는 여행

1. "나"하면 생각하는 단어를 나열해 보자.

예 둘째 딸, 유아교사, 피랑새, 아르바이트, 여행, 빠름, 아이디어, 승부욕, 차가움, 만들기

2. 나에 대해 1분간 글을 써보자.

예 나는 우리가족의 둘째딸로 태어났다. 첫 인상은 차갑다고 하지만 알고보면 그렇지 않은 따뜻한 사람이다. 나의 인생은 여행을 많이 다니는 풍부한 삶이었으면 한다. 그리고 나의 꿈을 유아교사이다. 그것을 이루기 위해 학교생활을 하면서 아르바이트도 열심히 하고, 교내 활동으로 파랑새 동아리도 수업만큼이나 열심히 했다. 3년 동안 많은 과제를 하면서 만들기 실력도 많이 늘고 손도 빨라졌다. 좋은 아이디어를 내기 위해서 고민도 하고, 승부욕도 생겨서 욕심만큼 하려고 노력도 많이 했다. 앞으로의 나는 좋은 유아교사가 되었으면 한다.

3. '나의 인생'을 되돌아 보자.

내 인생의 아리랑 곡선 그리기

· 내가 살아왔던 인생에서 있었던 일을 나이별로 떠올려본다.
· 가운데의 나이선을 기준으로 좋았던 일은 위쪽에, 나빴던 일은 아래쪽에 그린다.
· 더 좋았던 일은 더 위로, 더 나빴던 일일수록 더 아래로 점을 찍어 표시한다.
· 찍은 점에 있었던 일을 간단히 설명하고, 점들을 잇는 곡선을 그린다.

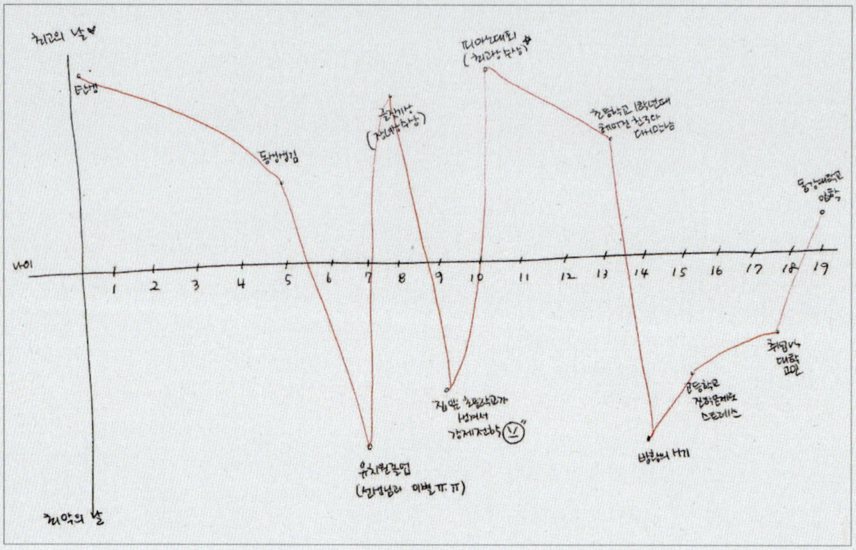

자기소개서를 통해 지원자의 문장 구성력, 논리성뿐만 아니라 자신의 생각을 포현해 내는 능력까지 확인할 수 있다. 또한 자기소개서는 면접의 기초자료로 활용하기 때문에 지원하고자 하는 곳의 이념과 아이템에 따라 자기소개서를 조금씩 수정하는 것이 유리하다. 면접시 답변이 자기소개서와 다르면 신뢰성에 타격을 받는다. 자기소개서에 약점이라고 적은 부분이 있다면 반드시 답변을 준비하도록 하고, 다른 사람의 자기소개서를 베끼거나 적당히 고쳐내는 것은 하지 않도록 한다. 자기소개서는 제목, 성장과정, 자신의 장단점, 성격, 좌우명, 지원동시 및 경력사항, 입사 후 계획 등을 포함하여 특별한 언급이 없을 경우 1~2장 이내가 적절하다.

(1) 성장과정

- 성장과정은 되도록 짧게 적으며, 특별히 남달랐던 부분에 대해서만 언급하는 것이 좋다. 다만, 대학에서의 대내외 활동 등은 지원 분야와 관련지어 상세하게 적는다.

(2) 성격소개 및 생활신조

- 자기 성격의 장점과 단점을 같이 기술한다. 먼저 장점부터 써서 긍정적인 인상을 준 후, 단점을 기술한다. 단점을 기술 한 후에는 이를 극복하기 위해 어떤 노력을 했는지 구체적으로 적고, 이러한 단점이 업무적인 면에서 오히려 장점으로 승화시킬 수 있도록 부각시킨다.
- 지원하는 직종과 관련하여 자신의 성격이나 적성, 소질이 있다면 그 점을 집중적으로 부각한다.
- 생활신조는 평소 자신이 좋아하는 경구를 이용하여 생활과 관련하여 적는다.

(3) 지원동기

- 지원한 곳을 위한 지원 동기를 쓴다.
- 자신의 적성과 비전이 지원 분야와 얼마나 적합한지를 제시한다. 지원하는 곳의 이념, 문화, 성격 등을 미리 조사해 두는 것도 권장한다. 그와 관련된 이전의 경력이 있다면 기술한다.
- 모든 것을 빠짐없이 보여주려고 하기보다는, 지원 분야나 부서에 왜 적합한지를 일목요연하게 기록해야 한다.

(4) 입사 후 계획

- 입사 후 포부를 구체적으로 작성한다. 막연히 필요한 인물이 되겠다가 아닌, 실제로 업무에 대한 목표 성취나 자기 계발을 위한 어떤 계획을 가지고 있는지 가능하면 상세하고 구체적으로 언급한다.

(5) 자기소개서 작성 시 유의사항

- 간결한 문장으로 군더더기가 없도록 쓴다.
  - '저는', '나는' 등 자신을 지칭하는 말, 앞에서 언급했던 부분을 반복하는 불필요한 말들을 사용하지 않는다.
  - 지나친 표현(매사에 단호한, 매우 획기적인, 참으로 탁월한)은 피한다.
  - 애매모호한 표현(어느 정도는, 아마 ~그럴 것 같다, 때로는 그런 생각도 없지 않다)은 피한다.
  - 접속사(그래서, 그리하여, 그러므로, 또한) 등의 접속사가 너무 많이 들어가지 않도록 유의한다.
- 초고를 작성하여 쓴다.
  - 초고를 작성하여 여러 번에 걸쳐 수정·보완해야 한다.
  - 원본을 둔 후, 지원하는 여러 곳 별로 수정을 가해 제출한다.
  - 자필로 쓸 경우, 정자로 작성하여 자신의 성실성을 드러낸다.
- 일관성 있는 표현을 사용한다.
  - "나는 …이다."/ "저는 …습니다." 혼용해서 표현하지 않는다.
  - 호칭, 종결형 어미, 존칭어 등은 일관된 표현으로 쓴다.
- 최소한의 정보를 반드시 기재한다.
  - 자신이 강조하고 싶은 부분을 중점적으로 언급하되,
  - 개인을 이해하는 데 기본요소가 되는 성장과정, 지원 동기는 반드시 기록한다.
- 구체적으로 쓴다.
  - 바르지 못한 예 : 다양한 아르바이트를 통해 경험을 쌓았습니다. (×)
    여행을 통해 많은 경험을 느꼈습니다. (×)

- 진부하거나 당연한 표현은 쓰지 않는다.
  - 문장의 첫머리를 "저는…", "나는…"으로 시작하지 않는다.
  - "저는 1998년 0년 00일에 태어나…" 이중 기록하지 않는다.
  - 바르지 못한 예 : "학생 때는 공부를 열심히 했습니다."
    "군대 시절 군 복무를 충실히 했습니다."
    "성장 과정에서 군 복무를 충실히 했습니다."
    "입사하면 진심으로 열심히 일하겠습니다."
- 인터넷 은어나 이모티콘, 통신언어는 사용하지 않는다.
  - 바르지 못한 예: "~했구여", "~하구", "~있슴다" "……", ^^, ㅋㅋㅋㅋ, ㅜ
- 맞춤법과 띄어쓰기는 국어의 규범을 지켜 쓰도록 한다.

연습문제: 다음의 예문을 읽고 잘된 점과 부족한 점을 찾아내보자.

자 기 소 개 서

성장배경	저는 2003년 8월생으로 2남 1녀 중 둘째입니다. 여름에 태어난 저는 남들보다 활발한 성향을 가지고 있습니다. 그리고 동네에서 이장댁으로 불리는 집안에서 4남매 중 둘째로 자라났습니다. 저희집이 이장댁으로 불리는 이유는 할아버지가 오랫동안 이장직을 맡았기 때문인데, 한동안은 아버지가 이장직을 대물림했습니다. 지금은 아버지도 이장직을 맡고 있지 않지만 우리집은 여전히 이장댁으로 불리고 있습니다. 그 명칭 하나로 저는 어려서부터 우리집이 존경받는다는 것을 알 수 있었고, 때문에 그 명칭에 부끄럽지 않게 되려고 스스로 행실을 가려왔습니다. 학창시절 결석 한 번 하지 않고 반장, 부학생회장 등 임원을 여러 번 맡았는데, 이것은 제 스스로를 다스리려는 노력의 결과였다고 생각합니다.
성격소개 및 생활신조	동정심이 많고 관대한 성격이기 때문에 사람들은 모두 저와 함께 있으면 편안해진다고 말합니다. 저는 다른 사람의 말을 잘 들어주고 특이한 생각이나 행동도 밝은 얼굴로 수용합니다. 그런 성격 때문인지 제가 유아교육과에 진학한다고 했을 때 주위사람들은 다들 당연하게 받아들였습니다. 단점은 엄격하지 못하다는 점인데, 아이들이 바람직하지 못한 행동을 보일 때는 어느 정도 강하게 금지할 필요가 있다고 생각합니다. 이 점은 고쳐나가려 노력 중입니다. 제 생활신조는 "That was me"입니다. 기독교 신앙을 가지고 있는 저는 만나는 사람 모두 예수님일지도 모른다는 생각을 갖고, 매 순간 최선을 다하기 위해 노력하고 있습니다. 그래서 한번 인연을 맺은 사람은 끝까지 관계를 유지해야 한다고 신념을 가지고 살아왔습니다.
지원동기	사람마다 자신에게 맞는 천직이 하나씩 있다는데, 제게는 유치원교사가 천직입니다. 유치원 교사로서의 제 장점이자 특징을 말씀드리자면, 아이들을 관리해야할 대상이라기보다는 이미 개성과 권리를 지닌 인격체로 바라본다는 점입니다. 의지나 교육관 때문에 그런 시각이 생긴 것이 아니라 원래 그런 성격을 타고났기 때문입니다. 실습 때 아이들이 유독 저를 잘 따른다고 원장선생님이 칭찬해 주었는데, 그런 평가를 얻은 것도 이런 성격 때문이라고 생각합니다. 입사한다면 저의 이러한 장점을 십분 발휘하고, 여기에 통찰력을 더해서 아이들이 성장을 도모해갈 수 있도록 최선을 다하겠습니다.

입사 후 포부(계획)	대학시절 마음이 맞는 학과 친구들과 구연동화 동아리를 만들었습니다. 처음에는 그냥 취향이 같은 친구들끼리 모여 취미를 공유한 것이었는데, 대회에 출전해서 입상하자 멤버들이 늘어났고, 학교에서 동아리실까지 배정받게 되었습니다. 제가 구연동화를 시작하면 아이들은 몸을 배배 꼬면서도 화장실을 안 갈 정도로 푹 빠집니다. 지금도 비디오를 보며 더 호응받는 선생님이 되기 위해 구연동화를 연습해나가고 있습니다.

5장

교사 저널

기술은 하나의 도구에 불과하다. 어린아이들의 협동심을 고취하고,
의욕을 불어넣는 데는 교사가 중요하다.
–Bill Gates, 1955~

사고, 즉 반성이라는 것은 우리가 하고자 하는 것과 그 결과로 일어나는 것 간의 관련성을 아는 것이다. 우리가 하는 경험 속에 반성이 개입된 정도에 따라 경험은 대조적인 두 가지로 나뉜다. … 우리의 활동과 그 결과 사이의 세밀한 관련을 알 때, 시행착오적 경험에 내재한 사고가 명백히 표면화되어 나타난다. 표면화된 사고가 양적으로 증가하면 경험의 질이 달라진다. … 우리는 이런 종류의 경험을 반성적(reflective)이라고 한다. … 사고는 우리의 경험 속에 들어 있는 지적 요소를 명백히 하는 것과 같은 의미이다. 사고는 우리로 하여금 목적을 머릿속에 그리며 행위를 할 수 있게 해준다. … 사고에 따른 행위에 반대되는 것은 기계적인 행동과 변덕스러운 행위이다. … 이 두 가지 행위는 모두 현재의 행위에서 나와 장차 미래의 결과가 되는 것에 책임을 지지 않는다. 반성은 그러한 책임감을 받아들인다.

〈Dewey, 1924〉

최근 유아교사 교육에서는 교사의 전문성 신장을 위한 조건 가운데 하나로 반성적 사고를 하는 능력과 교사 개인의 철학이나 교수·학습 방법에 대한 신념을 나타내는 개인화된 이론이 강조되고 있다(석은조, 2006). 교사가 갖는 전문직의 약점은 교수나 교육활동의 결과나 수업 성공이 단기간 내에 직접적으로 보여지지 않는다는 것이다. 그래서 교사들은 고의가 아니게 자신의 마음 속에 그들이 겪은 사건이나 부끄러움을 밖으로 표출하지 않고 암묵적인 상태로 내버려두는 경향이 있다. Polanyi(1962)는 모든 지식은 암묵

적인 차원을 지니며, 이해하는 것은 가능하나 경험만으로는 지식을 이끌 수 없다고 보았다. 여기에서 저널쓰기는 감추어진 '숨겨진' 의미를 읽어내는 것은 교실 행동과 상호작용을 분석하는 데 있어 잠재적으로 매우 유용하다(Moore, 2000). 특히 경험에 대한 합리적인 반성과 검토는 한 사람의 이해를 발전시키는 데 필수적이다. 오늘날 교사가 처한 교육적 상황에서는 수업을 거점으로 하는 수업전문성이 강조된다. 즉 수업에 반영되어 있는 가치와 의미를 반성하고 분석해 낼 수 있는 교사의 이론적 이해가 요청되고 있다(김순희, 2009).

반성적 저널쓰기는 교수활동에 반영된 신념을 드러내어 검토하고 분석할 수 있도록 해주는 여러 가지 방법 중의 하나이다. Yinger와 Clark(1981)은 저널쓰기를 교사의 전문성을 향상시키는 데 적합한 효율적인 학습도구 중의 하나로 보면서, 교사 교육과정에 저널쓰기의 도입은 '교사들 스스로 무엇을 알고 있는지, 무엇을 느끼는지, 무엇을 하는지, 왜 하는지 등'을 알 수 있게 해주기 때문에 교사의 전문성 향상에 중요한 기능을 한다고 보았다. 이와 같은 맥락에서 저널쓰기는 자신이 생각하고 들은 것을 기술하면서, 자신이 가지고 있는 부정적인 느낌을 효율적인 수단으로 전환할 수 있도록 하여 최소한의 비용으로 교사의 반성적 사고능력을 증진시킬 수 있는 효과를 가지고 있다.

저널쓰기에 대한 교육적 의의(서혜성, 2010)

- 저널은 글로 써서 기록을 남기기 때문에 일단 교사의 생각을 언제든지 다시 꺼내어 볼 수 있다는 장점을 갖는다. 다시 말하면 저널은 교사 자신의 생각의 변화과정을 추적할 수 있으며, 이러한 과정에서 반성적 사고가 이루어진다.
- 교사들은 저널을 쓰면서 이론과 실제를 연결해 볼 수 있는 경험을 할 수 있다. 교사들은 저널을 쓰고 분석하면서 자신만의 새로운 의미를 창출하고, 다양한 주제를 자신의 개인적인 관심에 맞게 개별화하는 효과를 얻을 수 있다.
- 저널을 쓰다보면 전에는 아무런 의심 없이 그대로 받아들였던 이론이나 논문들을 비판적 관점에서 보는 능력을 기를 수 있다.
- 교사들은 다른 조직에 비해서 동료 간의 상호작용이 이루어지기 어려운 특징을 가지고 있는데, 대화를 나누기 위한 목적으로 활용되는 저널은 이러한 상호작용이 용

이하게 일어날 수 있도록 해준다.

반성적 저널쓰기는 유아교사들이 자신의 실천행위에 대해 개인적인 관심을 가지고 기록하는 다양한 형태의 글쓰기이다. 저널쓰기는 자신의 개인적인 생각을 적는다는 점에서 일기와 비슷하지만, 일기가 전적으로 개인의 사생활에 관련된 것이라면 저널은 개인적인 차원이 아닌 전문성을 지닌 교사로의 의견을 기록하는 것이다. 저널은 교사가 자신의 교수·학습활동을 분석하고 미래에 발생할 문제들에 대한 해결책을 고안하며 자신과 대화를 나누는 수단이다(박은혜, 1999). 또한 저널쓰기는 일반적으로 일기형식으로 쓰기는 하지만 전문가적인 차원의 내용이 들어있어야 한다.

반성적 저널쓰기에 대하여 Stover(1986)는 학습한 내용이나 실천적 행위에서 얻어진 지식을 여러 가지 다양한 맥락 속에서 연습해 보게 하고, 갈등 상황을 인식하고 그에 대한 잠정적인 해결책을 찾아보게 하며, 지식을 구성하게 하고, 발산적 사고와 수렴적 사고를 하도록 격려한다고 하였다. 반성적 저널쓰기는 목적을 가진 글쓰기의 일종으로 문제를 해결하고 개인적인 의미를 공유할 수 있는 담론의 한 형태로 모든 참여자가 의사소통의 과정에서 의미를 구성하며 공유된 지식을 소유하게 된다(Roderick, 1986).

반성적 저널쓰기는 교사들에게 학급과 학교에서 일어나는 실천행위를 고찰하고 분석하고 평가할 수 있는 기회를 제공해주며, 이를 토대로 교사로의 자율적인 의사결정자가 되도록 도와준다. 또한 반성적 저널쓰기는 교사들에게 교사로의 역할을 수행하는 의도 및 목적, 역할수행 과정, 역할수행의 결과에 대해서 생각하고 반성하게 한다. 반성적 저널쓰기는 자신의 생각에 기초하여 기록하는 것이므로 교사자신의 주관을 가지고 검토하고 비판적으로 받아들이게 한다. 이러한 과정에서 교사는 자신의 교육계획, 역할수행 과정, 결과 등을 보다 객관적으로 분석하고 평가할 수 있는 것이다. 저널쓰기는 교사의 자기효능감[10], 자기조절학습[11], 자아존중감[12], 교사효능감[13]을 촉진시킬 수 있다.

---

10) 어떤 결과를 얻고자 하는 행동의 과정을 성공적으로 조직하고, 수행해 낼 수 있는 개인의 능력에 대한 신념

11) 학습자가 학습할 때 상위인지적, 동기적, 행동적으로 자신의 학습에 적극 참여하는 것을 의미하며, 자기 조절은 학업성취를 촉진한다.

12) 자신이 사랑받을 만한 가치가 있는 소중한 존재이고 어떤 성과를 이루어 낼만한 유능한 사람이라고 믿는 마음

13) 교사가 자신이나 자신의 교수행동에 대해 갖는 신념(교수행동에 영향을 미침)

저널쓰기란 개인으로 하여금 무엇을 느끼는지, 무엇을 알고 있는지, 무엇을 하고 있는지, 그리고 왜 하는지의 이유 등에 대한 생각을 정리할 기회를 준다. 이러한 저널쓰기는 자신의 개인적인 생각을 적는다는 점에서는 일기쓰기와 비슷하지만 글의 내용이 개인적인 차원이 아니라 전문가로서 교육자의 의견을 기록한다는 점에서 차이가 있다. 특히 저널쓰기는 학자들이 수행한 연구나 이론들을 수동적으로 그대로 받아들이는 것이 아니라 자신의 관점과 소리를 부여하는 경험을 갖도록 해줌으로써 학생에게 학습에 대한 책임을 부여하고, 반성적 사고과정에 적극적으로 참여하도록 유도한다. 뿐만 아니라 저널을 통해 다른 사람들과 대화를 함으로써 같은 주제를 놓고 서로 다른 각도에서 해석할 수 있다는 다양한 관점을 경험할 수 있다. 반성적 저널쓰기의 방법에는 반구조적인 방법과 구조적인 방법의 두 가지가 있는데, 이들 방법은 함께 이루어지기도 한다.

1. 저널쓰기의 방법

저널쓰기는 반구조적 방법과 구조적 방법으로 구분된다. 반구조적 방법이란 특별한 주제나 형식 없이 자연스럽게 저널을 쓰는 것이고, 구조적인 방법이란 저널쓰기의 단계를 지정해주는 것이다(Reiman & Theis-Sprinthall, 1998). 반구조적인 저널쓰기는 개념수준이 높은 사람에게 적절하며, 구조적인 저널쓰기에는 경험기술이나 경험에 대한 의미와 분석, 취해야 할 행동과 행동에 대한 결과를 쓰도록 제안을 줄 수 있다.

1) 구조적 방법의 반성적 저널쓰기 방법

반성적 저널의 구조는 주된 인물, 해결해야 할 문제나 갈등, 문제의 해결과 관련된 사건 등을 기본 구조로 하여 작성한다. 저널 작성의 어려움이 있는 경우, 아래 학자들의 저널쓰기 방법을 추천한다. 중요한 것은 저널쓰기를 통해 반성적 사고의 변화를 이루기 위해서는 꾸준하게 작성하는 노력을 해야 한다.

(1) Surbeck과 동료들(1991)

- 반응의 단계: 교사가 자신의 문제로 삼은 상황에 대한 기술이나 반응을 기록하며, 이때 교실의 상황, 동료, 환경, 교수자, 활용 등에 대한 자신의 긍정적 느낌과 부정적 느낌의 이유를 기록한다.
- 확장의 단계: 앞에서 보였던 반응에 대해 감정 설명하기, 자신의 의견 정당화하기, 예를 제시하기, 유사상황과 비교하기, 혹은 이론적으로 설명하기 등과 같은 과정을 통해서 자신의 반응에 대한 원인을 찾거나 반응을 확대시킨다. 확장의 단계에서는 구체적 확장, 비교적 확장, 일반화 확장의 내용으로 나누어 기록한다.
- 결과에 대한 고려의 단계: 문제를 제기하고 그 원인을 다양한 각도에서 찾아본 후 자신이 그 상황에 처하거나 같은 일이 반복된다면 어떻게 하겠는가를 개인적 측면과 전문가적인 측면, 사회/윤리적 측면에서 생각해 보는 것이다.

(2) Clark(1994)

- 먼저 경험한 내용에 특별한 의미를 부여하거나 해석하지 않고 그대로 기록한다.
- 관찰한 내용이나 경험한 내용의 의미를 찾는다.
- 관찰하고 경험한 내용을 저널에 기록하는 전 과정을 통하여 학습한 내용을 기록한다.

(3) 박은혜(1999)

- 이 시간을 포함하여 지금까지 유아교육에 대하여 배운 것 중에서 가장 중요하다고

생각하는 것

- 이 수업시간에 얻은 경험이나 지식으로 인해 바뀌거나 도전 받게 된 생각들
- 이 수업시간이나 외부의 다른 경험으로 인해 더욱 강화된 유아교육에 대한 관점
- 유아교육에 대하여 가장 이해하기 어려운 개념이나 관점
- 전문 직업인으로서의 유아교사에 대한 자신의 견해
- 학습자로서의 유아에 대한 자신의 견해

2) 반성적 저널에 대한 피드백

반성적 저널쓰기가 효과적으로 이루어지기 위해서는 동료교사의 피드백이 매우 중요하다. 이 피드백을 통해서 저널에 담긴 생각들을 지지하고, 질문하며, 감정이나 생각을 확장해주는 역할을 해야 한다. 이때 가장 우선시 되어야 할 것은 피드백을 할 때 가장 비형식적으로 자신의 사적인 감정을 그대로 드러내어도 받아줄 수 있는 신뢰감 있는 상대라는 느낌을 받을 수 있도록 해야 한다(석은조, 2006).

저널 내용의 유형과 피드백 내용

저널내용	피드백	
	유형	내용
자신이나 다른 사람의 감정을 나타낸다.	감정 수용	감정을 수용하고 감정을 이입한다.
새로운 교수전략의 사용에 대해서 걱정 또는 확신을 나타낸다.	칭찬 및 격려	격려하고 칭찬한다.
교수학습 방법에 대해서 고민 또는 반성한다.	연구 촉진	확산적 사고가 가능한 질문을 제공한다.
발생된 문제해결의 어려움을 나타낸다.	정보 제공	문제해결을 위한 정보를 제공한다.
문제에 대해서 책임을 수용 또는 회피한다.	문제 수용	책임을 수용하는 경우 감정적 지원을 제공한다. 책임을 수용하지 못하는 경우 '나-메세지'를 보낸다.

저널에 대한 피드백

저널에 대한 피드백의 본질은 지원과 자극의 적절한 조화이다. 즉 저널에 대한 반응은 저널을 쓰는 사람의 현재수준에서 시작하여 점진적으로 그 수준을 넘어서도록 반응해 주는 것이다. 동료와의 교환에서 얻어지는 것은 피아제가 이야기하는 또래와의 상호작용에서 얻어지는 인지적인 갈등이다. 결과적으로 저널쓰기에 대한 동료교사의 피드백은 하나의 문제를 다양한 시각에서 바라볼 수 있는 능력을 길러주며 반성적 사고를 할 수 있는 기회를 제공해 줄 수 있다. 또한 동료피드백은 학습자들이 짝이나 그룹을 지어 서로 정보를 교환하고 서로에게 도움을 주면서 학습할 수 있다는 사회적 상호작용을 강조한 Vygotsky(1978)의 사회구성주의 이론에 바탕을 둔다. 동료피드백은 학습자가 자신의 글을 읽는 실질적인 독자의 존재를 확인하여 자신이 쓴 글에 대한 독자의 반응을 예측하고 독자가 속해 있는 사회적 맥락을 분석할 수 있어 더욱 효과적이다. 또한 동료피드백을 하게 되는 그룹 내의 구성원 간의 상호작용을 통해 학습자들은 동료 학습자와 함께 사고하고 말하고 배울 수 있는 환경을 제공받을 수 있다(Reid, 1993).

동료피드백 저널쓰기의 예

저널쓰기

오늘은 논리논술 마지막 강의였다. 오늘 수업은 현장에서 꼭 필요한 문서작성 및 면담과 관련된 내용이었는데, 현장에서 꼭 필요한 내용이라서 좋았다. 가정통신문에 들어갈 내용이라든지 학부모 면담 시 해서는 안 될 말들에 대해서 보았는데, 오늘 수업을 듣지 않았다면 현장에서 학부모 면담 시 실수를 할 수 도 있겠다는 생각이 들었다. 그리고 교사가 전문적인 지식을 많이 알고 있어야 면담 시 좋겠다는 생각이 들었고, 취업 전에 책도 많이 읽고 해야겠다! 논리논술시간에 배웠던 띄어쓰기와 맞춤법에 대해서 한 번 더 복습해서 안내문 작성 때 활용해야겠다.

동료피드백

저도 오늘 수업이 제게 많은 도움이 될 것 같아요. 현장에서 부모를 만난다는 게 많이 두려웠거든요(감정수용). 선생님도 이제 곧 취업준비를 하실 텐데 오늘 수업을 잊지 마시고 학부모에게 유익한 정보를 잘 전달해 주신다면 좋을 것 같습니다. 선생님이 되기 위해서는 많은 지식과 정보가 있어야 하는데 꼭 책을 많이 읽고 컴퓨터 활용능력도 배워보는 것도 좋을 것 같습니다(정보제공/연구촉진). 이번학기 수고하셨습니다. 선생님 파이팅!(격려)

2. 저널쓰기의 수준평가

저널의 분석기준이 되는 반성적 사고수준의 평가는 Galvez-Martin, Bowman과 Morrison(1998)이 개발하였다. 교사의 반성적 사고수준을 평가하기 위해 교사의 반성적 저널을 개념단위로 분석하였다. 반성적 사고수준은 0수준에서 7수준까지 나누어져 있으며, 0수준에서 2수준은 낮은 반성적 사고수준으로, 3수준에서 5수준은 중간 정도의 반성적 수준으로, 그리고 6수준에서 7수준은 높은 반성적 사고수준으로 구분된다. 반성적 사고수준과 각 예는 다음과 같다(서혜성, 2011).

수준	반성적 사고능력의 수준
0	· 교육학적 개념이나 기술에 대해 전혀 언급하지 않음 · 단지 자신과 느낌에 근거해서 언급 예 아이들이 그림을 그리는 모습을 보니 세밀하게 표현하는 아이들이 있는 반면 추상적인 그림만을 그리는 유아도 있었다.
1	· 교수수행이나 그 뒤에 숨겨진 이론을 분석하지 않고, 기술적인 방식으로 교수적/비교수적 사건을 일반적으로 설명 예 이야기나누기 시간에 그림 자료를 제시하였는데 크기도 작고 아이들이 집중하지 못하고 지루해했다.
2	· 교수수행이나 그 뒤에 숨겨진 이론을 분석하지 않고, 기술적인 방식으로 교수적/비교수적 사건을 평범하게 묘사 예 노래를 듣고 동작으로 표현해 보는 시간이었는데 유아들의 의견을 들어주기는 하지만 가끔씩은 교사가 준비한대로 진행해 버리는 경우가 있다.
3	· 교사 행동의 일면에만 초점을 두고 관련에 도달 예 '달려라 돈가스' 게임을 하는데 승패를 가리지 않기 위해 애썼다. 또한 진 팀의 경우에도 약속을 잘 지킨 스티커를 주기로 하였다. 활동을 마친 후에는 게임에 대해 평가를 하고 노력한 두 팀 모두에게 칭찬박수를 주고 마무리했다.
4	· 유아들과 학습결과에 미친 영향과 유아의 행위를 어떻게 설명하는지를 유아들의 관점-한가지로 교수행위를 평가 예 실외활동을 나가기 전에 미리 먼저 돌아보고 위험요소나 아이들이 충분히 관찰할 수 있는 공간인지 살피지 않고 계획 없이 수업을 진행했다는 생각이 들었다.

수준	반성적 사고능력의 수준
5	· 교수적/비교수적 시간에 교사의 관점으로 교수행위를 상세히 분석하기 · 효율적인 교수와 비효율적인 교수를 구별 · 교사가 아주 특별한 방식으로 바람직하지 않은 행동을 어떻게 다루고 유사한 상황에 어떻게 적용하는지를 분석 예 급식시간에 이렇게 아이들에게 김치를 억지로 먹이는 것이 과연 올바른 지도방법인지에 대한 의문이 든다. 다음에는 올바른 식습관 지도를 위해 아이들과 김치와 관련된 같은 요리활동을 해봄으로써 김치에 대한 선입관을 없앨 수 있도록 지도하여, 김치를 먹어야 이유를 잘 이해하도록 하는 활동방안을 생각해 보아야 겠다.
6	· 교수활동이 목표와 유아들의 특성에 근거한 것이고, 다양한 교수전략은 유아들의 학습 스타일에 맞추어 사용된다는 것을 인식 · 유아들의 발달과 교수행위와 교수/유아들의 특성과 가르치는 스타일과 관련된 관계를 분석 예 과학시간에 올챙이를 관찰하는데 아이들이 보기만 하고 지나갔다. 다음에는 아이들이 조금 더 지속적으로 관찰할 수 있게 잘 보이는 곳에 배치하고 관찰 기록지를 기록할 수 있도록 준비해 둠으로써 아이들의 관찰력을 길러주고 주변 환경에 좀 더 많이 관심을 가지도록 해야겠다는 생각이 들었다.
7	· 복합적 관점으로 교수적/비교수적 사건을 평가. · 학습의 특수한 상황과 맥락의 영향을 인식 · '만일– 그때– 왜냐하면' 을 활용하여 향상과 더 나아가 수행을 위해 제안/제시 예 최근에는 보이는 결과물로만 어린이집 생활과 아이의 발달수준을 판단해버리는 부모님들이 많아 걱정이다. 과연 내가 이전에 생각했던 목표대로 수업이 진행되고 있는지 부모님들은 잘 이해하고 있는지 고민이 많이 된다. 우선은 유아의 특징과 발달수준, 그리고 유아에게 필요한 교육내용이 무엇인지 부모님이 알게 하는 것이 가장 중요한 것 같다.

다음의 저널을 읽고 반성적 사고 수준을 분석해 보도록 하자.

#1. 교사저널

자신의 이름을 쓸 때 "저 이름 못써요" 하며 교사의 도움을 구하는 유아도 있었으나 "못써도 좋으니 할 수 있는 데까지 해보자"고 하자 자신의 이름을 완성하는 유아가 3명이 있었다. 다른 유아들도 이름을 제대로 쓰지는 못했지만 도형의 조합으로 표현해 보고 "다 썼어요."라며 교사에게 보여주는 유아도 있었다.

#2. 교사저널

수업을 계획하고 진행하면서 만 5세 유아들이 부모들의 요구 수준에 못 미치면 답답하여 왜 따라오지 못할까 고민하였다. 그러나 부모의 요구 수준보다는 유아의 입장에서 생각하고 책을 통해 유아와 토론하며 귀를 기울이다보니 수업에 대한 유아들의 흥미가 달라지는 것을 보게 되었다. 즉 유아의 입장에서 유아가 생각한 것을 따라가 주었을 때 상당한 효과가 있음을 경험하게 되었다. 따라서 교사 주도이기보다는 다른 활동에서도 유아들의 생각이 확장되는 한 박자 기다려주는 수업을 해야겠다고 마음먹었다.

#3. 교사저널

도깨비의 없어진 얼굴을 꾸미고, 팀 활동을 하고, 연상 단어 쓰기 활동에 유아들이 즐겁게 참여하였다. 이를 보면서 목적 있는 쓰기 활동이 효과적임을 다시 한 번 깨달았다. 즉 교사가 수업자료를 단계적으로 준비하고 제공하였을 뿐만 아니라 유아들이 자연스럽게 쓰기 활동에 참여하도록 함으로써 글자에 관심을 갖도록 하는 효과적인 수업이 전개되어 뿌듯함을 느꼈다.

6장

딜레마 상황과 교사 토론

만나는 사람마다 교육의 기회로 삼는다.
–Lincoln, 1861~1865

최근 교육정책의 핵심적 역할로 교사의 전문성 신장에 대한 논의가 활발하다. 교사 전문성에 대한 논의는 1960년대 이후 기술적 수행능력에서 1980년대 슐만의 교수내용 지식 그리고 쇤의 교사의 반성 실천적 지식으로 지금까지 이어져 왔다. 교사의 전문성은 다른 직업에서의 전문성과는 다른 의미를 내포한다. 전문성이란 아무나 할 수 없는 모종의 역할 수행 영역과 그에 수반하는 역할 수행 능력이라는 의미로 어떤 목적을 달성하기 위해 갖추어야 할 기능과 기술을 의미한다. 여기에서 교사 전문성은 수단, 목적의 관계 입력, 산출의 평가, 기능적 의미를 넘어서 교사의 '실천과 반성', '과정과 변화', '실제적 의미'로 이해할 필요가 있다.

1. 유아교사와 딜레마

유아교사는 교육 상황에서 중요한 결정을 내려야 하는 수많은 상황에 직면한다. 다수의 유아들을 가르치는 교사는 하루에 약 1,500건의 상호작용을 할 뿐만 아니라 한 시간에 평균 10여 가지의 중요한 결정을 내리고(Berliner, 1985), 2분에 한 가지씩 유아들을 가르치는 데 필요한 결정을 내려야 한다(Clark & Peterson, 1986). 이와 같이 교육현장에서 매일 수많은 교육적 판단을 통해 의사결정을 해야 하는 유아교사의 의사결정 사항들은 본질적으로 모두 도덕적이고 윤리적이어야 한다는 중압감에 시달릴 수밖에 없다. 더불어 교사와 부모, 그리고 사회 사이에서 존재하는 교육관, 가치관, 태도나 인식의 차이들은 교사로 하여금 새롭고 다양한 갈등에 직면하게 만든다. 사람을 가르치는 일은 한 사람의 삶의 비전을 세우는 것을 돕고 스스로 마음을 지원하는 일 또한 포함하기 때문에 교사는 항상 어떤 것이 옳은 것인지 숙고하며 자신의 교수 행위가 과연 가치를 포함하고 있는지, 교사들에게 어떤 교육적 의미를 부여하고 있는지 반성할 필요가 있다(조형숙, 2007).

이러한 고민들 속에서 내려야 하는 의사결정의 사고 과정에서 효과적인 결정을 내리지 못하는 것이 바로 '딜레마'이다. 딜레마는 달려오는 황소의 오른쪽 뿔을 피하면 왼쪽에 찔리고, 왼쪽을 피하면 오른쪽 뿔에 찔리는 상황에서의 선택을 표현하는 데서 나온 용어이다. 딜레마의 어원은 그리스어의 'dilemmatos', 즉 'two'의 의미를 가진 'di'와 제의, 논제(論題), 명제를 의미하는 'lemmatos'에서 'lemma'가 합쳐진 합성어이다(Webster's New World dictionary, 1987). 딜레마는 만족스럽지 않은 양자 혹은 그 이상 가운데에서 한 가지를 선택해야 하는 상황을 의미하는데, 논리학에서 딜레마는 '양도논법(兩刀論法)'이라는 삼단논법의 특수한 형태로 사용되고 있고, 표준국어대사전에는 '딜레마'를 '궁지'라는 우리말로 순화하길 권하고 있다. 궁지는 '매우 곤란하고 어려운 일을 당한 처지'라는 뜻으로 딜레마에 내포되어 있는 만족스럽지 않은 양자, 혹은 그 이상 가운데에서 한 가지를 선택해야하는 상황이라고 할 수 있다.

결국 딜레마는 윤리적 가치의 상충, 윤리와 의무의 상충, 불확실성과 밀접하게 관련되어 발생하며 개인과 개인, 개인과 기관과의 윤리적 의견의 불일치, 제도적이거나 정책의 제약과 관련된 윤리원칙과 역할수행에 따른 책임감의 공존, 불확실한 상황 등에 있어 전문적 능력의 한계를 불러일으키게 된다. 유아교육현장에서 유아교사는 교육의 목적, 교수과정, 유아·학부모들 간의 관계, 동료·기관, 자기 관리 등의 의사결정 과정에서 의무와 책임에 대한 구체적인 실천을 요구받게 된다. 이러한 측면에서 유아교사의 교직 윤리에 기반을 둔 의사결정 능력은 교육의 질을 담보할 수도 있다는 데 그 중요성이 있으며, 유아에게 종합적인 학습 환경을 조성해주고, 교사의 생각이나 행동 등이 절대적인 영향을 미치는 유아의 발달적 특성은 교사의 자질 및 역할에 의존하는 비율이 높으므로 유아교사는 지적, 기능적, 도덕적인 자질을 갖춘 전문성이 필요하다(조부경, 1997).

여기에서 유아교사에게 처해지는 딜레마는 '윤리적 딜레마'이다. 윤리적 딜레마 상황은 두 가지의 선택해야 할 문제에 대해 양자택일해야 하지만 양자 모두를 선택할 수 없는 상황으로 개인에게 곤경, 상실이나 무력감을 발생시킨다는 상황을 뜻한다(Walker & Avant, 1988). 윤리는 사회적 인식의 한 형태로 인간이 마땅히 따라야 할 행위 규범으로 인간이 다른 사람과 더불어 사는 가운데 인간관계, 사회관계 속에서 지켜야 할 것으로 기대되는 사회적 규범이다. 이러한 맥락에서 교직윤리란 교직자가 그 직무수행과 관련하여 스스로 지켜야 할 것을 기대되는 사회적 규범이다. 특히 교사가 직결하게 되는 윤리를 '교직 윤리'라고 하는데, 교직 윤리는 교사가 자신의 직무수행과 관련하여 스스로에게, 또는 관련된 다른 사람들에 대하여 지켜야 할 것으로 기대되는 사회적 규범을 의미한다. 교직 윤리는 교직사회라는 특정 사회의 윤리이자 교직 사회의 구성원인 교사들에 의하여 지켜져야 할 것으로 기대되는 사회 규범, 행동 준칙이다(임승렬, 2002). 교직은 전문직이기 때문에 교사에게 교직을 수행하는 데 있어 높은 윤리의식과 사회적 책무감이 요구된다. 그 이유는 교육활동은 수많은 도덕적 의사결정을 포함하고, 교사들은 매일 오랜 시간을 유아들과 보내며 도덕적 의사결정을 해야 할 상황에 자주 마주하는 도덕 교육의 중심부에서 있기 때문이다. 특히 유아교사의 교육활동에 있어 윤리의 중요성은 다른 교직에 비해서도 더욱 중요한데, 이는 유아교사가 교육의 현장에서 함께 하는 유아들이 사회적으로 연약한 존재이기 때문이다. 또한 유아교사는 부모와 지역사회의 연계에서 가치판단의 문제가 생길 수 있는데, 예를 들면 부모가 모두 맞벌이인 가정의 경우 부모는 자녀가 집에 와서 저녁을 먹은 후 일찍 잠자리에 들어갈 수 있도록 기관에서 점심을 먹은 후 낮잠을 자지 않도록 요구하는데, 유아교사는 유아의 건강한 성장발달과 교사의 업무처리를 위해 낮잠시간이 필요하다고 본다면 부모와 유아교사 사이에는 이 문제에 대한 적절한 기준이 필요하다. 이때 유아교사가 가장 우선적으로 고려해야 할 사항이 무엇인지에 대한 기준이나 지침이 되는 것이 바로 윤리 의식이다.

이러한 흐름에 따라 우리나라에서는 2010년 한국보육시설연합회가 주축이 되어 육아정책연구소와 함께 어린이집 원장 및 교사 윤리강령 개발 연구(김은설, 박수연, 2010)를 통해 윤리강령과 윤리선언을 개발하였다. 또한 2010년 12월, 교육과학기술부가 유아교육선진화 기반조성사업의 하나로 유치원 교사 헌장 및 윤리강령을 제정 공포하였다.

나는 영유아의 건강한 성장과 발달을 지원하는 보육교사(어린이집 원장)로서, 직무상의 윤리적 책임을 다하여 다음 사항들을 지킬 것을 다짐합니다.

1. 나는 내가 영유아에게 지대한 영향을 미치는 존재임을 잊지 않으며, 항상 스스로의 말과 행동에 신중을 기한다.
1. 나는 영유아의 인격과 권리를 존중하며, 어떠한 경우에도 영유아에게 해가 되는 일을 하지 않는다.
1. 나는 영유아 가정의 다양성을 이해하고 존중하며, 상호 신뢰하는 동반자적 관계를 유지한다.
1. 나는 동료를 존중하고 지지하며, 서로 협력하여 최상의 보육서비스를 제공하기 위해 노력한다.
1. 나는 보육의 사회적 책임과 역할을 인식하고, 영유아의 권익과 복지를 위한 활동에 앞장선다.
1. 나는 「어린이집 원장·교사 윤리강령」을 직무수행의 도덕적 규준으로 삼아 진심을 다하여 충실히 이행한다.

제I장. 영유아에 대한 윤리

1. 영유아에게 고른 영양과 충분한 휴식을 제공하여, 몸과 마음이 건강한 사람으로 자라도록 돕는다.
2. 성별, 지역, 종교, 인종, 장애 등 어떤 이유에서도 영유아를 차별하지 않고, 공평한 기회를 제공한다.
3. 영유아는 다치기 쉬운 존재임을 인식하여 항상 안전하게 보호한다.
4. 영유아에 대한 정서적, 언어적, 신체적 학대를 행하지 않는다.
5. 어린이집 내외에서의 영유아 학대나 방임을 민감하게 관찰하며, 필요한 경우 관련 기관("아동보호전문기관" 등)에 보고하고 조치를 취한다.
6. 영유아의 인격을 존중하고, 개인의 잠재력과 개성을 인정한다.
7. 개별적 상호작용 속에서 영유아의 요구를 수용하기위해 노력한다.
8. 영유아의 사회·정서·인지·신체 발달을 통합적으로 지원하는 보육프로그램을 실시한다.
9. 특별한 도움을 필요로 하는 경우, 전문가와 협력하여 영유아의 입장에서 최선의 대안을찾는다.
10. 보육활동을 계획, 실행, 평가하는 모든 과정에 영유아의 흥미와 의사를 반영한다.
11. 영유아의 개인적 기록과 정보에 대해 비밀을 보장한다.

제II장. 가정에 대한 윤리

1. 상호 신뢰를 바탕으로 영유아의 가정과 동반자적인 관계를 유지한다.
2. 각 가정의 양육가치와 의사결정을 존중한다.
3. 경제적 수준, 가족형태, 지역, 문화, 관습, 종교, 언어 등 어떤 것에 의해서도 영유아의 가정을 차별대우하지 않는다.
4. 보육활동 및 발달 상황에 관한 정보를 정확하게 제공하여 영유아에 대한 가정의 이해를 돕는다. 다

4. 보육활동 및 발달 상황에 관한 정보를 정확하게 제공하여 영유아에 대한 가정의 이해를 돕는다. 다문화, 심신장애 등으로 의사소통에 도움이 필요한 경우 문제를 해결할 최선의 방법을 도모한다.
5. 어린이집 운영 전반에 관한 정보를 공개하여 영유아 가정의 알 권리에 응한다.
6. 보육프로그램과 주요 의사결정에 영유아의 가정이 참여하도록 안내한다.
7. 필요한 사회적 지원, 전문서비스 등 관련 정보를 제공하여 영유아 가정의 복리 증진을 돕는다.
8. 영유아 가정의 사생활을 보호하고 익명성을 보장한다.

제Ⅲ장. 동료에 대한 윤리

1. 존중과 신뢰를 바탕으로 협력하며, 서로의 전문성과 자율성을 인정한다.
2. 상호간 역량계발과 복지증진에 부합하는 근무환경이 되도록 힘쓴다.
3. 어린이집 원장 및 동료와 영유아 보육에 대한 신념을 공유한다.
4. 보육교사로서의 전문성 향상을 위해 스스로 노력한다.
5. 어린이집 내에서 영유아 및 보육교사의 인권과 복지를 위협하는 비윤리적 사태가 발생한 경우, 법률규정이나 윤리기준("한국보육시설연합회 윤리강령위원회" 참조)에 따라 조치를 취한다.

제Ⅳ장. 사회에 대한 윤리

1. 공보육에 대한 책임을 인식하고, 항상 질 좋은 보육서비스를 제공한다.
2. 영유아의 안전을 위협하는 환경이나 정책이 발견될 시, 관계기관과 협의하여 개선한다.
3. 공적 책임이 있는 어린이집으로서 재정의 투명성을 유지하고, 부정한 방법으로 사적 이익을 취하지 않는다.
4. 영유아의 권익보호를 위해 관련 정책 결정 및 법률 제정에 적극 참여하며, 사회적으로 이를 널리 알리는 데 앞장선다.
5. 지역사회 실정에 맞는 어린이집의 책임과 역할을 인지하고, 실천하고자 노력한다.

윤리강령은 실제 교사가 딜레마 상황에 부딪쳤을 때 그 문제를 해결하는데 도움을 주기 때문에 이를 숙지해둘 필요가 있다. 윤리강령을 실제생활에 적용하기 위해서는 첫째, 그 상황과 관련된 이슈를 분석하고 둘째, 윤리강령에 포함된 원리를 찾아 그 가운에 문제해결의 지침을 세운 후 셋째, 그 원리들을 적용하여 초기 문제해결을 시도하여 넷째, 결과를 평가하여 반성한다.

유아기는 시기의 특성상 교사의 영향을 크게 받기 때문에, 유아교사는 그 어느 시기의 교사보다도 중요하고 또한 그만큼의 책임이 부여된다. 따라서 유아교사는 유아발달과 학습에 대한 특정지식도 잘 알고 있어야 하며, 의사결정 및 판단과 같이 많은 역할을 수행하기 위해 지식, 희생, 봉사, 엄격한 직업윤리 등이 요구되므로(조형숙, 박은주, 2009), 다른 직업에 비해서 더 다양한 상황에서 윤리적 딜레마를 경험하게 된다. 유아교사들은 교육상황에서 무수히 많은 갈등 상황에 놓이게 되며, 이러한 다양한 갈등상황 속에서 내린 교사의 선택은 유아들에게 매우 중요한 영향을 미치게 된다.

같은 사례가 발생했을 때 낮은 수준의 가치판단을 하는 교사라면 자기중심적인 성향을 지님으로써 다른 사람이나 유아에게 올바른 판단을 내리지 못해 피해를 주게 되는 반면, 좀 더 높은 수준의 가치판단을 하는 교사라면 좀 더 합리적이고 보편타당한 결정을 할 수 있다. 따라서 유아교사가 딜레마 상황에서 자신의 교육신념과 가치에 의해 의사결정과 교수실천을 한다면, 이러한 경험을 바탕으로 실천적 지식을 발달시킬 뿐 아니라 자신의 교직윤리를 형성해 나갈 수 있을 것이다.

2. 딜레마 상황과 토론 활동

딜레마 토론은 인지 발달론적 접근에서 도덕 판단력 증진을 위한 방안으로 주로 활용하고 있는 교육방법이다. 딜레마 토론은 도덕적 추론에 대한 인지적 갈등상황(도덕적 딜레마)에 직면하여 각자 다른 도덕적 관점을 인지하고, 서로 논쟁하고 토론하게 함으로써 도덕성의 발달을 촉진하는 방법이다. 이러한 토론을 통해 자신의 입장과는 다른 여러 가지 관점을 접함으로써 인지적 불균형을 경험한다. 이러한 불균형의 극복을 위해 주어진 도덕적 사안에 대한 설명방법을 찾게 되며, 그 과정을 통해 보다 높은 단계의 도덕적 판단을 할 수 있게 된다.

딜레마 토론은 궁극적으로는 현재 사고 수준을 문제 상황에 적용할 수 있도록 돕고, 현재의 사고 수준보다 상위의 수준에 접할 수 있도록 도우며, 사고할 때 생기는 비일관성에 직면할 수 있도록 돕는다(문용린, 1988). Volkmann과 Anderson(1998)은 딜레마를 경험한 당사자가 딜레마의 원인을 분석하고 해소하는 과정에 직접 참여하여야 딜레마에 대한 실천적인 차원에서의 논의가 이루어질 수 있다고 보았다. 따라서 유아교사들에게 수집한 딜레마 사례와 논평이 유사한 딜레마를 겪을 수 있는 다른 교사들에게 수업 반성의 기회를 제공할 수 있다. 딜레마 사례가 공감을 얻기 위해서는 딜레마를 경험한 당사자의 고민과 갈등이 분명하게 전달되어야 하며, 다음과 같이 구성되어야 한다.(Galbrain & Jone, 1976).

가장 이상적인 딜레마 토론의 형태는 주제에 대한 토론에 모든 사람이 참가할 수 있는 소그룹 학습으로 다수의 튜터(tutor)의 교육자원을 필요로 한다. 각각의 딜레마는 등장인물이 그러한 상황에서 "어떻게 해야 할 것인가?"라는 질문으로 끝난다는 것을 기억하도록 한다. 딜레마토론은 다음과 같은 단계를 거친다.

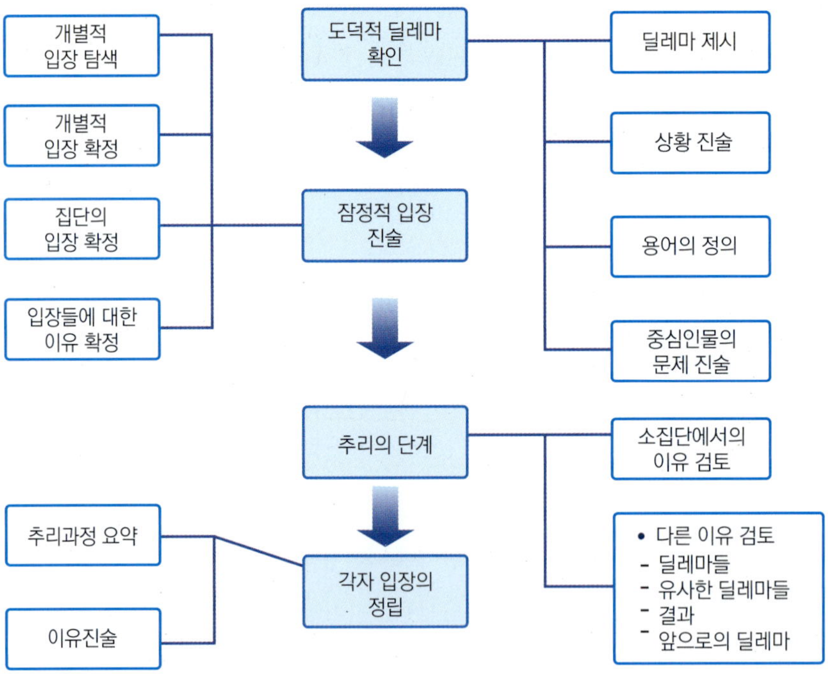

딜레마 토론 진행하기(Galbrain & Jone, 1976, p67)

1) 도덕적 딜레마 확인

딜레마 상황은 삶이나 시사 문제에 초점을 두어 교사에게 도덕적 딜레마에 직면할 수 있는 기회를 제공하는 주제로 이루어져야 한다. 딜레마 토론 지도자는 딜레마를 제시하여 필요한 용어는 정의해주고, 교사로 하여금 그 상황을 진술하도록 하여 중심인물이 직면하고 있는 문제를 확실히 이해하도록 만든다.

딜레마 이야기 제시방법은 토론 참가자들의 흥미를 유발할 수 있는 읽기 자료, 역할극, 필름, 신문, 음성 녹음테이프, 비디오 등을 통한 다양한 방법을 활용하여 도덕적 사태를 바르게 인식하고 중심인물이 처한 입장과 고민을 충분히 이해할 수 있도록 한다. 딜레마 이야기 제시 후에는 참가 교사들이 충분히 이야기를 이해하고 있는지를 확인하는 것이 이 단계의 핵심으로 유아교사의 딜레마에 대한 인지 정도를 확인할 수 있다.

2) 잠정적 입장의 진술

유아교사로 하여금 이야기에 나와 있는 도덕적 딜레마들에 대하여 그들의 입장이 어떠한 것인지에 대해 생각해 보고, 특정한 개인의 입장을 취할 수 있도록 하게 한다. 유아교사의 자주 당면하게 되는 윤리적 딜레마는 다음과 같다(허미경, 2014).

딜레마 유형	딜레마 상황
전문가로서의 자아정체성 관련 딜레마	안전사고에 대한 위험성, 기관장 또는 기관과의 교육철학의 차이, 교사의 편이성, 교사의 본인이 취약한 분야에 대한 경시, 교사 본인이 정한 교육계획에 대한 지나친 욕심, 시간적 여유의 부족, 자료의 불충분, 유아의 발달특성에 대한 무시 혹은 지나친 기대, 활동에 대한 융통성 부족, 업무의 피곤함 누적, 자신을 돌아볼 수 있는 마음의 여유 부족, 재교육을 위한 시간 부족, 기존 지식에 안주하려는 마음, 기관에서의 재정지원이 안 되는 경우
유아 관련 딜레마	모든 유아에게 공평한 사랑과 긍정적 시각 갖기, 유아에게 적합한 행동지도, 유아의 가정환경과 문화 및 언어적 특성을 배려한 교육 및 지원, 유아에 대한 객관적이며 정확한 평가, 개인차 인정, 아동학대 및 방임의 징후가 있는 유아에 대한 관심과 지원

딜레마 유형	딜레마 상황
가족 관련 딜레마	기관에서의 유아의 문제행동에 관한 진실한 정보 제공, 부모역할 지원, 기관에서 발생하는 일에 대한 공개, 부모와의 사적 관계 형성, 혹은 개인적인 기대하지 않기, 유아와 가족의 사생활 및 사적정보 보호, 유아에 대한 객관적이고 정확한 평가자료 제공
기관 관련 딜레마	동료교사와의 업무분담 및 협력적 관계 유지에 있어서의 갈등, 동료 및 기관장의 인격에 대한 비존중, 편애하는 태도, 근무수당의 권리침해, 부당한 교사면직, 말이 와전되는 불신적인 기관의 분위기, 개인적 상황(결혼, 병가, 휴가 등)에 대한 배려가 안 되는 기관의 분위기, 기관장의 기분에 좌우되는 분위기 등
사회 관련 딜레마	기관 시설물 및 행사 공유, 연계활동을 위한 노력, 유아교육 관련 법 및 정책 제정에 있어서의 참여, 관련 기관과의 관계, 기관 운영에 대한 철학 차이, 기관 및 지역사회 아동들의 요구와 권리를 위한 노력

딜레마 토론은 딜레마가 초점을 유지하고 있는 중심인물이나 주요 집단이 있어야 한다. 토론 지도자는 여기에서 도덕적 딜레마에 대한 집단 전체의 입장을 확인해야 하는데, 그 이유는 중심인물에 대한 갈등이 집단 내에서도 일어나는지를 확인하기 위해서이다. 도덕적 딜레마에 관하여 좋은 토론이 이루어지려면 교사 상호 간의 불일치가 있어야 한다. 좋은 딜레마는 한 집단의 교사들이 5:5 또는 4:6으로 구성되어져야 한다. 딜레마 상황은 중심인물의 선택을 포함해야 한다. 딜레마 속에서 중심인물은 명확한 갈등을 나타내는 두 가지 행동 가운데 하나를 선택해야 한다. 단, 행동선택은 사회적으로 혹은 문화적으로 승인된 '옳은 답'을 표상하고 있어서는 안 된다. 교사들의 견해가 적절히 엇갈리게 되면 교사들로 하여금 그렇게 결정하게 된 이유를 기술하도록 한다.

3) 추리의 단계

토론 지도자는 딜레마에 나온 도덕적 딜레마를 중심으로 교사들이 토론할 수 있도록 적절한 질문으로 준비해야 한다. 교사들은 딜레마 질문을 중심으로 소집단으로 나누어 중심인물이 처한 문제에 대해 서로의 의견을 교환한다. 소집단 토의는 모든 교사가 자신의 추리를 발표할 수 있는 기회를 보장하고 전체집단 토론을 위한 좋은 집단의 유형이다.

소집단의 구성은 5명 내지 8명의 같은 입장을 취하는 교사들로 구성된 동질 집단, 서로 다른 입장을 취하는 교사들이 섞인 이질 집단, 같은 입장을 취하는 교사들끼리 편성할 수 있다. 토론의 방법으로는 각 집단의 수를 이동시켜 재구성하는 방법, 딜레마에 나오는 인물의 특정 역할을 취해보도록 하고 등장인물의 관점에서 그 중심인물이 무엇을 해야만 하고, 그 이유는 무엇인지를 심사숙고하도록 하는 역할채택의 방법, 임의적으로 교사들에게 취할 입장을 지정해 주고 토론하게 하는 방법이 있다.

소집단 토론이 활발하게 진행되고 서로의 의견이 충분히 나누어졌다고 판단되면, 전체 토론으로 이어간다. 전체 토론에서는 소집단 토론에서 논의된 사안들이 전체 교사들에게 고려됨으로써 보다 다양한 견해에 접할 수 있게 하고, 소집단 토론에서 검토되지 않은 것들에 대해 접할 수 있도록 고려되어야 한다.

4) 각자 입장의 정립

토론 지도자는 사람들이 딜레마와 관련된 자신들의 입장을 다시 한 번 살펴보고, 토론 중에 들은 다른 사람의 추론을 요약하고 정리하여 각자 입장을 정립하게 한다. 이 단계의 목적은 의견의 일치나 어떤 결론을 끌어내려는 것이 아니라 사람들이 대집단토론을 통해 얻은 충고나 자신의 입장에 대해 계속 생각하도록 도와주려는 데 있다. 딜레마 이야기에 관한 토론을 마치는 또 하나의 방법으로는 교사들에게 이 딜레마가 그들에게 현실감이 있는지 또는 생활에서 비슷한 사례를 본 일이 있는지 물어 보는 것이다.

딜레마 토론 연습하기

· 각 사례에서 중요한 딜레마 문제는 무엇이라고 생각하는가?
· 당신이라면 어떻게 행동할 것인가?
· A로 선택할 경우 당신에게 발생할 수 있는 문제는 무엇인가?
· B로 선택할 경우 당신에게 발생할 수 있는 문제는 무엇인가?

딜레마 이야기 1.

"18세 미만 청소년에게는 어떤 이유로도 술·담배를 팔지 못한다."라는 청소년 보호법이 시행되고 있다. 철민이의 아버지는 교통사고로 양다리를 못 쓰는 장애인이 되었다. 철민이 아버지는 담배를 즐겨 피신다. 그동안 철민이는 잘 아는 동네 가게 주인에게 전화로 양해를 구하고 철민이에게 담배 심부름을 시켜왔다. 오늘도 아버지는 철민이에게 담배 심부름을 시키셨다. A) 담배를 사러온 철민이에게 가게 주인은 담배를 팔아야 할 것인가, B) 아니면 돌려보내야 하는가?

딜레마 이야기 2.

경력 3년차의 신 선생님은 처음으로 만 5세반 담임을 맡게 되었다. 취학 전 연령이라 부모와 원장은 신 선생님에게 한글과 수 교육을 할 것을 요구하였다. 또한 주위 5세반 경력이 있던 동료교사들은 이 시기 유아들은 함께 약속이나 규칙을 정해서 이야기나누기 시간에 확인하고, 약속을 어겼을 때는 바로 지적해주고 안전사고를 대비하여 더욱 엄격하고 강압적인 태도로 학습과 생활지도를 해야 한다고 말해주었다. 그러나 신 선생님은 규칙 지키기, 약속 지키기, 그리고 학습능력도 중요하지만 교사와 유아들이 친하게 지낼 수 있도록 관계 형성이 더 중요하다고 생각했다. 그래서 신 선생님은 유아들 스스로 해나갈 수 있도록 자율적인 학급분위기를 조성하기 위해 노력해 왔다. 그런데 신 선생님 학급의 유아들이 다른 반에 비해 다툼이 자주 일어나고, 학습태도와 동기도 부족해서 신 선생님은 고민에 빠졌다. A) 신 선생님은 자신이 처음 가졌던 생각에 따라 행동해야 할 것인가, B) 아니면 취학준비를 위해 학습능력을 높이기 위해 노력해야 할 것인가?

3. 토론에서의 논증 분석방법

토론은 탐구과정과 결과에 대한 활동이다. 따라서 토론과정에서 토론 참여자들은 자신들의 주장을 근거 또는 증거를 들어 제시한다. 증거(evidence)란 논증 활동에서 자신의 주장을 뒷받침하여 보다 더 강하고 설득력 있는 주장을 하기 위하여 사용하는 사실, 예시, 증언 등을 말하며, 증거 수준은 논증자가 주장을 하는 데 사용한 증거의 가치나 질 따위의 기준이 되는 일정한 표준을 의미한다. Perellla(1987)은 증거 수준의 위계를 6가지 단계로 나누어 제시하였다.

수준	내용
수준6	경험적 실험 연구 결과에 의한 합의
수준5	실험연구와 전문가들의 이론적 합의
수준4	전문가 의견 또는 비전문가들의 합의
수준3	비전문가의 의견
수준2	법적 통지와 일반 상식
수준1	단언, 증거 없는 주장

수준 1: 단언, 증거 없는 주장(assertion)

논증자가 어떠한 검증도 없는 증거가 사실이라고 주장을 하는 단언, 또는 개인적 가치 판단의 기준이나 아무런 증거 없이 주장을 할 때에 가장 낮은 수준 1에 해당한다.

수준 2: 법적 통지와 일반 상식(judicial notice and common knowledge)

법적 통지나 상식으로 증거를 이루고 있는 단계이다. 법적 통지는 법적 논증 활동에서 유래한 용어로 법적에서 모든 당사자가 사실로 동의하여 그것을 증명할 필요가 없을 때 쓰인다. 일반 상식이라는 증거는 모든 사람이 믿기 기대되는 보편적인 생각들을 포함하고 있다.

수준 3: 비전문가의 의견(lay opinion)

그 분야의 전문가가 아닌 사람들에 의해 가능성이 있는 추론된 증거를 의미한다. 그 의견이 옳을 수도 있겠지만 그 의견을 믿을 수 있는 근거는 부족하다.

수준 4: 전문가 의견 또는 비전문가들의 합의(expert opinion or consensus of lay opinion)

전문가 의견은 전문성을 지닌 사람들이 그 전문분야의 주제에 대해 추론된 의견이며 이는 배경, 지식 등에 의해 매우 강력한 증거로 사용할 수 있고, 실제 존재하는 사실도 해당된다.

수준 5: 실험 연구와 전문가들의 이론적 합의(empirical studies and consensus of expert opinion)

실험적, 경험적인 연구는 그 주제에 대해 잘 계획된 관찰된 연구로 과학적인 실험이나 조사 또는 관찰할 수 있는 데이터를 기초로 하고 있다.

수준 6: 경험적 실험 연구 결과에 의한 합의(consensus of empirical studies)

실험 연구의 합의가 증거를 이룬 것이 가장 높은 수준의 증거로 이 수준은 몇몇 잘 설계된 연구들의 일치된 연구결과 또는 신뢰할 수 있는 통계결과 등으로 토론하는 것을 의미한다.

제2부

유아를 위한 논리 및 논술

7장

유아와 사고

배우기만 하고 생각하지 않으면 얻는 것이 없고,
생각만 하고 배우지 않으면 위태롭다
-孔子, BC 551~BC 479

유아: 선생님, 질문이란 뭘까요?

교사: OO가 오늘 궁금한 점이 있니? 또는 알고 싶은 것이 있니?

유아 1: 왜 나뭇잎은 색이 변할까요?

유아 2: 왜 나뭇잎은 바람이 불면 떨어질까요?

교사: 지금 너희들이 이야기 한 것을 질문이라고 한단다.

사고력은 해결해야 할 어떤 문제나 과제 상황에서 문제해결과정에 관여하는 정신적 능력이다. 따라서 사고교육은 유아로 하여금 바르고 효율적으로 문제를 해결할 수 있는 힘, 즉 사고력을 길로주는 일로써 유아로 하여금 다양한 방법으로 문제상황에 대처할 수 있는 유능한 사고인이 되게 하는 목적을 갖는다.

특히 사고력은 연령이 어릴수록 더 많은 영향을 받기 때문에, 유아교사는 유아들의 흥미와 지적능력에 적절한 과제를 제시하는 기회를 제공해야 한다(Jersild, 1960). 유아교사는 사고교육을 통해 유아가 스스로 사고하는 방법을 습득하도록 도와줌으로써 추론능력의 향상, 창의성 계발, 개인과 대인 관계의 성장, 윤리적 지성의 계발, 경험 중에서 의미를 발견하는 능력의 계발이 이루어질 수 있도록 사고하는 기회를 많이 가질 수 있도록 도와줌으로써 사고 습관이 내면화되며 숙련될 수 있도록 해야 한다(Lipman, Sharp & Oscanyan, 1980). 피셔(Fisher, 1999)는 "너무 어리기 때문에 유아기에 시작할 수 없다는 것은 타당하지 않다."는 말을 인용하여 4세 유아라 할지라도 장래에 상위차원의 사고를 할 수 있도록 준비시켜야 한다고 주장하면서 유아기 사고교육의 필요성에 힘을 보냈다.

1. 유아 사고 발달 이론

1) 피아제(Piaget, 1896~1980)

피아제는 유아의 지적발달을 이해하는 데 엄청난 기여를 하였다. 그는 유아의 양적인 발달이 아니라 질적인 발달에 중점을 두고 유아가 세계를 어떻게 생각하고 추리하며 지각하는 것에 대해 인지(congnition)라는 정신활동으로 설명하였다. 그와 함께 오랫동안 연구한 학자들은 그를 "전공상으로는 동물학자이고, 부전공자로는 인식론자이며, 방법적으로는 논리학자"라고 말한다. 어느 날 동물에만 관심 있던 그에게 대부가 철학을 소개하였고, 거기에서 그는 '우리는 어떻게 아는가?', '우리는 어떻게 생각하는가?'라는 질문을 중심으로 연구를 하게 되었다. 피아제는 임상실험을 통해 유아들이 사용한 논리나 추리의 형식에 관심을 두어 인지발달단계를 설명하고자 하였다.

BOB(5년 6개월)

Piaget : 꿈을 꿔본 적 있니?
Bob : 네, 내 손에 구멍이 뚫리는 꿈을 꾸었어요.
Piaget : 꿈은 실재일까?
Bob : 아뇨, 꿈을 우리가 보는 것뿐이에요.
Piaget : 꿈은 어디에서 올까?
Bob : 하나님한테서요.
Piaget : 꿈을 꿀 때 너는 눈을 뜨니? 아니면 감니?
Bob : 감아요.
Piaget : 내가 너의 꿈을 볼 수 있을까?
Bob : 아뇨, 너무 멀어요.
Piaget : 엄마는 볼 수 있을까?
Bob : 네, 볼 수 있어요. 그렇지만 엄마는 불을 켜요.
Piaget : 꿈은 방안에 있니? 아니면 네 안에 있니?
Bob : 꿈은 내 안에 없어요. 내 안에 있으면 난 볼 수 없을걸요.
Piaget : 그러면 엄마는 네 꿈을 볼 수 있니?
Bob : 아니요, 엄마는 제 침대에서 안 주무세요. 여동생이랑 자는 길요.

–피아제의 임상실험 중 인터뷰 가운데, Dorothy & Tracey, 1997, p16

피아제는 언어란 잠재해 있는 사고의 표현이며, 언어의 표현은 일종의 사고라고 강조하면서, 유아기 언어의 출현이 곧 사고력의 폭과 속도를 증가시켜 준다고 보았다. 하지만 언어가 논리적 사고를 결정짓는가라는 문제에 관해서는 그의 저서 「피아제의 아동심리학」에서 "언어는 사고를 설명하는데 충분하지 못하다. 왜냐하면 사고를 특정 짓는 구조는 언어학보다 더욱 깊은 곳인 행위와 감각운동기제에 뿌리가 있기 때문이다. 그러므로 언어는 논리적 조작의 구성에 필수조건이기는 하지만, 필요충분조건은 아니다."라고 언급함으로써 사고가 우선이라는 점을 분명히 밝혔다.

유아의 사고발달은 명백히 구분되는 일련의 단계가 있으며, 이러한 단계를 거치는 순서는 누구나 다 일정하다. 유아는 경험을 연속적으로 조직하고 재조직함으로써 변화하는 세계에 대처하는 능력, 즉 '지능'을 만들어 나간다. 유아는 자기가 경험한대로 세계를 지각하는 철학자이기도 하지만, 천성적으로 자기중심적이다. 또한 문제해결은 판단과 추론이 아닌 직관적인 사고와 상황에 달려있는 변환적 추리(transductive reasoning)를 한다. 변환적 추리 사고는 한 사고에서 다른 특정 사고로의 논리적인 연결이 없는 추리로, 동시에 발생하는 것은 서로 인과관계를 갖는다고 생각하기 때문에 추리는 모순되며 사고의 왜곡이 자주 일어난다. 다음은 변환적 추리의 한 예이다.

피아제의 인지발달 이론은 그가 처음에 생물학을 공부한 것에서 큰 영향을 받았기 때문에 그는 우리의 신체구조가 환경에 적응하는 것과 마찬가지로 사고구조도 외부 환경에 맞도록 적응해 나간다고 보았다. 따라서 피아제는 인간의 지적능력을 개인이 주어진 환경에 효율적으로 적응할 수 있는 능력으로 정의하였으며, 인지발달이란 인간의 지적능력이 환경과의 상호작용을 통하여 변화되어 환경에 더 잘 적응하도록 하는 과정과 변화의 양상이라고 하였다. 즉 유아는 우연히 상호작용하게 된 경험의 종류에 따라 지능 발달이 달라지므로 유아의 사고를 자극시키고 유아의 지적성장에 기여할 수 있는 경험을 유아에게 제공해야 한다.

유아의 인지발달은 수많은 동화(assimilation)와 조절(accomodation)의 과정을 통해 도식(schema) 자체의 변화가 평형을 이룸으로써 일어난다.

마돈나 : (크기가 큰 스티로폼을 물에 넣은 후) 어! 이건 큰데 왜 뜨지?
마돈나는 스티로폼을 손으로 가라앉히려고 물속으로 밀어보지만 손을 떼자 가라앉았던 스티로폼이 다시 떠오르고, 마돈나는 계속 가라앉히려고 애를 쓴다.

교사 : (마돈나의 행동을 지켜보던 교사는 작지만 가라앉는 물체와 크지만 뜨는 다양한 물체들을 제공해주면서) 마돈나, 이 물체들도 물에 넣어보자~

마돈나 : (다양한 물체를 반복해서 물에 넣어보더니) 아하! 이제 알았다. 크다고 가라앉는 건 아니었어!!

마돈나는 크기가 큰 스티로폼을 뜨는 물체에 대한 자신의 도식에 동화시킨다. 그런 후에 스티로폼을 뜨는 물건이라고 조절해야 하는데, 제한된 경험과 호기심 때문에 유아는 종종 도식을 바꾸기보다는 정보를 왜곡하여 자신의 도식에 맞추려는 경향을 보인다. 이처럼 도식은 아동의 행동이나 사고의 체계화된 형태로, 인간이 자신에게 주어진 환경을 해석하고 행동을 일으키는 데 필요한 일련의 인지적 구조를 말한다. 그러나 결국 유아는 적응하기 위해 새로운 정보에 맞게 조절해야 하는데, 적응은 환경 사이에서 평형을 찾는 과정이다. 평형화(equilibration)는 동화와 조절 사이의 균형이다. 유아가 평형에 이르렀을 때에도 유아가 행동하고 질문하도록 자극하는 발달을 안내하는 요소는 다음과 같다(Dorothy & Singer, 1997).

- 정서는 학습을 동기유발하는 감정을 유발한다.
- 성숙은 신체적인 성장과정이다. 신경계의 분화를 통해 정신구조는 발달하고 유아는 잘 이해할 수 있게 된다.
- 경험은 또 다른 주요 촉진제이다. 단지 다양한 경험에 접하는 것만으로도 유아는 스스로 학습하고 자신의 힘으로 발견을 할 수 있다.
- 사회적인 전수, 또는 다른 사람 특히 부모, 교사, 친구의 영향을 받는 상호작용이다. 유아는 다른 사람이 제공하는 정보를 이해하고 동화할 수 있을 정도로 성숙한 정신구조를 가져야 한다.

(1) 감각운동기(sensorymoter period): 0~2세

감각운동기는 언어가 발달하기 이전이기 때문에, 유아는 자신의 행동을 조작 할 수 있는 수준에서 환경과 상호작용하면서 자신의 지식을 구성할 수 있는 정도의 지적 행동을 보인다. 감각운동기에 유아는 사물을 눈으로 좇는다든가, 손으로 만지며 흔드는 행동을 하면서 행위를 지각하는 일과 협응시키기도 하면서 초보적인 정신구조를 사용하는 것을 배운다. 이러한 정신구조는 처음에는 생득적인 반사로부터 시작하지만 학습에 의해서 차츰 유효한 행동을 나타내게 된다. 유아는 일시적인 경험(temporal experience)을 통하여 기간(duration)에 대한 어렴풋한 느낌을 갖게 된다. 예를 들면 배가 고프면 우유병을 기다리게 되며 그러면서 기다림을 의식하기 시작한다. 그리고 배가 고플 때 엄마가 방에 나타나면 곧 우유병이 나타난다는 것도 알게 된다. 이러한 경험을 통해 유아는 사건이 차례로 일어나는 것을 학습하고, 전-후 순서 속에서 일련의 사건을 기대하는 것을 학습하게 된다. 18~24개월의 유아는 대상영속성(object per-manence)이 완성되면서 초보적인 심상을 형성하는 능력이 발달한다. 유아는 감추어진 대상을 볼 수 없을 때에도 여전히 존재한다는 것을 이해하기 때문에 엄마가 방을 나가더라도 여전히 존재하여 다시 나타날 것을 안다.

(2) 전조작기(preoparational peroid): 2~7세

전조작기의 단계는 감각운동의 조직체계와 형식적인 조직체계 사이에 놓인 과도기적 단계로 유아는 이 시기 동안 감각운동적 양식으로 기능을 수행할 수 있는 상태에서 개념적, 상징적 양식으로 기능을 수행할 수 있는 상태로 되어간다. 그러면서 사건을 점점 내적으로 표상할 수 있게 되며 행동을 지향하는 데 있어서 직접적인 감각운동의 활동에 의존하는 바가 적어지면서 여러 가지 사건의 하나의 조화가 되는 전체로써 파악할 수 있는 사고의 범위가 확대되어져 간다. 이 시기를 통해 유아는 자신과 세상과의 관계를 연결시키기는 하지만 비논리적으로 연결시켜나가지만, 계속 주위 환경에 논리적 사고 체계를 적용해 보면서 조작적인 인지 능력을 가져 나간다.

① 전 개념적 단계: 개념 이전의 형성단계

2세쯤 되면 유아는 사건의 순서와 기간의 간격을 의식하기 시작한다. 예를 들면 "낮잠 시간이야", "밥 먹을 시간이야"라는 것을 알기 시작한다. 하지만 유아는 사건의 연속적인 순서와 기간에 대한 개념의 관계성을 알지 못하고 조정하지는 못한다.

전 개념적 단계는 언어의 발달과 더불어 자신의 의사표시를 언어적으로 나타내기 시작하면서, 언어가 증가하면서 개념적이고 상징적인 사고가 나타나기 때문에 상징적인 사고를 띠는 놀이를 수행한다. 유아가 사용하는 언어는 반복적이고 모방적이지만, 언어기능이 증가함에 따라 문제해결 능력은 증진되기 때문에 말과 사물의 관계를 정확하게 연결하는 훈련을 해주어야 한다.

② 직관적 단계

직관적 단계에 유아는 개념화 능력이 확대되고, 보다 복잡한 사고나 표상작용이 가능해진다. 이 시기에는 논리적은 아니지만 개념이 어느 정도 형성된다. 하지만 이 시기의 유아는 논리적 사고의 내면화가 발달하나 오직 하나의 사물이나 현상만을 생각한다. '의자가 젖기 때문에 물이 떨어진다' 등 인과관계의 선후가 맞지는 않지만 자기가 믿는 바에 대해서 이유를 댈 수 있다. 또한 어느 정도 대상을 분류할 줄 알게 되지만, 사물의 속성들 사이의 진정한 관계를 파악하지 못하고 현재 장면의 지각을 근거로 해서 대상을 파악한다. 이와 같은 전조작기 단계의 특성들은 계속적인 발달에는 필수적이지만 논리적 발달에는 장애가 되기도 한다.

이 시기의 유아는 모든 사물을 자기중심으로 판단하며 자신의 생각을 사건, 공간, 시간, 수 그리고 인과 관계 등 지각적인 측면에서 판단한다. 또한 한 사물이 가지고 있는 특성을 조합하여 공통점을 발견하여 이해하는 것을 어려워한다. 그리고 지각적으로 두드러진 한 변인만을 이해하기 때문에 보존에 대한 개념의 이해를 어려워한다.

● 자기중심성(egocentrism)

유아가 숨바꼭질하면서 자기 눈을 가리는 이유는 자기중심성 때문이다. 자기중심성은 다른 사람의 관점이나 입장을 생각 못하고 오로지 자신의 관점이나 입장에서 생각하고 행동하는 특성을 의미한다. 피아제의 세 산 실험은 유아의 자기중심성 사고를 분명하게 보여주는데, 책상 위에 산 모형 세 개를 만들어놓고 유아에게 건너편에서는 모형이 어떻게 보일지 물었을 때 약 7세 이전의 유아들은 자기 눈에 보인 그대로 다른 사람도 볼 것이라 대답한다.

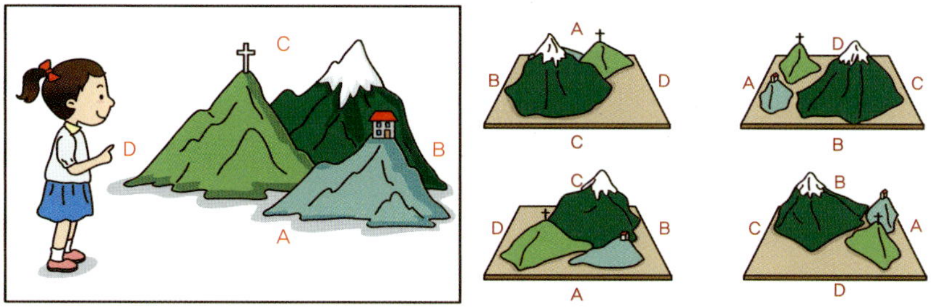

피아제의 세 산 실험

유아 스스로가 볼 때 자신의 사고는 매우 논리적이며 정확하다. 이러한 자기중심적 사고는 의도성을 갖는 것은 아니며, 스스로가 문제를 인식하지 못하기 때문에 해결하려고 하지 않는다. 피아제는 이 시기 자기중심적인 말(egocentric speech)은 언어 초기의 미성숙한 상태이며, 궁극적으로 유아가 성장함에 따라 사라지게 되며 사회적인 말로 대치된다고 보았다. 피아제는 자기중심적인 말은 자신과 다른 사람과의 관계를 구별하는 데 있어서 유아의 무능력의 결과로 보았다. 이러한 자기중심적 말은 유아가 대략 6~7세의 연령에 사회화된 말이 발달되기까지 언어발달의 주된 특징이다(Zivin, 1979).

- **전환(transformation)**

원래의 상태에서 결과적인 나중의 상태로 옮아가는 변화의 과정에 주의를 집중하는 것이 아니라 변환이 일어나는 순간적인 상태에 주의를 모은다. 즉 일련의 사실들을 처음과 끝의 관계로 통합하지 못하기 때문에, 사고 또한 연역적도 귀납적도 아닌 비약적(transduction)으로 사건상태 간의 비교가 늘 불완전하다.

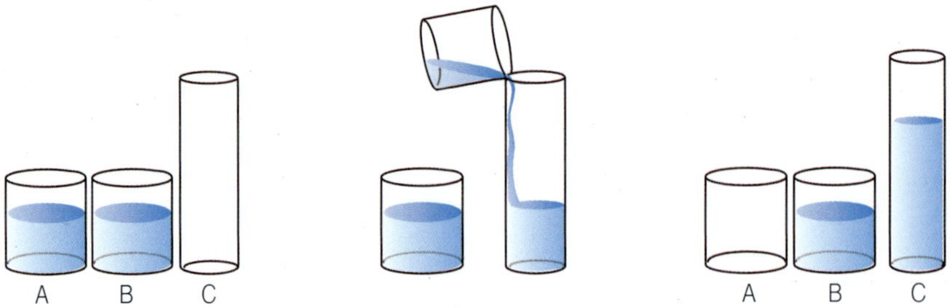

"액체의 양이 같니, 다르니?"　"내가 하는 것을 잘 봐라."(액체를 다른 용기에 붓기)　"액체의 양이 같니, 다르니?"

● 보존(conservational reasoning)

물리적인 외양이 변할지라도, 물체의 양이 그대로 남아있다는 것을 이해하지 못한다. 물질에 어떤 것이 더해 주거나 감해 주지 않는 한, 모양이나 위치가 변하더라도 그 양, 수, 길이, 무게, 부피 등이 변하지 않는다는 동일성(identity)으로 설명될 수 있다. 보존개념은 조작적 가역성의 결과로 생기는 것으로 생각되어야 한다.

보존논리의 획득 시기

- 수의 보존논리: 펼쳐 놓은 것과 함께 모아놓은 것에 혼란을 일으킨다.
- 길이의 보존논리: 유아가 보기에 길어 보이는 것과 실제로 긴 것을 잘못 이해하고 있다.
- 물질(면적, 양)의 보존논리: 물질의 모양이나 위치가 변하여도 물질의 속성은 동일하다.
- 무게의 보존논리: 면적이 넓어 보이는 빈대떡 모양이 공 모양보다 더 많고 더 무거운 것으로 생각한다.
- 부피의 보존논리: 똑같은 양의 물이라도 모양이 다른 컵이 부으면 둘의 양이 같다는 것을 인식하지 못한다.

보존논리	습득 연령
수의 보존논리	5~6세
길이의 보존논리	6~7세
물질(면적, 양)의 보존논리	7~8세
무게의 보존논리	7~8세
부피의 보존논리	11~12세

● **분류제약**(taxonomic constraints)

유아는 분류나 범주에 대한 이해가 불완전하거나 유목의 이해를 이해하지 못한다. 또한 물체의 성질을 배우나 한 번에 한 가지 성질을 생각한다.

#1.

교사: 해바라기가 더 많니? 튤립이 더 많니?

유아: 튤립이요

교사: 꽃이 더 많니? 튤립이 더 많니?

#2.

교사: 빨간색은 모두 삼각형이니?

유아: 아니요. 빨간 삼각형뿐만 아니라 빨간 원도 있어요.

교사: 삼각형은 모두 빨간색이니?

유아: 아니요.

● **상징놀이**(symbolic play)

유아기에는 표상능력이 생기면서 어떤 특정한 것을 다른 것인 것처럼 대체하는 상징놀이가 발달한다. 즉 유아들은 엄마가 되거나, 의사가 되어 흉내를 낼 수 있으며 막대기를 말로, 나무 블록을 마치 전화기인 것처럼 가장하여 놀이를 하게 된다.

● 중심화(centration)

유아는 사물의 지각적 측면에 중심화하는 경향을 갖고 있기 때문에, 시각적 자극이 있을 때 자극의 모든 측면을 탐색할 수 없다. 즉 중심화가 계속되는 한 유아는 어떠한 사건의 피상적인 측면만을 동화하는 경향성을 갖게 된다.

예 1.
교사: 눈이 왜 오는 걸까?
유아: 우리가 놀기 위해서요.

예2.
구름이 원하기 때문에 움직인다.
하늘이 화가 났기 때문에 천둥번개가 친다.
농부가 비가 필요하기 때문에 비가 온다.
달과 해가 그들이 걸을 때에 쫓아온다고 생각한다.

유아는 오직 자신의 제한된 경험을 통해 배우기 때문에 경험이 없을 때에는 설명을 꾸며낸다. 자연현상은 인간이 만든 것이고 인간을 위해서 만들어졌으며(인공론: artificialism), 모든 것이 생명이 있고 동기, 의도, 감정 등이 있다고 믿으며 꿈과 생각 등의 정신적인 사건들은 구체성과 힘이 있다고(물활론: aninism) 여기는 유아의 믿음은 그들이 혼동된 상태에 대해서 설명을 꾸며낸다는 점에서 나타난다. 여기에서 유아의 "왜?"라는 수많은 끊임없는 질문은 모든 만물은 목적을 갖고 있다고 믿기 때문이다.

● 가역성(reversibility)

유아는 전-후 순서를 바꾸어 이해할 능력이 없는 한 방향적으로 비가역적(irreversible) 사고를 한다.

교사: 너는 형제가 있니?
유아: 네.
교사: 그 형제도 형제가 있니?
유아: 아니요.

2) 비고스키(Vygotsky, 1896~1934)

심리학계의 모차르트라고 불리는 비고스키는 일찍이 마르크스주의 사상을 가치 있는 과학적 원천으로 보고 구체적인 심리학적 질문들과 관련짓는 시도를 하였다. 그는 미발표 노트에서 자신의 연구방법이 마르크스의 방법에 기반을 두고 있으며, 심리학의 과학적 연구 방법은 그러해야 한다고 밝히고 있다. 비고스키가 마르크스의 자본론에 따라 심리학 방면의 자본론을 연구한 이유는 무엇보다도 인간의 정신을 매개하는 도구의 중요성을 밝히기 위해서였다. 그는 고등 정신기능의 발달을 서술한 글에서 도구와 기호를 사용하는 것이 인간 적응의 다양한 수단임을 밝히면서 그것들이 사고발달에 매우 중요한 매개임을 강조하였다.

수를 세는 손가락은 한 때 인류의 중요한 문화적 승리였다. 이것은 즉각적인 양적 지각과 수를 세는 것 사이의 다리 역할을 했다. 따라서 파푸아 뉴기니 사람들은 왼손의 새끼손가락부터 시작해 나머지 왼손 손가락을 더하고 왼손, 팔뚝, 팔꿈치, 어깨, 오른쪽 어깨를 더하고 이렇게 계속해서 오른손, 새끼손가락에서 셈하기를 끝낸다. 이것으로도 모자라면 그들은 다른 사람의 손가락이나 자신의 발가락 혹은 막대기, 조개껍질 가지고 다닐 수 있는 다른 조그만 물건들을 사용했다. 초기의 숫자세기 체계에서 우리는 아동의 수적추리 발달동안에 초보적인 형태로 제시되는 똑같은 과정을 관찰할 수 있을 것이다.

이와 비슷하게 어떤 것을 잊지 않기 위해서 끈을 묶어 놓은 것은 일상생활 심리학과 관계가 있다. 사람은 이것 혹은 저것을 해야 한다든지, 어떤 물건을 가져가야 한다든지 하는 등의 어떤 것을 기억해야 한다. 자신의 기억력을 믿지 못한다거나 기억하고 다니기를 원하지 않는다면 종종 손수건을 매듭지어 놓거나 회중시계 뚜껑의 안쪽에 작은 종이를 붙여 놓는 것과

> 같은 방법을 사용한다. 후에 매듭은 자신이 해야 할 일을 생각나게 해줄 것으로 여겨진다. 이러한 방법은 종종 성공적으로 그 기능을 수행한다. 여기에 또 다시 동물의 경우에는 생각할 수 없는 작용이 있다. 인위적인 기억 보조수단을 개입시킨다는 바로 그 사실에서 기억의 도구로 어떤 자극을 적극적으로 만들고 사용하는 것에서 우리는 매우 새롭고 특별한 인간 행동의 특성을 본다.
>
> –Vygotsky(1978). Mind in Society. pp 198–199

비고스키는 사고의 도구인 언어와 유아의 사회·문화적 경험에 의해 발달된다고 보고, 사고에 공헌하는 언어의 역할을 중시했다. 특히 유아를 타인과의 관계에서 영향을 받으면서 성장하는 역사-사회적 존재(historico-societal being)로 보았는데, 유아의 인지발달은 사회학습의 결과로 사회의 보다 성숙한 구성원들과 상호작용하는 동안 문화에 적합한 인지과정이 유아에게 전이된다고 하였다. 따라서 비고스키는 언어발달이 인지발달을 위한 상호작용에 가장 중요한 변인이 된다고 보았다.

비고스키는 인간 심리의 특징은 외부에서 주어진 자극과 스스로 만들어 낸 자극이 함께 존재한다고 보면서, 인간이 심리적 인간의 심리발달에서 가장 본질적인 기호는 인간 자신이 역사·사회적으로 만들어낸 말이라고 보았다. 따라서 비고스키에 따르면 유아의 발달에서 가장 중요한 기호는 말, 곧 언어이다. 유아는 언어를 통해 다른 사람의 행동뿐만 아니라 자신의 행동을 계획하고 통제하면서 환경의 직접적 제약들로부터 자유롭게 되며, 미래 활동을 위한 준비와 계획을 한다. 즉 언어가 내면화되면서 지각, 기억, 문제해결과 같은 행동들을 조직하고 결합하고 통합하는 고등 정신기능을 활용할 수 있게 된다. 내면화된 언어는 행동 그 자체를 새로이 조직할 뿐 아니라 환경과 새로운 관계들을 만들어 내면서, 결국 지성을 만들어내 생산적인 작업의 기초가 된다.

언어는 개념을 획득하는 수단으로 개념획득은 언어발달에 수반된다. 유아의 최초의 언어는 본질적으로 사회적인 것으로 유아의 옹알이, 울음초기 단어들은 개념획득과는 아무런 관련이 없는 말하기 단계에서 발생하지만, 생후 1개월부터 웃음, 발음이 분명하지 않은 소리, 동작 등이 사회적 접촉의 수단으로 사용된다. 이후 약 2세를 전후한 특정시점에서 그때까지 분리되어 있던 사고와 언어의 발달곡선이 만나 새로운 형태의 행동을 시작하기 위해 합류한다.

초보적 언어단계 (0~2세) → 외적언어단계 (2~3세 이후) → 혼잣말단계 (3~6세 이후) → 내적언어단계 (6세 이후)

비고스키의 언어발달 단계

비고스키는 언어적 사고(Verbal Thinking)을 설명하기 위해 언어발달단계를 제시하였다. 초보적 언어단계(primitive speech stage)는 주로 울음, 옹알이 등을 통하여 불만 등의 정서를 표현하기 위해 사회적 상호작용을 하는 단계로 사고와는 직접적 연관이 없다. 외적 언어단계(external speech stage)는 생각하는대로 말하는 것이 가능해지는 시기로 언어와 사고가 점차 결합하기 시작하는 단계이다. 혼잣말단계(private speech stage)는 자기 통제 및 자기조절의 기능을 가지고 언어가 제대로 기능하는 단계이다. 즉 유아는 어떤 문제나 상황에 의식적으로 주의를 집중하고 이해하기 위해서나 어려움을 극복하기 위해 혼잣말을 사용한다(Harris, 1990). 혼잣말은 자기지향적인 언어로 연령이 증가함에 따라 점점 축약되고 사고와 융합되면서 내적언어로 발달해 간다. 비고스키에게 있어 혼잣말은 유아의 행위를 안내하고, 조직화하고, 구조화하는 인지적 작용을 한다. 내적언어단계(inner speech stage)는 혼잣말이 사고로 내면화되어, 언어가 사고의 기본으로 작용하는 단계이다.

비고스키는 한 실험에서 유아가 문제를 해결하기 위해 도구들을 직접 사용할 수 없도록 과제를 복잡하게 만들었더니 유아의 자기중심적 언어(egocentric speech), 즉 혼잣말이 증가한 것을 발견하였다. 특히 유아의 도움에 아무도 답변하지 않을 때 가장 많이 나타났다. 유아는 사회적 언어에 다소간 입문되어 있음에도 불구하고 복잡한 문제해결 사태에 직면하자 곧 자기중심적 언어가 두드러지게 나타난 것이다. 그래서 비고스키는 유아에게 비계설정을 하기에 적절한 시기가 유아의 혼잣말이 증가하는 시점이기 때문에, 유아의 혼잣말이 문제해결 및 사고의 수단이라고 주장했다.

혼잣말의 변화 과정

1. 2세 유아의 엄마가 유아에게 사물 찾기를 요구한다. 엄마가 말하기를 "우리는 지금 공원에 가려고 해. 그래서 흙 놀이에 사용할 통과 삽을 챙겨" 보이지 않는 사물을 찾는 데 아이의 주의를 모으게 했으나 2세 유아는 찾지 못했다.
2. 3세 유아의 엄마가 같은 요구를 지시한다. 장난감과 놀이하는 동안에 3세 유아는 "내 삽이 어디 있지. 나는 삽이 필요해" 라며 즉석의 환경 내에 없는 물체를 찾기 시작한다.
3. 8세 유아의 엄마가 같은 요구를 지시하자. 8세 유아에게는 이런 말을 전혀 들을 수 없다.

–Vygotsky(1978). Mind in Society. 1934. pp 29–40

비고스키는 유아가 스스로의 노력을 해결할 수 있는 실제적 발달수준과 타인의 도움을 통해서 문제해결이 가능한 잠재적 발달수준을 염두에 두면서 유아 혼자서는 해결할 수 없지만 의미 있는 성인과 또래의 도움을 받으면 해결할 수 있는 근접발달영역(Zone of Proximal Development: ZPD)를 제시하여 유아의 인지발달에 사회적 상호작용의 중요성을 강조하였다.

비계설정(scaffoldind)의 사전적 의미는 '건물을 건축하거나 수리할 때 인부들이 건축 재료를 운반하며 오르내릴 수 있도록 건물 주변에 세우는 장대와 두꺼운 판자로 된 발판을 세우는 것'을 말한다. 건물을 지을 때 비계를 설치하는 것과 마찬가지로 성인과 유아의

상호작용에서 성인이나 유능한 또래는 학습자인 유아로 하여금 새로운 능력을 발달시키고 구축해가도록 지원해주는 것이 비계체계가 되는 것이다. 비계설정은 유아의 과제 수행능력이 증가함에 따라 비계설정의 역할을 감소시켜 유아의 자율성, 독립성 및 책임감을 기르고 자기 스스로 과제를 수행할 수 있다. 따라서 유아교사의 역할은 학습자인 유아의 근접발달영역에 있는 다양한 경험들을 제공하고, 유아에게 지적인 자극을 줌으로써 유아의 발달을 촉진해야 하는 데 있다.

3) 립맨(Lipman, 1922~2010)

립맨은 어린이 철학의 창시자로 1974년 어린이철학교육연구소(Institute for the Advancement of Philosophy for Children: IAPC)를 설립하여 유치원에서부터 고등학생에 이르기까지 철학교육 프로그램을 프로그램화하여 창안하고 체계화하였다. 그의 프로그램은 미국내 4,000개 이상의 학교에서 교육되고 있으며, 45개 이상의 언어로 번역되어 60개국 이상에서 활용되고 있다(Lipman, 2008). 립맨과 더불어 어린이 철학교육을 대표하는 매사추세츠 대학의 명예교수인 매튜는 립맨을 어린이들이 철학적 사고를 할 수 있도록 도운 "가장 영향력 있는 인물"이라고 평가했다.

립맨은 19세가 될 때까지는 철학과 심리학을 학문 용어로서 동의어로 여길 만큼 학문으로서의 철학에 익숙하지 않았으나, 학창시절의 경험은 그에게 기본 동력이 되어 주었다. 립맨은 어린 시절, 자신의 집에 있는 책을 모두 읽었으며, 특히 Mark Twain과 Edgar Allan Poe의 10권짜리 저서를 반복하여 읽었다. 정규교육을 받기 시작하면서 립맨은 학교생활, 특히 3학년 때 만난 교사가 자신을 미치게 만들었다고 표현할 만큼 학교생활에 흥미를 느끼지 못했다. 그는 지식전달 중심의 교육을 싫어했으며. 책을 읽거나 이야기를 듣고 대화를 나누는 수업을 즐겼다.

> 5학년 때 큰 변화가 있었다. --- 선생님은 우리에게 여러 권의 책을 읽어 주셨다. 그 중 하나는 '검정말 이야기'였다. 말이 들려주는 인간에 의해 혹사당한 가슴 애절한 이야기였다. 다른 이야기는 훨씬 더 달콤한 이야기인 '소공자'였다. 두 이야기 모두 전혀 문제가 되질 않았다.

--- 그러나 이러한 흥분은 오래가지 않았다. 학년이 올라갈수록 더 따분해졌으며, 8학년때 따분함은 정점에 달했다. 학교보다 더 지루한곳은 없는 것처럼 여겨졌다. 여러 해가 지나서야 나는 학교가 달라질 수 있을까?하는 질문을 하기 시작했다(pp 1~2).

교실에서 사용하는 교재는 학생은 물론이고 교사에게도 도전의식을 불러 일으킬만한 것이어야 한다. 만약 교사와 학생 모두에게 교재가 흥미롭다면, 그들은 교재의 내용을 중심으로 토론을 할 수도 있을 것이다. 교사와 학생들은 토론의 주제에 대해 다양한 견해를 펼칠 수있을 것이며, 내용의 다원성은 유일한 해석이 존재하는 권위적이고 획일적인 방법에 대한 자연스러운 대안이 될 수 있을 것이다. 교사와 학생 모두의 도전을 자극하기 위해서는 교재의 내용이 여러 가지 방식으로 이해되고 해석될 수 있도록 구성되어야 한다(pp 107~108).

–Limpan(2008). A Life Yeaching Thinking.
Montclair: The institute for the advancement for children 중에서

아리스토텔레스와 듀이의 영향을 받아 립맨은 민주시민을 양성함에 필요한 사고기술을 증진하기 위한 사고교육은 단순히 사고단계에 머물지 않고, 계속적인 반복훈련을 통해 체득화해야 한다고 본다. 이러한 반복을 통해 사고기술은 구체적 맥락에 민감한 판단을 습득케 하여 끊임없는 자기 수정으로 이어질 수 있다고 보았다. 다시 말해 사고교육은 비판적 사고와 배려적 사고, 창의적 사고를 포함하는 다차원적 사고기술로 구체적이고 맥락에 민감한 판단을 얻고자 하는 능력이라고 본 것이다. 또한 립맨은 사고교육은 맥락에 민감하다고 보고 문제해결의 상황에 적합한 특수성을 강조하였다.

특히 립맨은 탐구란 혼자 이루어지는 것이 아니라고 보았기 때문에, 그의 교육방법 내에서의 탐구는 공동체와 연관이 되어 나아간다. 학습자들은 대화를 통해서 사고활동을 하고, 이런 사고활동 자체가 탐구과정 내내 이루어지면서 자기 수정적인 과정이자 교육의 과정 속 내내 이루어진다. 여기서 중요한 것은 탐구에서 이루어지는 대화는 담화가 아니며, 계속적인 진보의 과정이기 때문에 서로의 지식을 공유하면서 잠정적인 결론을 내리게 된다는 점이다.

립맨에 따르면 올바르게 생각하기는 일상경험 속에서 찾아지는 것이어야 한다. 즉 생각하기는 선험적이고 형식적인 것이 아니라 우리의 경험이 축적된 반성적 결과로 이루어져야 한다. 립맨은 그의 저서 『Thinking in Education』에서 다차원적 사고(multidi-mensional thinking)라는 용어를 사용하면서, 비판적, 창의적, 배려적 사고가 균등하고 평등하게 통합된 사고를 강조하였다. 다차원적 사고는 다원화 및 다문화시대에 각 상황과 맥락에 맞도록 타협과 만족이 조화된 적절하고 다양한 기준을 갖고 접근하는 판단력을 중시하는 사고이다. 그 중에서도 립맨이 특히 주장하는 배려적 사고는 당면한 문제를 해결하기 위해 인지적 조작능력을 수행할 때 문제의 의의나 중요성을 따져보는 가치판단이나 도덕판단에 관련된 사고력이다. 립맨의 교육목적에 활용되는 기술의 영역에는 탐구기술, 추론기술, 정보조직기술, 그리고 번역기술이 있다.

(1) 탐구기술

탐구기술에서의 탐구는 어린아이에서부터 과학자에 이르기까지 다양하게 일어난다. 유아는 탐구기술을 통해서 이전의 경험과 앞으로의 경험에 대한 예상을 연결하는 것을 배우는데, 그 속에는 원인과 결과, 방법과 목적, 그리고 수단과 결과에 대한 구별, 예상, 확인 등이 들어 있다. 따라서 탐구는 문제를 다루기 위한 방법을 발견하거나 발명해내는 데 필요한 자기수정의 훈련이며, 이를 통해 길러지는 것은 판단력이다.

(2) 추론기술

추론기술은 경험에 근거하여 만들어진 지식을 확장하거나 방어하는 데 사용되는 한 가지 방법이다. 추론기술은 탐구를 통해 발견한 것을 정리하고 조정하는 논리적 과정으로, 하나에게는 참이더라도 전체에게는 참이 아니기도 하는 논리를 제공해준다.

(3) 정보조직기술

정보조직기술에서 지식획득의 효율성을 얻으려면 정보들의 의미 있는 묶음이나 단위들을 유기적으로 연계시켜 재구성할 수 있어야 한다. 정보들의 세 가지 기본적인 형태는 문장과 개념적 사고, 그리고 스키마(schema)이다. 문장은 정보를 관련된 묶음으로 조직화하고, 이것들을 분석하고 명료화하여 이해하고 판단하는 데 적극적으로 활용하는 것이다. 개념적 사고는 한 개념과 다른 개념을 관련지음으로써 원칙, 기준, 논증, 해설 등과 같은 것이 만들어진다. 스키마는 개념형성과 분석에 동적 에너지를 부여해주는 조직체계이다.

(4) 번역기술

무용가는 음악적 선율을 통해서 자기의 의도를 표현하려고 하며, 문학가는 소설의 형식을 통해서 그 의미를 더하려고 한다. 번역기술은 주어진 한 언어 안에서 의미를 구성하고 발전시키고, 맥락을 잘 파악하도록 한다.

4) 듀이(Dewey, 1859~1952)

경험은 생활이나 역사와 같이 인간이 행하고, 고생하고, 애쓰고, 사랑하고, 믿고, 인내하는 것과, 또한 행동하고, 영향을 받는 방법, 인간이 행하고 고생하고 욕망하고 즐기고 보고 믿고 상상하는 방법들로 간단히 말하면 경험 행위의 과정을 포함한다. 경험은 우리들이 관찰하고 두려워하고 갈망하는 들판과 뿌려진 종자를 거두어들인 수학을 포함하며 밤과 낮,봄과 가을, 습기와 건조, 열기와 냉기 등의 변화를 포함한다. 또한 경험은 종자를 심고 추수하고 일하고 기뻐하고 희망하고 두려워하고 계획하고 신비로운 힘이나 화학적 기술에 의존하기도 하고 의기소침하거나 의기양양해 하는 사람을 포함한다. 경험은 일차적인 통합 안에서는 행동과 재료, 주체와 객체사이의 어떠한 분리도 인정하지 않으며 분석되지 않은 전체성 안에서는 둘 모두를 포함한다는 의미에서 이중적 통합성(double barrelled)이라고 할 수 있다...경험이란 무엇보다 우선적으로 행하는 것(doing)에 관한 일이다.… 유기체는 그것이 간단하든 복잡하든 간에 그 자신의 구조에 따라 주변환경에 작용해간다. 그 결과 환경에 발생한 변화는 다시 유기체와 그 활동에 반작용하게 된다. 생명체는 그 자신의 행동에 대한 결과를 겪고 당하는 것이다. 행하는 것(doing)과 당하는 것(suffering) 사이의 이런 밀접한 관계로 말미암아 소위 경험이라는 것이 형성된다. 연결되지 않는 행함이나 연결되지 않는 당함이란 둘 다 경험이 되지 못한다.

–Dewey. Reconstruction in Philosophy. 1963

진보주의 교육의 아버지 듀이는 남북전쟁 후 미국의 자본주의가 발달해가는 시기에 성장하면서, 주변에 철도의 건설, 대규모 공장, 기계화된 농장, 대도시 출현 등을 보면서 세계를 개조하는 인간의 힘에 무한한 신뢰와 감격을 느꼈다. 그는 당시의 전통적 학교의 형식적인 교육에 큰 흥미를 느끼지 못하고 학교 밖의 생동감 있는 경험과 노동에서 중요한 것들을 배우고자 하였다. 또한 듀이는 식료품 상인의 아들로 어린 시절부터 농장 일과 신문 배달, 목재 세는 일 등을 했는데, 훗날 그는 삶을 배우는 데는 자신과 같은 환경의 제공이 이상적이라고 주장하기까지 했다. 생계의 일부를 떠맡게 되면 일찍부터 책임감과 성실함을 기른다는 게 그 이유에서였다. 이처럼 책임을 통한 학습을 강조하는 듀이의 교육관은 어린 시절의 경험에서 비롯되었다. 듀이에게 있어 진정한 학문과 삶의 가치는 사회 구성원으로서 노동을 나눌 때 얻어지는 것이었다. 듀이는 자신의 삶의 경험을 바탕으로 자연과 인간과 경험을 자연의 연속적 진행과정 안에 합일시키고, 모든 현상, 즉 그것들이 무기물적인 것이든 유기물적인 것이든, 심리적인 것이든 지성적인 것이든 다 경험 안에 주어지는 것으로 설명하고자 하였다. 마찬가지로 철학의 목적이나 임무도 경험 안에서, 경험과 더불어 발생하는 것이라고 보았다.

(1) 경험

듀이는 경험을 통한 끝없는 성장과정을 교육이라 생각했기 때문에, 교육의 목적을 성장 그 자체로 보고 과정 중심적으로 현재를 중요시하면서 활동을 중요시하는 교육을 강조하였다. 그의 교육방법에서의 핵심은 유아의 사고작용에 있었다. 즉 유아 스스로 목적을 갖도록 하는 일이 중요하다는 점을 강조하면서, 학습의 주체인 유아가 학습에 대한 목표를 가질 때 사고능력이 신장된다고 보았다. 따라서 교육의 목적은 유아의 활동과정에서 생기는 예견된 결과(ends-in-view)에 두고, 유아에게 친숙한 경험을 제공하고 일상생활과 관련된 주제를 다룰 때 유아가 자신의 목적을 가지고 활동의 방향을 정하여 계획할 수 있다. 따라서 그의 교재에서는 실제의 활동, 즉 실생활과 긴밀한 관계를 맺고 경험해야 하기 때문에 바느질, 요리, 직물짜기, 목공업, 금속 세공과 같은 실천적인 활동의 중요성을 강조하였다. 듀이는 교육이란 인류의 문화유산을 전수함으로써 개개인이 성숙한 지적, 도덕적 판단력과 실천력을 가지고 사회 구성원으로서 사회적 경험에 참여하게끔 하는 것이라고 보았다. 그래서 교육내용의 출발점은 유아 자신이어야 하지만 그 내용은 교육내용으로 경험에 지적인 요소가 개입되어야만 교육효과를 가져온다. 교육이란 사고하는 것을 배우는 것으로 경험과 지적인 요소를 담아야 한다.

(2) 반성적 사고

듀이에게 있어서 사고 작용은 우리가 활동하는 가운데 마음속에 사고의 문제를 발견하고, 중시하고, 연속적으로 사고하는 것이다. 다시 말하면 사고란 우리가 활동하는 일과 그것에서 나오는 결과 사이의 관련성을 구체적으로 파악함으로써 서로 연속적인 것이 되도록 하려고 의도적인 노력을 하는 것이다. 인간은 불확실한 상황에 있게 되면 심리적 안정을 얻기 위해 사고하게 된다. 그리고 사고한 것이 효과가 있다는 것이 입증되면, 다음에 유사한 상황에 놓이게 될 때 비슷하게 사고하지만, 사고한 것이 효과가 없을 경우에는 다른 방식으로 사고하게 된다. 이런 노력으로 활동과 결과 사이에 괴리가 지양되고, 사태의 진전이 통일적으로 이루어지면서 의미가 파악되고, 그 의미가 앞으로도 계속적으로 지각되어 누적적으로 판단에 사용되는 것이다. 이것이 듀이가 말하는 반성적 경험, 즉 사고적경험이다. 즉 반성적 사고란 마음속에서 문제를 발견하고 그 문제를 중시하며 그 문제를 연속적으로 사고하는 것이다.

> 아이가 손가락을 집어넣는 것 그 자체는 경험이 아니다. 그 동작이 결과에 있어서 아이가 당하는 고통과 연결될 때, 비로소 경험이 된다. 이렇게 될 때, 손가락을 불에 집어넣는 것은 곧 화상을 의미하게 된다. 손가락을 데는 것이 어떤 행위의 결과로 지각되지 않는다면, 그것은 나무토막이 타는 것과 같은 단순한 물리적 변화에 지나지 않는다.
>
> –Dewey, Reconstruction in Philosophy, 1963

유아가 단순한 활동이 아닌 경험을 얻기 위해서는 불에 손가락을 집어넣는 행동과 그 결과 환경적 요인인 불이 유아의 손가락에 화상을 입힌 연관성을 파악하는 과정이 필요한데, 이때 사고가 개입되는 것이다. 듀이는 사고 또는 반성은 우리가 하려는 것과 그 결과로 일어나는 것 사이의 관계를 파악하는 것으로 보았다. 즉 반성적 사고란 마음속에서 문제를 발견하고 그 문제를 중시하며 그 문제를 연속적으로 사고하는 것이다.

인간은 환경과의 상호작용을 하면서 역동적으로 살아가는 가운데 삶이 계속적으로 영위되고, 그런 전반적인 삶의 과정이 곧 경험이 된다. 그래서 인간은 환경과의 상호작용과정에서 어떤 행동이 이루어지게 되는데, 여기에서 상호작용의 결과 드러나는 연관성에 대한 의미파악이 사고작용에 의해 이루어짐으로써 다음 경험에 일조를 할 수 있는 지식을 얻는다. 이런 점에서 사고와 행동은 분리되는 것이 아니라 상호보완적인 작용한다. 행동의 과정 속에서 문제가 발생할 때 사고가 일어나고, 사고는 행동이 이루어지는 상황을 검토하면서, 행동과 환경의 영향 간의 관련성을 파악함으로써 행동이 다시 환경적으로 진행되는 것이다. 따라서 경험이 이루어지는 과정에 관한 상호작용의 원리는 지식이 획득되는 과정이자, 성장 또는 지식의 확대에 관한 원리가 된다.

듀이에게 있어서 사고는 인간이 문제상황을 해결해 나가기 위한 목적을 가지고 행동하는 것이라 보기 때문에, 예견적 목적과 다른 어떤 목적 이 둘 사이의 관계를 인식하고 있어야 한다. 그 내용이 비록 유치할지라도 일종의 판단과 추리행위가 이루어지고, 그에 따른 책임 또한 따르게 된다. 듀이는 유아가 문제상황에서 반성적 사고과정을 통해서 문제를 해결하는 기회를 갖게 하는 것이 가장 중요하다고 보았다.

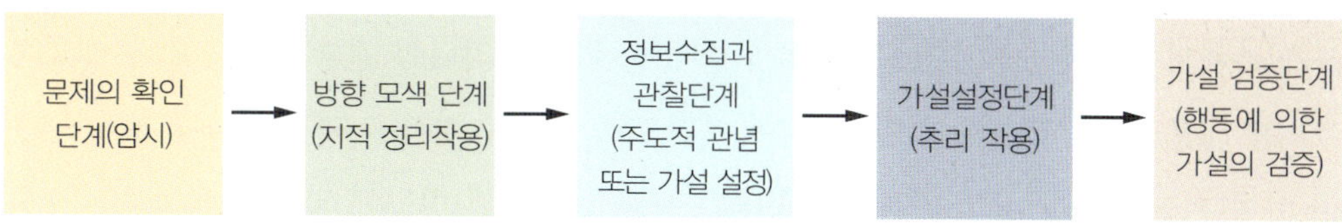

① 문제의 확인 단계(암시: suggestion)

곤란하고 불확정적인 상황에 마주하여 우리의 행동에 변화를 겪어야 할 일이 생기면 이내 행동의 평형을 유지하기 위해 우리가 무엇을 해야 할 지에 대한 관념(idea)을 떠오르게 된다. 이 때 떠오르게 되는 암시는 문제의 확인단계로 행동에 직접적으로 영향을 미치도록 스스로 튀어나오는 것이다. 암시가 일어난다는 것은 기존 과거 경험의 작용으로 일어나는 것이지 우리의 의지와 계획의 작용으로 일어나는 것이 아니기 때문이다. 이런 의미에서 듀이는 '나는 사고한다'라고 하기보다는 '사고가 사고한다'라고 표현하였다. 사고는 스스로 이루어진 행위이고, 사고 목표의 조건과 자료, 후원, 문제상황을 검토하는 행위이기 때문이다.

② 방향모색 단계(지적 정리작용: intellectualization)

암시에 의해 등장한 문제를 해결하기 위해서는, 상황을 분명하게 하고 문제를 만들게 된 원인을 찾아내야 한다. 우선 암시된 문제를 지성적으로 정리하기 위해 그 문제를 해석함으로써 실체를 명확하게 파악하는 과정으로 지적 정리가 필요하다. 이러한 과정을 통해 암시가 반성적 사고로 전환되면서 계속적인 탐구가 이루어지도록 하는 지성의 힘이 부여된다. '문제를 알면 답을 안다'는 말처럼 문제가 정확하게 이해될 때 문제와 그 문제의 해결책이 어느 정도 드러나게 된다.

③ 정보수집과 관찰단계(주도적 관념 또는 가설 설정: guiding idea, hypothesis)

위의 단계를 거쳐 문제가 명료하게 파악되면 해결해야 할 문제가 무엇인지에 대해 그 방향을 한정시켜야 한다. 암시는 그 자체가 애매모호하게 우리 마음에 자동적으로 나타나는 특징을 갖기 때문에, 문제가 적절하게 명확해져 감에 따라 단순했던 암시는 문제해결 방법에 적응할 수 있는 관념으로 변하게 된다. 관념은 어떤 의혹적인 상황 또는 미해결의 문제 속에서 우리를 도와 판단을 내리게 할 뿐만 아니라 하나의 결론에 도달할 수 있도록 추리를 작용시키는 역할을 한다. 적절한 수단으로 주어진 상황을 해결해 나갈 때 관념은 곧 아이디어가 되고, 수정, 변경되고 확대된다. 즉 문제해결 방향에 맞는 우수하고 새로운 개념을 얻게되는 단계를 거쳐 사고행동을 올바르게 이끌 수 있는 힘을 가진다.

④ 가설설정단계(추리작용: reasoning)

추리작용은 주어진 하나의 암시로 얻어진 관념 또한 앞으로 일어날지도 모르는 것에 대한 예측이라고 본다. 즉 가능적 해결안이 관찰 혹은 선행지식에 의해 내적 관계를 전개시켜 현재 사실을 근거로 하여 현존하지 않는 것에 관념에 도달하는 추리과정이 되는 것이다. 따라서 추리작용은 이미 우리 마음이 소유하고 있는 지식의 축적에 의존하여 새로운 지식을 확장하는 데 도움을 준다. 추리 없는 사고는 존재할 수 없다.

⑤ 가설검증단계(행동에 의한 가설의 검증: corroboration of an idea)

추리작용에서 관념이 채택되면 어떤 결과가 수반되게 되고 이를 가설이라고 한다. 여기에서 이론적으로 제시된 결과가 현실적으로 가능한지를 알기 위해서는 구체적 행동에 의하여 가설을 검증하여야 한다. 다시 말하면 마지막 단계의 실험적 확증이 필요한 것이다. 만일 실험적 결과가 가설과 일치한다는 것이 발견된다면 그 관념은 검증된 것이자 정당화된 지식이 된다. 만약에 일치하지는 않더라도 문제의 여러 조건들이 합당한 이유가 있다면, 이 또한 역시 결론으로 충분하다. 듀이는 마지막 가설검증단계를 통해 실패하게 될지라도 이러한 경험이 배움을 준다고 보고 단순실패라고 하지 않았다.

이와 같은 5단계를 거치는 동안 학습자는 경험을 재구성하고, 반성적 사고의 경험이 이루어진다. 그리고 이와 같은 단계를 거친 학습자는 연속적인 과정 속에서 문제상황에 대한 해결책이 검증되고 입증됨으로써 정당성을 가지게 된다.

2. 사고의 유형

1) 논리적 사고

(1) 추론

논리적 사고는 전제들의 관계에 의해 새로운 결론을 도출하는 데 필요한 인지적 능력으로 유아가 세상을 이해하고 지식을 발달시키는 데 중요한 기제가 된다. 유아들은 논리적 사고의 발달로 인해 성공적으로 새로운 문제를 해결하고 다양한 맥락으로 지식을 전이할 수 있다. 논리적 사고는 유아의 개념 형성, 지식 발달 및 창의적 사고에 중요한 역할을 한다(김수임, 2006; Artmam & Cahan, 1993). 유아의 논리적 사고는 일상생활의 적응에 중요한 의미를 갖는다. 유아들은 논리적 사고를 통해 자신의 지식에 의해 현재 자기가 어떠한 상황에 직면해 있는가를 이해하며 앞으로 어떤 일이 일어날 것인가의 대안적 상황들까지 생각할 수 있게 된다(Harris, German & Mills, 1996). 유아의 사고능력을 체계적으로 향상시키기 위해서는 유아 스스로가 논리적 사고를 할 수 있도록 도움이 필요하다. 유아의 논리적 사고발달에 관한 대부분의 연구들은 추론능력의 발달과정을 이해하는 데 목적을 두고 있다(Leevers & Harris, 1999). 유아는 만 3세부터 비교적 간단한 과제가 주어졌을 때 인과추론을 할 수 있으며(McCormack & Hoerl, 2005; 윤혜진, 2012, 재인용), 연령이 증가함에 따라 상대적으로 큰 발달적 차이를 나타낸다(박찬선, 최경숙, 2001; Hickling & Wellman, 2001; McCormack & Hoerl, 2005; 윤혜진, 2012, 재인용).

귀납적 추론의 하나인 유추는 새로운 경험을 다루는 기초이며 과거의 경험을 이용할 때 일어나는 추리작용으로 인간지능의 중요한 한 부분이다. 유추 추론은 여러 가지 사실로부터 어떤 공통점을 발견해 내고 이미 알고 있는 기존의 경험과 지식으로부터의 특수사실과 비교하여 우리가 알지 못하는 것에 대하여 유사한 측면을 찾아내어 일반적인 원리를 추출해 내는 것이다(김수임, 2006). 이는 일대일의 대응관계를 밝히는 과정을 통해 어떤 하나의 상황에서 다른 상황으로 지식을 전이해 나가는 논리적 사고인데, 유아의 유추 추론은 유아에게 친숙하고 조작 가능한 과제에서 가능하다(Alexander et al, 1987; 김수임, 2006). 귀납추론은 일상생활에서 불확실한 어떤 것에 대해 예측을 하거나 문학 작품속의 은유적 표현이나 작가가 의도하는 바를 이해하고, 새로운 수학적 사실을 발견하는 데 중요한 역할을 한다. NCTM(2000)은 추론에 관한 규준에서 나이에 따른 성장, 경험, 증가된 수학적 지식 등은 유아기에서 학동기 초기 전반에 걸쳐 추론의 발달을 촉진한다고 하였다. 이 시기 유아들에게 중요한 추론 요소는 규칙성 인식과 분류기능이다. 공통의 속성을 발견하고 기술하는 것은 유아들이 추측을 만들고 그 타당성에 대한 이유를 제시할 수 있는 중요한 기회를 제공한다. 유아들은 주어진 자료를 분석하고 종합하는 과정에서 사전지식을 바탕으로 공통점과 차이점을 찾음으로써 그들 간의 관계성을 발견하게 된다.

귀납 추론 과정의 각각의 단계에서 제시할 수 있는 상호작용과정은 다음과 같다(오진희, 2009).

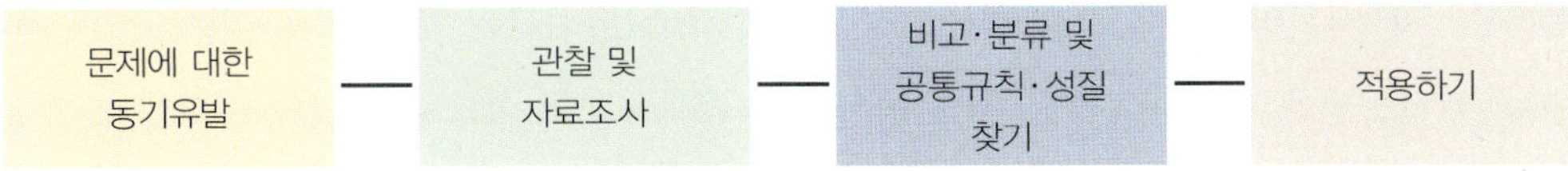

귀납추론 교수-학습 모형

문제에 대한 동기유발단계에서 교사는 유아와 함께 그림에서 제시하거나 이야기에서 제시하고 있는 내용을 중심으로 "여기 이 그림들 중에 어느 것에 그리면 가장 큰 ○○를 그릴 수 있을까?", "여기 ○○가 몇 개나 있는 것 같니?"와 같은 질문으로 유아들의 관심을 유도한다.

관찰 및 자료조사 단계에서는 그림을 비교하거나 자세히 관찰할 수 있도록 충분한 시간을 제공하고 유아들이 이전에 알고 있는 방법을 연결하여 "00와 같은 것을 본 적이 있니?" 의 질문을 통해 추론할 수 있도록 한다.

비교·분류 및 공통규칙·성질 찾기 단계에서 교사는 유아들에게 관련된 구체물을 제공하고, 유아들이 자유롭게 구체물을 조사하고 관찰할 수 있도록 한다. 유아들이 구체물을 관찰하는 과정에서 어떤 공통점이 있는지 차이점은 있는지, 그리고 어떻게 차이점을 알 수 있는지 등을 추측할 수 있도록 한다. 이때 한 가지 기준 외에도 다양한 사물을 탐색할 수 있도록 분류하도록 제공한다.

적용하기 단계에서는 유아가 자신이 발견한 규칙을 다른 여러 상황에 적용하는 경험을 함으로써 자신이 발견한 규칙·성질을 재확인하는 과정을 경험 하도록 한다. 이때 교사는 귀납추론과정에 유아의 추론을 촉진할 수 있도록 적절한 상호작용을 할 필요가 있다. 또한 다른 사람이 분류해 놓은 결과를 보고 타인의 기준을 유추해 볼 수 있도록 경험을 제공한다.

(2) 삼단논법

어떤 사람이 무엇을 주장하고 그 주장의 근거로 제시하는 전제들이 서로 모순되고, 따라서 전제들 사이에 서로 양립불가능한 관계가 나타난다면 비록 전제와 결론 사이의 연결이 제 아무리 확고하다고 할지라도 이러한 전제들은 결론의 진리를 확립시켜 주지 못한다. 삼단논법은 이러한 전제들과 결론사이의 관계를 논리적으로 이끌어주며 발견 가능한 여러 가지 오류를 제시할 수 있다는 데 그 의의가 있다. 유아들의 삼단논법은 경험보다는 상상에 기초하여 이루어지며, 연역삼단논법을 쉽게 수행한다. 유아들은 자기 자신의 경험이나 이미 배운 여러 가지 잘못된 지식으로 인해 논리적 오류를 범할 수 있다.

가상의 상황을 활용하여 유아들이 알고 있는 것과 모순되는 내용의 삼단논법과제를 제시할 때 상상은 유아의 과제수행에서 중요한 기제로 작용한다. 상상력을 발휘하도록 하는 것과 같은 다양한 가상의 암시는 유아들에게 주어지는 최초의 전제를 진실로 받아들이기 위한 기제로 적절하게 활용되어 논리적 사고를 가능하게 한다(윤혜진, 2012). Dias와 Harris(1990)는 유아들이 삼단논법과제수행에서 경험보다는 상상을 통해 최초의 전제를 받아들이는 데 있을 수 있다는 것을 보여 주었으며, Leevers와 Harris(1999)도 유아들이 모순되는 전제의 정신적 이미지를 형성하기 위하여 상상을 활용하도록 한 실험집단에서 높은 논리적 사고와 분석적 태도를 보였다. 유아들은 삼단논법 과제에서 가상의 암시를 먼저 주었을 때 더 쉽게 과제를 수행한다. Galotti 등(1997)과 윤혜진(2011)의 연구에서도 삼단논법 과제에서 연역적 사고와 귀납적 사고의 차이에 대해 알아 본 결과, 모든 연령에서 연역삼단논법과제에서 더 높은 수행능력을 보였으며, 자신의 답에 대한 정당화 반응에 대한 설명도 연역과제에서 더 논리적인 수행능력을 보였다.

2) 비판적 사고

비판적 사고는 단순히 지식의 내용을 무비판적으로 수용한다고 해서 습득되는 것이 아니라, 기존의 지식에 대해 이해하는 과정에서 판단을 보류한다거나 회의적 태도를 나타냄으로 확장된다. 따라서 유아에게 비판적으로 사고하도록 교육한다는 것은 일상적 생활에서 보다 일관되고 효과적으로 효과적으로 사고하도록 함으로써, 사고의 질과 폭을 넓히고 깊이 있는 지식을 형성하는 기초 기본 능력과 태도를 다지게 한다는 의미를 갖는다.

많은 학자가 유아를 실제로 해보고 고안해 봄으로써 배워가는 능동적인 행위자로 보

보았다. 특히 립맨은 유아를 적극적으로 탐구활동에 참여하고, 단순한 기계적 암기가 아닌 환경과의 상호작용에 의하여 스스로 자신들에게 중요한 문제들을 제기하고 해결해 가면서 배우는 존재로 보았다(Lipman, 1980). 실제로 만 5세 일반유아의 경우, 생각을 명료화시키는 질문, 전제 혹은 가정을 탐색하는 질문, 이유, 증거, 원인을 탐색하는 질문, 관점이나 시각의 다양성을 탐색하는 질문, 함축된 의미와 결과를 탐색하는 질문, 알게 된 방법이나 정보원을 탐색하는 질문을 활용할 수 있다(조선희, 전명남, 1998).

유아기 비판적 사고교육을 위해서는 정규 교과목 내 포함시켜 실시하는 방법과 별도의 프로그램을 설계하여 실시하는 방법이 있다. 중요한 것은 비판적 사고교육은 유아 중심 교육이 되어 그들의 지적 열정과 건전한 회의를 갖고 스스로 사고하고 활동적이며 적극적으로 참여하도록 유도하여 고차원적 인지적 산출을 증대시켜야 한다. 그리고 대규모 학급보다는 소규모 학급이, 강의식보다는 토론식 수업으로 이루어 질 때 효과적이다. 비판적 사고를 효과적으로 개발하기에 적합한 활동들로는 특정한 주제에 대한 토론, 고차원적 수준의 질문 활용, 보고서 작성하기, 개인 또는 프로젝트 수행, 역할 놀이, 일상생활 토론하기 등이 있다.

유아기에 이루어져야 할 비판적 사고의 성향은 진실지향성, 신중성, 개방성, 호기심, 인내심, 자기규제성으로 그 개념은 다음과 같다(박찬옥 외, 2013).

비판적 사고성향의 개념(박찬옥 외, 2012)

구분		개념
비판적 사고성향	진실 지향성	발견한 내용이 자신의 이익이나 선입견에 반하더라도 사고를 정직하고 객관적으로 수행하는 성향
	신중성	성급하게 판단하거나 결정하지 않고, 판단에 앞서 신중하게 생각하는 성향
	개방성	자기 자신이 편견을 가지고 있을 가능성을 민감하게 고려하면서 다양한 견해에 대해 알고자 하는 성향
	호기심	다양한 문제에 대해 관심과 호기심을 가지는 성향
	인내심	끝까지 포기하지 않고 생각하는 성향
	자기 규제성	쟁점의 핵심에서 벗어나지 않기 위해 자기 자신의 사고과정을 점검하고 관리하는 성향

3) 창의적 사고

모든 유아는 창의적으로 문제를 해결 할 수 있는 호기심을 갖고 있으며, 가장 자유분방하게 발현된다. 유아기는 창의성 발달에 매우 중요한 시기이자(Piaget, 1962), 오감을 통해 다양한 정보를 받아들이는 매우 민감한 시기이기 때문에 그 자체만으로도 창의성 발달에 중요한 영향은 미친다(전경원, 2006). 여기에서 많은 학자는 창의적 사고를 유아기를 창의성 발달의 최적기라고 보고 있다. Torrance(1962)는 유아의 창의적 상상력은 4세부터 4세 반 사이에 절정을 이루지만 5세경이 되면 서서히 감소하는 현상이 일어난다고 하였다. 그는 어린 유아일수록 사고의 제약을 받지 않다가 제도권 교육을 받음으로써 사회적 동조성이 증가하기 때문에 창의성이 감소하는 것이라 보고, 학동기를 창의성의 실종기라고 하였다.

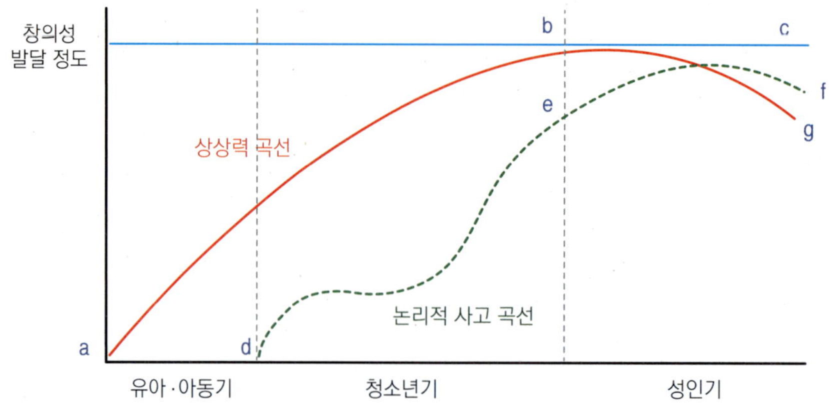

유아의 창의성, 상상력 발달곡선(Smolucha, 1992, p 62)

창의성, 상상력 발달곡선을 살펴보면 상상력 곡선(a-g)은 유아기에 급격하게 발달하고, 유아기에 발달한 상상력은 청소년기에 발달하는 논리적 사고(d-f)와 협응하여 성인초기에 창의성이 최고로 발달한다(Smolucha, 1992). 살펴본 바와 같이 유아기의 활발한 창의성 발달은 성인기의 창의성 성취에 토대가 된다는 것을 알 수 있다.

(1) 유아기 창의성 발달의 단계(전경원, 2006)

① 만 0세(9~12개월)

오감을 통하여 창의성의 기본 요인인 민감성을 키우기 위한 기반을 구축할 수 있는 시기로, 뚜렷하게 창의적인 행동을 보이지는 않지만, 창의성을 키워 나가는 준비를 하는 단계이다. 이때는 감각능력이 발달되어 주변 환경을 탐색하고 정보를 받아들이게 된다. 예를 들면, 동물이나 교통기관 등 다양한 소리에 관심을 보이고, 다양한 감촉에 관심을 가지게 되고 자신이 좋아하는 냄새와 싫어하는 냄새에 관심을 가질 뿐만 아니라 친숙한 음식의 맛을 구분하게 된다. 이 시기 오감을 활용해 민감성을 발달시키면 만 4세 이후의 창의력 발달에 큰 도움이 된다.

② 만 1~2세

13개월 정도부터는 창의적인 행동이 나타나고, 13~18개월에는 주위 환경에 호기심이 왕성하여 모방놀이, 흉내내기, 놀잇감을 통하여 유아가 문제해결 능력을 보이게 된다. 19~24개월에는 가상놀이를 통해서 여러 가지 행동을 연속적으로 결합하게 되며, 또한 언어의 상징체계가 발달되기 시작하여 시행착오보다는 통찰력에 의해 문제를 해결하게 된다. 19개월에서 24개월의 유아는 재생과 기억능력이 발달되어 창의력의 기본 요인인 상상력 발달이 증진되기 때문에 이 시기 창의성 교육은 유아기 특성을 반영하여 시작해야 한다.

③ 만 2~3세

유아는 역할놀이를 통해서 보고 들었던 것을 흉내 내고, 장난감이나 생활도구 등으로 주변 사물이나 대상을 재 표현하게 되면서 인형놀이, 병원놀이, 혼자놀이 등에서 더욱 상상력이 가미된다. 민감성이 더욱 발달되므로 사물의 차이 변별, 소리차이의 변별, 사물의 차이를 촉각으로 느끼고 식별하기, 음식의 맛과 냄새 식별하기, 두 가지 이상의 감각으로 사물을 식별하는 활동을 진행해주는 것이 좋다. 또한 이 시기는 호기심과 질문이 더욱 많아지고, 상상력과 더불어 추리력도 발달한다.

④ 만 4~5세

이 시기 유아는 창의적인 사고가 발전되어 창의적인 행동이 뚜렷하게 나타나기 시작한다. 새로운 방법으로 다양한 색을 섞어볼 줄 알고, 이야기를 하면서 단어의 뜻과 소리를 가지고 상상하고 만들어볼 수 있게 된다. 또한 신체적인 동작으로 감정을 표현하고 이를 새로운 형태의 동작으로 표현할 수도 있다. 특히 가상놀이에서는 가상적인 친구를 만들어 내거나 등장하는 사람이나 사물의 역할의 특성과 사람과 사물 사이에서 일어나는 사건들을 잘 흉내낸다. 이러한 특징 때문에 일부의 사람들은 만 4세부터 창의성이 나타난다고 생각하기 쉽지만, 지금까지 살펴본 바와 같이 그 이전에도 창의적 행동들은 서서히 나타난다.

유아기 창의적 사고능력은 유창성, 융통성, 상상력, 독창성, 정교성의 요소인 확산적 사고와 논리 및 추론, 비판 및 평가, 분석, 종합의 요소로 이루어진 수렴적 사고가 있다(이종연 외, 2005; 박찬옥 외, 2012, 재인용).

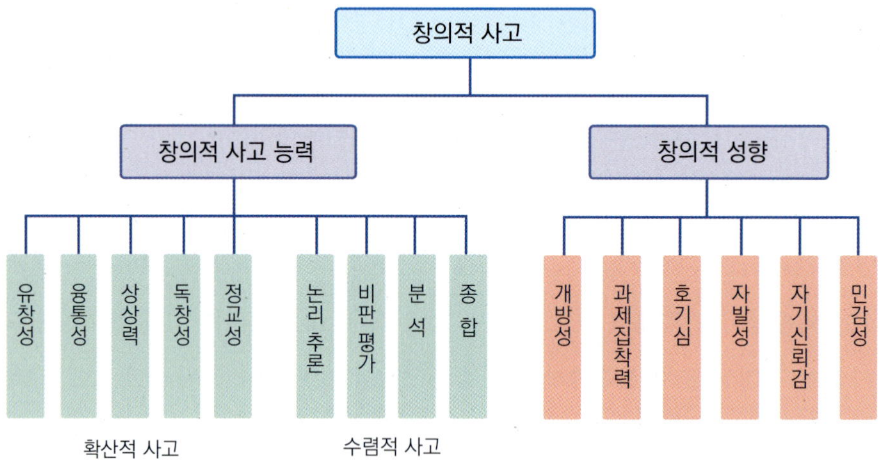

창의적 사고의 구성(박찬옥 외, 2012)

창의적 사고능력의 개념(이종연 외, 2005: 박찬옥 외, 2012, 재인용)

구분			개념
창의적 사고 능력	확산적 사고	유창성	특정한 문제 상황에서 가능한 한 많은 양의 아이디어를 산출해 내는 능력
		융통성	고정적인 사고방식이나 시각 자체를 변환시켜 다양한 해결책을 찾아내는 능력
		상상력	과거의 경험을 기초로 해서 앞으로의 행동을 계획할 수 있도록 하는 새로운 표상을 만드는 능력
		독창성	기존의 사고에서 탈피하여 희귀하고 참신한 아이디어나 해결책을 산출하는 능력
		정교성	생각한 아이디어를 다듬어 발전시켜 표현하는 능력
	수렴적 사고	논리·추론	경험적 증거나 타당한 논리를 근거로 사고의 전개에 있어 전후관계가 일치하도록 하는 능력
		비판·평가	어떠한 사실이나 상황의 옳고 그름과 좋고 나쁨을 가려내는 능력
		분석	언뜻 보기에는 하나처럼 통일되어 보이는 개념이나 사물을 그 속성이나 요소로 분해하여 이해하는 능력
		종합	나열되거나 대립되어 있는 사물의 개념을 통일시켜 하나의 의미로 정립시키는 능력
창의적 성향		개방성	인간의 태도, 생각, 경험 따위가 기존의 사고의 틀에 얽매이지 않고 거리낌 없이 시공간을 자유롭게 드나들면서 교류하게 하여 새로운 가능성을 탐색하는 성향
		과제집착력	특정 주제나 상황에 주의를 집중하고, 문제가 해결될 때까지 끈질기게 물고 늘어지는 성향
		호기심	주변 사물에 대해 의문을 갖고 끊임없이 질문을 제기하는 성향
		자발성	문제 상황에 적극적으로 대처하고, 타인의 요구나 강요가 아니라 자신의 내적동기에 의해 필요한 아이디어를 산출하려는 성향
		자기신뢰감	자신이 생각해 낸 아이디어에 대한 가치를 인정하고 다른 사람들의 평가로부터 구애받지 않으려는 성향
		민감성	일상생활에서 접할 수 있는 문제나 주위환경에 대한 세심한 관심을 가지고, 당연히 여겨지는 것에 대해서도 의문을 품는 성향

유아의 창의성을 자극하기 위한 일반적인 방법은 먼저 자유로운 분위기를 만들어 주고, 호기심을 자극시킬 수 있는 신기한 물건을 소개하여 새로운 활동을 하도록 격려하는 것이다. 또한 독특한 아이디어에 대해 칭찬해 주고, 교육과정 안에서 창의성이 신장되도록 훈련을 시켜주어야 하며, 교사는 질문을 통해 격려해야 한다(전경원, 1995). 특히 유아는 성인에 비해 유연한 사고, 풍부한 상상력, 왕성한 호기심 및 흥미, 개방성, 탈 고정관념 등의 창의적인 성향을 더 많이 지니고 있기 때문에 본질적으로 창의적인 존재이다(이경화, 2002). 유아기에는 창의적인 특성이 최대한 신장될 수 있도록 최적의 물적 환경과 인적 환경을 조성해 주어야 한다.

4) 배려적 사고[14)]

우리가 배려를 할 때 먼저 생각하는 것은 배려의 대상이 소중한지 어떤지를 결정하는 것이다. 이러한 결정은 우리의 관심과 그 가치에 대한 신중한 분별에 달려 있기 때문에, 배려는 지속적이고 합리적인 성향을 갖도록 만들어 주는 인지적 작용을 요구한다. 다시 말하면 배려한다는 것은 우리가 수용하고, 참여하고, 형성하고, 기여하는 방법을 드러내는 것이고 다른 사람과 어떻게 관련이 있는가를 드러내는 것이라고 볼 수 있다. 즉 배려는 우리가 가치 있다고 생각하는 것에 기꺼이 싸우고 고민하는 것처럼 우리의 이상이 드러나는 사고이다(Sharp, 2004). 배려(配慮)의 '배(配)'는 나눌 배, 짝지을 배로 짝을 의미하는 말로 드러나고, 글자 자체가 나와 관계를 맺고 있는 사람과 사람 사이의 유기적 연관을 나타낸다. '려(慮)'는 생각할 려로 '마음을 깊이 쓴다', '헤아린다'로 내면에 잠재되어 있는 생각은 언젠가 외면으로 드러나 행동을 유발한다는 뜻을 갖는다(강선보, 신창호, 2009). 배려의 사전적 정의는 '관심을 가지고 생각해 줌', '염려해 줌', '마음 써줌' 등 기본적으로 타인과의 관계를 전제로 한다. 넓은 의미에서 배려는 인간뿐 아니라 사물 및 환경과의 상호작용을 일컬으며, 좁은 의미로는 스스로 돌볼 수 없는 사람들을 보살펴주는 실질적인 행동으로 이해된다(김수동, 2005).

14) 유아의 배려적 사고의 구체적인 내용은 본고 10장 유아를 위한 배려적 사고 평가방법에 제시하였다.

배려한다는 것은 단순한 사고의 원인이 아니라 사고의 한 형태, 한 차원 혹은 한 측면이라는 것을 강조한다. 그래서 배려한다는 것은 대안들을 찾고, 관계를 발견하거나 만들어내며, 나아가 관계들 사이의 관계를 만들어 나가고, 차이를 알아차리는 것과 같은 인지적 작용을 수행하는 일종의 사고이다(Lipman, 2003). 따라서 유아에게 배려적 사고란 건전하고 인정 있는 결정을 내리게 하는 건전한 가치 체계를 정립하도록 하여, 도덕적 문제로 인식하는 것을 의미한다. 피아제는 유아기는 자기중심적 사고를 하는 시기이므로 타인의 입장을 이해할 수 없기 때문에 감정 이입에 필요한 필수적인 조망수용 능력이 7세 이후에 가능하다고 보았지만(Piaget & Inhelder, 1956), Demon(1988)은 피아제의 연구에서 제시한 것 보다 유아가 훨씬 더 빨리 자기중심성에서 벗어나 타인에게 감정 이입할 수 있으며 인지적 추론 능력을 갖는다고 주장하였다. 이러한 관점에서 유아에게 친숙한 과제를 사용하거나, 유아가 이해할 수 있는 언어를 사용하면 어린 유아들도 자기중심성에서 벗어나 타인의 시각에서 조망할 수 있는 것으로 나타난다(이춘재, 1981).

(1) 가치부여적 사고

가치부여적 사고는 사고자가 중요하게 생각하여 관심을 갖고 소중히 여기는 것에 가치를 부여한 타인에 대해 관심이나 염려를 보이는 모든 종류의 사고를 말한다(Bornstein, 2003; 이춘희, 2007). 가치부여적 사고의 특성에는 소중히 여기기, 가치 있게 여기기, 축하하기 마음에 간직하기, 감탄하기, 존중하기, 보존하기, 칭찬하기 등이 있다.

(2) 규범적 사고

규범적 사고는 개인이 소망하는 것과 마땅히 이루어져야 할 바람직한 것을 동시에 고려하는 사고이다(이춘희, 2007). 규범을 고려한다는 것은 인지적인 것으로, 배려적 사고의 다른 측면과도 불가분의 관계에 있는 윤리적인 사고이다. 규범적 사고의 주요 특성은 이상과 행동 간의 불일치에 대한 민감성, 사회 문제에 대한 해결책을 개념화하여 제시하는 능력, 인간성 및 보편적 문제에 대한 깊은 염려이다. 규범적 사고의 특성에는 요구하기, 의무 다하기, 강제적 의무 따르기, 적절함 알기, 권면하기, 강하게 요구하기, 기대하기 등이 있다.

(3) 정서적 사고

정서적 사고는 이타인의 입장에 대한 이해와 타인이 처한 상황이 적절한지 아닌지에 대해 판단하는 사고이다(이춘희, 2007). 정서적 사고를 하는 사람들은 감정 이입을 느끼고 무고한 사람 또는 생물에게 불의한 일이 생기면 분노하는 이타적인 행동을 보인다. 정서적 사고의 특성에는 좋아하기, 사랑하기, 길러주기, 경의를 표하기, 화해하기, 친근하기, 격려하기 등이 있다.

(4) 감정 이입적 사고

감정 이입적 사고는 윤리적 탐구의 가장 기본적인 사고로 행동을 하는 데 옳은 것이 무엇인지 윤리에 알맞은 판단이나 결정을 하려고 노력할 때, 다른 사람의 입장에서 자신을 적합하게 놓고 생각하는 것이다(이춘희, 2007). 감정 이입적 사고의 특성에는 고려하기, 동정하기, 성원 보내기, 주의를 기울여 돌보기, 연대감 갖기, 세심하게 주의를 기울이기, 진지해지기, 상상하기 등이 있다.

(5) 행동적 사고

행동적 사고는 행동하고 표현하는 데 이유가 있는 사고로, 무관심이나 방관하는 것을 막고 책임을 지도록 하는 것이다(Bornstein, 2003). 다시 말하면 행동적 사고는 관심이 가는 대상을 보존하려는 관리적 특성을 갖는다(이춘희, 2007). 행동적 사고의 특성에는 조직하기, 참여하기, 관리하기, 실행하기, 구축하기, 공헌하기, 완수하기, 구하기 등이 있다.

생각해 볼 문제

사고능력과 언어의 사용은 일치하는가?

"가르치는 유아들 중 가장 영리한 유아 4명의 명단을 적어 보아라"

"가장 말 잘하는 유아 4명의 명단을 적어 보아라"

8장

유아를 위한 사고방법

내가 정말 알아야 할 모든 것은 유치원에서 배웠다
– Robert Fulghum, 1937~

1. 소크라테스 대화법

4대 성인 중 한명인 소크라테스가 최초 철학을 접한 것은 40대쯤이었지만, 그는 그리스 최초 위대한 철학자로 마틴루터 킹, 간디 등을 거쳐 현대에까지 영향을 미치고 있다.

그는 광장에서 아무 사람이나 붙잡고 이야기하는 것을 좋아해서 죽기 전 재판에서도 토론을 벌였다. 소크라테스는 그의 이야기에 관해서 아무것도 남기거나 쓰지 않았는데, 그가 질문을 통해 정답을 찾는 대화방식은 그의 제자들을 통해 지금까지 전해지고 있다. 그를 지지하는 사람들의 수가 늘어나 정치에 영향을 가게 되자, 아테네 청년들을 혹세무민했다는 죄로 재판에서 사형을 선고받고 독배를 마셨다.

1) 산파술

소크라테스의 대화법은 고대 그리스의 대표적인 철학자이자 세계 4대 성인 가운데 하나이기도 한 소크라테스(Socrates, BC 469~BC 399)가 사용한 대화 방법이다. 그의 대화법은 아이를 낳는 것을 도와주는 산파처럼 대화와 토론을 통해 스스로 진리를 찾아갈수록 돕는 방법이라 하여 산파술(産婆術)이라고도 한다. 소크라테스는 대화 상대자에게 무엇을 가르치는 것이 아니라 성가실 정도로 끝없는 질문을 던진다. 주로 상대방 이야기의 논리의 허점을 파고든다. 플라톤의 대화편을 통해 이와 같은 소크라테스의 모습을 알 수 있다.[14)]

소크라테스의 대화는 질문과 대답으로 이루어진다. 대화에서 소크라테스는 주대화자로 대화를 이끌며, 소크라테스는 주로 질문을 하고 대화 상대자들이 주로 대답을 한다. 소크라테스의 질문 그 자체는 하나의 주장이 아니라, 대화 상대자들의 대답으로 질문자의 질문에 담겨있는 명제가 곧 대화 상대자의 주장으로 확정된다(김진, 2007). 메논과 소크라테스의 대화에서 질문이 그 대답 그 자체로 되는 방법이 잘 나타나있다.

소크라테스 : 그럼 탁월함이 앎이라면 탁월함은 가르칠 수 있는 것으로 생각되지 않았나?
메논 : 예, 그렇게 생각되었습니다.
소크라테스 : 그리고 가르칠 수 있는 것이라면, 앎일 거라고 생각되었지?
메논 : 예.
소크라테스 : 그리고 교사들이 있다면 가르칠 수 있는 것이겠지만, 있지 않다면 가르칠 수 있는 게 아니라고 생각되었지?
메논 : 그렇게 생각되었습니다.
소크라테스 : 그러나 우리는 그것의 교사들이 있지 않은 것에 분명 동의했지?
메논 : 그렇습니다.
소크라테스 : 따라서 우리는 그것이 가르칠 수 있는 것도 아니고, 앎도 아니라는 데 동의했지?
메논 : 물론입니다.
소크라테스 : 그러나 우리는 그것이 뛰어난 것이라는 데 분명 동의하지?
메논 : 예.
소크라테스 : 그리고 올바르게 인도하는 것은 유익한 것이고 뛰어난 것이라는 데도 동의하지?
메논 : 물론이죠.
소크라테스 : 그리고 오직 이 둘, 즉 참인 확신과 인식 만이 올바르게 인도하고 사람이 올바르게 인도하는 것은 바로 이것들을 가지고서라는 데도 동의하네. 어떤 우연으로부터 올바르게 생기는 것은 인간적인 인도에 의해 생기는 게 아니니까. 그리고 사람이 올바른 것을 향해 인도하는 일들의 경우 이 둘, 즉 참인 확신과 인식이 인도하는 것이네.
메논 : 제게는 그렇게 보입니다.
소크라테스 : 그럼 탁월함은 가르칠 수 있는 것이 아니니까, 탁월함은 또한 더 이상 인식이 아니겠지?

14) 플라톤의 대화편이 실린 것으로 『에우티프론』, 『메논』, 『카르미데스』, 『라케스』, 『대히피아스』, 『고르기아스』, 『뤼시스』 등이 있다.

메논 : 아닌 것 같습니다.

소크라테스 : 결국 뛰어나면서도 유익한 둘 중에서 하나가 풀려났고, 정치적 행위에 있어서 인식은 인도자가 아닐걸세.

메논 : 제게는 아닐 것으로 생각됩니다.

소크라테스 : 그러니까 그와 같은 사람들이 나라들을 인도하고 있었던 것은 어떤 지혜에 의해서도 아니고 그들이 지혜로운 자들이어서도 아니네. 데미스토클레스 같은 사람들이나 여기 이 아뉘토스가 방금 말하고 있던 사람들 말일세. 그 때문에 그들은 다른 사람들은 그들 자신들과 같은 그런 사람들로 만들 수도 없다네. 그들은 인식을 통해서 그런 사람인 게 아니니까.

메논 : 당신이 말씀하신 대로인 것 같습니다, 소크라테스.

소크라테스 : 그럼 인식에 의해서가 아니라고 한다면, 남는 것은 뛰어난 확신에 의해 생긴다는 것이네. 이것을 사용하면서 정치가들은 나라들을 올바르게 인도하지만, 앎과 관련해서는 신탁을 말하는 사람들이나 신들린 예언자들과 결코 다르지 않네. 왜냐하면 이들 역시 영감에 휩싸여 많은 참인 것들을 말하지만, 자신들이 말하는 것들에 대해서는 아무것도 알지 못하기 때문이네.

메논 : 그런 것 같습니다.

소크라테스 : 그럼 메논, 이 사람들을 마땅이 신적인 사람들로 불러야 하지 않겠나? 이들 모두는 지성을 가지고 있지 않으면서 자신들이 행하고 말하는 것들과 관련해서는 많은 큰 일을 성공적으로 수행하니 말일세.

메논 : 당연하죠.

소크라테스 : 따라서 방금 우리가 말했던 신탁을 말하는 사람들과 예언자들, 그리고 모든 시인을 또한 신적인 사람들로 부르는 게 옳을 성싶네. 그리고 우리는 정치가들 역시 조금도 이들에 못지않게 신적일 뿐 아니라 영감에 휩싸여 있다고 주장할 수 있을 걸세. 이들은 비록 자신들이 말하는 것을 결코 알지 못하더라도 많은 큰 일을 말하면서 성공적으로 수행할 때, 신으로부터 영감을 받고 신들려 있으니까 말일세.

메논 : 물론입니다.

소크라테스 : 분명히 여자들도, 메논, 뛰어난 사람들을 신적인 사람들로 부른다네. 그리고 스파르타인들은 누군가를 뛰어난 사람으로 칭송할 때는 언제나 "이 사람은 신적인 분이오"라고 말한다네.

–플라톤의 『메논』, pp 102~104 중에서

소크라테스는 질문을 하고, 그 질문에 대한 대답을 통해 대화 상대자의 주장과 그 안에 들어있는 견해, 신념 등을 밖으로 들어내고자 하였다. 그리고 논박을 통해 들어난 견해와 신념에서 오류를 발견하고 검증해 나간다. 소크라테스의 질문으로 대화 상대방의

견해와 신념은 드러나게 되고, 그것이 오류임이 밝혀지면 소크라테스는 오류로 밝혀진 것 대신에 새로운 지식의 탐구를 계속 같이 하고자 하였다.

(1) 논박(elenchos)

소크라테스는 질문을 통하여 상대방이 가지고 있는 입장을 검토하고, 그 검토과정에서 모순을 지적한다. 그리고 상대방을 깨우치기 위해 토론할 때 무지를 폭로하는 대화법, 이른바 '논박', '시험'으로 번역되는 엘렌쿠스(elenchus)를 사용하였다. 논박이 성공적인 대화로 이루어지기 위해서는 구체적인 질문으로부터 추상적이고 본질적인 질문으로 전개되어야 한다.

다음의 주제를 엘렌쿠스(elenchus)를 사용하여 토론해 보자.

이솝우화: 토끼와 거북이

언덕 위의 소나무를 향해 토끼와 거북이가 경주를 했다. 걸음이 느린 거북이와 달리 발이 빠른 토끼는 곧장 산기슭에 도착해 잠시 휴식을 취하다 당근밭에서 당근을 배불리 먹고는 낮잠에 빠져들었다. 그 사이에 한 발자국, 한 발자국 나아간 거북이는 이윽고 잠자는 토끼를 앞질렀다. 잠에서 깬 토끼는 이를 눈치채고 허둥거리며 달리기 시작했지만, 이미 때는 늦었다. 거북이를 앞지르는 것은 불가능했다.

- 경기에서 진 토끼가 살아남는 방법은 무엇인가?
- 신이 토끼라면 재도전을 받아들이겠는가?

(2) 무지의 고백(자각) 아이러니(Irony)

아이러니는 표현의 효과를 높이기 위해 실제와 반대되는 의미로 말하는 방법으로 참다운 인식에 도달하기 위한 소크라테스 대화법의 한 특징이다. 스스로는 무식한 체하면서 사람들이 아는 체 하는 가면을 폭로한 소크라테스의 에이로네이아(eironeia: 위장)에서 유래하였다. 델피의 신탁은 소크라테스를 가장 현명한 자로 밝히지만, 정작 소크라테스 자신은 무지를 고백한다. 그런데 수많은 도덕적 앎을 탐구한 소크라테스를 그의 고백처럼 무지했다고 볼 수는 없다. 무지의 고백은 대화상대자를 진실한 탐구의 과정으로 이끌어 가기 위한 소크라테스의 전략이다. 소크라테스는 늘 자기 생각을 분명하게 드러내지 않고 일부러 숨기거나 바보처럼 행세하면서 다른 등장인물을 골탕 먹이는 역할을 맡았던 아이론(Iron)적인, 즉 차갑고 조소적이어서 풍자나 유머와 구별되는 반어적인 표현양식으로부터 대화를 이끌어 간다.

메논 : 소크라테스, 저는 당신을 만나기 전에도 당신께선 틀림없이 스스로도 난관에 빠져 있을 뿐 아니라 다른 사람들 역시 난관에 빠뜨린다는 사실을 듣곤 했습니다. 그리고 어쨌든 제가 보기에는, 당신께서 주술을 걸어 저를 호리고 현혹하며 전혀 꼼짝 못하게 한 나머지 지금 저는 난관으로 가득 차게 되었습니다. 그리고 제가 농담을 약간 해도 된다면, 제가 보기에 당신께서는 외모나 다른 측면들에 있어서 전적으로 바다에 사는 저 넓적한 전기가오리와 아주 비슷합니다. 왜냐하면 이것 역시 접근하거나 접촉하는 것을 항상 마비시키지만, 제가 보기에는 당신께서도 지금 제게 그와 같은 뭔가를 가했기 때문입니다. 정말로 저로서는 영혼도 입도 다 마비되고, 당신께 무슨 대답을 드려야 할지 모르겠으니 말입니다. 그런데도 저는 어쨌든 수만 번이나, 또한 많은 사람을 향해 탁월함에 대해 수많은 말을 했고, 그것도 썩 잘했죠. 적어도 제 자신이 보기에는 말입니다. 그런데 지금은 그것이 무엇인지 전적으로 말할 수 없습니다.

소크라테스 : 나는 말일세, 전기가오리 자체가 그렇게 마비되어 있으면서 다른 것들을 마비시키는 것이라면, 물론 그것과 비슷하네. 그러나 그게 아니라면, 비슷하지 않네. 왜냐하면 나 자신은 난관을 벗어날 길을 알면서 다른 사람들을 난관에 빠뜨리는 것이 아니라, 그 누구보다도 나 자신이 난관에 빠져 있으면서 다른 사람들 역시 그렇게 난관에 빠뜨리기 때문이네. 지금도 탁월함에 관해서는 그것이 무엇인지 난 알지 못하네. 하지만 자넨 아마도 나와 접촉하기 전에 이미 알았다고 하더라도 지금은 알지 못하는 자와 흡사하네. 그럼에도 불구하고 난 그것이 도대체 무엇인지를 자네와 함께 고찰하고 탐구하길 바라네.

–플라톤의 『메논』, pp 62~63 중에서

(3) 결론없는 결론 아포리아(Aporia)

아포리아(Aporia)는 부정의 의미가 있는 'A(not)'와 길이라는 의미의 'Poros(path)'가 더해져서 만들어진 합성어로 결론 없이 끝나는 결말을 말한다. 문자 그대로는 길이 막힘, 난제, 당혹감을 나타낸다. 길이 막혔다고 할 때 그 길은 안가도 되는 길이라거나 피해가려면 피해도 좋은 길이 아니라 꼭 가긴 가야 하는 길이 있는데, 이 길이 막혀버린 경우가 바로 '아포리아'다. 하지만 철학함은 사람이 가야 할 길이 막힌 것을 깨닫고 당황함에 직면하여 고민하며 그 막힌 길을 뚫고 나아갈 지혜를 열망하는 것으로, 이것이 곧 철학의 어원이기도 하다(이현주, 2012).

2) 유아와 소크라테스의 문답법

소크라테스는 대화상대자들에게 스스로 무지를 깨닫고 이를 통해 새로운 지식, 진리를 추구해 나가도록 한다. 현대의 구성주의는 '지식은 구성된다'는 입장에서 지식의 진위보다는 학습자 스스로 구성한 지식에 강조점을 둔다. 여기에서 소크라테스도 대화 상대자의 이성적 사고에 의해 지식을 알아가는 과정을 중요시하였다는 점을 고려할 때, 우리는 그의 대화 방법을 교수법으로 적용할 수 있는 가능성을 찾을 수 있다. 다만 차이점은 구성주의는 지식의 절대성을 받아들지 않지만, 소크라테스 대화법은 지식의 절대성을 받아들이면서도 학습자에 의한 지식의 구성을 이끌어 나가는 교육방법이라는 것이다(이영문, 2007). 절대적 진리를 향해 계속적인 지식의 구성이 일어나면 진리에 더욱 가깝게 지식을 구성할 수 있게 된다. 그리고 이렇게 구성된 지식을 통해 자신의 행동의 변화를 도모하게 된다.

(1) 소크라테스식 발문

① 발견학습의 원리

발견학습은 교사가 유아에게 몇 가지 관련된 사실을 제시해 주고, 그 사실로부터 그것에 함의된 원리를 유아 자신이 발견해 내도록 하는 교육방법이다, 여기에는 중요한 논리적 가정이 전제되어 있는데, 그것은 유아가 특정한 사실들로부터 공통된 특징, 또는 관련성을 유추해 낼 수 있다는 것이다. 사실로부터 원리를 끄집어 낼 수 있다는 생각이 성립되기 위해서는 원리 또는 개념이 논리적으로 사실, 사물에 선행해야 한다. 사실에 논리적으로 선행하는 원리는 어떻게 형성하고 획득되는 것인지에 대한 질문에 소크라테스는 나는 알지 못한다는 상기설(recollection theory)로 대답한다. 소크라테스는 교사인 자신은 알지 못하기에 다른 이들에게 지식을 전달하거나 주입할 수 없고, 주입할 필요도 없다고 하였다. 따라서 교사는 유아 안에 내재되어 있는 지식을 상기(recollection)할 수 있도록 도와주기만 하면 된다.

② 문제제시 및 가설설정과 검증의 단계

소크라테스 : 얘야, 내게 말해보거라. 넌 정사각형이 이와 같은 것이라는 것을 아니? (소크라테스가 정사각형 ABCD를 그린다)

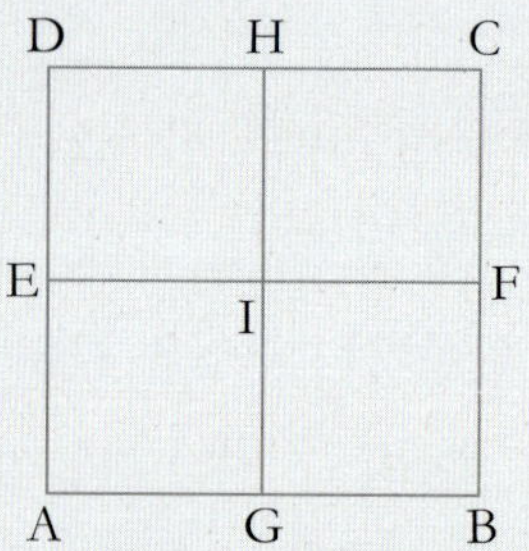

노예 : 예.
소크라테스 : 그렇다면 정사각형의 이 네 개의 선분들(AB, BC, CD, DA) 모두는 길이가 같겠지?
노예 : 물론입니다.
소크라테스 : 가운데를 통과하는 이 선분들(EF, GH)도 길이가 같지 않겠니?
노예 : 그렇습니다.
소크라테스 : 그럼 그와 같은 도형을 더 클수도 더 작을 수도 있지 않겠니?
노예 : 물론입니다.
소크라테스 : 그럼 이 변(AB)자체가 2피트이고 이 변(AD)이 2피트라면, 전체는 몇 제곱피트이지? 이렇게 생각해봐. 그게 이쪽(AB)으로는 2피트인데 저쪽(AE)으로는 단지 1피트일 뿐이라면, 그 도형의 면적은 다름 아닌 2의 한 배 제곱피트이지 않을까?
노예 : 그렇습니다.
소크라테스 : 그런데 이쪽(AD)으로도 2피트이니까, 다름 아닌 2의 두 배가 되겠지?
노예 : 그렇게 됩니다.
소크라테스 : 그러니까 2의 두 배 제곱피트가 되는 것이지?
노예 : 예.
소크라테스 : 그렇다면 2의 두 배 제곱피트는 얼마지? 계산해보고서 말하거라.
노예 : 4입니다. 소크라테스.

—플라톤의 『메논』, pp 66~67 중에서

위의 대화는 소크라테스가 소년에게 문제를 제시하고, 이 문제를 해결하기 위하여 소년이 가설을 세우는 과정이다. 문제를 제시함에 있어서 소크라테스는 '정사각형'이라는 용어 대신에 '모든 변이 꼭 같은 것들로 갖는 그런 것'이라는 표현을 쓴다. 이는 소크라테스가 이전에 전혀 기하학을 배운 적이 없는 소년을 대상으로 하는 수업임을 염두하고, 소년의 수준에 맞는 언어를 사용한 것이다. 소크라테스에 따르면 소년은 자신이 답을 모르고 있다는 사실조차 모르고 있는데, 이는 대부분 사람들의 특성이다. 사람들은 흔히 알고 있다고 말하는 것들은 사실을 모르고 있으면서 알고 있다고 착각하는 것에 불과하기 때문에, 이런 '무지의 자각'이 바로 교육의 소명이 되어야 한다(오세희, 2003). 교육의 목적은 이성을 계발함으로써 사회적 관습이나 편협한 경험에서 생긴 오개념을 바로잡는 데 있다. 따라서 유아에게 질문을 하는 주제는 타인으로부터 얻은 신념, 즉 그들이 들은 것을 믿는 것, 유아가 개인적인 경험, 사고, 그들의 친구를 포함한 환경과의 상호작용의 결과로 형성된 신념 등으로 하여야 한다. 이를 위해 학습한 내용이나 함께 읽은 이야기에 대해 다음과 같은 소크라테스 질문을 한다면 유아는 자신의 사고의 모순과 불일치에 대해 사고할 수 있는 기회를 가질 수 있다(Fisher, 1998).

유아와 함께할 수 있는 소크라테스 질문법(이현주, 2012)

1. 명료함을 추구하는 발문	
~을 설명할 수 있는가?	설명
~는 무엇을 의미하는가?	정의
예를 제시할 수 있는가?	예 제시
그것은 무엇을 지지하는가?	지지
물어볼 질문이 있는 사람은?	탐구
2. 이유와 증거를 증명하는 발문	
왜 그렇게 생각하는가?	논증의 형성
그것을 어떻게 알 수 있는가?	가정
네가 제시하는 이유는?	이유

~에 대한 증거를 자기고 있는가?	증거
예나 반려를 들 수 있는가?	반례제시
3. 대안적인 관점을 탐색하는 발문	
또 다른 방식으로 말할 수 있는가?	관점의 재진술
다른 관점이 존재하는가?	심사숙소
만약 누가 ~를 제시한다면?	대안적인 관점
당신과 다른 견해를 가진 사람이 말하는 것은 무엇인가?	반증
그 관점/ 아이디어의 차이는 무엇인가?	구별
4. 함의와 결론을 검증하는 발문	
당신이 말한 것으로부터 추론할 수 있는 것은(우리가 이끌어 낼 수 있는 것은)?	함축
이전에 말한 내용과 일치하는가?	일관성
그것의 결론은 무엇인가?	결론
그것에 관한 일반적인 규칙이 있는가?	일반화규칙
그것이 진리인지 확인하기 위해 어떻게 검증할 수 있는가?	진리검증
5. 질문과 토의에 관한 발문	
그것에 관해 질문할 것이 있는가?	질문
그것은 어떤 질문인가?	분석
말한 내용/질문은 우리에게 어떤 도움을 주는가?	연결
우리는 어디서 얻을 수 있는가?/ 누가 요약할 수 있는가?	요약
질문이나 문제의 답에 한층 가까워졌는가?	결론에 도달

(3) 소크라테스식 토의 촉진하기

「뤼시스」는 플라톤의 초기 『대화편』의 하나로 흔히 '우정'이나 '사랑'이라고 번역하는 필리아(philia)를 본격적으로 다룬 최초의 작품이자 외견상 뚜렷한 성과나 결론 없이 아포리아로 끝나버리는 특징을 갖는다. 소크라테스는 메넥세노스에게 '어떤 사람이 누군가를 사랑할 때 누가 누구의 친구인가', 즉 '친구란 무엇인가?'에 대한 질문을 던진다.

소크라테스 문답법

「뤼시스」에서 소크라테스는 뤼시스와 메넥세노스가 '친구라면 두 사람 중 누가 누구의 친구가 되는가, 사랑하는 자가 사랑받는 자의 친구가 되는가?(능동적 의미의 친구)', 아니면 '사랑받는 자가 사랑하는 자의 친구가 되는가?(수동적 의미의 친구)'에 대한 질문으로 메넥세노스에게 질문하고 그로 하여금 생각할 기회를 나누었다. 소크라테스의 질문에 메넥세노스는 '별 반 차이가 없다'고 답하지만 대화를 통하여 모순점이 드러났다.

소크라테스의 대화 내용을 분석하고, 이를 중심으로 유아에게 적용하여 토론을 진행

> 소크라테스 : …누군가가 누군가를 사랑할 때 두 사람 중 누가 누구의 친구가 되는가? 사랑하는 자가 사랑받는 자의 친구가 되는가 아니면 사랑받는 자가 사랑하는 자의 친구가 되는가 아니면 별반 차이가 없는가
> 메넥세노스 : 적어도 제게는 별반 차이가 없다고 생각됩니다
> 소크라테스 : …한 사람이 다른 한 사람을 사랑하기만 하면 두 사람 모두 서로의 친구가 되는가
> 메넥세노스 : 적어도 제게는 그렇게 생각됩니다.
> 소크라테스 : 사랑하는 자가 자기가 사랑하는 자에게서 사랑을 되받지 못할 수도 있지 않은가
> 메넥세노스 : 그럴 수 있습니다.
> 소크라테스 : …둘 중 누가 누구의 친구인가 사랑하는 자가 사랑받는 자의 친구인가 아니면 사랑받는 자가 사랑하는 자의 친구인가 아니면 다시 이런 경우에는 둘 다 서로를 사랑하지 않으면 둘 중 아무도 다른 한 쪽의 친구가 아닌 것인가
> 메넥세노스 : 어쨌거나 후자인 것 같습니다.
> 소크라테스 : 그렇다면 이제 우리는 앞서 생각했던 것과 다르게 생각하고 있는 것이네. 그때는 둘 중 한 사람이 사랑하면 둘 다 친구라고 생각했지만 이제는 둘 다 사랑하지 않으면 둘 중 아무도 친구가 아니라고 생각하고 있으니까 말일세
> 메넥세노스 : 그런 것 같습니다.
>
> —플라톤의 『뤼시스』, pp 66~68 중에서

해 봄으로써 유아의 사고를 촉진시킬 수 있다. 유아와 소크라테스 대화법을 활용할 때는 다음의 대화기술을 활용하여 진행할 수 있다.

- 생각할 시간 갖기
- 2인 1조 생각하기
- 추적 질문
- 판단보류

- 질문 유아를 격려
- 발표자 지명허용
- 넓은 범위의 응답요청
- 요약요청
- 악마의 옹호자 놀이
- 모든 집단의 응답 이끌어내기

다음은 유아들과 어떠한 상황일 때 소크라테스와 메넥세노스의 대화를 활용하여 진행한 토론으로 '친구일까', '친구가 아닐까'라는 질문에 대한 대화의 일부이다(이현주, 2012, 인용).

하하: 재석이가 착해요. 화도 잘 내지 않아요.
교사: 하하가 선생님에게 방금 한 말은 하하가 화를 내도 재석이는 하하에게 화를 안 낸다는 건가요? 좀 더 자세히 설명해 줄 수 있을까? (추적질문)
하하: 네, 화를 안 내요.
교사: 다른 친구도 이야기해볼 수 있을까? (발표자 지명 허용)
준하: 명수요. 명수가 어제 우리 집에 와서 나랑 놀았거든요.
교사: 그럼 우리 논다는 것에 대해 생각해 볼까요? 같이 놀아서 즐겁다는 뜻인가요? 아니면 친구가 놀아줘서 좋다는 뜻인가요? (요약 요청)
준하: 같이 놀아서 좋다는 뜻이에요.
교사: 그럼 같이 놀아서 친구라고 생각한다는 건가요?
준하: 네, 같이 놀아서 친구에요.

2. 철학적 탐구공동체

1) 철학적 탐구공동체의 배경

철학(philosophy)의 어원은 '좋아한다'는 뜻의 필로스(philos)와 '안다'는 뜻의 소피아(sophia)의 합성어인 필로소피아(philosophia)로, '앎을 좋아한다' 혹은 '앎을 위해 노력한다.'라는 의미를 가진다.

유아 철학의 가능성은 고대 그리스의 철학자 에피쿠로스(Epikuros)[15]로부터 출발하여 몽테뉴(Montaigne, 1533~1592)[16]를 거쳐 오늘날에 이르기까지 면면히 이어져오고 있다(박해용, 2006). 이후 유아를 위한 철학교육은 1960년대 후반 미국에서부터 본격적으로 논의되기 시작하면서, 립맨(Lipman)을 주축으로 IAPC(Institute for the Advancement of Philosophy for Children) 팀들이 어린이의 철학 가능성을 제시하였다. 유아에게 철학이란 유아 스스로 생각하는 과정을 연습하고 반성하기 위한 과정으로, 스스로 생각한 것에 대한 다시 생각하기의 다른 표현이다. 이러한 특징을 가진 유아를 위한 철학교육은 유아로 하여금 철학적 사고력을 활용하여 자신에게 닥쳐오는 인생문제를 잘 해결하여 어려서부터 행복한 삶을 살 수 있는 바탕을 마련하도록 가르치는 데 그 목적이 있다(정인선, 2010).

15) 유아기는 인간이 처하는 최초의 환경입니다. 어떤 느낌일까? 여기에 대한 많은 이론이 존재하지만, 그 중 하나인 정신분석에서는 〈불안〉상태로 이해하고자 시도합니다. 이는 생물학적 조건에서 기인하는 것인데, 간단히 말해서 자기 힘으로 생존을 위한 최소한의 조건을 만족시키지 못한다는 데서 비롯되는 무능력의 불안이죠. 단적으로 예를 들자면, 유아는 어머니의 도움 없이는 배고픔을 해결할 수 없습니다. 여기서 흥미로운 조건 하나가 형성되는데, 유아는 어떤 식으로든 타자에게 〈요구〉를 함으로써만 자신의 생존을 영위할 수 있다는 겁니다. 이것이 인간의 관계지향성에 대한 첫 시작인 셈이죠. 따라서 유아는 어머니를 획득하기 위한 여러 가지 방법들을 시도합니다. 어머니가 자신을 사랑한다고 생각하는 아이는 자신의 불만상태를 고함이나 울음과 같은 형식의 표현들을 적극적으로 발휘하며 응석받이로 자라고요, 반대로 그녀에 대한 사랑을 확신하지 못하는 아이는 〈구애〉를 하려고 하게 됩니다. 여기서 구애란 개념은 간단합니다. 어머니에게 마음에 드는 일을 해야 어머니가 날 좋아할 것이고, 이 호감이 곧 불안을 해결해 주리라는 논리죠. 그러기 위해서 아이는 어머니가 좋아하는 것을 파악하고자 합니다 – 이른바 〈예쁜 짓〉 파악하기. 웃음이나, 음식예절 혹은 배변규칙과 같은 여러 가지 문명적 요소들을 체득하는 원리 역시 –「이걸 하면 어머니가 좋아할 거야!」 – 모두 이러한 구애활동의 하나로 비롯되지요. 하지만 아이는 이 과정에서 뭔가 흥미로운 사실 하나를 발견하게 됩니다. 그건 바로 전능하다고 여겨졌던 어머니 역시도 뭔가 구애하는 바가 있다는 사실이죠. 정신분석에선 이걸 〈아버지〉라고 봅니다. 물론, 이건 상징적인 말이기에 여러 가지 의미로 이해될 수 있습니다. 종교적 신일 수도 있고요, 돈일 수도 있죠. 어쨌거나 어머니가 구애하고자 하는 무엇의 존재입니다. 그리고 여기서 아이는 바로 이것을 내가 가진다면, 어머니의 완전한 사랑을 가질 수 있을 거라 생각하게 됩니다. 이른바 〈타자의 욕망을 욕망하는〉 단계에 이른다는 말이죠. 처음에 이 과정은 구애의 경쟁자인 아버지를 미워하는 단계에서, 자신이 어머니가 구애하는 아버지 자체가 되려고 하는 단계로 이행하며, 동시에 이를 수행하기 위해 아버지와 똑같은 행동을 하려고 들게 됩니다. 여기서 아버지가 사회화를 위한 여러 규범이나 규칙들을 의미한다면, 이는 일종의 문명화 작업의 일환으로도 읽힐 수 있지요(실제로 정신분석은 이렇게 이해합니다). 이게 바로 오이디푸스 과정입니다(오유석 옮김, 에피쿠로스, 『쾌락』, p. 13 중에서).

16) 몽테뉴는 아버지의 각별한 관심 속에 엄청난 수준의 조기교육을 받으며 어린 시절을 보내야 했다. 특히 그는 모국어인 불어 이전에 라틴어만이 주입되어 6살에 유창하게 할 수 있었지만, 그와 대화를 나눌 수 있는 사람은 아주 극소수에 불과했다. 특히 대화의 수준이 심각하게 낮았는데, 그는 자신의 대표작 '엣세(수상록)'에서 "말은 절반은 그것을 말하는 사람의 것이 되고 절반은 듣는 사람의 것이 된다."라고 말하면서 의사소통의 문제에 중요성을 가졌다. 이후 몽테뉴는 실학주의 교육의 대표사상가로 부모의 본능적이고 무조건적인 사랑을 배제하고, 자연의 연구와 실제 경험을 중시하며 다른 사림이 유아를 양육하는 것에 대한 교육방법을 시사하였다.

립맨은 학교가 학생들로 하여금 사고하도록 가르치는 데 실패했기 때문에 철학적 탐구공동체 프로그램을 고안했다. 그는 당시 재직하던 콜롬비아 대학의 학생들의 낮은 사고기술 수준을 보면서 '왜 사고수준이 낮은 것일까?', '유아기까지는 호기심, 창의성, 흥미가 왕성하고 쉴 새 없이 더 많은 설명을 해달라고 하는데, 18세가 되면 왜 그들은 수동적이고 무비판적이며 배우는 것에 지루함을 느끼는 걸까?'라는 것에 의문을 가졌다. 그는 유아의 타고난 호기심과 의미를 찾아야 한다고 보고, 추론기술과 교육과정에서 이러한 요소들을 발달시켜 자기존중감을 길러 도덕적 가치를 발달시켜야 한다고 보았다(Fisher, 2008).

2) 철학적 탐구공동체 활동

립맨은 비고스키에게서 철학교육의 가르침과 정신발달 사이의 관련성에 대한 적용방법을 찾아서(Lipman, 2003), 철학적 탐구공동체의 주요 개념을 근접발달지대와 비계설정 그리고 매개체로의 언어로 삼았다. 따라서 유아의 사고능력를 증진하기 위한 교사의 역할은 유아의 사고를 촉발하는 산파의 역할을 하는 것이다. 이를 위해 립맨은 철학적 동화를 제시하여 각 에피소드에서 주제를 도출하여 유아가 그러한 주제들을 자신의 경험에 관련시켜 삶에 있어 철학이 직접적으로 어떠한 변화를 가져올 수 있는가를 알려주고자 하였다, 또한 철학적 탐구공동체 활동은 유아의 사고를 자극하는 질문을 함으로써 스스로 삶을 바라는 관점을 넓힐 수 있는 대안적 견해들을 소개하는 것을 목표로 삼고, 유아가 설정한 가정에 대한 검토에서 포괄적인 해답을 구할 수 있도록 제공한다(Lipman, Sharp & Oscanyan, 1980).

철학적 탐구공동체 활동을 위한 교사의 적절한 질문(이춘희, 2007).

질문유형	예문
유아의 견해를 명료화하고 가다듬어 말할 수 있게 하는 질문	· 들어보니, 네가 …라고 말하는 것 같구나. · 지금 네가 말한 건 …라는 말이니? · 너는 …라고 생각하는 것 같은데, 내가 제대로 알아들었니?
유아의 견해를 해명하게 하는 질문	· 네가 지금 말한 걸 이렇게 요약할 수 있을까? · 네 말을 좀 짧게 다시 말해 줄 수 있겠니?
유아의 표현을 해석하는 질문	· 방금 네가 말한 것이 무얼 의미하는지 다시 설명해줄래? · 내가 네 말을 잘 이해한 건지 모르겠지만, 한마디로 …라는 말이니?
유아가 사용하는 개념의 정의를 묻는 질문	· …란 무슨 뜻이지?
유아가 지지하는 신념이나 의견의 논거를 요구하는 질문	· 왜 그렇게 생각하는지 말해줄 수 있니?
새로운 대안을 도출하고 검토하게 하는 질문	· 그래 지금의 생각도 좋은데, 이번엔 조금 다르게 생각해 볼 수 있을까?
유아의 의견을 유도하는 질문	· 지금 들려준 동화에서 친구들과 함께 이야기 나누고 싶은 부분이 있니? · 이야기 중에서 잘 이해되지 않는 부분이 있니? · 들었던 말 중에 무슨 말인지 잘 모르겠다고 생각되는 부분이 있니?

철학적 탐구공동체 활동은 유아의 연령 및 발달정도에 따라 다음의 3수준으로 실시될 수 있다(정대련, 2009).

철학적 탐구공동체 활동 발달수준

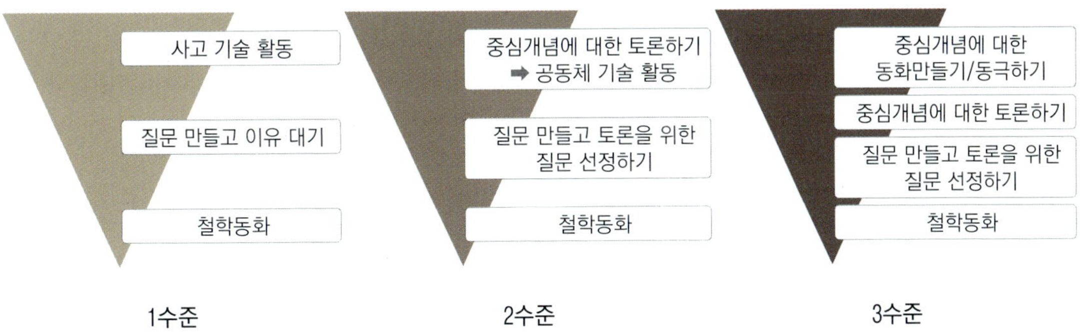

(1) 철학적 탐구공동체 1수준

처음 철학적 탐구공동체 활동을 접하는 유아들은 철학적 탐구와 공동체 활동에 어려움을 느낀다. 따라서 1수준에서는 유아들이 가지는 호기심과 궁금증을 더욱 확장할 수 있도록 동화를 듣고 궁금한 것에 대한 질문 만들기를 주로 하여 궁금증을 가지게 된 이유를 말하게 한 후 사고 기술과 관련된 활동을 진행한다.

(2) 철학적 탐구공동체 2수준

1수준에 익숙해지면 철학적 탐구공동체 2수준으로 진행하게 되는데, 여기에서는 공동체 기술을 익히도록 하는 것이 중요하기 때문에 별도의 활동으로 습득하기 보다는 토론 과정에 중심을 두고 지도하도록 한다.

토론에 대한 평가는 "자신의 생각을 잘 이야기하였는가, 자신의 생각에 대한 이유를 잘 말했는가, 친구의 이야기를 잘 들어주었는가, 토론시간이 재미있었는가?"등으로 점검하도록 한다. 또한 그림동화 외에 구연동화, 실물 화상기, 자식동화, 여러 가지 방법으로 제시 가능하며 동화를 들으면서 신기한 점이나 궁금한 점이 있으면 생각해두었다가 동화가 끝나면 질문을 만들도록 한다. 동화를 듣고 유아들이 궁금한 내용에 대한 질문이 만들어지면 같은 질문을 묶고, 의미에 초점을 두게 한 후 질문을 선정한다.

(3) 철학적 탐구공동체 3수준

철학적 탐구공동체 3수준은 개인(개인별 활동지)와 소그룹 대그룹(칠판사용)을 활용하여 대그룹으로 모여서 같은 질문을 묶어보고 하나의 질문을 선정한다. 질문을 선정할 때는 다수결로 하거나 특정유아로 하여금 선정하게 하거나 교사가 선정할 수 있다. 질문이 선정되면 교사는 그 질문에서 중심개념을 찾아서 토론 계획을 세운다.

토론은 질문을 중심으로 동화에서 출발해서 중심개념으로 넘어오는 순서로 진행한다. 토론을 진행하는 가운데 상호작용은 교사-유아보다는 유아-유아의 상호작용을 중심으로 한다. 이야기의 큰 줄거리가 정해지면 주인공, 배경, 그리고 덧붙이고 싶은 내용을 넣어서 동화를 완성한다. "동화 속에서 주인공이 무슨 말을 할까, 주인공이 다른 친구에게 뭐라고 했을까, 친구는 뭐라고 답을 해줄까, 주인공이 자기의 생각에 대한 이유를 어떻게 이야기할까, 주인공과 친구가 모두 같은 생각을 할까, 다른 친구의 이야기를 듣고 주인공은 어떻게 생각을 바꿀까, 배우와 관객이 어떻게 해야 하는가?"에 대해 이야기하고 느낌을 이야기한다. 다음으로 동극을 진행해보면서 유아의 생각을 정리한다.

3) 철학적 탐구공동체 교수-학습과정

(1) 동화 선정

철학적 탐구공동체 활동에서 동화는 유아들이 철학적 질문에 대해 토론을 해 나갈 때 필요한 생각의 맥락을 제공하는 역할과 유아에게 상위 수준의 사고나 탐구공동체 활동의 모델을 제시하는 역할을 한다. 철학적 탐구공동체 활동을 위한 동화를 선정할 때에는 다음의 몇 가지 점을 고려하는 것이 필요하다.

① 유아의 철학적 호기심을 자극할 수 있는 동화
② 동화의 주인공들이 상위수준의 사고모델을 보여주는 동화
③ 대화가 풍부한 동화
④ 윤리적 탐구를 가능하게 하는 동화
⑤ 유아의 상상력을 자극하는 그림이 있는 동화

(2) 토론계획 수립

토론계획은 교사가 유아들과 함께 중심 생각의 철학적 측면들을 탐구해 볼 수 있도록 구성되어야 한다. 교사는 다음과 같은 일련의 과정을 통하여 토론계획을 세울 수 있다.

① 동화를 읽고 동화의 흐름과 주요 개념들을 이해한다.
② 동화를 읽고 생각나는 모든 철학적 질문을 적는다.
③ 철학적 질문들을 중심 생각이 유사한 것끼리 분류한다.
④ 중심생각에 대한 철학적 토론을 위한 토론계획을 세운다. 토론계획은 구체적이고 특수한 사례로부터 추상적이고 일반적인 문제로 형성된 일련의 질문들로 구성한다.

(3) 동화 제시

동화가 짧을 경우에는 전체 분량을 한 번에 다 읽어주지만, 긴 동화일 경우에 일부분인 하나 또는 두 가지의 에피소드만을 읽어주어도 무방하다. 동화를 제시할 때에는 유아의 흥미를 고려하여 여러 방법으로 제시한다.

(4) 토론 질문의 선정

철학적 탐구공동체 활동에서는 유아가 동화를 듣고 가지게 되는 철학적 질문에 초점을 두게 되므로 동화를 듣고 난 다음 유아가 만드는 질문이 중요하다. 토론질문의 선정은 '질문만들기', '관련 있는 질문들을 묶기', '토론을 위한 질문 선정'의 세 과정으로 이루어진다. 동화와 질문을 선정하여 제시하는 예는 다음과 같다(최선경, 2015).

그림책 제목	연령	토의 주제
감기 걸린 날 (김동수 저, 보림출판사)	4세	오리들은 왜 깃털이 없었을까?
	5세	여자아이는 어떻게 오리랑 말했을까?
케이티와 폭설 (버지니아 리 버튼 저, 시공주니어)	4세	케이티는 왜 사람들을 도와주었을까?
	5세	케이티는 왜 포기하지 않았을까?
거울 속으로 (앤서니 브라운 저, 배틀북)	4세	성가대 아이들은 왜 하늘로 올라갔을까?
	5세	토비가 거울 속으로 들어 간 게 실제로 일어난 일일까?
자꾸 자꾸 시계가 많아지네 (팻 허친스 저, 보물창고)	4세	아저씨는 왜 시계가 이상하다고 생각했을까?
	5세	한 곳에 시계를 놓지 않고 왜 여러 군데 놓았을까?
겁쟁이 빌리 (앤서니 브라운 저, 비룡소)	4세	빌리는 왜 걱정인형을 만들었을까?
	5세	걱정인형은 어디서 나온 것일까?
지각대장 존 (존 버닝햄 저, 비룡소)	4세	왜 선생님은 존을 믿어주지 않았을까?
	5세	왜 존에게 이상한 일들이 자꾸 일어났을까?

(5) 철학적 토론 활동

철학적 토론 활동에서는 교사가 적절한 질문을 활용하여 토론을 전개시켜 나가는 것이 필요하다. 교사는 유아들이 의견을 듣고 잘못된 점을 지적하며 분명하지 않은 의견에는 질문을 던지는 등으로 탐구질문을 활용하여 토론이 잘 이루어지도록 도와주어야 한다. 토론활동은 가능한 한 많은 유아가 토론에 참여할 수 있도록 하며, 선정된 중심개념을 깊이 있게 탐구해나가는 탐구활동에 초점을 두어야 한다.

(6) 동화 만들기

토론활동이 끝나고 나면, 확장활동으로 유아들로 하여금 토론한 중심 개념에 대한 동화를 만들어 보게 한다.

(7) 극화 활동

토론활동에서 다루어진 중심개념에 대해 유아들이 만든 동화로 극화활동을 실시한다.

3. AbPS 활동

AbPS(Action-based Problem Solving) 활동은 CPS(Creative Problem Solving: CPS)에 뿌리를 두고 만든 토란스의 창의력 미래문제해결 프로그램 FPSP(Future Problem Solving Program) 가운데 하나로 팀 창의력 요소를 유아교육기관이나 초등학교 저학년에 맞게 확산적 사고와 수렴적 사고를 적절하게 활용할 수 있도록 개발된 활동이다(김영채, 2005). AbPS 활동은 활동중심의 창의력 개발 프로그램으로 유아교육기관에서 특히 효과적으로 사용할 수 있다. AbPS 활동의 목표는 문제를 적극적으로 탐구하고, 자료를 종합하고, 창의적이고 비판적인 사고 과정을 개발하고, 협동 학습을 통하여 인간관계를 자각하고 책임감과 성취감을 가지게 하며 의사소통하는 기능을 가르치는 데 있다(김영채, 2004).

1) AbPS 활동의 단계와 요소

AbPS 활동은 퍼지 도전, 생각 활동지, 절차적인 전략, 범주 목록, 의사결정 및 의사소통 등의 요소를 가지고, 확산적 사고기법인 브레인스토밍과 수렴적 사고기법인 평가행렬법을 번갈아 사용한다(김영채, 2004).

(1) 퍼지 도전

퍼지 도전은 유아들에게 친숙한 동화를 이용해 만든 문제를 담고 있는 짧은 이야기로 장면, 장소, 시간, 사람들을 설정하여 작성하는 것이다. 어떤 문제는 명백하고 구체적으로 제시하고, 일부는 암시만 해두어도 된다. 중요한 것은 유아가 일어나고 있는 문제를 인식하는 것에 초점을 두어야 한다. 유아들은 퍼지 도전을 논의해 봄으로써 퍼지 도전 속에서 실제로 일어나고 있는 것과 일어나거나 변화할 가능성이 있는 어떤 것을 서로 연결시켜 볼 수 있다.

(2) 생각활동지

생각활동지는 아이디어의 유창성과 융통성을 증가시키기 위해 사용할 수 있는 각 단계별 활동에 필요한 활동지를 의미한다. 생각 활동지를 가운데 두고 모든 유아가 쉽게 접근하여 떠오르는 아이디어를 간단한 단어나 구, 그림으로 빠르게 적을 수 있도록 돕는다.

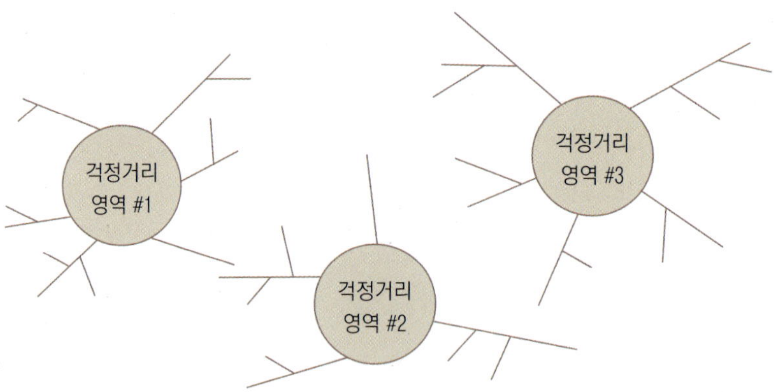

걱정거리 방울들

(3) 범주목록

범주 목록은 브레인스토밍의 범위를 넓히고 사고의 융통성을 기르기 위해 사용하는 것으로 문제점과 관련하여 각 범주와 관련된 다양한 아이디어를 생각해 보도록 하는 것이다. 막연하게 생각하고 있던 것을 범주를 제시함으로써 다양한 방면에서 여러 가지 아이디어가 생성될 수 있도록 돕는다. 범주의 목록에는 윤리적 및 종교적인 것, 음악, 미술 및 문화, 지역사회에 대한 태도, 마트, 환경적인 것, 기술/도구 만들기, 여가와 오락, 조직과 정부, 심리적인 영향, 사회적인 것, 교육, 재정적인 것, 커뮤니케이션, 건강관계, 정치 등이 있다.

(4) 확산적 사고: 브레인스토밍

브레인스토밍은 집단구성원들이 하나의 문제에 초점을 두고 가능한 한 많은 수의 아이디어들을 생성해 내기 위한 기법으로 대집단 활동을 통해 유아들이 의견을 나눈 후에 소집단에서 다시 의견을 나누는 방법으로 진행할 수 있다.

발산적 사고를 위한 가이드라인

- 비판과 칭찬을 하지 않는다.
- 자유분방한 것을 환영한다.
- 같이 조합하거나 더 개선시킨다.
- 양이 중요하다.

브레인스토밍을 하는 동안 유아들이 생성해 낸 아이디어에 대해 '예'나 '아니요'를 말하지 않는 것이 중요하다. 이때 유아들과 규칙을 만들어 "종을 치면 조금 더 생각해 보자는 약속이야" 등으로 만들어 보는 것이 도움이 된다. 특히 유아의 발상은 다소 엉뚱하고 우스운 아이디어가 나올 경우가 많은데, 오히려 획기적인 것을 발견해 낼 수 있기에 존중해야 한다. 그리고 아이디어들을 서로 조합하거나 남의 아이디어에 편승하여 새로운 아이디어를 만들 수도 있을 뿐만 아니라, 아이디어의 수가 많을수록 효과적인 행위계획을 만들어 내고 핵심도전을 극복할 가능성이 더 크기 때문에 많은 양의 아이디어가 나올 수 있도록 해야 한다.

(5) 수렴적 사고: 평가행렬법

평가 행렬법은 아이디어들을 준거에 따라 체계적으로 평가하고자 할 때 사용하며, 해결 대안을 평가하고 선택할 때 사용한다. 먼저 평가하고자 하는 대안들을 왼쪽에 세로로 차례대로 쓰고, 윗부분에는 가로로 평가에 사용하려는 핵심준거들을 적는다. 그런 다음 긍정적인 서술적인 방법을 제시한다던가, 숫자를 사용한다던지 등의 적절한 평정체제를 선택하여 각 대안이 각 준거들을 어느 정도 만족시키고 있는지를 평가한다.

수렴적 사고의 가이드라인

- 긍정적 판단을 사용하라.
- 신중하라.
- 대충 끝맺지 마라.
- 기준을 명확하게 정하라.

AbPS 활동은 지금까지 살펴본 요소와 사고기법을 가지고 창의적 문제해결의 다섯 단계로 구성하여 진행한다.

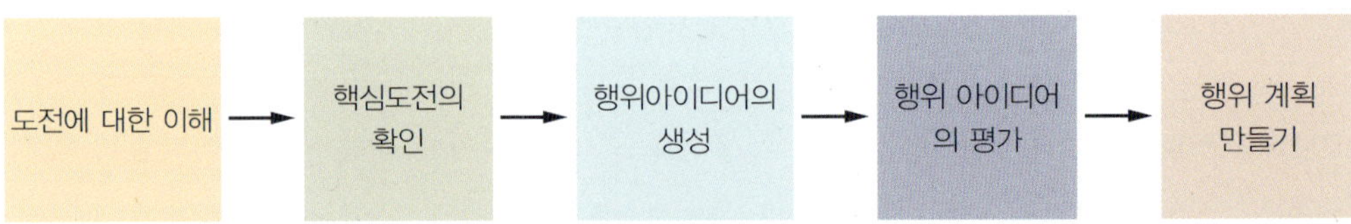

AbPS 단계

'도전에 대한 이해' 단계는 문제 상황에서 겪을 도전, 문제점을 브레인스토밍을 하여 걱정거리들을 찾아낸다.

'핵심 도전의 확인' 단계는 유아들이 팀 안에서 협동적으로 가장 핵심적인 문제를 찾아낸다.

'행위 아이디어의 생성' 단계는 핵심도전을 극복하기 위한 아이디어를 브레인스토밍 한다.

'행위 아이디어의 평가' 단계는 준거를 사용하여 가장 유망해 보이는 행위 아이디어를 분석하고 평가하는 것이다.

'행위 계획 만들기' 단계는 효과적인 행위 계획을 만들기 위하여 순위의 행위 아이디어들을 조합하여 직접 행위연출을 해 본다.

처음에는 이들 각 단계별로 충분히 연습하고, 유아들이 각 단계에 익숙해지면 통합적으로 단계별로 진행한다.

2) AbPS 활동의 실제

(1) AbPS 활동의 교수-학습 단계별 활동방법: 기아

① 1단계(도전에 대한 이해)

퍼지 장면의 걱정거리(해결되어야 할 일, 문젯거리)를 찾아 내어 자세하게 표현해본다.

활동단계	활동내용
흥미 유발 및 사진 제시	· 『기아』와 관련된 사진을 제시한다. · 『기아』와 관련된 사진을 보며 이야기를 나눈다. – 이 사진을 살펴보자. – 무엇을 보여주는 사진인 것 같니?(기아) 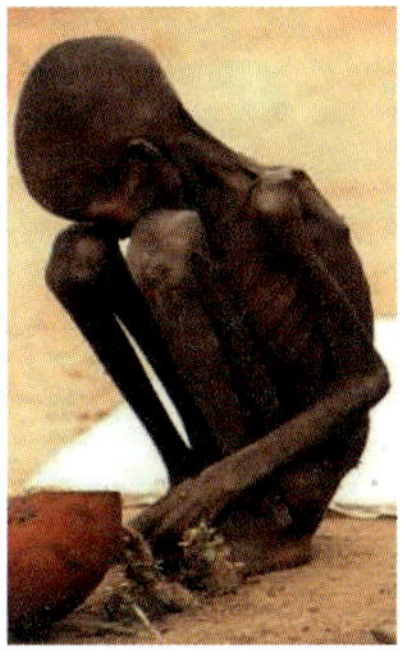

활동단계	활동내용
전개	· 퍼지도전을 나누어준다. · 도전에 대한 걱정거리를 브레인스토밍하여 찾기 – 대그룹활동으로 자유롭게 브레인스토밍한다. – 이 사진의 친구는 왜 이런 모습일까? – 이 친구에게 걱정거리가 있다면 무엇일까? 
전개	**(불쌍함, 아픔, 흙을 먹고 있음, 피부색이 검다, 배고픔, 울고 있음, 마르다, 살이 빠짐, 엄마가 보고 싶음, 영양실조, 굶었음, 아픔, 웅크림, 약을 먹어야 함, 돈이 없음, 기분이 좋지 않음, 목이 마르다. 물이 부족, 똥물, 먹을 것이 부족하다, 음식, 쓰레기, 거지, 목이 가늘다)** · 유아는 소그룹 활동으로 개인 활동지에 자신이 생각하는 걱정거리를 표현한다. · 대그룹 활동으로 개인 활동지 내용 발표하기 · 적합한 아이디어를 4개 선정하기 – 죽음, 불쌍함, 거지, 배고픔 · 교사는 유아의 활동지에 그림내용을 메모한다. **- 가난하고 뼈가 보여서 죽을지도 몰라요** **- 먹을 것이 없다면 불쌍해 질지도 몰라요** **- 아무것도 없고 모래 밭에서 살아요** **- 먹을 것이 없고 계속 흙탕물, 쓰레기를 먹으면 아프게 될지도 몰라요**
평가단계	· 선정한 아이디어를 함께 읽어보기 · 다음시간에 대한 예고하기 – 도전의 이해에서 산출한 아이디어 4개 중 핵심문제는 무엇인지 알아보기로 한다.

활동단계	활동내용
	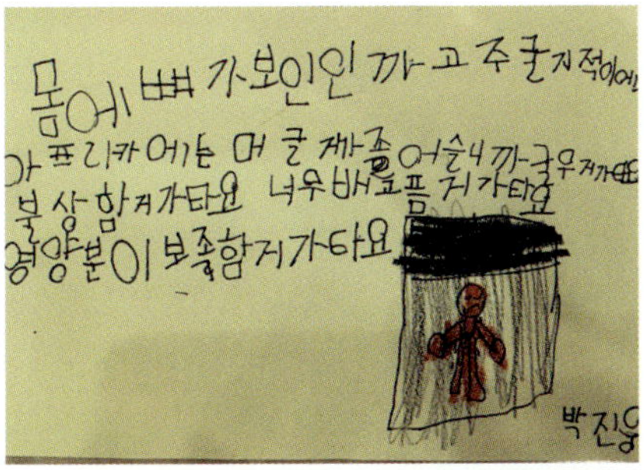   

② 2단계(핵심도전의 확인)

현재와 같은 일이 벌어지게 만든 '원인', 이 장면으로 인한 걱정거리를 찾아낸다. 걱정거리를 찾아낼 때는 어간, 핵심동사구, 목적에 따라 문장의 구조를 따라 만들어 본다.

- 어간: "어떻게 하면…"
- 핵심동사구: 내가 해야 할 일
- 목적: 취하려는 행위를 설명하는 서술적인 구

어떻게 하면 우리가 (팀 이름) ________를 ____________(동사)할 수 있기 위하여 ______________(당신이 취할 행동을 나타내는 동사)할 수 있을까?

활동단계	활동내용
사전활동	·아이디어 생성 가이드라인과 범주 리스트에 대하여 이야기나누기 ·1단계에서 선정한 아이디어 4개에 대하여 이야기나누기
전개	·핵심문제 찾기 – 유아는 히트기법을 이용하여 1단계의 아이디어 4개를 2개로 수렴한다. – 2개의 아이디어에 대하여 문제방울들을 이용하여 하위걱정거리를 브레인스토밍 한다. – 2개의 아이디어 중에서 하위걱정거리가 많은 것을 핵심문제로 선정한다. **- 거지, 배고픔** ·핵심문제 진술하기 **-어떻게 하면 우리가 친구가 배고프지 않도록 할 수 있을까?**
평가 단계	·다음시간에 대한 예고하기 – 핵심문제를 해결할 수 있는 행위아이디어에 대해 알아보기로 한다. 

③ 3단계(행위 아이디어 생성)

핵심문제를 해결하기 위한 해결 아이디어 브레인 스토밍한다.

- 자세히 진술하기
- 긍정문으로 쓰기

_____________(누가)______________ 위하여(왜 그것을 해야 하는지)

_______________(무엇을 하며, 그리고 어떻게 할 것인지)

________________________할 것이다(일 것이다).

활동단계	활동내용
사전활동	· 아이디어 생성가이드라인과 범주리스트에 대하여 이야기나누기 · 2단계에서 선정된 핵심문제 읽어보기
전개	· 핵심문제를 해결하기 위한 해결방법 생각해내기 – 유아는 대그룹 활동으로 아이디어 보드판에 자유롭게 브레인스토밍 한다. · 교사는 중요단어를 메모한다. – 유아는 소그룹 활동으로 개인 활동지에 자신이 생각하는 걱정거리를 표현한다. – 교사는 유아의 활동지에 그림내용을 메모한다. · 브레인스토밍 내용 중 가장 적합한 아이디어 고르기 – 소그룹 활동을 통하여 각 팀에서 한가지의 해결 아이디어를 선정한다. · 해결아이디어 선정하기 **- 의사가 아프리카 친구에게 영양주사를 보내주면 힘이 세져서 건강하고 배고프지 않게 될 것이다** **- 대통령이 아프리카 친구에게 물과 식량을 보내주면 배고프지 않게 될 것이다.** **- 우리가 아프리카 친구에게 자동차로 곡식을 보내주면 배고프지 않게 될 것이다** **- 경찰이 아프리카 친구에게 먹을 것을 보내주면 배고프지 않게 될 것이다.**
평가 단계	1. 선정한 아이디어를 함께 읽어보기 2. 다음 시간에 대한 예고하기 – 각 팀에서 선택한 행위아이디어를 평가하기로 한다.

④ 4단계(행위 아이디어 평가)

준거(평가 행렬표)를 사용하여 가장 유망해 보이는 해결아이디어를 분석하고 평가한다.

- 많은 준거 생각해내기
- 중요해 보이는 준거 고르기
- 골라낸 준거 자세하게 표현하기
- 최상급 의문문 사용하기: '가장'

활동단계	활동내용
사전활동	· 아이디어 생성을 위한 가이드라인과 범주 리스트에 대해 이야기 나누기 · 3단계에서 활동한 각 팀별 행위아이디어 알아보기
전개	· 행위아이디어에 대한 적절한 준거를 정하기 – 대집단 활동으로 준거를 결정한다. · 준거를 행위아이디어를 적절하게 평가할 수 있는 것을 선택한다. · 평가 행렬표를 이용하여 적합한 아이디어 고르기 – 준거별로 1점에서 3점을 매긴다(어느 방법이 가장~ 한가). – 점수를 합계하여 점수가 높은 순으로 순위를 매긴다. – 가장 높은 점수를 받은 아이디어를 행위아이디어로 선정한다. **-가장 배고프지 않을 수 있을까?** **-가장 재미있을까?** **-가장 필요할까?** **-가장 건강해질까?**
평가단계	· 선정한 아이디어를 함께 읽어보기 · 다음시간에 대한 예고하기 – 행위계획을 만들어 보기로 한다.
	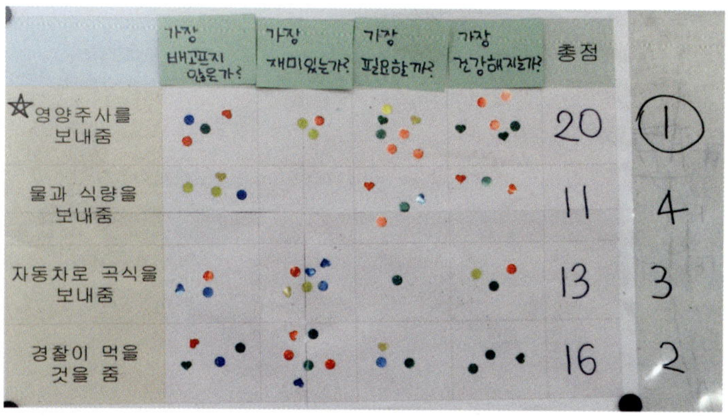

⑤ 5단계(행위 계획 만들기 및 행위연출 하기)

퍼지장면 교과 장면/동화)의 걱정거리(해결되어야 할 일 문젯거리)를 찾아내어 자세하게 표현한 후, 행위연출(역할놀이)를 위한 기본적인 아이디어를 생성한다

1. '어느' 행위 아이디어가 핵심문제를 잘 극복할 수 있을까?
2. '누가' 이들 아이디어들을 행위로 옮길 것인가?
3. '무엇을' 할 것인가?

4. '어떻게' 행위 계획을 실천할 것인가?

5. '언제' 행위 계획에 있는 여러 부분들을 행위로 옮길 것인가?

6. '어디서' 행위를 할 것인가?

7. '왜' 이 행위계획이 중요한가?

활동단계	활동내용	
사전활동	· 아이디어 생성 가이드라인과 범주리스트에 대하여 이야기나누기 · 4단계의 행위아이디어를 기억해보기	
전개	· 육하 질문하기(누가, 언제, 어디서, 무엇을, 어떻게, 왜) – 자유롭게 브레인스토밍 한다. · 행위를 위한 계획세우기 – 어떠한 순서로 행위 할 것인가를 계획한다. – 소그룹 활동으로 팀별 행위계획을 세운다. · 행위계획 발표하기 – 각 팀에서 선정한 아이디어를 발표한다. 1팀: 한국에 있는 시장님이 주말에 영양주사를 비행기 편으로 보내준다. 왜냐하면 아프리카는 가난하니까 주사를 많이 보내주어 배고프지 않게 도와줘야한다. 2팀: 의사가 휴가 때 구급상자를 가지고 자동차와 비행기를 갈아타고 아프리카에 간다. 아프리카에 병원을 짓고 영양주사를 놔주면 친구들이 배고파서 아픈 일이 줄어들 것이다. 3팀: 슈바이처가 휴가 때 구급상자를 가지고 헬리콥터를 탄다. 아프리카에 가서 영양주사를 놔준다. 아프리카 친구들은 힘이 없으니까. 4팀: 간호사가 휴가 때 보트를 타고 아프리카에 가서 영양주사를 놓아 줄 것이다. 왜냐하면 아프리카에는 먹을 것이 없으니까.	
평가단계	· 모든 과정 격려하기	
활동사진		

9장

개정누리과정과 사고교육

우리는 거인들의 어깨 위에 올라선 난쟁이들과 같기 때문에
고대인들보다 더 많이 그리고 더 멀리 볼 수 있다
–Chartres, 1905~1980

1. 신체운동·건강 영역과 사고교육

한국유아교육학회(1996)는 동작교육을 "유아를 위한 적절한 체육 접근법으로 유아에게 집단으로 똑같은 동작을 요구하는 전통적 접근법에 반대한다. 경쟁보다는 창조적인 방법으로 게임, 체조, 댄스 등을 통해 유아 자신의 환경 속에서 신체, 정신, 가정을 상호작용하는 복합성을 인식하고 인간의 움직임의 요소에 좀 더 주의를 기울이면서 창작적인 움직임과 탐색을 강조한다"라고 하였다. 유아는 몸동작을 통해서 신체적 자의식과 어휘력을 기를 수 있으며, 자신의 신체와 공간, 속도, 힘 등의 관계에 대한 인식을 하게 됨으로 탐색과 발견을 통해 사고가 증진된다(이춘희, 1999). 인간에게 있어서 모든 행동은 그 사람의 내적인 측면을 반영해 주고 있는 표현행동이자 표현활동인 것이다. 신체를 통한 표현력의 미발달은 인간 상호작용에 많은 문제점을 유발시킬 수 있으며, 더욱이 동물과 구별되는 움직임으로의 창의적이고 미적인 것을 추구하는 심미적 행동 발달에 문제를 야기시킬 수도 있다(김은정, 2008).

유아에게 있어서 신체표현은 생활의 일부이며, 유아의 신체는 학습초기 경험의 수단이며 목적이 되기도 한다. 유아는 신경과 근육의 통제 능력을 발달시켜 감에 따라 물리적 세계를 이해하고 비언어적인 의사소통과 이해력을 갖게 된다. 신체표현은 동작을 통

해, 그리고 동작에 대해 학습하기 위해 유아가 가진 선천적 능력을 잘 배열해 주는 작업이라고 할 수 있다. 신체표현은 유아가 자신의 세계를 발견해 가는 수단이 되며, 신체표현은 이러한 학습의 과정이자 결과라고 할 수 있다. 창의적 사고를 증진시키는 신체활동은 유아가 새로운 생각을 창출해 내고 자신의 생각을 다른 사람에게 전달하도록 돕는다(Stinson, 1988). 따라서 유아기의 신체표현은 유아가 스스로 발견하는 활동이 되도록 유도해야 하며, 그러기 위해서는 창의적 동작에 내재되어 있는 특성인 생각을 느끼며 춤을 발견해 가는 과정을 통해 자아를 인식하고 주변 환경을 이해하도록 해야 한다(Rugg, 1963). Mayesky(1995)는 창의적 동작이란 완성해야 하거나 올바로 연습해야 하는 일정한 형식이 있는 것이 아니라 유아가 탐색과정을 통해 유아 나름대로의 독특한 표현을 나타낼 수 있는 활동이라고 정의하였다. 교사는 유아에게 생각과 상상을 할 수 있는 다양한 기회를 제공해주며 자신의 생각과 느낌을 자유롭게 표현할 수 있도록 유아의 시도와 도전을 격려해주는 신체활동의 기회를 제공해야 한다.

2019 개정 누리과정에서 신체운동·건강영역은 유아가 자신의 몸에 관심을 가지고, 신체활동에 즐겁게 참여하며, 건강하고 안전한 생활을 해 나가는 다양한 경험과 관련된 내용이다. 교사는 유아가 몸을 충분히 움직이는 경험을 통해 신체활동의 즐거움을 느끼고 기초체력을 키우도록 돕는다. 교사는 유아가 일상에서 건강하고 안전한 생활을 실천할 수 있도록 지원할 수 있다(교육부, 보건복지부, 2019a).

신체운동·건강 영역은 '신체활동 즐기기', '건강하게 생활하기', '안전하게 생활하기'의 세 가지 내용 범주로 구성되며, 내용 범주별 내용은 다음과 같다.

내용 범주	내용
신체활동 즐기기	신체를 인식하고 움직인다.
	신체 움직임을 조절한다.
	기초적인 이동운동, 제자리 운동, 도구를 이용한 운동을 한다.
	실내외 신체활동에 자발적으로 참여한다.
건강하게 생활하기	자신의 몸과 주변을 깨끗이 한다.
	몸에 좋은 음식에 관심을 가지고 바른 태도로 즐겁게 먹는다.
	하루 일과에서 적당한 휴식을 취한다.
	질병을 예방하는 방법을 알고 실천한다.
안전하게 생활하기	일상에서 안전하게 놀이하고 생활한다.
	TV, 컴퓨터, 스마트폰 등을 바르게 사용한다.
	교통안전 규칙을 지킨다.
	안전사고, 화재, 재난, 학대, 유괴 등에 대처하는 방법을 경험한다.

신체운동·건강영역은 긍정적 자아개념과 일상생활에 필요한 기초 체력을 기르며, 유아의 심신을 조화롭게 발달시키기 위한 영역이다. 신체, 심리, 정신, 혹은 인격과의 관계에서 정신이 심리에 의존하고 심리는 신체에 의존한다(Husserl, 1989). 따라서 정신적인 자아 혹은 인격적인 자아의 기본적인 토대가 되는 것은 바로 신체이다. 또한 유아기는 신경계 및 뇌 발달이 빠른 시기이기 때문에, 신체를 통한 유아의 활동 전반은 신경계에서 직·간접적으로 중요한 역할을 한다.

사고능력을 증진하기 위한 신체운동·건강 영역의 활동계획안의 예

<table>
<tr><td>활동명</td><td>건강체조를 만들어봐요</td><td>생활주제</td><td>건강과 안전</td></tr>
<tr><td>활동유형</td><td>대·소집단활동– 신체활동</td><td>활동연령</td><td>만 5세</td></tr>
<tr><td>활동목표</td><td colspan="3">1. 여러 가지 동작을 이용하여 체조를 만든다.
2. 몸을 건강하게 하기 위해 운동이 필요함을 안다.</td></tr>
<tr><td>교육과정 관련요소</td><td colspan="3">· 신체운동·건강 > 신체활동즐기기 > 신체를 인식하고 움직인다.
· 신체운동·건강 > 신체활동즐기기 > 기초적인 이동운동, 제자리운동, 도구를 이용한 운동을 한다.
· 예술경험 > 창의적으로 표현하기 > 신체나 도구를 활용하여 움직임과 춤으로 자유롭게 표현한다.</td></tr>
<tr><td>활동자료</td><td colspan="3">국민체조 동영상, 체조음악 등</td></tr>
<tr><td colspan="4">활동내용</td></tr>
<tr><td>도입</td><td colspan="3">▶ 국민체조 동영상을 유아들과 함께 감상하고, 체조에 대해 느낀점을 이야기 나눈다.
T: 지금 이 시간에는 국민체조 동영상을 함께 보도록 할 거에요. 체조하는 것을 본적이 있거나, 경험해 본 친구 있나요?
C: 없어요. / 있어요.
T: 그럼 이제 국민체조 동영상을 함께 보고 이야기를 나눠보도록 해요

▶ 동영상을 다 본 후
T: 동영상을 보니까 어떤 느낌이 드나요?
C: 재미있어 보여요. / 어려워 보여요. / 따라 해보고 싶어요.
T: 왜 그런 느낌이 들었니?
C: 목을 돌리는 것은 어려워 보여요. /계속 뛰는 것이 힘들 것 같아요. / 콩콩콩 뛰는 건 집에서도 해봤는데 재미있어요.
T: 체조를 하면 어떤 점이 좋을까?
C: 몸이 건강해져요.
T: 그럼 우리 친구들이 직접 체조를 만들어보는 것을 어떨까?
C: 좋아요! / 재미있을 것 같아요! / 내가 하고 싶은 대로 만들어 볼래요.</td></tr>
<tr><td>전개</td><td colspan="3">▶ 다양한 방법으로 몸을 움직일 수 있는 방법에 대하여 이야기 나눈다.
T: 그럼 우리 친구들이 직접 재미있는 체조를 만들어보도록 하자.
어떻게 만들면 좋을까?
C: 팔을 크게 벌려요. / 박수를 쳐요. / 몸을 작게 만들어요. / 동그랗게 뛰어요. / 다리를 옆으로 벌려요. / 엉덩이로 이름을 써요. / 친구 어깨를 주물러주어요.
T: 정말 다양하고 재미있는 동작들이 많구나. 우리 음악을 틀어 놓고 우리가 만든 동작을 해볼까?

▶ 음악을 듣고 음악에 맞추어 몸을 움직여보고 체조를 만들어 본다.
T: 음악에 맞춰서 몸을 움직여보니까 어떤 생각이 들었나요?
C: 재미있었어요. / 음악이 너무 빠른 것 같아요. / 서로 순서가 다 달랐어요.</td></tr>
</table>

전개	T: 맞아요. 우리가 순서를 정하지 않았어요. 그럼 우리 순서를 어떻게 할까요? C: 머리부터 순서를 정해요. / 팔 벌리는 것부터 해요. / 콩콩 뛰는 걸 제일 먼저 하고 싶어요. / 자기가 하고 싶은 대로 해요. T: 그러면 우리 친구들이 정한 순서대로 다시 한번 체조를 해보도록 할까요? C: 네. **▶ 음악에 맞춰 체조를 한 후** T: 친구들 정말 잘했어요. 우리 친구들 체조를 하면서 어떤 느낌이 들었나요? C: 한쪽 발로 서 있는 동작이 힘들었어요. / ㅇㅇ가 너무 잘하는 것 같아요. / 다른 동작도 더 해보고 싶어요. T: 그랬구나. 선생님도 여러분이 너무 잘해주어서 기분이 좋았어요. 선생님이 생각해 보았는데. 여러분이 직접 만든 이 체조에 이름을 붙여주는 것은 어떨까요? C: 좋아요! 우리 반 이름을 넣어서 달빛반 체조로 해요. / 콩콩체조로 하고 싶어요. / 폴리 체조도 좋아요. T: 우리 친구들 정말 다양한 생각을 가지고 있네요. 우리 한번 투표를 통해서 이름을 뽑아볼까요? C: (손을 들어 의견을 표현한다) T: 달빛반 체조에 손을 가장 많이 들어주었어요. 그럼 우리가 오늘 만든 체조의 이름은 달빛반 체조로 결정되었어요.
마무리	**▶ 활동을 마무리하고 감상과 느낌에 대해서 이야기를 나눈다.** T: 오늘 음악에 맞추어 몸을 움직여 보니 어떤 생각이 들었니? C: 너무 재미있었어요. 다음에는 폴리 노래에 맞춰서 해봤으면 좋겠어요. / 저는 태권도 동작이 들어갔으면 좋았을 것 같아요. / 율동시간에도 몸을 더 많이 움직였으면 좋겠어요. T: 친구들과 직접 만든 동작을 체조로 만들어보았는데 어떤 기분이 들었니? C: 처음에는 어려웠어요. 그런데 친구들이랑 같이 만들어서 재미있었어요. / ㅇㅇ가 너무 잘해서 따라했어요. / 집에 가서 친구랑 또 하고 싶어요. T: 그래요. 우리 친구들이 체조 만들기 활동을 즐겁게 해주어서 선생님도 기분이 매우 좋았어요. 우리 앞으로도 몸을 튼튼히 하기 위해서 달빛반 체조를 월요일마다 해보기로 해요.
활동시 유의점	· 유아들이 자신의 신체를 충분히 탐색할 수 있도록 격려하여 여러 가지 방법으로 체조 동작을 만들도록 한다. · 유아들의 다양한 표현과 생각을 존중한다. · 신체 각 부분의 특성을 이해하면서 독창적인 방법으로 표현하도록 격려한다.

2. 의사소통 영역과 사고교육

언어는 언어적 기호의 조직으로 우리의 감정과 생각을 표현하는 수단이 된다. 유아에게 있어 언어는 의사 전달의 수단뿐만이 아니라 언어가 내포하고 있는 문화, 가치, 행동의 양식까지 배우는 중요한 학습수단이다. 특히 언어의 뿌리가 인지에 있어서 언어발달로 인해 사고능력이 더욱 정교화되며, 사고의 구조가 정교화 될수록 이를 실현하는 데 언어가 필요하기 때문에 언어와 사고는 상호작용한다(조명한, 1979). Piaget(1966)는 인간과 환경과의 생물적 상호작용의 결과를 언어로 보고, 언어습득과정은 동화(assimilation)과 조절(accomodation)에 의해 이루어지는 것으로, 논리적 사고 추리능력에 따라 언어가 발달되고 그 사고능력을 추상(abstract)하는 것이 언어라고 하였다. 그래서 언어는 잠재해 있는 사고의 표현이며, 언어로 표현할 수 있는 것은 일종의 사고라고 강조하였다. 그래서 언어발달은 인지발달을 토대로 성취되어 나가는 것이지, 언어를 통해서 인지발달이 이루어지는 것이 아니며 인지발달이 언어 이전에 선행되어야 한다고 보았다. Bruner(1964) 또한 성숙한 사고에 있어서의 독특한 언어의 역할은 경험의 표현일 뿐만 아니라 언어 스스로의 변형적 규칙에 경험을 변형시키는 일이라고 보면서, 문법적 언어의 규칙이 보존개념과 기타원리에 대한 유아의 이해를 설명하는 데 사용될 수 있다고 하며 논리적 사고에서 내재화된 언어의 역할을 강조하였다. 브루너의 철학에서 비고스키는 사고는 어떤 항목을 두루 포함하여 하나의 생각 속에 포함시키거나 이 생각을 표현하기 위해선 여러 개의 단어로 나타낼 수밖에 없다고 보았다. 그래서 비고스키는 생각, 추론, 기억, 계획, 조직을 하는 데 언어가 사용되지 않는 유아는 언어적 의미가 부적당하게 받아들여져서 지체되기 쉽다고 하였다. 따라서 언어와 사고는 각자 다른 비율로 성숙되지만 언어가 사고능력을 따라올 때, 유아는 더욱 잘 기억할 수 있고, 논리적으로 더욱 추론하여 효과적으로 문제를 해결할 수 있다.

2019 개정 누리과정에서 의사소통 영역은 유아가 다른 사람과 소통하며, 일상에서 만나는 글자와 상징에 관심을 가지고, 책과 이야기를 즐기는 경험과 관련된 내용이다. 교사는 유아가 자신의 느낌과 생각을 적절하게 말하는 경험을 통해 바른 언어생활을 할

수 있도록 돕는다. 또한 유아가 아름다운 우리말이 담긴 책과 이야기에 흥미를 가지고 언어가 주는 재미와 상상을 충분히 즐길 수 있도록 지원할 수 있다(교육부, 보건복지부, 2019a). 의사소통 영역은 '듣기와 말하기', '읽기와 쓰기에 관심 가지기', '책과 이야기 즐기기'의 세 가지 내용범주로 구성되며, 내용범주별 내용은 다음과 같다.

내용 범주	내용
듣기와 말하기	말이나 이야기를 관심 있게 듣는다.
	자신의 경험, 느낌, 생각을 말한다.
	상황에 적절한 단어를 사용하여 말한다.
	상대방이 하는 이야기를 듣고 관련해서 말한다.
	바른 태도로 듣고 말한다.
	고운 말을 사용한다.
읽기와 쓰기에 관심 가지기	말과 글의 관계에 관심을 가진다.
	주변의 상징, 글자 등의 읽기에 관심을 가진다.
	자신의 생각을 글자와 비슷한 형태로 표현한다.
책과 이야기 즐기기	책에 관심을 가지고 상상하기를 즐긴다.
	동화, 동시에서 말의 재미를 느낀다.
	말놀이와 이야기 짓기를 즐긴다.

사고능력을 증진하기 위한 의사소통 영역의 활동계획안의 예 1

활동명	숨은 단어 찾기	생활주제	자연
활동유형	대·소집단 활동–언어	활동연령	만 5세
활동목표	1. 여러 글자를 통해 다양한 단어를 조합하고 만들 수 있다. 2. 조합한 단어들로 이야기를 꾸밀 수 있다.		
교육과정 관련요소	· 의사소통>듣기와 말하기>말이나 이야기를 관심있게 듣는다. · 의사소통>듣기와 말하기>자신의 경험, 느낌, 생각을 말한다.		
활동자료	낱말카드(15자씩 3세트)		
사전활동	「꼭꼭 숨어라」 전래동요를 배운 후, 글자카드를 미리 숨겨놓는다.		
활동내용			

<table>
<tr><td>도입</td><td>▶ 동요 「꼭꼭 숨어라」를 부르면서 3모둠으로 나눠져서 각각의 글자 카드를 찾아서 모둠별로 흩어져 앉는다.
T: 어떤 글자가 있는지 찾아볼까요?
C: 기, 나, 구, 리, 동, 무, 림, 름, 자, 비, 주, 그, 물, 너, 개, 요!
T: 어떤 단어를 찾을 수 있을까?
C: 나무랑, 너구리, 구름, 축구, 나비, 물개요!
T: 자연에 관련된 다양한 단어들을 찾아보자.
C: 나무, 구름, 그림자, 개구리요.</td></tr>
<tr><td>전개</td><td>▶ 자연과 관련하여 연상되는 단어들에 대해 이야기를 나눈다.
T: 자연하면 어떤 것이 떠오르는지 이야기해 보자.
C: 깨끗한 거랑, 나무랑, 풀이랑, 산 같은 것들이요.
T: 그런 것이 생각이 났구나. 왜 나무와 풀을 생각하게 되었니?
C: 자연은 우리가 바깥놀이 할 때 볼 수 있는 것들이 자연이라고 배웠는데, 바깥놀이 할 때 나무랑 풀 같은 것들을 볼 수 있었어요.
T: 그렇다면 컴퓨터나 핸드폰은 자연이 될 수 있을까?
C: 아니요.

▶ 자연에 관련된 단어를 유아들이 조합하도록 유도한다.
T: 우리에게 시원한 그늘을 만들어주는 것에는 어떤 것이 있을까요?
C: 그림자랑 구름이랑 지붕이요.
T: 날개를 가지고 있는 곤충에는 어떤 것이 있을까요?
C: 나비랑 벌이랑 잠자리요.

▶ 조합한 단어를 가지고 이야기를 만들어보고 발표한다.
T: 어떤 단어를 찾았나요?
C: 나무, 개구리, 동물, 그림자, 너구리, 구름, 나비, 물개요.
T: 모둠별로 찾은 단어를 가지고 그 단어가 들어가도록 이야기를 만들어보도록 해요. 자연을 보고 느낀 감정들을 표현해도 좋아요.
T: 단어들을 가지고 어떠한 이야기를 만들었니?
C: 그냥 다 같이 친구가 되었으면 좋을 것 같아서 다 친구가 되도록 이야기를 만들었어요.
T: 자연에 대해 어떤 생각을 하게 되었니?
C: 자연을 소중히 여겨야겠다고 생각했어요.</td></tr>
<tr><td>마무리</td><td>▶ 이야기를 듣고 서로 아쉬웠던 점을 나누도록 한다.
T: 1모둠 친구들이 발표한 이야기에 조금 다르게 생각하는 친구가 있니?
C: 나무랑 구름도 친구로 만드는 게 아니라 다른 친구들이 놀 수 있는 놀이터였으면 좋겠어요.
T: 3모둠 친구들 이야기에 더 보충해 주고 싶은 이야기가 있는 친구가 있니?
C: 다른 친구들이 더 등장했으면 좋겠어요.</td></tr>
<tr><td>활동시 유의점</td><td>· 유아들이 자신의 생각과 느낌을 자유롭게 펼칠 수 있도록 판단을 먼저 내리지 않는다.
· 낱말을 조합할 때, 모둠별로 활동하는 것이기 때문에 한 유아만 독점하지 않고 서로 상호작용하면서 활동할 수 있도록 제공한다.</td></tr>
</table>

사고능력을 증진하기 위한 의사소통 영역의 활동계획안의 예 2

활동명	내가 만드는 전래동화	생활주제	우리나라
활동유형	자유놀이-언어	활동연령	만 5세
활동목표	1. 전래동화의 등장인물을 바꾸어 이야기를 만들어 볼 수 있다. 2. 새로운 이야기를 지어 보는 과정에 즐겁게 참여한다. 3. 다른 사람의 이야기를 주의를 기울여 듣는다.		
교육과정 관련요소	· 의사소통>듣기와 말하기>자신의 경험, 느낌, 생각을 말한다. · 의사소통>듣기와 말하기>바른 태도로 듣고 말한다.		
활동자료	다양한 전래동화 듣기(심청전, 토끼전, 흥부와 놀부, 콩쥐팥쥐 등)		
사전활동	배경판(오두막, 바닷속, 산, 강가, 동굴 등), 주인공 인형(심청이, 흥부, 놀부, 토끼, 거북이, 콩쥐, 팥쥐)		
활동내용			
도입	**▶ 또래와 이전에 읽었던 전래동화를 이야기 나눈다.** T: 우리나라 전래동화에는 무엇이 있을까? C: 심청전, 토끼와 거북이, 은혜갚은 까치 등이 있어요. **▶ 활동바구니에 주어신 전래동화 주인공이 누가 있는지 살펴본다.** T: 바구니에 어떤 주인공들이 있지? C: 심청이, 흥부, 놀부, 토끼, 콩쥐가 있어.요 T: 이 사람(인형)은 어떤 이야기의 주인공일까? C: 흥부와 놀부에 나오는 놀부에요. T: 이 주인공은 어떤 성격이지? C: 놀부는 욕심쟁이에요.		
전개	**▶ 자신의 이야기에 필요한 배경판과 주인공 인형을 선택하여 이야기판에 올려놓는다. 그리고 서로 선택한 것을 소개하고 질문한다.** T: 어떤 배경을 선택했니? C: 오두막을 선택 했어요. T: 왜 선택했니? C: 오두막에 살면 재밌을 것 같아서요. T: 어떤 주인공을 선택했니? C: 심청이를 선택했어요.. T: 왜 선택했니? C: 심청이가 착해서 골랐어요. **▶ 각자 자신의 선택한 배경판과 주인공 인형을 사용하여 이야기를 만들어 본다.** C: 옛날에 심청이가 산 속 오두막에서 이야기야. 심청이가 산 속에서 제비를 만났는데, 그 제비가 박씨를 주었어... 그 박씨가 말이야... **▶ 유아의 이야기를 듣고, 다른 유아가 자신이 상상한 이야기를 들려준다.** C2: 나는 콩쥐가 거북이의 등을 타고 바다 속으로 가는 이야기야. 어느 날 거북이를 만난 콩쥐는 새엄마의 구박이 싫어서 거북이 등에 타고 바다 속으로 갔어.		

전개	C1: 그래서 어떻게 되었어? C2: 바다 속으로 가서 말이야....
마무리	▶ **서로 이야기를 들어보고 다른 유아의 이야기 중 가장 재미있었던 부분을 말한다.** T: (친구의 이야기 중)어떤 부분이 제일 재밌었니? C2: 마지막에 심청이가 까치가 준 박씨를 키우는 게 재밌었어요. T: 왜 이 부분이 재밌었어? C: 심청이가 부자가 될 것 같아서요. C: 저도 00처럼 이야기 만들어볼래요!
활동시 유의점	· 배경판과 등장인물 인형을 여러 개 고를 수 있도록 돕는다. · 유아들이 서로 질문하는 것을 어려워 할 경우 교사가 시범을 보이며 안내한다. · 단계의 순서는 유아의 흥미에 따른다.

3. 사회관계 영역과 사고교육

사회관계는 부모의 생물학적 영향보다 환경과의 관계형성, 즉 교육경험에 의하여 형성된다. 즉 유아가 성장하면서 타인을 따라 모방하거나 조건화, 동일시 등에 의해 사회화되면서 유아의 사회성이 만들어진다. 사회성은 사람과의 관계를 형성해나가는 성향 또는 사회를 구성하려는 인간의 특징, 남과 잘 사귀는 성향으로 다수의 공동생활을 경험하는 가운데 사회적 실천이 내포하게 된 것이며, 후천적으로 주변 환경을 통한 직간접적인 경험에 의해 완성된 습관이나 사회적 실천의 근본적인 기능이라고 할 수 있다.

유아의 사회성은 많은 사고기술을 바탕으로 이루어지게 된다. 즉 타인과 자신을 이해하기, 그리고 독특한 사회적 상황에서 효율적이고 적절한 행동이 어떤 것인지 이해해보기와 같은 인지적 기술을 포함하고 있다. 또한 사회성은 부적절한 충동을 자제하고 사회적 목표를 성취하기 위해 자신의 행동을 조절하는 능력을 필요로 하기 때문에 자기-통제 기술도 포함된다. 나아가 사회성은 다른 사람의 느낌과 관심에 대한 인식, 또래 및 동료와의 적절한 상호작용에 참여하는 것에 대한 관심과 정서적인 동기적 구성요소도 포함한다. 유아의 사회성을 촉진하기 위해서는 인지적, 자기-통제적, 정서적-동기적 지지가 포함된 접근법이 필요하다.

2019 개정 누리과정에서 사회관계 영역은 유아가 자기 자신과 다양한 삶의 모습을 이해하고, 다른 사람과 더불어 살아가기 위해 필요한 의미있는 경험과 관련된 내용이다. 교

사는 유아가 자신을 소중하고 가치있는 사람으로 여기며 다른 사람과 더불어 살아가는 방법을 익히도록 돕는다. 또한 유아가 자신이 속한 사회와 주변 세계에 대해 관심을 가지고 적응해 나갈 수 있도록 지원할 수 있다(교육부, 보건복지부, 2019a). 사회관계 영역은 '나를 알고 존중하기', '더불어 생활하기', '사회에 관심 가지기'의 세가지 범주로 구성되며, 내용 범주별 내용은 다음과 같다.

내용 범주	내용
나를 알고 존중하기	나를 알고 소중히 여긴다.
	나의 감정을 알고 상황에 맞게 표현한다.
	내가 할 수 있는 것을 스스로 한다.
더불어 생활하기	가족의 의미를 알고 화목하게 지낸다.
	친구와 서로 도우며 사이좋게 지낸다.
	친구와의 갈등을 긍정적인 방법으로 해결한다.
	서로 다른 감정, 생각, 행동을 존중한다.
	친구와 어른께 예의 바르게 행동한다.
	약속과 규칙의 필요성을 알고 지킨다.
사회에 관심 가지기	내가 살고 있는 곳에 대해 궁금한 것을 알아본다.
	우리나라에 대해 자부심을 가진다.
	다양한 문화에 관심을 가진다.

그림책을 통한 접근은 유아가 다양한 이야기의 주제, 삽화 및 문화적 경험과 삶의 경험 간의 연계를 유아가 탐색하도록 돕고 그림책을 활용하여 또래와 나누기, 돕기, 감정 이입과 조절하기 등 자연스럽게 기르게 되어 창의적 사고를 발판삼아 사회적 행동을 증진한다.

사고능력을 증진하기 위한 사회관계 영역 활동계획안의 예 1

〈책 소개〉

『소피가 화나면, 정말 정말 화나면』 / 몰리 뱅 글 / 책읽는곰

유아가 부정적 정서에 대처하는 다양한 전략들과 감정의 해소 과정이 세밀하게 묘사되어 있는 동화이다. 모든 유아들이 일상에서 자주 경험하게 되는 상황이므로 감정이입이 자연스럽게 이루어질 수 있다. 분노 정서와 관련된 유아 자신의 경험과 주인공의 상황을 견주어 사고할 수 있는 기회가 되며, 문제해결을 위한 다양한 아이디어에 대한 의견 나누기와 공유가 이루어질 수 있다.

활동명	내 마음을 조절할 수 있어요	생활주제	나와 우리가족
활동유형	대·소집단 활동 – 동화감상 및 동극	활동연령	만 5세
활동목표	1. 화가 났을 때 마음을 가라앉히는 다양한 방법을 생각하여 말한다. 2. 문제해결을 위한 가장 적합한 아이디어를 찾고 그 이유를 말한다.		
교육과정 관련요소	·사회관계>나를 알고 존중하기>나의 감정을 알고 상황에 맞게 표현한다. ·사회관계>나를 알고 존중하기>나를 알고 소중히 여긴다. ·의사소통>듣기와 말하기>자신의 경험, 느낌, 생각을 말한다.		
활동자료	「소피가 화나면 정말 정말 화나면」 그림책		
사전활동	「소피가 화나면 정말 정말 화나면」을 언어영역에 비치해 둔다.		
활동내용			
도입	**▶ 동화의 표지 그림을 보면서 느낌이나 생각을 말한다.** T: (제목을 가리고 그림만 보며) 그림 속에 누가 있니? C: 어떤 친구가 있어요. / 여자아이가 있어요. T: 이 친구의 기분은 어떤 것 같니? C: 화가 난 거 같아요. / 기분이 안 좋은가 봐요. T: 무엇을 보고 그렇게 생각했니? C: 표정이요. / 눈이요. / 입이요. **▶ 동화의 제목을 보고 어떤 이야기일지 상상하여 말한다.** T: 제목을 보니까 이 동화는 어떤 이야기일 것 같니? C: 화난 소피 이야기요. T: 소피는 무엇 때문에 화가 났을까? T: 잔뜩 화가 난 소피는 어떻게 했을 것 같니?		
전개	**▶ 동화를 들을 후 등장인물의 특성 및 편식 관련 경험에 대해 이야기 나눈다.** T: 소피가 왜 화가 났었니? C: 언니가 고릴라를 뺏어갔어요. T: 그래서 어떻게 했니? C: 소피가 화가 나서 달리고, 나무에도 올라갔어요. T: 화가 났을 때 소피의 행동이 마음에 드니? C: 네. T: 그 이유는 무엇이니? C: 화가 났지만 언니한테 소리 지르지 않았어요. T: 소피처럼 화가 난 적이 있었니? C: 네, 있어요. T: 그래서 어떻게 했니? C: 친구한테 소리 질렀어요. / 친구를(동생을) 때렸어요. T: 다시 또 화가 난다면 어떻게 하고 싶니? C: 화내지 않고 조용히 말 할 거예요. / 친구를(동생을) 때리지 않을 거예요.		

전개	T: 화를 풀기 위해서 소피가 한 행동 중에서 마음에 드는 것이 있니? C: 네, 소피가 바다를 본 거요. / 나무 위에 올라간 거요. T: 그 이유는 무엇이니? C: 바다를 보면 기분이 좋아져서요. / 나무 위에 올라가 보고 싶은데 우리는 올라갈 수가 없어서요. **▶화가 났을 때 마음을 가라앉힐 수 있는 방법들을 생각해 보고 이야기 나눈다.** T: 화난 마음을 가라앉힐 수 있는 방법들을 생각하여 이야기해 보자. C: 맛있는 거 먹어요. / 그림을 그려요. / 신나게 춤을 춰요. T: 여러 가지 좋은 방법들을 생각했구나. **▶각 해결방안에 대해서 평가한다.** T: 화가 나서 소리를 크게 지른다면 다른 사람들의 기분은 어떨까? C: 슬퍼요. / 기분이 안 좋아요. T: 왜 그 방법이 좋다고(좋지 않다고) 생각하니?
마무리	**▶화난 마음을 가라앉히기 위해 사용할 수 있는 적절한 방법들 중에서 가장 마음에 드는 아이디어를 선택하여 소개한다.** T: 만약, 소피처럼 화가 난다면 어떻게 하고 싶니? 한 가지 방법만 선택하여 친구들에게 소개해 보자. C: 나를 화나게 만든 사람에게 편지를 쓸 거예요. T: 왜 그 방법이 가장 마음에 들었니? C: 화내지 않고 내 기분을 이야기할 수 있으니까요.
활동시 유의점	유아들이 자신의 경험을 바탕으로 화가 났을 때 문제를 해결할 수 있는 다양한 방법들에 대한 아이디어를 있는 대로 모두 쏟아놓을 수 있도록 충분히 격려해 준다.
확장활동	화난 감정에 대한 바람직한 해결 방법을 선별하여 역할극으로 표현한다.

사고능력을 증진하기 위한 사회관계 영역 활동계획안의 예 2

〈책 소개〉

『고릴라』 / 앤서니 브라운 글 / 비룡소

고릴라를 무척 좋아하는 한나는 아빠와 동물원에 가고 싶어 한다. 그러나 늘 바쁜 아빠는 한나의 생일 선물로 고릴라 인형을 사준다. 그러던 어느날 꿈속에서 아빠만큼 큰 고릴라가 나타나 한나와 함께 동물원에 가서 수많은 고릴라와 오랑우탄을 구경하게 된다.

활동명	동물원에 가고 싶어요	생활주제	나와 가족
활동유형	자유놀이 – 역할극	활동연령	만 5세

활동목표	·상대방에게 원하는 요구 사항을 적절하게 표현할 수 있는 방법을 안다. ·사람들과의 관계에서 자신의 감정을 조절하고 기다리는 방법을 안다.
교육과정 관련요소	·사회관계 > 나를 알고 존중하기 > 나의 감정을 알고 상황에 맞게 표현한다. ·사회관계 > 나를 알고 존중하기 > 나를 알고 소중히 여긴다. ·의사소통 > 듣기와 말하기 > 자신의 경험, 느낌, 생각을 말한다.
활동자료	동화자료 '고릴라'
사전활동	'고릴라' 를 언어영역에 비치해 둔다.
활동내용	
도입	**▶'고릴라' 를 읽었던 것을 회상해 본다.** T: 여러분 '고릴라' 동화책 읽었던 것 기억나나요? C: 네. T: 한나는 어디를 가고 싶어 했나요? C: 동물원이요. T: 그런데 왜 가지 못했나요? C: 아빠가 너무 바빠서요. T: 그래서 한나는 어떻게 했나요? C: 아빠가 갈 수 있을 때까지 기다렸어요. T: 맞아요. 한나는 아빠가 동물원에 같이 가주실 때까지 기다렸어요. 그럼 친구들, 우리도 한나가 돼서 한나처럼 기다리는 방법을 배워볼까요?
전개	**▶역할 놀이 영역에서 '동물원에 가고 싶어요' 역할을 정한다.** T: 한나가 동물원에 가고 싶었지만 꾹 참고 아빠를 기다렸어요. 우리 역할 놀이 영역에서 한나를 따라서 활동을 해봐요. C: 네. T: 먼저, 아빠 역할을 해줄 친구? C: 저요! T: 그래 ○○이가 아빠 역할을 해볼까? 그럼 한나 역할을 해볼 친구? C: 저요! T: 그래. 그럼, △△이가 한나 역할을 해볼까? 그럼 한나 역할을 해볼 친구는 누가 있을까요? **▶'동물원에 가고 싶어요' 역할극을 한다.** 한나: 아빠, 아빠랑 동물원에 가서 고릴라를 보고 싶어요! 아빠: 아빠가 너무 바빠. 쉬는 날에 가자. 한나: 동물원에 가고 싶은데.. 내일은 내 생일이란 말야. 그래도 아빠가 바쁘니까 내가 참아야지. 그래도 아빠가 날 사랑하시는 걸 알아.

마무리	(다음날) 아빠: 한나야, 생일 축하해. 우리 오늘 동물원에 가자! 한나: 아빠, 정말요? 아빠 너무 고마워요. 그리고 사랑해요. **▶역할극을 마무리한다.** T: 여러분 '동물원에 가고 싶어요' 역할극을 통해 우리도 한나처럼 가고 싶지만 참는 방법을 배웠어요. 만약, 내가 가고 싶거나 가지고 싶은 것이 있다고 떼를 쓴다면 어떤 일이 일어날까요? C: 엄마 아빠가 슬퍼해요. T: 맞아요. 내가 하고 싶은 것이 있더라도 한나처럼 참고 기다리는 방법을 알아야 해요. 그러면 선생님이 이 역할극을 역할놀이 영역에 둘 테니까 아까 친구들이 해본 것처럼 역할놀이를 하고 싶은 친구들은 역할영역에서 해보도록 해요.
활동시 유의점	·역할극에 참여하지 않는 유아들도 집중할 수 있도록 지도한다. ·역할극이 교사가 제시한대로만 진행되지 않도록 유아들의 생각을 반영한다.
확장활동	·자신이 참았던 기억을 떠올리면서 역할극을 새롭게 만들어 본다. ·'고릴라'에서처럼 인형이 고릴라가 되었을 때 내 기분에 대해서 친구들과 이야기를 나누고 그림으로 그려본다.

4. 예술경험 영역과 사고교육

아인슈타인은 프로 바이올리니스트였다. 그는 바이올린을 배운지 7년 만에 모차르트의 음악에서 수학적 구조를 깨달았고, 눈에 보이지 않는 곳이나 미처 깨닫지 못한 것에 진리가 숨어 있었다는 사실을 발견하였다. 이로부터 아인슈타인은 혼자서 깨닫는 것이야말로 중요하다는 인식을 갖게 되었고, 사물의 뒤에는 무엇인가 감춰진 진리가 있다는 생각을 평생 가지게 된 계기가 되었다. 그는 눈에 보이는 세계보다 그 뒤에 감추어진 눈에 안 보이는 세계의 법칙에 강한 호기심을 느꼈다. 또한 우리가 알고 있는 계이름을 만든 것도 사실은 피타고라스의 정리로 유명한 피타고라스가 대장간에서 쇠를 두드리는 소리를 듣고 소리마다 이름을 붙인 것이 오늘날 계이름이다. 이들의 예술경험과 사고는 어떤 관계가 있는 것일까?

1977년, 미국은 예술교육의 중요성을 보고한 '우리의 감각에서 오는: 미국 교육에서 예술교육의 중요성(Coming to Our Senses: The Significance of the Arts for American Education)'에서 예술과 교육은 서로 배타적인 관계가 아니라 상호보완적이며 생산적인 관계라는 발표하였다. 또한 미국 교육부 장관 아른 던컨은 PCAH의 '예술교육의 재조사(Reinvesting in Arts Education)' 서문에서 예술교육의 중요성을 피력하면서 "세계 경제에서 가장 핵심이 되는 요소는 창의적 사고이며 앞으로 미래사회의 성공은 개발과 발명, 재치 있는 임기응변이 가능해야 한다"고 보면서 이를 위해서는 상상력, 창의력이 풍부해야 하는데, 여기에서 창의적 사고를 증진시킬 수 있는 방법이 예술교육이라고 강조하였다. 예술은 자기반성과 숙고의 과정을 거쳐 완성된 결과물이기 때문에 고차원적 사고의 성격을 지닌다. 고차원적 사고는 상황과 맥락을 고려하여 문제해결을 위해 합리적인 방법과 절차를 따라 의미 있는 내용을 이해하고 결과를 산출할 수 있는 사고기술이다. 예술교육은 비판적 사고, 문제제기, 문제해결, 의사결정 능력을 향상시키며, 유아의 다양한 영역의 지능과 기술을 개발하고 증진시킨다. 또한 예술적 표현력에서 유창성 개발과 이해력 등은 분석, 종합, 평가와 같은 고차원적인 사고기술능력을 증진시켜, 유아의 상상력과 판단력을 발달시킬 수 있다. 예술에서 심미성은 직관에 의해 얻게 된 결과가 아니라 반성과 숙고, 즉 지성에 의해 얻게 된 것이다. 이러한 삶의 연속성과 역동성의 완성이 하나의 예술로 완성된다(김연희, 2012). 예술을 통한 소통은 자신이 느끼는 세상의 감수성과 다른 이들이 느끼는 세상이 만날 수 있어야 이루어질 수 있기 때문에 유아는 자신이 표현하고자 하는 예술언어를 생동감 있게 전달할 수 있어야 한다. 예술 언어로 표현될 수 있는 미적 체험교육은 인간의 감성을 바꿀 수 있으며, 궁극적으로는 옳고 그름이 판단하는 이성의 변화를 통해 궁극적으로는 다른 사람을 생각하는 배려, 덕성까지도 함양할 수 있다(Lipman, 2005).

2019 개정 누리과정에서 예술경험 영역은 유아가 자연, 생활, 예술에서 아름다움을 찾아보고 느끼며, 다채롭고 창의로운 방법으로 자신의 경험, 생각, 느낌을 표현해보고, 다양한 예술 표현을 존중하는 경험과 관련된 내용이다. 교사는 유아가 아름다움을 느끼고 즐기며 창의적으로 표현하는 과정을 통해 풍부한 감수성을 기르도록 돕는다. 또한 유아가 다양한 예술 감상을 통해 상상력을 키우고 예술 표현이 가지고 있는 고유의 가치를 존중하도록 지원할 수 있다(교육부, 보건복지부, 2019a). 예술경험 영역은 '아름다움 찾아보

기', '창의적으로 표현하기', '예술 감상하기'의 세 가지 내용의 범주로 구성되며, 내용 범주별 내용은 다음과 같다.

내용 범주	내용
아름다움 찾아보기	자연과 생활에서 아름다움을 느끼고 즐긴다.
	예술적 요소에 관심을 갖고 찾아본다.
창의적으로 표현하기	노래를 즐겨 부른다.
	신체, 사물, 악기로 간단한 소리와 리듬을 만들어 본다.
	신체나 도구를 활용하여 움직임과 춤으로 자유롭게 표현한다.
	다양한 미술 재료와 도구로 자신의 생각과 느낌을 표현한다.
	극놀이로 경험이나 이야기를 표현한다.
예술 감상하기	다양한 예술을 감상하며 상상하기를 즐긴다.
	서로 다른 예술 표현을 존중한다.
	우리나라 전통 예술에 관심을 갖고 친숙해진다.

삶에서 의미 있는 경험은 예술로 완성되고, 완성된 예술작품은 대면하는 사람들에게 삶을 성찰하게 한다. 특히 자신에게 향한 내재적 몰입을 요구하는 예술교육은 세상을 받아들이는 방식(느낌, 감각)을 질서화 하여 외부와의 끊임없는 상호작용을 통해 자기 자신에 대한 이해를 도모하게 한다. 여기에서 예술의 언어를 사용하여 삶의 경험을 구조화 한 것이 예술작품이다. 예술작품의 대표적인 명화는 인간의 정신세계를 풍요롭게 하며, 타인에 대한 깊이 있는 이해를 가질 수 있도록 돕는다. 명화감상은 예술작품의 미적인 내용을 이해하며 즐기는 것, 그리고 명화에서 사용되는 주제, 색채, 선, 모양 등의 미적 요소들에 대해 관심을 가지고 작가의 의도, 내용 등을 해석하는 활동이다. 유아는 명화감상을 통해 다양한 관점의 비평능력이 길러지며, 다른 사람의 생각이나 표현에 관심을 가질 수 있다.

사고능력을 증진하기 위한 예술경험 영역 활동계획안의 예 1

에드가 드가(Edgar De Gas, 1876~1877)
인상주의, 소묘, 파스텔/ 58×42cm, 루브르 박물관 소장

〈작품해설〉
「무대 위의 무희」는 발레의 매력을 한껏 느낄 수 있는 그의 대표작 중 하나로 그 시대 시대적 상황을 보여준다. 「무대 위의 무희」에서 발레리나는 그림의 중심에서 벗어나 그림 밖으로 뛰어갈 것 같은 실험적인 구도를 보여 주고 있는데, 화면의 오른쪽 뒤 배경과 왼쪽 하단부의 거리감을 극대화시켜 공연장 무대의 공간감을 더하고 있다. 그리고 파스텔로 화면을 칠한 후 뒷배경과 무희의 치마에 물 묻은 붓이나 분무기를 사용한 퍼짐 기법은 포인트가 되는 부분을 더욱 부각시키기 위한 드가만의 독창적 기법이었다.
무대는 위에서 아래를 내려다보는 구도로 그려져 있어 보는 이로 하여금 마치 무대 위의 특별석에서 공연의 한 장면을 관람하는 것 같은 느낌을 갖게 한다. 이 작품은 모노타입에 파스텔로 색을 입혀 특별한 점착방법을 사용하였는데, 이는 오늘날까지도 확실히 밝혀지지 않고 있다.

활동명	명화 「무대 위의 무희」를 감상해요	생활주제	세계 여러 나라와 사람들
활동유형	대·소집단활동 – 미술 감상	활동연령	만 5세
활동목표	1. 작품에 내재되어 있는 조형의 요소와 원리를 탐색하고 지각한다. 2. 미술 작품의 아름다움을 인식하고 즐거움을 느낀다. 3. 세계 여러 나라 사람들의 문화를 안다.		
교육과정 관련요소	·예술경험 > 예술 감상하기 > 다양한 예술을 감상하며 상상하기를 즐긴다. ·예술경험 > 아름다움 찾아보기 > 다양한 예술적 요소에 관심을 갖고 찾아본다. ·자연탐구 > 탐구과정 즐기기 > 궁금한 것을 탐구하는 과정에 적극적으로 참여한다. ·자연탐구 > 탐구과정 즐기기 > 탐구과정에서 서로 다른 생각에 관심을 갖는다. ·사회관계 > 사회에 관심 가지기 > 다양한 문화에 관심을 갖고 문화의 다양성을 존중한다.		
활동자료	명화–에드가 드가의 「무대 위의 무희」		
활동내용			
도입	**▶ 에드가 드가의 「무대 위의 무희」를 제시하여 유아들과 함께 감상하고, 다양한 느낌을 이야기해 본다.** T: 오늘은 '에드가 드가' 라는 작가의 작품을 감상해 볼 거예요. 이 그림을 본 적이 있니? 언제 보았니? C: 없어요. / 있어요. 미술관에 놀러 갔을 때 봤어요. T: 그림을 보니까 어떤 느낌이 드니? C: 슬퍼 보여요. / 예뻐요. / 무서워요. T: 왜 그런 느낌이 들었니? C: 어두운 색으로 표현되었어요. / 여자가 예쁘게 춤추며 웃고 있어요. / 뒤에 남자가 지켜보는 것 같아요.		

<table>
<tr>
<td>전개</td>
<td>
▶유아들과 작품의 제목에 대해서 이야기해보고 발산적 과정과 수렴적 과정을 거친다.
T: 이 그림의 제목은 무엇인 것 같니?
C: 춤추는 여자 / 예쁜 여자를 쳐다보는 남자 / 무대 위의 아름다운 발레리나 / 백조 같은 발레리나 / 어두운 밤에 슬퍼서 춤추는 여자 이야기.
T: 왜 그렇게 생각하니?
C: 한쪽 발을 들고 춤추고 있기 때문이에요. / 김연아를 닮았어요. / 뒤에 남자가 사랑에 빠져서 예쁜 여자를 쳐다보는 것 같아요. / 발레복을 입고 무대에서 춤추고 있어요. / 백조의 호수에 맞춰 발레를 하는 것 같아요. / 백조같이 아름다워요. / 어두운 색깔 때문에 왠지 밤 같아요. / 슬픈 사연이 있는 것 같아요.
T: 그림의 제목으로 무엇으로 하면 좋을지 모두 이야기해 보자. 우리가 이야기한 제목들 중에 어떤 것이 제일 마음에 드니?
C: 무대 위의 발레리나! / 춤추는 여자 / 백조 같은 발레리나.
T: 그럼, 가장 마음에 드는 제목에 손을 들어보자.
먼저, '무대 위의 발레리나'?
C: 저요! 저요.
T: '춤추는 여자'가 제목으로 가장 마음에 드는 친구? 그럼 '백조 같은 발레리나'?
C: (손을 들어 의견을 표현한다)
T: '무대 위의 발레리나'가 15명, '춤추는 여자'가 8명, '백조 같은 여자'가 4명으로, 우리 반 친구들이 가장 마음에 들어 하는 이 그림의 제목은 '무대 위의 발레리나'로 결정되었어요.

▶유아들과 그림을 보고 어떤 모습을 하고 있는지 이야기 나누고, 주인공이 어떤 문제가 있을지 이야기해 본다.
T: 그런데 얘들아, 그림 속에 무엇이 보이니? 무엇을 하고 있는 것 같니?
C: 발레를 하는 것 같아요. / 춤을 추고 있어요.
T: 주인공에게 어떤 문제가 있는 것 같니? 생각나는 모든 것을 모두 말해 보자.
C: 무서운 남자가 뒤에 서 있어서 무서워요. / 한쪽 발로 서있어서 다리가 너무 아플 것 같아요. / 친구들이 없어서 외로워요. / 사랑하는 남자친구가 나타나길 기다려요.
T: 우리가 이야기해 본 문제들 중에 어떤 문제가 가장 큰 것 같니?
(손을 들어 투표로 결정한다)
C: 한쪽 발로 서있어서 다리가 너무 아플 것 같아요!
T: 그래요. 우리 반의 가장 많은 친구가 발레리나가 한쪽 발로 서있기 때문에 다리가 아플 것 같다고, 문제를 이야기해 주었어요.
그럼, 그 문제 때문에 주인공에게 무슨 일이 일어날까? 어떤 소원을 빌게 될까?
C: 다리가 정말 아플 것 같아요. / 다리에 쥐가 날 것 같아요. / 한쪽 다리가 굵어져요.
("만약 __ 있다면 ○○ 될지도 모른다." 라고 원인과 결과를 진술할 수 있도록 도와준다)
T: 그래. 만약, 한쪽 다리로 오래 서 있는다면, 여자는 다리가 매우 아플지도 몰라.
(다른 의견이 여러 가지가 나온다면, 앞의 방법처럼 투표로 우리 반의 의견을 결정한다.)

▶유아들과 다양한 해결방법을 생각해보고 수렴적 사고활동을 통해 우리 반의 해결방안을 찾아본다.
T: 주인공을 어떻게 도와줄 수 있을까? 어떻게 하면 주인공의 문제를 해결할 수 있을까? 모두 말해 보자.
C: 다른 쪽 다리로 바꿔서 춤을 춰요. / 친구들이 나와서 한쪽 다리를 잡아줘요. / 지팡이를 가져다줘요. / 공연이 끝나고 친구들이 다리를 주물러줘요.
</td>
</tr>
</table>

전개

T: 우리가 말해본 의견들 중에 주인공의 문제를 어떻게 해결해 주는 게 가장 좋을까? 먼저, 여러 가지 기준을 세워보자. 어떤 기준이 좋을까?

C: 가장 재미있는 방법 / 안전한 방법 / 춤을 예쁘게 출수 있는 방법.

(도표를 그려서 유아들이 한눈에 알아볼 수 있도록 점수화한다)

	재미	안전	아름다움	합계
다른 쪽 다리로 춤	1	3	3	7
친구들의 도움	4	1	2	7
지팡이	2	2	1	5
친구들이 마사지	3	4	4	11

T: 우리가 세운 기준으로, 어떤 해결 방법이 가장 좋은지 생각해보자. 어떤 것이 가장 재미있는 방법이니?

C: 친구들이 나와서 한쪽 다리를 잡아줘요. / 그다음으로 친구들이 다리를 주물러 주는 거예요. / 그다음은 지팡이를 가져다 주는 것이 재미있어요. / 마지막은 다른 쪽 다리로 바꿔서 춤을 추는 것이요. (안전한 방법과 아름다움에 대해서도 이야기하고 점수화하여 합계를 낸다)

T: 우리반 친구들은 한쪽 발로 서서 춤을 아름답게 추는 발레리나를 위해 공연이 끝나고 친구들이 다리를 주물러 주는 것이 가장 좋을 것이라고 문제를 해결해 주었어요.

▶가장 좋은 해결 방안으로 선택된 것에 대하여 육하 원칙으로 정리한다.

T: 그럼, 언제, 어디서, 무엇을, 누가, 어떻게, 왜 하게 되었는지 차분히 정리해보자. 먼저, 언제 일어난 일일까?

C: 달빛이 비치는 밤에 일어난 일이에요.

T: 어디서 일어난 일일까?

C: 무대 위에서 일어난 일이에요.

T: 무엇을 하고 있는 걸까?

C: 한쪽 발로 서서 발레 공연을 아름답게 해요.

T: 누가 하고 있니?

C: 발레리나가 춤을 추고 있어요!

T: 그래서 어떻게 도와주었을까?

C: 친구들이 공연이 끝난 후 아픈 다리를 주물러 주었어요.

T: 왜 다리를 주물러 주었니?

C: 다리가 너무 아팠기 때문이에요.

T: 아주 잘 정리해 주었어요. 맞아요. 우리 친구들이 이야기해준 것처럼, 달빛이 비치는 밤에 무대 위에서 발레리나가 한쪽 발로 서서 아름다운 공연을 했어요. 다리가 너무 아픈 발레리나를 위해 친구들이 공연이 끝난 후 아픈 다리를 주물러 주었어요.

마무리

▶활동을 마무리하고 감상과 느낌에 대해서 이야기를 나눈다.

T: 이 그림이 마음에 드니? 특별히 어떤 점이 마음에 드니? 활동하면서 어떤 게 가장 재미있었니? 이유가 무엇이니?

C: 발레리나를 도와주어서 좋았어요. / 그림을 보면서 친구들과 이야기해서 좋았어요. / 저는 이 그림이 무척 마음에 들어요. 왜냐하면 저는 발레를 좋아하기 때문이에요.

T: 주인공의 문제를 해결해 보았는데 어려웠던 점은 없었니?

마무리	C: 없었어요! 너무 재미있어요. / 해결 법을 찾는 게 조금 어려웠어요. 생각이 잘 안나기 때문이에요. / 저는 발레를 잘 몰라요. 그래서 발레리나가 어려운 점을 잘 몰라요. T: 그래요. 우리 친구들이 에드가 드가의 그림을 보면서 즐겁게 활동해보고, 발레를 잘 몰라서 어려웠던 친구들도 있었지만 아주 잘 활동해 주었어요. 선생님이 그림을 언어영역에 둘 테니, 더 이야기해 보고 싶은 친구들은 자유선택 활동 시간에 해보도록 해요.
활동시 유의점	· 유아들이 자신의 생각이나 느낌, 경험 등을 바탕으로 사고를 확장할 수 있도록 개방적 분위기를 조성해 준다. · 유아들이 자신의 경험을 바탕으로 다양한 방법들에 대한 아이디어를 있는 대로 모두 쏟아놓을 수 있도록 충분히 격려해준다. · 문제해결 방법이나 게임의 방법은 유아들이 다양한 방법으로 생각할 수 있는 기회를 제공한다. · 유아들이 논리적이지 않은 대답을 하거나 틀린 대답을 하였을 때 왜 그렇게 생각하였는지 그 이유를 말해 보도록 하고, 다양한 문제해결 방법을 격려해 준다.
확장활동	유아들이 함께 만들어 낸 문제해결 방법과 그 과정을 동극으로 만들어본다.

사고능력을 증진하기 위한 예술경험 영역 활동계획안의 예 2

장 프랑수아 밀레(L' Angélus, 1814~1875)
자연주의,
캔버스에 유채 / 55.5 x 66 cm
오르세 미술관 소장

〈작품해설〉

'만종' 은 황혼녘에 한 남자와 여자가 삼종기도를 올리는 장면을 그린 그림이다. 1865년에 밀레는 " '만종' 은 옛날에 할머니가 들에서 일하다가도 종이 울리면 일을 멈추고, 죽은 가엾은 이들을 위해 삼종기도 드리는 것을 잊지 않았음을 생각하면서 그린 그림이다." 라고 하여 어린 시절의 추억을 다룬 것이라고 이야기하였다. 이들은 감자를 캐고 있었고, 주변에는 갈퀴와 바구니, 자루, 손수레 같은 농기구가 보인다. 화면의 3분의 2를 차지하는 대지는 안정적인 구도를 만들어 자연과 인간의 밀착된 관계를 강조한다. 전경에는 광활하고 황량한 들판 한가운데에 서서 기도를 올리는 한 쌍의 농부가 있고, 이들의 고요하고 엄숙한 분위기는 기념비적이기까지 하다. 이들의 얼굴은 어두워서 자세히 볼 수 없지만, 화면의 빛은 이들의 행동을 강조하고 있다.

그림에 대한 다른 해석을 하는 이들도 있는데, 농부 부부가 바구니를 발밑에 놓고 기도하고 있는데 그 바구니에는 아기의 시체가 들어있다고도 본다. 배고픔을 참고 씨감자를 심으며 봄이 오기를 기다리고 있었지만 그들의 아기는 배고픔을 참지 못해 죽은 것이다. 죽은 아기를 위해 마지막으로 부부가 기도하는 모습을 그린 것이 만종이다. 혹자는 이 그림을 본 밀레의 친구가 아기를 넣지 말자고 부탁해 감자를 그려 넣은 것으로 부탁한 것이라 해석한다.

활동명	명화감상 '만종'	생활주제	세계 여러 나라와 사람들
활동유형	대·소집단활동 – 미술 감상	활동연령	만 5세
활동목표	1. 작품에 내재되어 있는 조형의 요소와 원리를 탐색하고 지각한다. 2. 미술작품의 아름다움을 인식하고 즐거움을 느낀다.		
교육과정 관련요소	·예술경험 > 예술 감상하기 > 다양한 예술을 감상하며 상상하기를 즐긴다. ·예술경험 > 아름다움 찾아보기 > 다양한 예술적 요소에 관심을 갖고 찾아본다. ·자연탐구 > 탐구과정 즐기기 > 탐구과정에서 서로 다른 생각에 관심을 갖는다. ·사회관계 > 사회에 관심 가지기 > 다양한 문화에 관심을 갖고 문화의 다양성을 존중한다.		
활동자료	명화 패널(포스터) – 밀레 '만종'		
활동내용			
도입	**▶ 유아들과 함께 일일농장에서 열매들을 수확한 경험에 대해 기억하여 이야기한다.** T: ○○반 친구들, 우리 어제 일일농장에 다녀왔었지요. 일일농장에서 어떤 열매들을 추수했었는지 기억나나요? C: 네! 고구마요. / 감자요. T: 그래요. 고구마와 감자를 캤었어요. 고구마와 감자를 캔 후, 선생님과 함께 두 손을 모으고 무엇을 했었는지 기억나나요? C: 기도요! 하나님께 감사하다고 기도했었어요. T: 와~ 아주 잘 기억하고 있네요! 우리는 어제 고구마와 감자를 캔 후에 하나님께 감사기도를 드렸었어요.		
전개	**▶ 유아들과 함께 미술작품의 제목과 화가의 이름, 생애 등에 대해서 알아본다.** T: 우리가 농장에서 고구마와 감자를 캐고 하나님께 감사드렸던 것처럼 추수를 하고 기도하는 것을 그림으로 그린 화가가 있어요. 그 사람의 이름은 '밀레'에요. 밀레는 프랑스의 화가랍니다. 오늘은 밀레의 작품 중에서 '만종'이라는 작품을 감상해 보아요. 만종이란 저녁에 교회에서 치는 종과 늦게 익는 곡물이라는 뜻이에요. **▶ 유아들과 함께 작품을 본 대로, 느낀 대로 서술해본다.** T: 그림을 보니까 어떤 느낌이 들어요? C: 따뜻해요. / 평온해요. / 조용한 것 같은 느낌이 들어요. / 조금 슬픈 것 같기도 해요. T: 왜 그런 느낌이 들었을까요? C: 색이 따뜻한 느낌을 주는 것 같아요. / 사람들이 기도를 하고 있어서 조용한 느낌이 들은 것 같아요. / 하나님께 기도했더니 하나님이 기뻐하셔서 따뜻한 느낌이 들은 것 같아요. / 추수한 감자가 조금밖에 없어서 슬픈 느낌이 들은 것 같아요. T: 그랬구나. 그림 속에 어떤 것들이 보여요? C: 기도하고 있는 두 사람이 보여요. / 교회가 보여요. / 감자 바구니가 보여요. / 농기구가 보여요. / 수레가 보여요. T: 농부 아저씨의 오른편에 놓인 농기구의 이름은 무엇일까요? 아저씨는 그것으로 무엇을 했을까요? C: 아! 이전에 배웠던 것 같아요. 갈퀴인 것 같아요. 아저씨는 갈퀴로 감자를 캤을 것 같아요.		

전개	T: 그림에서의 시간은 몇 시쯤 되었을까요? C: 열심히 일한 다음 저녁 늦게 일 것 같아요. 일곱 시 정도 되었을 것 같아요. T: 어디를 그린 것 같아요? C: 들판을 그린 것 같아요. 추수하는 들판이요. **▶ 유아들과 함께 작품의 미술적 특징에 대해서 이야기 나눈다.** T: 그림을 볼 때 가장 먼저 눈에 띈 것은 무엇이에요? C: 기도하는 두 사람이요. T: 왜 그 부분이 두드러질까요? C: 가운데에 있어서요. / 색깔이 가장 짙어서요. / 크기가 커서요. T: 그래요. 기도하는 두 사람이 가운데에 있고 색깔이 가장 짙어서 눈에 먼저 보일 수 있겠네요. 또 크기가 커서 먼저 눈에 띄기도 하는군요. T: 만약에 그림 속에 있는 교회가 크고 짙은 색깔이었다면 어땠을까요? C: 기도하는 두 사람보다 교회가 더 잘 보였을 것 같아요. 교회가 가까이 있는 것처럼 느껴졌을 것 같아요. T: 그래요. 교회가 가까운 곳에 있는 것처럼 보일 수 있겠군요. 기도하는 두 사람이 작고 흐린 색깔이었다면 어땠을까요? C: 기도하는 두 사람이 멀리 있는 것처럼 보였을 것 같아요. 눈에 별로 안 띄었을 것 같아요. T: 기도하는 두 사람이 눈에 별로 안 띄고 멀리 있는 것처럼 보일 수 있겠군요. 그림에서 감자 바구니가 없다면 어떨까요? 왜 그렇게 생각하나요? C: 조금 허전해 보일 것 같아요. 왜냐하면, 기도하는 두 사람 사이에 아무것도 없으니까 두 사람의 거리가 너무 멀어 보이기 때문이에요. T: 그래. 두 사람의 거리가 너무 멀어 보여서 조금 허전할 수 있겠군요. 그림에서 어떤 색깔이 보여요? C: 갈색, 흰색, 빨간색, 파란색, 검은색, 노란색…. T: 가장 많은 색은 어떤 색이에요? C: 갈색인 것 같아요. T: 그 색의 느낌은 어때요? C: 부드러워요. / 차분해요. / 따뜻해요. / 어두워요. T: 만약 이 그림에서 가장 많은 색이 파란색이었다면 어땠을까요? C: 추워 보일 것 같아요. / 겨울 같을 것 같아요. / 슬퍼 보일 것 같아요. T: 그래요. 파란색이 많아지면 겨울같이 춥고 슬퍼 보일 수 있을 것 같아요. 이 그림에서 가장 많은 색이 초록색이었다면 어땠을까요? C: 따뜻해 보일 것 같아요. / 봄 같을 것 같아요. / 기뻐 보일 것 같아요. T: 그래요. 초록색이 많아지면 봄같이 따뜻하고 기뻐 보일 수 있을 것 같아요. **▶ 작품의 의미와 메시지에 대해서 유아들이 해석한 내용에 대해서 이야기 나눈다.** T: 들판에서 부부는 두 손을 모아 어떤 기도를 하고 있을까요? C: 우리가 그랬던 것처럼 감사기도를 하고 있을 것 같아요. / 감자를 주셔서 감사하다고 기도하고 있을 것 같아요. / 하나님께 감자가 많아지게 도와달라고 기도하고 있을 것 같아요. / T: 이 작품의 제목은 무엇일 것 같아요? 왜 화가는 작품의 제목을 '만종(저녁에 교회에서 치는 종, 늦게 익는 곡물)이라고 지었을까요? C: 뒤에 있는 교회에서 종소리가 들려서 두 사람이 기도를 했기 때문일 것 같아요. / 마지막으로 익은 곡식을 추수하며 감사기도를 했기 때문일 것 같아요. /

<table>
<tr><td>전개</td><td>T: 작가는 왜 이 그림을 그렸을까요?
C: 두 사람이 감사 기도하는 모습이 너무 예뻐서 보고 그렸을 것 같아요. / 우리가 어떤 상황에서도 하나님께 감사하기를 바라며 그림을 그렸을 것 같아요.
T: 왜 어떤 상황에도 하나님께 감사하기를 바랬을까요?
C: 잘 모르겠어요. / 왜냐하면 하나님은 좋으신 분이셔서요. / 우리를 사랑하셔서요. / 아들인 예수님을 보내주셔서 우리가 예수님 때문에 구원받았어요. 그래서 우리는 하나님께 감사해야 해요. / 감자를 조금 주신 분도 하나님이시기 때문이에요. / 감자를 재배할 수 있도록 도와주신 분이 하나님이시기 때문이에요. / 우리를 만드셨기 때문이에요. / 말씀에 써있어서요.
T: 그래요. 감자를 조금밖에 수확하지 못했어도 그 감자를 재배하고 수확할 수 있도록 도와주신 분이 하나님이시기 때문에 감사해야 해요. 그리고 우리를 위해 대신 벌 받으신 예수님을 생각하며 좋으신 하나님께 항상 감사해야 해요. 하나님은 우리가 감사하는 것을 좋아하셔서 "범사에 감사하라" 라고 하셨어요. 그래서 우리는 감사해야 해요. 아주 잘 말해주었어요. 만약, 우리가 이 작품을 그린 화가라면 이 그림에 어울리도록 어떤 제목을 붙여주고 싶은가요? 왜 그렇게 생각하나요?
C: '그래도 감사해요' 요. 그 이유는 그래도 감사해야 한다는 마음을 주었기 때문이에요. / '추수' 요. 추수하는 모습이 그림 속에 있기 때문이에요. / '감자가 많아지게 도와주세요' 로 할래요. 하나님이 감자를 많게 늘려주셔서 농부들이 기뻤으면 좋을 것 같기 때문이에요.
T: 그럼, 가장 마음에 드는 제목에 손을 들어보아요. 먼저 '그래도 감사해요' ?
C: 저요! 저요.
T: '추수' 가 제목으로 가장 마음에 드는 친구?
그럼 '감자가 많아지게 도와주세요' ?
C: (손을 들어 의견을 표현한다)
T: '그래도 감사해요' 가 17명, '추수' 가 3명, '감자가 많아지게 도와주세요' 가 7명으로, 우리 반 친구들이 가장 마음에 들어 하는 이 그림의 제목은 '그래도 감사해요' 로 결정되었어요.</td></tr>
<tr><td>마무리</td><td>▶ 작품의 가치에 대한 유아 나름의 판단이나 평가 내용에 대해서 이야기 나눈다.
T: 이 그림이 마음에 들어요?
C: 네!
T: 특별히 어떤 점이 마음에 들어요?
C: 감사 기도하는 모습을 보니까 마음이 따뜻해지고 저도 감사기도 하고 싶은 마음이 들어서 좋아요.
T: 그림에서 바꾸고 싶은 부분도 있어요?
C: 네!
T: 어느 부분을 바꾸고 싶어요?
C: 감자를 많게 바꾸고 싶어요.
T: 왜 그렇게 생각했어요?
C: 하나님 때문에 감자가 많아지고 두 사람이 행복해진다면 제가 감사할 것 같아서요.
T: 그래요. ○○반 친구들 오늘 명화 감상 너무 잘했어요. 이 그림은 조형영역에 걸어두어서 자유활동시간에 그림 바꿔 그리기를 해보도록 해요. 오늘의 도우미 친구들이 그림을 조형영역에 걸어 주세요.</td></tr>
</table>

활동시 유의점	·유아들이 자신의 생각이나 느낌, 경험 등을 바탕으로 사고를 확장할 수 있도록 개방적 분위기를 조성해준다. ·유아들이 자신의 경험을 바탕으로 다양한 방법들에 대한 아이디어를 있는 대로 모두 쏟아놓을 수 있도록 충분히 격려해준다. ·유아들이 논리적이지 않은 대답을 하거나 틀린 대답을 하였을 때 왜 그렇게 생각하였는지 그 이유를 말해 보도록 하고, 엉뚱한 문제해결 방법일지라도 다양한 문제해결 방법을 격려해준다.
확장활동	·명화 '만종' 패러디(그림 바꿔 그리기)를 한다.

유아기는 음악성을 형성하는 가장 중요한 시기로 음악적 감수성이 매우 빠르게 발전한다. 유아는 초기 음악적 경험을 통하여 신체·정서·인지·언어·사회성·창의성 발달을 쉽게 도모할 수 있기 때문에 음악 활동의 대부분이 유아기에 시작되어야 하고, 이 시기의 풍부한 음악적 경험은 일생동안의 음악적 삶에 필요한 자양분이 된다(안재신, 2008). 특히 음악교육은 음악성뿐만 아니라 유아의 사고능력에도 효과적이다. 유아의 타고난 특성들은 본질적으로는 학습되지 않은 직관적인 창의적 행위로 볼 수 있으며, 대부분의 유아들에게 쉽게 관찰 가능한 행동 중에는 음악적 표현과 관계된 행동들이 많다. Webster(1990)는 유아의 음악활동이 인간의 내면세계와 주관적인 정서, 느낌을 표현하고 전달하는 매체라는 점에서 창의성을 증진시키는 중요한 수단이 될 수 있다고 강조하였다. 유아는 다양한 음악활동을 통해 자신의 내면의 세계를 탐색하고 실험하며, 새롭고 독특한 아이디어를 표현하는 방법을 배울 수 있다. 유아의 창의성은 음악활동을 통해 유아에게 아이디어를 만들 수 있도록 많은 기회를 주고, 다양하고 서로 다른 시각들을 받아들일 수 있도록 기회를 제공할수록 발달한다. 또한 음악을 통해 새로운 방법을 찾고, 자신들의 아이디어를 기억하고, 그것에 대해 연구하고 질문을 할 수 있는 능력을 발달시킬 수 있다(박민아, 2007).

사고능력을 증진하기 위한 예술경험 영역 활동계획안의 예 3

<table>
<tr><td>활동명</td><td>동시 「호호」 작곡하기</td><td>생활주제</td><td>우리가족</td></tr>
<tr><td>활동유형</td><td>자유놀이 – 음률</td><td>활동연령</td><td>만 5세</td></tr>
<tr><td>활동목표</td><td colspan="3">1. 동시 「호호」에 멜로디와 리듬을 만든다.
2. 멜로디를 창의적으로 만들어 노래 부르기와 연주를 한다.
3. 스스로 작곡해 봄으로써 성취감과 만족감을 느낀다.</td></tr>
<tr><td>교육과정 관련요소</td><td colspan="3">· 예술경험>창의적으로 표현하기>신체, 사물, 악기로 간단한 소리와 리듬을 만들어 본다.
· 예술경험>예술감상하기>서로 다른 예술 표현을 존중한다.
· 의사소통>듣기와 말하기>자신의 경험, 느낌, 생각을 말한다.
· 사회관계>더불어 생활하기>가족의 의미를 알고 화목하게 지낸다.</td></tr>
<tr><td>활동자료</td><td colspan="3">카세트(녹음) 또는 녹음기, 녹음용 테이프, 동시 자료, 여러 가지 멜로디 악기와 리듬악기 등</td></tr>
<tr><td>사전활동</td><td colspan="3">· 「호호」라는 동시에 나오는 의성어를 생활 속에서 익혀보는 활동을 한다.
· 이야기 나누기 시간에 「호호」라는 동시에 대해 충분히 탐색하고 이야기해보는 시간을 갖는다.</td></tr>
<tr><td colspan="4">활동내용</td></tr>
<tr><td>도입</td><td colspan="3">▶ 유아들이 평소에 즐겨 사용하는 의성어를 중심으로, 관련 동시를 선택한다.
▶ 유아가 잘 볼 수 있는 자리에, 적절한 그림과 동시를 교구 판으로 만들어 제시한다.

호호

우리 엄마는 호호 여왕님
말랑말랑 떡이 맛나다고 호호
아가가 짝짜꿍 잘한다고 호호
내가 종알종알 책 읽어도 호호
아빠가 보글보글 요리해도 호호
하루종일 행복해서 호호

▶ 동시 교구 판을 보면서 유아가 동시에 대한 언어적 친숙함을 느끼고 동시를 읽어본다.
T: ○○야, 동시를 읽어보니 어떤 느낌이 드나요?
C: 엄마가 나와서 기분이 좋아요. / 우리 엄마도 이렇게 호호 웃어요. 호호가 자꾸 나오니까 재미있어요.</td></tr>
<tr><td>전개</td><td colspan="3">▶ 동시의 언어에 멜로디와 리듬감을 주어서 노래를 만들어 본다.
T: 그랬구나. 이 동시를 노래로 불러본다면 어떻게 하면 좋을까요?
C: 저는 호호가 제일 마음에 들어요. 호호를 크게 부를래요.
(흥얼거리며, 동시를 자신이 창의적 멜로디로 불러보는 것을 반복한다)
T: 아주 멋진 노래 같아. 우리가 배워본 의성어는 어떻게 불러보는 것이 좋을까요?
C: 밝게 부르고 싶어요. 높은음으로!</td></tr>
</table>

전개

▶유아가 스스로 멜로디와 리듬을 만들어 본다.

T: 그렇구나. 그럼 어느 부분은 빠르게 부르고, 어느 부분은 느리게 부르면 더 재미있을 것 같은데 ㅇㅇ의 생각은 어떤가요?

C: 좋아요! 제게 좋은 생각이 있어요. 엄마가 하는 것처럼 흉내를 내보고 싶어요. 아가는 엄마랑 짝짜꿍을 느리게 해요. 저는 종알종알 책을 빨리 읽고요. 아빠는 보글보글 요리를 늦게 해요.

T: 그렇구나! 노래를 흉내 내면서 불러보면 참 좋겠어요. 다시 한번 불러볼까요?

C: (동시를 느리게 빠르게 다시 노래해 본다)

▶멜로디 악기와 리듬 악기를 사용하여 다채롭게 표현해본다.

T: 우와! 정말 훌륭한 노래가 완성되어가고 있네요. ㅇㅇ야, 여기에 있는 악기도 함께 연주해보는 건 어떨까요? 말랑말랑 소리가 나는 악기는 무엇이 있을까요?

C: 말랑말랑 소리가 나는 악기는 없는 것 같아요. 그냥 제 말랑말랑한 볼을 꼬집으면 소리가 날 것 같아요.

T: 그럼 짝짜꿍 소리가 나는 악기는 있을까요?

C: 캐스터네츠가 짝짜꿍 소리가 나요. / 손뼉소리!

T: 종알종알 소리가 나는 악기는요?

C: 마라카스요! 제가 좀 시끄럽거든요. / 제 목소리처럼 꾀꼬리 소리 같은 실로폰으로 할래요.

T: 보글보글 소리와 가장 비슷하게 소리 나는 악기는 무엇이 있을까요?

C: 제 입술을 붙였다 떼면 뽁! 뽁! 소리가 나요. 보글보글 소리랑 비슷하죠?

▶자신이 자유롭게 창작한 노래를 녹음한다.

T: ㅇㅇ가 스스로 정말 훌륭하게 만들어 가고 있는 것 같구나. 그럼 ㅇㅇ의 노래를 이 카세트테이프에 녹음에서 친구들에게 들려주는 건 어떨까요?

C: 좋아요! 잠시만 기다려보세요. 준비 좀 하고요.

T: 이제 녹음 버튼을 눌러도 될까요?

C: 네!

▶녹음한 곡을 재생하여 들어 본다.

T: 녹음한 곡을 그럼 재생해서 들어볼까요?

C: 네!

T: 들어보니까 느낌이 어떤가요?

C: 멜로디가 조금 마음에 안 들어요. 다시 부를래요.

▶수정과 반복의 과정을 거치면서 가장 마음에 드는 멜로디와 리듬으로 노래를 완성한다.

T: 그래. ㅇㅇ가 마음에 들 때까지 노래를 만들어보아요.

C: 네!

(자유롭게 다양한 방법으로 노래를 불러본다)

▶창작한 노래를 녹음한 테이프를 교사에게 전달하여 다음 날 이야기 나누기 시간에 발표할 수 있도록 도와준다. 혹은 간식 시간에 모든 유아가 들을 수 있도록 녹음테이프를 틀어준다.

C: 선생님 노래를 완성했어요.

T: 정말? 그럼 어디 들어볼까? (녹음테이프를 재생하여 들어본다.)

마무리	열심히 노력해서 멋지게 만들어 보았구나. 선생님은 특히 호호! 부분이 좋은 것 같은데 ○○의 생각은 어떠니? C: 저도 그 부분이 제일 좋아요! T: 그럼 선생님이 간식시간에 이 노래를 친구들에게 들려줘도 괜찮겠니? C: 네, 좋아요. T: 그럼 이따가 ○○가 친구들에게 노래를 설명해 주렴. C: 네!
활동시 유의점	· 의성어를 사전에 교사가 설명해 준다. · 언어 영역에서 유아들이 자유롭게 창작활동을 할 수 있도록 카세트와 테이프 및 동시 자료를 두고 유아들이 성취감과 만족감을 느낄 수 있도록 돕는다. · 하루 일과 중에 유아들이 작곡한 노래를 발표할 수 있도록 한다. · 유아의 정서와 일상적 경험이 일치되는 언어적 내용이 적당하다.
확장활동	· 유아가 작곡한 노래에 율동을 만들어 본다. · 음악극 활동으로 진행할 수 있다.

5. 자연탐구 영역과 사고교육

과학과 기술의 발전에 의해 주도되는 현대사회에서는 생활 속에서의 과학에 대한 이해와 활용능력 여부에 따라 삶의 질이 결정된다. 과학은 생활의 일부이며, 과학을 하는 것은 모든 사람에게 절대적으로 필요한 것이다(Holt, 1990).

유아들은 선천적으로 지적 호기심과 사물에 대한 흥미를 가지고 태어나며, 주변사물과 현상에 대해 끊임없이 의문을 제기하고, 관찰과 탐색을 통해 의문점을 해결하고자 하는 과학자의 특성을 지니고 있다(Koch, 1999). Piaget(1973)는 유아는 타고난 과학자로서 과학적 기초개념이 어릴 때부터 획득되며, 유아기의 과학적 경험은 이후의 지적 성장의 근원이 된다고 보았다. 또한 Cobb(1975)는 유아기에 갖는 자연과의 교감은 성인이 되었을 때 갖는 창조성의 뿌리가 될 수 있다고 보았고, Seefeldt(1984)는 자연 탐구 학습을 통해 문제해결, 토의하기와 같은 경험의 기초를 얻게 되고 새로운 생각과 새로운 학습 환경에 대한 자극을 얻을 수 있다 보았다. 따라서 유아기에는 자신의 주변세계에 대해 관심을 가지고, 지속적으로 탐구하며, 창의적으로 사고하고, 문제를 해결할 수 있는 과학적 기본소양을 기르는 것이 중요하다. 자연탐구 영역은 이웃과 지연사회에 도움을 주고받으며 상호작용할 줄 아는 유아로 성장하게 돕고, 지식과 기술 중심의 교육적 관점에서 벗어나 감성을 가지고 세상을 바라보는 창의적이고 진취적인 사고를 할 수 있도록 돕는다. 이를 위해 교사는 유아가 생활 주변의 사물과 환경에 관심을 가지고, 궁금증을 해결하기 위해 스스로 다양한 시도를 해볼 수 있는 경험을 제공해야 한다(교육과학기술부, 2008).

2019 개정 누리과정에서 자연탐구 영역은 유아가 물질, 사물, 자연현상, 동식물 등의 특성과 변화를 수학적, 과학적으로 탐구하는 다양한 경험과 관련된 내용이다. 교사는 유아가 호기심을 가지고 주도적으로 탐구하는 과정을 즐기며, 스스로 궁금증을 해결해 가도록 돕는다. 또한 유아가 주변의 동식물, 생명, 자연환경에 관심을 가지며 생명을 소중히 여기고 사람과 자연이 더불어 살아가는 방법을 실천하도록 지원할 수 있다. 자연탐구 영역은 '탐구과정 즐기기', '생활 속에서 탐구하기'. '자연과 더불어 살기'의 세 가지 내용 범주로 구성된다.

내용 범주	내용
탐구과정 즐기기	주변 세계와 자연에 대해 지속적으로 호기심을 가진다.
	궁금한 것을 탐구하는 과정에 즐겁게 참여한다.
	탐구과정에서 서로 다른 생각에 관심을 가진다.
생활 속에서 탐구하기	물체의 특성과 변화를 여러 가지 방법으로 탐색한다.
	물체를 세어 수량을 알아본다.
	물체의 위치와 방향, 모양을 알고 구별한다.
	일상에서 길이, 무게 등의 속성을 비교한다.
	주변에서 반복되는 규칙을 찾는다.
	일상에서 모은 자료를 기준에 따라 분류한다.
	도구와 기계에 대해 관심을 가진다.
자연과 더불어 살기	주변의 동식물에 관심을 가진다.
	생명과 자연환경을 소중히 여긴다.
	날씨와 계절의 변화를 생활과 관련짓는다.

과학활동은 놀이와 활동 중심으로 구체적인 경험과 상호작용을 통해 가장 효과적인 학습이 이루어진다(Kamii & DeVries, 1993). 놀이나 활동에 직접 참여하는 과학교수방법은 유아의 선행지식과 새로운 경험이 시사하는 지식 사이에서 적당한 수준의 갈등이 생길 경우 더 포괄적이고 타당성 있는 지식을 구성하는 동기가 된다. 이와 같은 과학교수방법은 유아로 하여금 '왜 그럴까?'라는 의문을 갖게 함으로써 능동적으로 문제를 해결하도

록 동기를 제공할 수 있다. 유아를 위한 과학 활동은 해결을 요구하는 명확한 문제 상황에 유아를 직면하게 함으로써 유아의 창의적인 문제해결능력을 증진시킬 수 있다. 따라서 자연탐구영역을 계획할 때에는 유아가 이미 알고 있는 것을 확인하는 것이 아니라 유아가 스스로 모르는 상태에서 궁금해 하면서 알아가고자 하는 귀납적 탐구, 가설 연역적 탐구가 이루어질 수 있도록 계획하여야 한다.

사고능력을 증진하기 위한 자연탐구 영역 활동계획안의 예

활동명	이가 썩었어요	생활주제	건강과 안전
활동유형	자유선택활동 – 과학	활동연령	만 5세
활동목표	1. 이가 썩는 이유와 과정을 안다 2. 건강한 치아를 유지할 수 있는 습관을 가진다.		
교육과정 관련요소	· 신체운동 · 건강 > 건강하게 생활하기 > 자신의 몸과 주변을 깨끗이 한다. · 자연탐구 > 생활 속에서 탐구하기 > 물체의 특성과 변화를 여러 가지 방법으로 탐색한다.		
활동자료	이의 모습, 이가 썩는 과정 그림 자료, 달걀 2개, 물, 콜라, 거울 등		
활동내용			
도입	▶ **동화 「썩은 이가 쏙」을 제시하고 이가 썩는 것에 대해 이야기 나눈다.** T: 동화를 읽어보았는데 어떤 생각이 들었나요? C: 이가 썩으면 많이 아플 것 같아요. / 치과 가는 거 무서워요. T: 그랬구나. ○○는 우리 사람은 이가 어떻게 생겼는지 아나요? C: 이는 하얘요. 조그맣게 생겼어요. ▶ **이의 그림 자료 제시한다.** T: 그림을 볼까요? 사람의 이가 어떻게 생긴 것 같나요? ○○도 거울로 이를 봐보세요. ○○의 이는 어떻게 생겼나요? C: 네! 이가 하얗게 생겼어요. / 큰 이도 있고 조그마한 이도 있어요. / 이의 개수가많아요. T: ○○는 썩은 이가 있나요? C: (거울을 보면서) 없는 것 같아요. 		

도입	▶ **이가 썩는 과정 그림 자료를 제시한다.** T: 이를 썩게 하는 음식을 많이 먹거나 양치질을 열심히 하지 않으면 이렇게 이가 검게 될 수 있어요. ○○는 이를 썩게 하는 음식이 무엇이 있는지 알고 있나요? C: 엄마가 콜라랑 초콜릿 많이 먹으면 치과 가야 한다고 했어요. / 아이스크림, 과자, 사탕 등 T: 그렇구나. ○○는 알고 있네요. 그러면 이를 썩게 하지 않으려면 어떻게 해야 할까요? C: 칫솔질을 열심히 해요. / 군것질을 많이 하지 않아요. T: 맞아요. 선생님이 이가 썩는 과정에 대해 알려주려고 간단한 실험을 준비했는데 한번 해볼까요? C: 네!
전개	▶ **실험에 대해 설명한다.** T: 선생님이 실험할 재료를 가지고 왔어요. 이것은 무엇일까요? C: 달걀이랑 물이요. / 콜라요. T: 잘했어요. 우리는 달걀을 각각 콜라와 물에 각각 넣어볼게요. (콜라 또는 물) 달걀은 어떻게 될 것 같나요? C: 검은색이 될 것 같아요. / 잘 모르겠어요. ▶ **유아가 직접 활동을 한다.** T: 그래, 그럼 ○○가 생각한 대로 되는지 한번 해볼까요? ○○가 직접 달걀을 한번 넣어볼까요? 어떻게 변하는지 내일 유치원에 와서 확인해보도록 해요. ※실험과정 ① 물과 콜라의 냄새를 맡아본다. ② 달걀을 콜라와 물에 넣는다. ③ 물과 콜라에 담긴 달걀의 모양을 살펴본다. ④ 하루 지난 달걀의 모습을 관찰한다.
마무리	▶ **다음 날 관찰 후 변화된 모습을 보고 이야기해 본다.** T: 달걀이 어떻게 변한 것 같나요? C: 물에 있는 건 어제랑 똑같아요. T: 그러면 콜라에 있는 달걀은 어떻게 되었나요? C: 달걀껍데기가 이상하게 변했어요. 녹은 것 같아요. T: ○○가 한 번 만져 볼까요? C: 느낌이 이상해요. T: 그러네요. 콜라에 있는 달걀의 모습이 변했네요. 달걀은 왜 이렇게 되었을까요? 이가 이렇게 되지 않으려면 어떻게 해야 할까요?
활동시 유의점	관찰 전과 후에 반드시 손을 씻는다.

10장

사고능력의 평가방법

나에 대한 평가는 100년 후에 결정된다
-Walt Whitman, 1819~1892

평가는 실생활의 문제 상황을 반영하고 더 넓은 범위의 학습 결과를 다루어야 할 뿐만 아니라 다양한 유형의 평가 과제를 활용하고, 각각의 상황에 따른 맥락적인 평가로 이루어져야 한다(Bell & Crowie, 2001). 평가를 통해 문제해결과 글쓰기, 탐구 활동 등에 대한 메타 인지적 인식을 발전시킬 수 있으므로, 평가는 단지 성취에 대한 노력의 결과로만 아니라 문제해결 등에 기여하는 과정에 대해서도 설명할 수 있어야 한다(Wiggins, 1989). 특히 사고능력에서 평가의 개념은 결과를 측정하기 위한 평가가 아니라 학습능력을 향상시키는 역할을 할 수 있도록 교수 및 학습과정으로, 즉 형성평가의 개념으로 이루어져야 한다.

1. 교사를 위한 평가방법

1) 사고양식 자기평가

사고양식 자기평가(TSI: MSG Thinking Styles Inventory)는 Sternberg와 Wagner(1991)에 의해 제작되었다. 1~7점으로 평소 자신의 성향을 자기보고식으로 검사한다.

사고양식 자기평가의 예

각 진술문을 주의 깊게 읽고, 그것이 얼마나 당신을 잘 나타내고 있는지 판단하시오. 주어진 1~7의 척도는 당신이 직장에서나 집에서 혹은 학교에서 일을 하는 전형적인 방식에 각 진술문이 얼마나 잘 맞는지를 표시하기 위한 것이다. 만약 진술문 내용이 당신에게 전혀 맞지 않는다면, 즉 당신이 거의 그와 같은 방식으로 하지 않는다면 1을 쓰고, 만약 진술문 내용이 당신에게 아주 잘 맞는다면, 즉 당신이 거의 언제나 그러한 방식으로 일한다면 7을 쓰시오. 그 중간에 있는 수치는 당신에게 가장 잘 맞는 정도에 따라 선택하면 된다.

1=전혀 그렇지 않다, 2=매우 그렇지 않다, 3=약간 그렇다, 4=어느 정도 그렇다, 5=그렇다, 6=매우 그렇다, 7=극단적으로 그렇다

여기에 옳고 그른 답이 있는 것이 아니다. 각 진술문을 읽고 그것이 당신을 얼마나 잘 기술하고 있는지를 판단하여 해당되는 척도의 숫자를 진술문 옆에 쓰시오. 당신 자신의 속도로 진행하되, 어떤 하나의 진술문에 너무 많은 시간을 보내지 마시오.

입법적 양식에 관한 스턴버그 – 바그너의 자기평가 검사

_________ 1. 의사결정을 할 때 나는 나 자신의 생각과 일하는 방식에 의존하는 경향이 있다.

_________ 2. 문제에 직면할 때 나는 그것을 해결하기 위하여 나 자신의 생각과 전략을 사용한다.

_________ 3. 나는 내 생각을 가지고 일하면서 그것이 어느 정도까지 나아갈 수 있는지 보기를 좋아한다.

_________ 4. 나는 나 자신의 방식으로 풀어볼 수 있는 문제를 좋아한다.

_________ 5. 과제를 수행할 때 나는 나 자신의 아이디어를 가지고 시작하기를 좋아한다.

_________ 6. 과제를 시작하기 전에 나는 스스로 어떻게 할 것인지 생각하기를 좋아한다.

_________ 7. 나는 직장에서 무엇을 어떻게 할 것인지 스스로 결정할 수 있을 때 더 행복함을 느낀다.

_________ 8. 나는 내 아이디어를 이용하고 내 방식대로 일할 수 있는 상황을 좋아한다.

점수해석

	범주	남자	여자
매우 높음	상위 1%~10%	6.6–7.0	6.5–7.0
높음	상위 11%~25%	6.1–6.5	6.2–6.4
중간보다 높음	상위 26%~50%	5.5–6.0	5.2–6.1
중간보다 낮음	상위 51%~75%	4.9–5.4	4.5–5.1
낮음	상위 76%~90%	4.3–4.8	3.6–4.4
매우 낮음	상위 91%~100%	1.0–4.2	1.0–3.5

행정적 양식에 관한 스턴버그 – 바그너의 자기평가 검사

_________ 1. 나는 토론하거나 아이디어를 기록할 때 정해진 공식적인 규칙을 따른다.

_________ 2. 나는 어떤 문제를 풀기 위하여 적절한 방법을 사용하도록 주의를 기울인다.

_________ 3. 나는 분명한 구조와 확립된 계획이나 목표가 있는 프로젝트를 좋아한다.

_________ 4. 과제나 프로젝트를 시작하기 전에 나는 어떤 방법과 절차를 사용해야만 되는지를 점검한다.

_________ 5. 나는 나의 역할과 내가 참여하는 방식이 분명하게 정해진 상황을 좋아한다.

_________ 6. 나는 일정한 규칙에 따라 문제를 푸는 방법을 생각하기를 좋아한다.

_________ 7. 나는 지침에 따라 할 수 있는 일하기를 즐긴다.

_________ 8. 나는 문제를 풀거나 과제를 수행할 때 분명한 규칙이나 지시를 따르는 것을 좋아한다.

점수해석

	범주	남자	여자
매우 높음	상위 1%~10%	6.0–7.0	5.8–7.0
높음	상위 11%~25%	5.3–5.9	5.3–5.7
중간보다 높음	상위 26%~50%	4.5–5.2	4.4–5.2
중간보다 낮음	상위 51%~75%	3.6–4.4	3.4–4.3
낮음	상위 76%~90%	2.9–3.5	2.7–3.3
매우 낮음	상위 91%~100%	1.0–2.8	1.0–2.6

사법적 양식에 관한 스턴버그 - 바그너의 자기평가 검사

_________ 1. 토론하거나 아이디어를 기록할 때 나는 다른 사람들의 일하는 방식을 비판하는 것을 좋아한다.

_________ 2. 나는 반대되는 아이디어 직면할 때 어떤 것이 옳은 방법인지 결정하기를 좋아한다.

_________ 3. 나는 반대되는 관점이나 갈등을 일으키는 아이디어를 검토하거나 평정하는 것을 좋아한다.

_________ 4. 나는 다른 관점과 아이디어를 연구하고 평가할 수 있는 프로젝트를 좋아한다.

_________ 5. 나는 다른 사람들의 계획안과 방법에 등급을 매길 수 있는 과제나 문제를 선호한다.

_________ 6. 의사결정을 할 때 나는 반대되는 관점을 비교해보는 것을 좋아한다.

_________ 7. 나는 일을 하는 다른 방식들을 비교하고 평정할 수 있는 상황을 좋아한다.

_________ 8. 나는 분석하고, 등급매기고, 비교하는 일을 즐긴다.

점수해석

	범주	남자	여자
매우 높음	상위 1%~10%	5.3–7.0	5.6–7.0
높음	상위 11%~25%	4.6–5.2	5.0–5.5
중간보다 높음	상위 26%~50%	4.2–4.5	4.6–4.9
중간보다 낮음	상위 51%~75%	3.9–4.1	4.2–4.5
낮음	상위 76%~90%	3.5–3.8	3.2–4.1
매우 낮음	상위 91%~100%	1.0–3.4	1.0–3.1

2) 논리적 사고

논리적 사고 검사지는 미국 Georgia 대학의 Roadrankam, Yeany 그리고 Padilla 등이 1982년에 GALT(Group Assessment of Logical Thinking)을 개발하였고, 국내에서는 축소판으로 사용하고 있다. 논리적 사고력 검사지는 총 21문항이고, 각 문항은 답과 이유를 선택하는 선다형 형식으로 6개의 논리 유형을 측정하도록 구성되어 있다. 보존 논리 4문항, 비례 논리 6문항, 변인통제 논리 4문항, 확률 논리 2문항, 상관 논리 2문항, 조합 논리 3문항이고 대부분의 문항에 문제 상황을 설명하는 짧은 문장과 함께 그림을 제시하도록 되어 있다. GALT의 총점에 따라 인지 수준을 구분하여 0~8점은 구체적 조작기, 9~15점은 과도기, 16~21점은 형식적 조작기로 구분한다.

논리적 사고 검사지의 예

1. 철이는 크기와 모양이 같은 2개의 진흙덩이를 가지고 있다. 두 진흙덩이를 저울에 올려놓았더니 아래 그림과 같이 무게도 같았다.

진흙덩이 ㉮는 그대로 두고, 진흙덩이 ㉯를 다음 그림과 같이 납작한 모양으로 만들었다.

1-(1). 다음 중 올바른 내용은 어느 것인가?
- ㉠ 두 진흙 덩이의 무게는 같다.
- ㉡ 둥근 모양의 진흙덩이가 더 무겁다
- ㉢ 납작한 모양의 진흙덩이가 더 무겁다.

1-(2). 그 이유는 다음 중 어느 것인가?
- ① 두 진흙덩이에 다른 것을 더하거나 떼어내지 않았기 때문이다.
- ② 납작한 진흙덩이가 면적이 더 넓어졌기 때문이다.
- ③ 무엇이나 납작하게 만들면 무게가 가벼워지기 때문이다.
- ④ 모양을 둥글게 만들면 진흙이 꼭꼭 차이기 때문이다.

3) 비판적 사고

(1) 비판적 사고기술

비판적 사고기술에 대한 척도(WGCTA: Watson-Glaser Critical Thinking Appraisal)는 Watson과 Glaser(1980)이 개발하였다. WGCTA는 Watson과 Glaser에 의해 1930년대 후반 처음 개발되어 여러 번 개정을 거치면서 가장 널리 사용되어 다른 사고력 검사들의 벤치마크가 되었다. WGCTA는 추론(inference), 가정의 인지(recognition of assumption), 연역(deduction), 해석(interpretation), 논증평가(evaluation of arguments)의 5개 하위영역으로 이루어지며, 각 하위영역별로 16문항씩 총 80문항으로 구성된다. 문항 형식은 '추론'만 주어진 정보에만 의존해 1개의 정답을 고르는 선다형으로, 추론 영역만 5지 선다형-옳다, 옳은 것 같다, 확실하지 않다, 틀린 것 같다, 틀리다-이고, 나머지 4개의 영역들은 2지 선다형으로 되어 있다. 검사의 배점은 문항당 1점씩, 총 80점을 만점으로 한다.

비판적 사고기능 검사의 하위영역

추론(inference): 1~16문항

추론이란 어떤 관찰된 사실이나 가정된 사실로부터 이끌어낼 수 있는 결론이다. 이 영역의 문항에서는 진실하다고 여겨질 수 있는 사실에 관한 진술문을 읽고 이 진술문으로부터 이끌어낸 추론들이 참인지 거짓인지 결정한다.

각각의 문항을 살펴보고 그것이 주어진 제시문에 비추어 볼 때 어느 정도로 옳거나 틀린지 빈칸에 O표시를 하시오.

A시에 살고 있는 김씨는 자정을 넘겨 1시까지 그의 당구장 문을 열고 영업했다는 혐의로 지난달 여섯 번째 지방법원에 출두하였다. 그는 또 다시 유죄로 인정되어 지난번처럼 최고 50만원의 벌금을 물었다.

1=옳다 2=옳은 것 같다 3=확실하지 않다 4=틀린 것 같다 5=틀리다

6	50만원의 벌금을 내야 함에도 불구하고 간간히 김씨가 그의 당구장을 새벽 1시가 넘게 문을 열어놓은 것이 그에게는 더 이익이었다.	1 — 2 — 3 — 4 — 5
7	김씨의 당구장은 A시의 관할구역 내에 있는 지방법원에 의하여 판결되었다.	1 — 2 — 3 — 4 — 5
8	김씨는 자정을 넘겨 1시까지는 당구장 문을 닫아야 한다는 법이 폐지되기를 기대하면서 그 법을 반복적으로 비웃었다.	1 — 2 — 3 — 4 — 5
9	최고 50만원의 벌금형은 A시에 있는 모든 당구장에게 충분히 효과적이었고 인접 지역에서도 1시가 넘으면 당구장이 문을 닫았다.	1 — 2 — 3 — 4 — 5
10	김씨가 당구장 영업금지 시간을 지킨 것은 지난 한 달 동안에 일주일 정도였다.	1 — 2 — 3 — 4 — 5

가정의 인지(recognition of assumption): 17~32문항

가정이란 전제로 하거나 당연하다고 여기는 것을 말한다. 이 영역의 문항에서는 어떤 진술문이 주어지고 각 진술문에 따른 몇 몇 가정이 제시된다. 따라서 각각의 제시된 가정이 주어진 진술문에 비추어 당연한 것인지 아닌지 결정한다.

주어진 진술문을 형성하는 데 있어서 각각의 문항이 가정으로 당연한 것인지 판단하여 빈칸에 O 표시를 하시오.

결국 원자에너지 이용에 관한 추가적인 발견은 인류에게 하나의 축복이 된다는 것이 증명될 것이다.

1=가정으로 성립된다 2=가정으로 성립되지 않는다

17	결국 원자에너지 이용에 관한 추가적인 발견은 인류에게 하나의 축복이 된다는 것이 증명될 것이다.	1 — 2
18	원자에너지의 추가적인 이용에 관한 발견은 장기적이며 많은 돈의 투자가 요구될 것이다.	1 — 2
19	원자에너지의 사용은 심각한 환경 위험을 야기할 것이다.	1 — 2

연역(deduction): 33~48문항

연역이란 주어진 정보로부터 결론이 필연적으로 도출되는 것을 말한다. 이 영역의 문항에서는 주어진 진술문들이 모두 진실이라고 간주하고, 이어지는 결론이 주어진 진술문으로부터 필연적으로 도출되는 결론인지 아닌지 판단한다.

제시문의 내용이 모두 사실이라고 했을 때, 각각의 문항이 주어진 제시문으로부터 필연적으로 도출된 결론으로 적절한지 판단하여 빈칸에 O표시 하시오.

심포니 오케스트라의 모든 단원은 클래식 음악 연주를 즐긴다. 심포니 오케스트라의 모든 단원은 연습하는 데 많은 시간을 보낸다. 그러므로

1=결론으로 적절하다 2=결론으로 적절하지 않다

36	클래식 음악을 연주하는 음악가들은 연습하는 데 많은 시간을 보내는 것에 대해 신경을 쓰지 않는다.	1 — 2
37	연습하는 데 많은 시간을 보내는 어떤 음악가들은 클래식 음악 연주를 즐긴다.	1 — 2

해석(interpretation): 49~64문항

해석이란 증거를 가늠하여 주어진 정보로부터 결론이나 일반화가 보장되는지 판단하는 것이다. 이 영역의 문항에서는 하나의 짧은 문단을 읽고, 각각의 제시된 결론들이 그 문단에서 제공되는 정보로부터 아무런 의심 없이 논리적으로 뒤따라 올 수 있는 것인지 판단한다.

제시문의 내용이 사실인지 거짓인지 알 수 없는 상황이라고 할 때, 각각의 문항이 제시문에 나온 정보로부터 아무런 의심 없이 논리적으로 뒤따라 나올 수 있는 결론으로 적절한지 판단하여 빈칸에 O 표시를 하시오.

철수라는 사람은 용모가 못 생겼고 친구가 거의 없으며 직장생활이 어려웠고 일반적으로 매우 불행하였다. 그런데 아주 친한 친구가 철수에게 홍길동 박사를 만나보라고 권하였다. 홍길동 박사는 사람들의 성격 교정에 유명한 전문가였다. 철수는 이 권고를 받아들여 홍길동 박사에게 3개월 동안 치료를 받고 나서 친구 관계가 좋아졌고 일반적으로 더 행복감을 느끼게 되었다.

1=결론으로 적절하다 2=결론으로 적절하지 않다

55	홍길동 박사의 치료가 없었다면, 철수는 좋아지지 않았을 것이다.	1 — 2
56	철수의 생활은 홍길동 박사의 치료가 시작된 후부터 개선되었다.	1 — 2
57	친구의 권고가 없었더라면 철수는 홍길동 박사에 관해 듣지 못했을 것이다.	1 — 2

논증 평가(evaluation of arguments): 65~80문항

논증의 평가란 쟁점화된 문제에 대하여 관련성 있는 논증과 관련성 없는 논증을 구별하는 것이다. 이 영역의 문항에서는 제시된 진술문을 읽고 그에 대한 논증이 확고한지, 확고하지 못한지 판단한다.

각각의 문항이 주어진 물음에 대하여 적절한 논증인지 판단하여 빈칸에 O 표시를 하시오.

정부의 어떤 정책에 대하여 반대하는 집단들도 언론 및 출판의 자유를 제한없이 허용해야 하는가?

1=결론으로 적절하다 2=결론으로 적절하지 않다

68	그렇다: 민주주의 국가는 자유와 비판을 포함하는 토론을 허용한다.	1 — 2
69	아니다: 우리의 정부형태와 반대되는 나라들도 그들의 영토 안에서 그들의 견해를 자유롭게 표현하도록 허용하지 않는다.	1 — 2
70	아니다: 만약 출판 및 언론의 자유가 충분히 허용되었을 때, 반대 집단들은 심각한 내부적 분쟁을 일으켜서 정부가 불안정하게 될 것이고 그것이 결과적으로 우리의 민주주의조차 빼앗아 갈 것이다.	1 — 2

(2) 비판적 사고성향

비판적 사고성향은 김수진(2008)이 개발하였으며, 학습과정에서 수행하는 비판적 사고와 관련한 인지적 활동들에 대한 중요도 인식 경향을 분석하고, 이를 토대로 학습자의 비판적 사고 경향을 탐색하는 것을 목적으로 한다. 각 문항에 대해 사람이 문제를 해결할 때 계층적 구조의 설정, 상대적 중요도의 설정, 그리고 논리적 일관성 유지의 원칙을 따른다는 점을 근간으로 하는 계층적 분석방법을 따른다.

요인	상대적 중요도																	요인
A	← 중요도						동등하게 중요						중요도 →					B
	9	8	7	6	5	4	3	2	1	2	3	4	5	6	7	8	9	

비판적 사고의 구성요인		인지적 활동
지적 기준들	명백성(clarity)	내용의 초점이 막연하지 않고 뚜렷한지를 고려한다.
	정확성(accuracy)	내용이 진정 사실인지를 고려한다.
	적절성(relevance)	내용적 맥락에 적합하고, 불필요한 요소가 없는지를 고려한다.
	논리성(logicalness)	내용이 논리적으로 모순이 없는지를 고려한다.
	다각성(breadth)	내용이 폭 넓고 다양한지를 고려한다.
	명료성(precision)	내용이 세부적으로 상세한지를 고려한다.
	중요성(significance)	내용이 중점적으로 다뤄야 할 핵심인지를 고려한다.
	완결성(completeness)	내용이 필요한 만큼 철저하고 완벽한지를 고려한다.
	공정성(fairness)	내용이 이치에 맞고 의도적으로 조작됨 없이 정당한지를 고려한다.
	심층성(depth)	내용이 내재된 요소들을 심도 있게 다루는지를 고려한다.
사고의 요소들	개념(concept)	이론·원리·규칙·모델을 확인한다.
	관점(point of view)	관련된 다양한 관점들을 유연하게 고려해본다.
	가정(assumptions)	어떤 사실의 원인을 설명하거나 이론 체계를 연역하기 위하여 사실 여부가 불확실한 것을 사실인 것처럼 설정해본다.
	추론(inference)	근거들을 기반으로 결론을 도출해본다.
	목적(purpose)	근본적인 의도와 도달하고자 하는 목표를 확인한다.
	정보(information)	자료·정보·증거·경험·조사에 의해 지지되는지를 확인한다.
	함축(implication)	암시적 혹은 우회적으로 제시되고 있는 숨은 의미를 확인한다.
	맥락(context)	전체적인 맥락을 확인한다.

4) 인지영역 학습역량

학습역량 중 인지영역 측정도구는 대학생용 학습 역량검사(LCT-CMB)를 이경화(2011)가 개발하였다. 이 검사는 인지영역에서의 3개 잠재변인인 지식, 사고, 창의성 문제해결 능력과 6개의 측정변인 고등사고, 초인지, 창의적 능력, 창의적 성향, 문제해결과정, 조직과 실천을 측정하는 34문항으로 구성되어 있다. 점수가 높을수록 인지영역이 높은 것을 의미한다.

학습역량 검사지(LCT-CMB)의 예

아래 제시된 문항을 읽고 여러분들의 특성에 비추어 답을 하기 바랍니다.

– 자신의 성격 특성과 가장 가까울 때는 '5 매우 그렇다', 완전히 다를 때는 '1 전혀 아니다' 에 답을 기재합니다.

– 아무 생각 없이 '3 보통이다' 에 답하는 것은 피하도록 합니다.

문항 내용		전혀 아니다	아니다	보통 이다	그렇다	매우 그렇다
1	나는 새로운 정보에 관심이 많고 유익한 정보를 잘 찾는 편이다.					
2	나는 수집한 정보를 잘 분류하고 그 중요도와 우선순위를 가릴 줄 안다.					
3	나는 주어진 과제를 해결하기 위하여 자료를 수집하고 분석한다.					
4	나는 탐구 또는 분석 과정에서 논리적, 과학적 근거를 따지기를 좋아한다.					
5	나는 문제해결, 연구에 필요한 핵심내용이나 정보를 통합하여 새로운 생각이나 구체적인 결과를 얻어낸다.					
6	나는 실험 및 탐구결과를 새로운 상황(일상생활)에 구체적으로 잘 적용하며, 일반화한다					
--------- 중간 생략 ---------						
29	나는 손으로 하는 그림이나 작품을 빠르게 잘 완성한다.					
30	나는 자를 대지 않고 선을 바르게 잘 긋는 편이다.					
31	나는 손이나 몸으로 하는 활동을 좋아한다.					
32	나는 어떤 물체나 아이디어를 그림으로 잘 표현한다.					
33	나는 추상적인 말이나 표현을 잘한다.					
34	나는 도구를 재주 있게 다루고 잘 활용한다					

출처: 숭실대학교 교육개발센터(CTL)

2. 유아를 위한 평가방법

1) 루브릭 평가

루브릭은 전통적인 평가에서 사용하는 점수(score) 또는 등급(grade)에 상응하는 개념으로 학습자가 수행과제에서 드러낸 수행의의 수준을 판단하기 위하여 수행평가에서 사용되는 척도를 말한다(Goodrich, 1996). 원래 루브릭은 라틴어로 '붉은색(rubrica)'을 뜻하는 말로 종교예배행사의 지침이나 법원의 결정내용을 강조하기 위한 방법으로 붉은색으로 기술되었다는 점에서 '중요하다'는 의미를 담고 있다. 현재 루브릭은 학생들의 다양한 수행특징을 준거에 따라 목록화하여 학생 수행의 등급(성취수준)을 결정하기 위한 도구로 사용된다(Goodrich, 1996). 루브릭은 전통적인 평가에서 찾아내기 어려운 학생의 미세한 수행의 특징을 수준별로 기술하고 있으며, 점수화되기 어려운 영역에서의 학생의 능력이라든지, 숫자로 단순화되기 어려운 고차원적인 학습결과들을 기준에 의거하여 기술할 수 있기 때문에 수행평가가 의도하고 있는 근본적인 목적을 가장 현실적으로 구체화시킨 도구이다(김영천 외, 2001). 루브릭은 교사와 학생들의 상호작용 결과로 구성된 것으로 활동의 목표를 분명하게 설정하고, 활동에서 중요한 점이 무엇인지 알게 하고, 동료평가와 자기평가를 통하여 자신의 수행 수준을 인식하고 더 나은 방향으로 개선해 나가는데 도움을 준다(Arter & Mctighe, 2001; Puckett & Black, 2000; Taggart et al, 1998). 따라서 루브릭을 사용하면 교육의 목표를 교사와 학생이 모두 명확하게 인식할 수 있고, 수업이나 활동을 통하여 평가가 바로 이루어질 수 있기에 매우 유용하게 쓰일 수 있다.

(1) 총체적(holistic) 루브릭

총체적 루브릭은 전반적인 질 혹은 학생의 반응의 한 면을 기초로 단일 점수를 평정자가 제시하는 것이다. 총체적 루브릭은 수행의 차원을 분리하지 않지만, 대신 전체적인 수행을 평가한다.

(2) 분석적(analytical-trait) 루브릭

평정자가 활동을 여러 차원과 준거로 분리하여 평정하는 것으로, 각 활동에 상응하는 다차원적인 루브릭을 사용한다. 예를 들어 유아의 쓰기를 평가하기 위해 평가 준거를 개념, 조직, 단어선택, 문장 유창성 등으로 분류하여 보는 경우가 있다.

(3) 구체적 과제 점수화(task-specific scoring) 루브릭

정답과 오답만을 점수화한 것으로 개방형 평가에서는 거의 사용하지 않으며, 단답형 질문 유형에 사용하는 평가이다.

(4) 판단적 점수화(generalized, judgmental scoring) 루브릭

평정자가 기능의 수준이나 숙련도를 직접적, 질적으로 판단하는 것이다. 이 유형은 준거가 과제별로, 구체적으로 제시되는 것이 아니라 같은 준거가 다양한 문제, 과제, 훈련에 교차하면서 사용된다.

루브릭을 개발할 때 고려해야 할 구성요소는 다음과 같다(Herman, Aschbacher & Winters, 1992). 첫째, 학생의 수행을 판단하는 기준이 되는 채점영역이나 차원(dimensions)으로 학생들이 수행이나 산출물을 어떠한 특성 혹은 영역에 따라 평가할 것인가에 대해 파악해야 한다. 둘째, 각 영역이나 차원을 변별하고 평정하는 수치나 범주(scale or values)로 구분하는 것으로 이 작업을 할 때, 평가자는 몇 개의 범주로 구분하여 점수를 부여할 것인가를 결정해야 한다. 셋째, 각각의 수행을 판단할 기준에 대한 기술은 다음과 같은 세 가지 질문을 고려해야 한다(Luft, 1998). 첫 번째 질문은 학생들이 알기를 바라고 할 수 있기를 원하는 것이 무엇인지에 대한 것이고, 두 번째 질문은 학생들이 그것을 얼마나 알아야 하고 얼마나 할 수 있기를 원하는가에 대한 것이고, 세 번째 질문은 교사와 다른 평가자가 그것을 어떻게 평가할 것인지에 대한 것이다.

다음의 주제들을 중심으로 적절한 루브릭 유형과 점수화를 선정하여 루브릭 평가를 만들어 보도록 하자.

1. 유아와 창의·인성
2. 유아와 비판적 사고
3. 유아와 쓰기, 말하기 능력
4. 유아와 미술

2) 논리적 사고

유아의 논리적 사고는 윤혜진(2012)이 추론상황(가상상황, 실제상황), 삼단논법형태(연역삼단논법, 귀납삼단논법), 그리고 삼단논법내용(사실내용, 반대사실내용)을 알아보는 방법으로 총 48문항으로 개발하였다.

가상상황의 연역삼단논법 문항의 예

모든 불을 뿜는 것은 발톱이 있다.
슈슈는 불을 뿜는다.
그러면 슈슈는 발톱이 있을까?

가상상황의 귀납삼단논법 문항의 예

뿔이 있는 것은 수염이 있다.
뿔이 있는 것은 고고다.
그러면 모든 고고는 수염이 있을까?

실제상황(반대상황)의 연역삼단논법 문항의 예

모든 날 수 있는 동물은 날개가 있다.
독수리는 날 수 있다.
그러면 독수리는 날개가 있을까?

실제상황(반대상황)의 귀납삼단논법 문항의 예

비둘기는 날 수 있다.
비둘기는 새다.
그러면 모든 새는 날 수 있을까?

본 검사도구의 채점은 삼단논법 형태의 특성에 근거하여 답에 대한 이유를 설명하는 정당화 반응에 따라 점수를 처리한다. 유아의 논리적 사고 검사의 기록지에 유아의 대답에 따라 '예', '아니요'에 표시하며 유아의 정당화 반응은 반응유형에 따라 표시하고 유아의 대답에 대한 정당화 반응은 네 가지로 유형화하여 기록한다. 유아가 이상한 대답을 하거나 해당되지 않는 대답을 하는 경우를 0점, 합리적인 결론에 도출한 경우는 1점을 부여한다.

3) 비판적 사고

비판적 사고 평가는 김현경(2002)이 제작하였다. 검사 도구의 평가항목은 비판적 사고 기능 서로 다른 관점을 인식하기, 생각을 검증하기, 판단하여 이유를 말하기, 결과를 예측하기, 타인에게 적용한 기준을 나에게 적용해 보기의 5가지로 구성되어 있다. 검사 시간은 유아 당 평균 10분 소요되며, 검사 질문지와 함께 보조도구로 그림책을 사용한다.

비판적 사고 평가도구에 적절한 보조도구 그림책(김현경, 2002)

	그림책 제목	글/ 그림작가	출판사
1	미운 아기오리	백미숙 엮음/ 여춘희 그림	삼성출판사
2	흥부놀부(1)	황경 글/ 박성완 그림	보림
3	흥부놀부(2)	한국전래동화	웅진출판
4	도깨비감투	어효선 글/ 이우경 그림	교학사
5	콩쥐팥쥐(1)	정차준 글/ 정대영 그림	보림
6	콩쥐팥쥐(2)	박상률 엮음/신영은 그림	삼성출판사
7	콩쥐팥쥐(3)	정채봉 글/ 박기욱 그림	동쪽나라
8	황금물고기	러시아민화	중앙출판사
9	금도끼 은도끼	바른사 엮음/ 백명식 그림	바른사
10	반 쪽 이	이미애 글/ 이억배 그림	보림
11	잭과 콩나무	백미숙 엮음/박찬욱 그림	삼성출판사
12	생강빵아이	김세실 글/ 엘레나 스베타에바 그림	시공주니어
13	곰 세마리	영국전래동화/ 이영원 그림	웅진닷컴

검사 방법은 먼저 대상 유아에게 개별적으로 동화를 들려주고, 질문지에 있는 문항을 순서대로 말해 준 후 유아의 반응을 녹음과 기록을 병행한다.

비판적 사고 검사의 내용

비판적 사고 기능	검사도구 가형–사전검사(곰 세 마리)	검사도구 나형–사후검사(생강빵 사람)
서로 다른 관점을 인식하기	· 집에 침입자를 발견하고 곰 세 마리는 어떻게 느꼈을까? 왜? · 곰들이 집에 돌아왔을 때 금발머리는 어떻게 느꼈을까? 왜?	· 한나는 왜 생강빵 남자를 먹는 것이 당연하다고 느꼈을까? · 생강빵 남자는 왜 여자가 먹어서는 안 된다고 느꼈을까? · 너는 누가 옳다고 생각하니? 왜?
생각을 검증하기	· 금발머리는 왜 허락 없이 남의 집에 들어갔을까?	· 생강빵 사람은 왜 먹혔을까?

비판적 사고 기능	검사도구 가형–사전검사(곰 세 마리)	검사도구 나형–사후검사(생강빵 사람)
판단하여 이유를 말하기	· 금발머리가 곰의 집에 들어가서 한 행동이 옳다고 생각하니? 왜?	· 여우가 옳다고 생각하니 나쁘다고 생각하니? 왜?
결과를 예측하기	· 만약 곰이 금발머리가 깰 때까지 다른 방에서 기다렸다면 어떻게 되었을까?	· 만약 생강빵 사람이 잡히지도 먹히지도 않았다면 어떻게 되었을까?
타인에게 적용한 기준을 나에게 적용해 보기	· 네가 곰이라면 금발머리에게 다르게 행동할 수 있을까? · 네 죽을 다 먹었는데도?	· 네가 여우라면 생강빵 사람을 놓아주겠니? 배가 고픈데도?

무응답은 0점으로 처리하고, '서로 다른 관점을 인식하기'와 같이 한 개의 하위 영역에 둘 또는 세 개의 연결된 질문이 제시되었을 경우, 둘 또는 세 개의 질문에 대한 점수의 평균을 구하여 각 하위영역당 한 개의 점수를 부여한다.

비판적 사고 평가지

비판적 사고 기능	평가기준	배점			
		무응답 (0점)	1점	2점	3점
서로 다른 관점을 인식하기	서로 다른 입장에 대해 인식하지 못한다.				
	타인의 입장에 대해 공감하나 이유를 말하지 못하거나 불합리한 이유를 진술한다.				
	타인의 입장에 대해 공감하고 이유를 진술한다.				
생각을 검증하기	제시된 상황에서 이유를 주목하지 못한다.				
	상황에 진술된 표면적인 이유를 주목한다.				
	진술되지 않았으나 상황으로 미루어 있음직한 이유를 인식한다.				
판단하여 이유를 말하기	판단에 대한 이유를 제시하지 못하거나 관련 없는 이유를 제시한다.				
	적절한 또는 부적절한 판단과 이를 합리화하는 이유를 제시한다.				
	적절한 판단과 정당한 이유를 제시한다.				

<table>
<tr><th rowspan="2">비판적 사고 기능</th><th rowspan="2">평가기준</th><th colspan="4">배점</th></tr>
<tr><th>무응답 (0점)</th><th>1점</th><th>2점</th><th>3점</th></tr>
<tr><td rowspan="3">결과를 예측하기</td><td>끌어낼 수 있는 결과를 예측하지 못한다.</td><td></td><td></td><td></td><td></td></tr>
<tr><td>표면적인 면만을 고려하여 결과를 예측한다.</td><td></td><td></td><td></td><td></td></tr>
<tr><td>모든 요인과 동기를 고려하여 있음직한 결과를 예측한다.</td><td></td><td></td><td></td><td></td></tr>
<tr><td rowspan="3">타인에게 적용한 기준을 나에게 적용해 보기</td><td>자신의 감정과 욕구에 의한 진술을 한다.</td><td></td><td></td><td></td><td></td></tr>
<tr><td>이치에 맞으나 지극히 평범한 반응으로 현실적으로 실현하기 힘든 이상적인 입장을 진술한다.</td><td></td><td></td><td></td><td></td></tr>
<tr><td>깊은 사고를 거친 정교한 반응으로 생각과 행동의 불일치를 인식한다.</td><td></td><td></td><td></td><td></td></tr>
</table>

다음의 교사와 유아의 이야기를 살펴보고, 유아의 비판적 사고를 평가해 보도록 하자.

서로 다른 관점 인식하기

T: 아기오리들은 미운 아기오리를 보고 어떻게 느꼈을까?
C: 추웠을 것 같아요.
T: 미운 아기오리는 외톨이가 되었을 때 어떻게 느꼈을까?
C: 놀랐어요.
T: 왜 그렇게 생각해?
C: 아줌마한테 혼나서 기분이 화가 났을 것 같아요.
T: 언제 가장 슬펐을까?
C: 주인아주머니가 쫓아냈을 때 가장 그렇게 느꼈을 것 같아요.

생각을 검증하기

T: 아기오리들은 왜 미운오리를 괴롭혔을까?
C: 닭인 줄 알아서 그랬어요.

판단하여 이유말하기

T: 아기 오기들이 미운 아기오리를 보고 놀렸던 행동은 좋은 행동일까? 나쁜 행동일까?
C: 나쁜 행동이라고 생각해요.
T: 왜 그렇게 생각하니?
C: 친구를 놀려서요.

결과를 예측하기

T: 만약 아기오리들이 미운 아기오리가 백조라는 걸 알았다면 어떻게 행동했을까?

C: 갔을 것 같아요.

T: 왜 그렇게 생각하니?

C: 가족한테 데려다줘요

타인에게 적용한 기준을 나에게 적용해보기

T: 만약 아기오리들이 미운 아기오리는 놀리지 않고 잘 지냈다면 어떻게 되었을까?

C: 잘 지냈을 것 같아요.

4) 창의적 사고

국내 유아연구에서는 창의적 사고에 대한 측정은 주로 Torrance(1974)의 Torrance Tests Creative Thinking(TTCT)의 언어검사(Thinking Creatively with Words)와 도형검사(Thinking Creatively with Pictures)를 사용한다. 각각의 검사는 A형과 B형으로 구분되어 있지만, 아직 글씨 쓰기에 익숙하지 않은 유아기에는 언어검사에 비해 연령 및 교육수준의 영향을 덜 받는 도형검사 A, B형을 주로 선택하여 사용한다.

(1) TTCT 도형검사

TTCT 도형검사는 유창성, 독창성, 제목의 추상성, 정교성, 성급한 종결에 대한 저항 다섯 가지 하위 요인을 중심으로 총 3부로 구성되어 유아의 창의성을 측정한다. 본 검사는 그림구성, 그림완성, 직선 또는 원 더하기로 구성되어 있다. 본 검사는 소집단으로 실시할 수도 있고, 각 검사마다 10분씩 시간제한이 있어서 총 30분이 소요된다.

활동 1의 예 – 그림구성

검은색의 계란 모양의 도형을 제시하고, 이것을 사용하여 어떤 물건이나 그림을 상상해 보게 한다.

유아 창의성 검사 내용의 실례

그림구성 A.

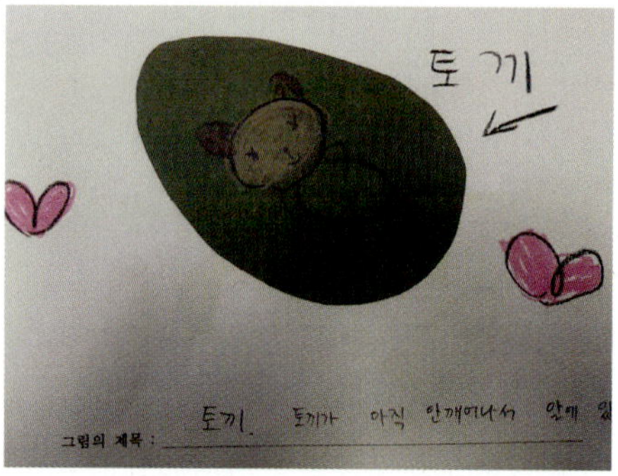

그림완성 B.

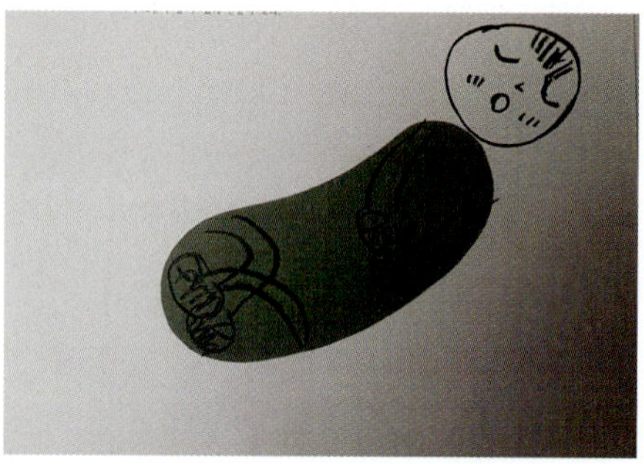

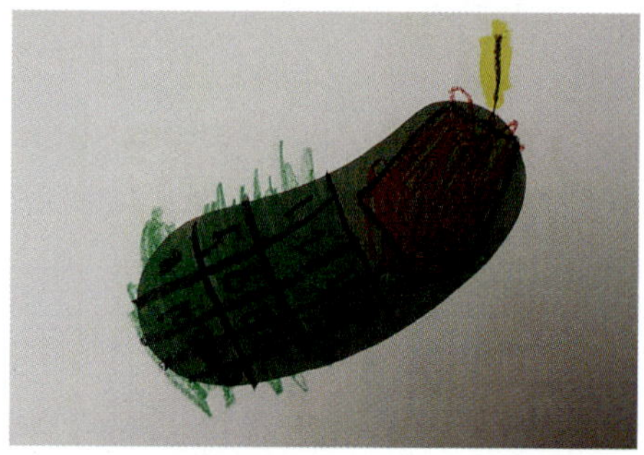

활동 2의 예 - 그림완성

불완전한 그림 10개를 제시하고, 이 그림에 선을 추가로 그려 넣어 다른 사람이 생각해 내지 못한 독특한 그림을 완성해 보게 한다. 그림이 완성되었으면 번호 아래 명칭을 쓰게 한다. 글씨를 못 쓰는 유아의 경우 교사가 물어보고 적어주어도 무방하다.

<table>
<tr><th colspan="2">유아 창의성 검사 내용의 실례</th></tr>
<tr><td colspan="2">그림완성 A.</td></tr>
<tr><td>
</td><td>
</td></tr>
<tr><td colspan="2">그림완성 B.</td></tr>
<tr><td>
</td><td>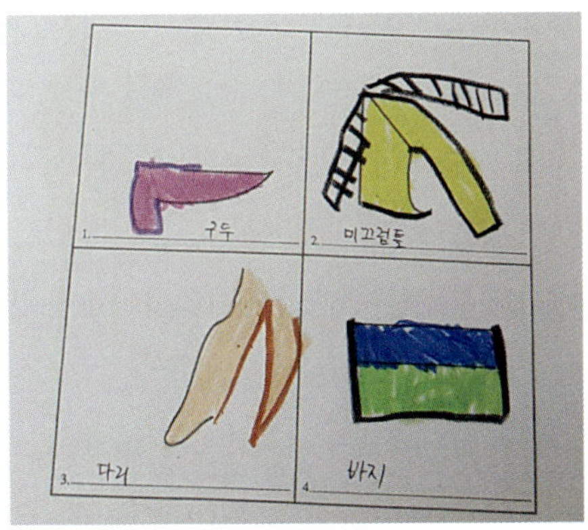
</td></tr>
</table>

활동 3의 예 – 두 개의 직선 또는 원

두 개씩 짝지어 놓은 그림(직선 또는 원)을 가지로 될 수 있는 한 여러 가지 물건이나 그림을 생각하여 그려보게 한다.

유아 창의성 검사 내용의 실례	
두 개의 직선 A.	원 B.

5) 배려적 사고

유아의 배려적 사고를 측정하기 위한 도구는 Lipman(2003)이 제시한 배려적 사고 유형 및 특성을 기초로 이춘희(2007)가 교사가 유아의 배려적 사고를 관찰하여 평정할 수 있도록 개발하였다. 배려적 사고 검사 도구는 가치부여적 사고 8문항, 규범적 사고 7문항, 정서적 사고 7문항, 감정 이입적 사고 8문항, 행동적 사고 8문항의 총 38문항으로 구성되어 있다. 유아의 배려적 사고 관찰 척도는 연구 대상 학급의 담임교사가 유아가 언어적으로 표현하고 행동으로 나타낸 것을 관찰하여 제시된 기준에 따라 평정하도록 되어 있다. 각 문항에 대한 평정점수는 '전혀 그렇지 않다'는 1점, '거의 그렇지 않다'는 2점, '가끔 그렇다'

는 3점, '매우 그렇다'는 4점이며 배려적 사고의 총점은 38점에서 152점이다. 점수가 높을수록 유아가 평소 배려적으로 행동하여 교사에게 배려적 사고 수행능력이 높다고 평가되었음을 의미한다.

유아의 배려적 사고 관찰 척도(교사용)

반: ___________ 이름: ___________(남, 여) 생년월일: ___________년 ________월 ________일

다음의 문항들은 유아의 공동체 생활 속에서 나타나는 배려적 사고 수행에 관한 것입니다. 각 문항마다 해당 유아가 보여주는 평소의 행동에 대하여 제시된 기준(① 전혀 그렇지 않다 ② 거의 그렇지 않다 ③ 가끔 그렇다 ④ 매우 그렇다)에 따라 평가하여 주십시오.

하위항목	문항	문항내용	①	②	③	④
가치 부여적 사고	소중히 여기기	또래들의 물건을 소중히 다룬다.(예: 또래가 만든 작품을 함부로 다루지 않기, 빌린 물건 잘 쓰고 갖다 주기, 교구 사용 후 제자리에 바르게 놓기)				
	가치 있게 여기기	또래가 적절한 의견을 제시할 경우 이를 높이 인정한다.(예: 유아가 스스로 의견을 내는 경우)				
	축하하기	또래의 행동에 대해서 손뼉을 치거나 웃음으로 함께 즐거워하고 기뻐해 준다.				
	마음에 간직하기	또래와의 좋은 경험들을 이야기 나누기 시간이나 놀이 시 기억하거나 회상한다.				
	감탄하기	또래와의 상호작용 시 상대방의 의견이나 행동에 깊이 감동하여 적극적이고 긍정적으로 표현한다.(예: '와', '그래', '맞아')				
	존중하기	또래들의 의견이나 생각을 아끼고 소중히 여겨 조건 없이 언어적(비언어적)으로 인정해 준다.				
	보존하기	교구나 교재를 보호하고 간수하여 잘 보존한다.(예: 쓰고 남은 재료들을 함부로 버리지 않고 잘 담아두기, 찢어진 책을 직접 테이프로 붙이거나 교사에게 부탁하기)				
	칭찬하기	또래의 좋은 행동이나 말을 정확히 인식하여 이를 좋게 말해준다.(예: '멋지다', '잘 한다')				

하위항목	문항	문항내용	①	②	③	④
규범적 사고	요구하기	문제 상황을 해결하거나 필요한 사항에 대해 또래에게 수행하도록 언어적으로 표현한다.(예: '장난감 치워야지', '내 뒤(앞)에 잘 서')				
	의무 다하기	주어진 바를 적절하게 실천한다.(예: 정해진 당번 역할을 충실히 하기, 차례 지키기, 장난감 정리정돈)				
	강제적 의무 따르기	제시된 규칙을 준수한다.(예: 또래 때리지 않기, 유치원 장난감을 집으로 가져가지 않기, 실내에서 뛰지 않고 걷기)				
	적절함 알기	상황에 적합하거나 적절한 행동을 한다.(예: 상황에 맞게 작은 소리 또는 큰 소리로 말하기, 또래의 도움을 받았을 때, '고마워' 라고 말하기, 쓰레기는 쓰레기통에 버리는 것, 식사 시간에 돌아다니며 먹지 않고 제자리에 앉아 식사하기)				
	권면하기	또래로 하여금 정해진 규칙 및 예의를 지키도록 말하여 또래가 행하도록 한다.(예: '우리 같이 하자', '내가 도와줄게' 라는 말과 함께 실제 행하도록 함)				
	강하게 요구하기	자신의 권리와 목적하는 바를 이루기 위해 언어적으로 자신의 생각을 또래에게 강하게 표현한다.(예: 놀이 시 또래가 끼어들거나 방해할 때 '지금은 내가 하는 시간이야' 또는 '내 차례야','방해 하지 마' 라고 말하기)				
	기대하기	또래들과 놀이 시(생활 속에서) 정해진 규칙 및 예의를 지켜 바람직하거나 긍정적인 결과가 이뤄지길 바란다.(예: 선생님, 우리는 줄서야 되는 거죠', 'ㅇㅇ야, 우리 같이 놀기로 했잖아' 하는 경우)				
정서적 사고	좋아하기	자신을 싫어하든 좋아하든 그 또래에게 관심을 갖고 긍정적인 관계를 유지하려는 태도를 보인다				
	사랑하기	모든 또래를 아끼고 좋아하여 사이좋게 지낸다.				
	길러주기	동물이나 식물을 아끼고 돌본다.				
	경의를 표하기	또래의 우수한 재능이나 태도를 높이 인정한다.(예: 창의적으로 만든 작품, 뛰어난 노래, 춤, 연주 등에 대해 높이 인정하는 것)				
	화해하기	또래의 우수한 재능이나 태도를 높이 인정한다.(예: 창의적으로 만든 작품, 뛰어난 노래, 춤, 연주 등에 대해 높이 인정하는 것)				

하위항목	문항	문항내용	①	②	③	④
정서적 사고	친근하기	친밀한 관계를 맺거나 유지하고 싶은 또래에게 미소를 보이거나 친절한 행동을 나타내며 접근 하려는 시도를 한다.				
	격려하기	어려운 상황을 겪는 또래에게 힘을 북돋는 말(행동)을 한다.(예: 정해진 시간 안에 작업을 끝내지 못한 또래에게 '괜찮아, 내일하면 돼.', '어렵지 않아, 이렇게 하면 돼' 라고 말(행동)하는 것)				
감정 이입적 사고	고려하기	또래의 마음을 헤아려서 그 상황에 적절한 방법 (말, 표정, 태도 등)으로 대한다.(예: 또래가 자신의 상황을 다른 또래에게나 교사에게 잘 전달하지 못할 때 대신 부연 설명하는 경우, 또래 간의 싸움 상황을 보고 적절히 중재하는 경우, 화가 났거나 슬퍼하는 또래에게 조심스럽게 다가가는 경우)				
	동정하기	슬프거나 속상해 하는 또래에게 다가가서 함께 슬퍼하고 위로 한다.(예: '울지마' 라고 말하기, 토닥거려주기)				
	성원 보내기	또래의 작품을 아끼고 돌본다.(예: 자유놀이에서 만든 또래의 작품을 잘 챙기거나 보관하여 전시하기, 간직하여 집에 가져가도록 돕기)				
	주의를 기울여 돌보기	자신보다 약하거나 체구가 작은 또래에게 보호본능에 의해 지속적으로 돌봐주고 챙겨준다.(예: 가방 들어주기, 옷 입는 것 도와주기, 간식 챙겨주기, 장애우 돌보기)				
	연대감 갖기	상대의 감정이나 생각을 내면화하여 자신의 것으로 받아들임으로써 동질감을 갖는다.(예: '너랑 나랑 한 편이야', '우리는 같은 편이야')				
	세심하게 주의를 기울이기	최상 또는 최선의 결과를 얻기 위하여 실수하지 않도록 조심하거나 몰두한다.				
	신중해지기	또래의 생각에 대해 장난삼아 가볍게 듣거나 행동하지 않고 진실성을 담아 이해하는 모습을 보인다.				
	상상하기	또래의 주어진 상황이나 행동을 보고 그와 관련하여 앞으로 발생 가능한 결과를 생각해 낸다.(예: '너 그렇게 하면 다쳐', '조심해, 엎지르면 옷이 젖잖아', '뛰지마, 넘어져')				

하위항목	문항	문항내용	①	②	③	④
행동적 사고	조직하기	또래들에게 먼저 놀이를 제안하고 놀이 내용이나 방법을 구성한다.(예: 게임 규칙 정하기, 역할 정하기)				
행동적 사고	참여하기	또래와의 놀이나 작업에 즐거워하며 열심히 참여한다.				
	관리하기	또래들과 함께 있는 상황에서 필요한 요소를 찾고 적절한 선택이나 대안을 제시한다.(예: 규칙을 놀이상황에 적용하는 과정에서 나타나는 오류를 수정하거나 가르쳐주면서 문제해결을 잘 해 나가는 것)				
	실행하기	또래와 함께 처한 상황에서 벌어진 일이 이뤄질 수 있도록 참여하여 실천한다.(예: 놀이 계획을 실제로 행하는 것, 협동 작업을 또래에게 미루거나 시간을 지체하지 않고 제 시간에 행하는 것)				
	구축하기	또래관계나 자신의 주위환경을 적극적으로 보다 낫게 변화시킨다.(예: 또래에게 친근하게 접근하여 친구관계 형성하기, 협동하여 크고 멋진 구성물 만들기)				
	공헌하기	또래가 문세를 해결하시 못하여 노움을 요청하거나 요청하지 않아도 참여하여 과제를 해결할 수 있도록 정보, 의견, 행동으로 도움을 준다.				
	완수하기	또래와의 놀이상황이나 주어진 상황에서 목적을 달성하기 위해 자신의 역할을 끝까지 충실히 해낸다.				
	구하기	또래가 어렵거나 위태로운 상황에 처해 있음을 인식하고 이를 돕기 위해 노력한다.(예: 또래를 위해 교사나 도움을 줄만한 또래에게 도움 요청하기				

부록

정답

1장. 삶과 사고

사고양식의 형태

A. 행정형 B. 입법형 C. 사법형

3장. 논술기법

연습문제 A

② 내포적 정의

연습문제 B

1. 사람:
· 외연적 정의: 흑인종, 백인종, 황인종
· 내포적 정의: 사람은 두 발로 걷는 생각하는 동물이다.
2. 동물:
· 외연적 정의: 양서류, 조류, 어류, 포유류, 파충류 등
· 내포적 정의: 식물과 구분되는 생명체이다.

연습문제 C

· 전제: 나는 한국이 알파고 시대 열등생을 만들어 낼 것이라 생각한다. 왜냐하면 현재 우리나라의 교육은 개별지식, 배경지식은 많으나 따로 놀고 있기 때문이다.
· 결론: 따라서 미래를 판단할 줄 아는 사람이라면 나와 같은 생각일 것이다.

연습문제 D

③

연습문제 E

1) 전제지시어, 결론지시어: 교통 혼잡을 근절할 최선책은 쉽게 찾기 어렵기 때문에, 너무나 많은 가능성이 경합하다 보니, 선택 가능한 모든 방법을 연구하려면 수백만 달러가 들 것이며, 그리고 대부분의 방법들은 어마어마한 실행 비용이 예상된다고 결론 내릴 수 있다.
2) 논증 아님
3) 결론지시어: 만일 재혁이가 갤럭시 노트7을 구입한다면, 그는 생활비가 부족하게 될 것이다. 영태는 갤럭시 노트7을 구입하지 않을 것이다. 그러므로 재혁이는 생활비가 부족하지 않을 것이다.
4) 결론지시어: 검사결과 오스왈드의 총이 한 번 발사되는 데는 적어도 2.3초가 걸린다는 것이 확인되었으므로 오스왈드는 분명히 5.6초 동안에 세 발을 발사할 수는 없다.
5) 논증 아님
6) 결론지시어: 만일 우리가 우연히 시계나 다른 정교한 기계 부품을 발견한다면 우리는 그것이 어느 누군가에 의해서 만들어진 것이라고 생각하

게 된다. 그런데 우리를 둘러싸고 있는 자연이라는 기계는 시계와는 비교가 안 될 정도로 정교하다. 게다가 우주의 진행과정은 복잡한 연관 속에서 이루어지고 있는 것 같다. 그러므로 우리는 이것 역시 창조자가 있을 것이라고 생각하지 않을 수 없다.

7) 전제지시어: 본 연구의 제한점은 다음과 같다. 첫째, 본 연구의 대상은 I시에 위치한 N구 민간어린이집에 재원하고 있는 만2세 영아 29명을 대상으로 하였으며 연구대상의 사례수가 적어 연구결과를 일반화시키는 데 제한점이 있다. 둘째, 본 연구의 실험은 8주(16회)간 비교적 단기간에 걸쳐 실시하였기 때문에 연구결과를 일반화시키는 데 제한점이 있다.

연습문제 F

1) 연역논증
2) 귀납논증
3) 연역논증
4) 귀납논증
5) 귀납논증
6) 귀납논증

연습문제 G

1) 정언삼단논법
2) 정언삼단논법
3) 선언삼단논법
4) 선언삼단논법
5) 가언삼단논법
6) 가언삼단논법

연습문제 H

1) 생략된 전제: 모든 인간은 죽는다.
2) 생략된 전제: 모든 사람이 인정한다
3) 생략된 전제: 공급이 부족하면 가격이 오른다
4) 생략된 전제: 말을 잘 들으면 그에 부합하는 상을 준다

연습문제 I

1) 함의 사용하기
2) 대중적 인기에 호소하기
3) 의구심 유발하기
4) 대중적 인기에 호소하기
5) 고상한 어구사용하기
6) 섹시함에 호소하기

연습문제 J

1) 감정,연민, 동정에의 호소하는 오류
2) 기초비율의 오류
3) 연좌의 오류
4) 인과전도의 오류
5) 허수아비 공격의 오류
6) 힘/위협에의 호소에 대한 오류
7) 다수 믿음에의 오류
8) 피장파장의 오류
9) 일반적 관행의 오류
10) 성급한 일반화의 오류
11) 피장파장의 오류
12) 사람에 호소하는 오류
13) 우물에 독약치는 오류
14) 언어적 혼동의 오류

4장. 논리적 글쓰기

문장성분 연습문제 정답

1. [해설] 〈보기〉노란(관형어)/들국화가(주어)/매우(부사어)/아름답게(부사어)/피었다(서술어). 주성분은 '주어, 목적어, 보어, 서술어' 노란-관형어(부속 성분) '피었다'를 수식하는 것은 '아름답게'로 부사어이다. 아름답게-부사어(부속 성분) 노란 들국화가/매우 아름답게 피었다
2. [해설] '도원이의'는 뒤에 오는 관형어인 '노란'을 꾸미는 관형어

3. [해설] 〈보기〉의 괄호 안에는 서술어의 대상이 되는 말로 조사 '을, 를'이 붙어 문장에서 '무엇을'에 해당되는 목적어가 들어가야 한다.
4. [해설] 〈보기〉 '둥근(관형어)/보름달이(주어)/두둥실(부사어)/떴다(서술어)'
   노란(관형어)/들국화가(주어)/아름답게(부사어)/피었다(서술어)
5. [해설] 관형어 주어 목적어 서술어
6. [해설] 작은(관형어)/개미가(주어)/커다란(관형어)/과자를(목적어)/먹는다.(서술어)
7. [해설] 〈보기〉의 문장은 '누가, 무엇이'에 해당하는 주어가 생략된 상태
8. [해설] 서술어 '사랑한다'의 대상이 되는 '무엇을, 누구를'에 해당하는 목적어가 있어야 온전한 문장이 된다.
9. (1) 독립어 (2) 주어 (3) 부사어 (4) 관형어 (5) 부사어 (6)서술어
   [해설] '얘야'는 부름이나 대답을 나타내면서 문장에서 독립적으로 쓰이는 성분은 독립어. '언제'는 문장 뒤에 있는 서술어인 '왔니'와 연결되는 부사어
10. [해설] "상원이는 책 봐." ⇒ 주어 생략

외래어 표기법 정답

1. 불도그
2. 엘리베이터
3. 프레젠테이션
4. 프러포즈
5. 도쿄
6. 러키세븐
7. 멜론
8. 바비큐
9. 초콜릿
10. 판다

로마자 표기법 정답

1. 종로: Jongro
2. 남산: Namsan
3. 해돋이: Haedoji
4. 거북선: Geobukseon
5. 낙동강: Nakdonggang
6. 강남구: Gangnam-Gu
7. 같이: gachi

5장. 교사저널

반성적 사고 저널의 수준분석

#1. 교사저널

· 3수준: 교사가 자신의 교수행위에 대해 반성적 저널을 작성함에 있어 이론적인 분석이나 해석적 반성을 하지 않았으며, 자신의 교수행위에 대한 학습자의 입장을 고려하지 않고 교수자의 관점에서만 이를 평가하는 수준

#2. 교사저널

· 5수준: 학습자의 입장보다는 7세이기 때문에 욕심을 내어 활동을 하게 되어 자신의 교수행위에 대한 교사의 관점에서 진행하였다. 교사의 행위 일면에만 초점을 두고 목적에 도달할 수 있도록 하였다.

#3. 교사저널

· 7수준: 자신의 교수행동과 유아의 반응을 서로 연관지어서 유아들의 특성과 교수전략은 발달수준에 근거하여야 함을 인식하였다. 미흡한 점에 대해 자신의 교수적 내용을 반성하고 평가하며 더 좋은 교수 수행을 위해 문제점을 스스로 제안하고 있다.

참고문헌

강민정(2008). 예비유아교사의 논리적 사고력에 대한 인지전략 및 학습동기의 영향. 미래유아교육학회지, 15(3). 1-20.

강선보, 신창호(2009). 배려, 교육을 향한 열정. 서울: 원미사.

곽향림(2019). 누리과정에 따른 단위유치원 교육과정 설계: 교사와 유아가 함께 만들어가는 교육과정. 유아교육연구, 39(2). 333-359.

교육과학기술부(2008). 유치원교육과정해설. 서울: 교육과학기술부.

교육과학기술부, 보건복지부(2013). 3~5세 누리과정. 서울: 교육과학기술부, 보건복지부.

교육부, 보건복지부(2019a). 2019 개정 누리과정 해설서

교육부·보건복지부(2019b). 2019 개정 누리과정 놀이이해 자료

교육인적자원부(2007). 2007 개정 유치원 교육과정. 서울: 교육인적자원부.

교육출판공사(1985). 세계철학사전. 서울: 교육출판공사편.

국립국어연구원(1999). 표준국어대사전. 서울: 두산동아

김명숙(2002). 공교육에서의 비판적 사고 교육의 방향과 쟁점. 철학연구, 58, 107-144.

김봉균(1993). 문장기술론. 서울: 삼영사.

김소향, 강의정(2005). 유아의 유추 추리, 인과적 추론, 연역적 추론 능력 발달에 관한 연구. 유아교육·보육행정연구, 9(4), 53-79.

김수동 (2005). 배려의 교육. 서울: 장서원.

김수임(1999). 유아 유추추론의 발달과 그 훈련에 따른 과제수행의 효과. 대구가톨릭 일반대학교 대학원 박사학위논문.

김수임(2006). 유아의 유추추론 발달과 창의성과의 관계. 아동교육, 15(2), 81-100.

김수진(2008). 전공 계열에 따른 학습자의 비판적 사고 경향에 관한 연구. 숙명여자대학교 일반대학원 석사학위논문.

김순희(2009). 교사의 반성적 수업실천을 위한 방안 탐색. 교원교육학회, 26(2), 101-121.

김연희(2012). (존 듀이의)교육미학: 예술교육의 철학과 이론. 서울: 교육과학사.

김영채(1998a). 사고력: 이론개발과 수업. 서울: 교육과학사.

김영채(1998b). 창의적 문제해결: 창의력의 이론, 개발과 수업. 서울: 교육과학사.

김영채(2004). 토란스 창의력 FPSP에 대한 분석적 고찰. 사고개발, 1(1), 1-21.

김영채(2007). 동화·교과 내용을 사용하는 AbPS 아동 창의력. 대구: 토란스 창의력 한국 FPSP/현곡 R & D.

김은설, 문무경, 최윤경, 박수연(2010). 2009-2010 유아교육 연차보고서. 육아정책연구소.

김은정(2008). 유아용 신체운동창의성 검사지 개발연구. 명지대학교 대학원 박사학위논문.

김종률(2010). 고차적 사고력과 논술 교육 연구: 다산 정약용의 논술 텍스트를 중심으로. 영남대학교 대학원 박사학위논문.

김진(2007). 플라톤 대화편에 나타난 '소크라테스적 대화'의 방법론적 구조. 철학탐구, 21, 95-120.

김태영(2022). 교사학습공동체를 통한 유아교사의 놀이중심 교육과정 실천 과정 탐색. 교육연구논총, 43(2), 105~129.

김현경(2002). 유아를 위한 비판적 사고 교수모형의 구성 및 그 적용효과에 관한 연구. 중앙대학교 대학원 박사학위논문.

노수남(2009). 유아교사의 비판적 사고성향, 교사 효능감이 유아의 비판적 사고력에 미치는 영향. 한국유아교육·보육행정연구, 13(3), 291-311.

노진호(1994). 듀이의 반성적 사고와 교육론에 관한 연구. 성균관대학교 대학원 박사학위논문.

명지원(2011). 읽기-말(토론)하기-쓰기 능력향상을 위한 홀리스틱 접근. 홀리스틱교육연구, 15(1).

85-114.

문용린(1988). 도덕과 교육론. 서울: 갑을출판사.

미래창조과학부(2016). 제 4차 산업혁명에 대응한 지능정보사회 중장기 종합대책. 세종: 미래창조과학부

박민근(2003). 지식생성과 좌·우뇌 활용성향과의 관계: 수렴적사고와 발산적 사고를 중심으로. 광운대학교 대학원 박사학위논문.

박민아(2007). Julie Wylie의 유아음악교육 프로그램에 관한 연구. 한양대학교 교육대학원 석사학위논문.

박선환(1999). 비판적 사고교육의 현황과 방향 모색. 숙명여대 사회·교육과 연구, 3, 77-93.

박성창(2000). 수사학. 서울: 문학과 지성사.

박은혜(1999). 유아교사교육에서 저널쓰기 활용에 대한 고찰. 한국교사교육, 16(2), 195-216.

박은혜, 조운주(2007). 예비유아교사가 인식한 유아교사 이미지의 변화 탐색. 영유아교원교육연구, 11(4), 225-246.

박찬선, 최경숙(2001). 아동의 이야기에 대한 인과적 회상 및 추론에 관한 연구. 생활과학, 4, 221-236.

박찬옥, 지성애, 조형숙, 서동미, 곽현주, 엄은나, 한진원, 김현주, 김민정, 홍찬의(2013). 유아교사를 위한 논리·창의 교육. 서울: 정민사.

박희경(2015). 탐구공동체를 통한 음악 중심 통합예술교육 연구: 고차적 사고력과 인성함양을 중심으로. 경상대학교 대학원 박사학위논문.

서울대 국어교육연구소(1999). 국어교육학사전. 서울: 대교출판

서정혁(2015). 논증. 서울: 커뮤니케이션북스.

서혜성(2010). 표준보육과정 적용 그림책 활동에서 교사의 반성적 저널쓰기 효과. 숙명여자대학교 대학원 박사학위논문.

석은조(2006). 저널쓰기가 예비유아교사의 반성적 사고, 자기조절학습 및 자기 효능감에 미치는 효과. 대구대학교 대학원 박사학위논문.

성은영(2006). 교사의 발문 변화에 따른 유아의 사고변화 탐색: 이야기 나누기 활동을 중심으로. 유아교육학논집, 10(4), 371-388.

성일제(1989). 배우며 생각하며: 5~6학년용. 서울: 한국교육개발원.

소홍렬(1990). 논리와 사고. 서울: 이화여자대학교 출판부.

송명자(1995). 발달이론체계의 최근동향 개관. 동아교육논총, 21, 29-47

신원애(2020). 업사이클링 메이커 활동을 통한 유아 환경교육 프로그램 개발 및 효과. 한국유아교육연구, 23(1), 86-112

안광복(2005). Elenchos를 중심으로 본 소크라테스 철학방법론. 서강대학교 일반대학원 박사학위논문.

안부금(2004). 또래 협력에 의한 과학교수방법이 유아의 추론능력에 미치는 효과. 열린유아교육연구, 9(2), 45-63.

안재신(2008). 통합적 접근에 기초한 창의적 음악극 활동이 유아의 음악적 개념 발달에 미치는 영향. 음악교육연구, 35, 27-45.

염지숙(1986). 5, 6, 7세 어린이들의 연역적 추리능력의 발달에 관한 연구. 중앙대학교 일반대학원 석사학위논문.

오세희(2003). 소크라테스 문답법에 담긴 지식교육의 방법적 원리에 관한 연구. 인천교육대학교 교육대학원 석사학위논문.

오유석 역(1998). 에피쿠로스, 『쾌락』 서울: 문학과지성사

오지희(2003). 소크라테스 문답법에 담긴 지식교육의 방법적 원리에 관한 연구. 인천교육대학교 교육대학원 석사학위논문.

오진희(2009). 이야기 이해에 기초한 수학적 추론 활동이 유아의 내러티브·수학능력에 미치는 영향. 덕성여자대학교 대학원 박사학위논문.

오창진(2008). 립맨(Matthew Lipman) 어린이 철학에 대한 비판적 분석. 교원대학교 일반대학원 석사학위 논문.

원윤선(2000). 추론 전제 내용과 형태가 아동의 추론 수행에 미치는 영향. 성균관대학교 일반일반대학원 석사학위논문.

윤진(2004). 비판적 사고 성향 측정 척도 개발: 간호학을 중심으로. 가톨릭대학교 대학원 박사학위논문

윤혜진(2012). 유아의 논리적 사고의 발달: 추론상황과 삼단논법을 중심으로. 계명대학교 대학원

박사학위논문.

이경화(2002). 4, 5세 유아의 창의적 능력과 창의적 성격. 교육심리연구, 16(3), 147-160.

이경화(2002). 대학생의 창의적 능력과 창의적 성격탐색을 위한 기초 연구. 영재와 영재교육, 1(2), 47-68.

이아람찬(2005). 영화교육론. 서울: 커뮤니케이션북스.

이영문(2007). 소크라테스 교육방법의 구성주의적 접근. 도덕교육연구, 19(1), 111-133.

이종봉, 이경호(2012). 한 과학 교사가 뉴턴 제1법칙을 가르치면서 경험하는 딜레마: 객관주의와 구성주의의 이분법적 사고. 교육과학연구, 43(2), 53-73.

이종연(2005). 토랜스의 창의적 사고력과 교육. 서울: 학지사.

이차숙, 노명완(1994). 유아언어교육론. 서울: 동문사.

이초식(1996). 논리교육. 서울: 대한교과서주식회사.

이춘재(1981). 아동의 공간조망능력의 발달에 관한 연구. 논문집, 12(1), 225-246.

이춘희(1999). 창의적 유아동작교육. 서울: 동문사.

이춘희(2007). 철학적 탐구공동체 활동을 통한 유아의 배려적 사고 증진에 관한 연구. 동덕여자대학교 대학원 박사학위논문.

이현주(2012). 플라톤의 『대화편』과 만 5세 유아들의 〈철학적 탐구공동체 활동〉의 토론과정 비교 연구. 동덕여자대학교 대학원 박사학위논문.

이혜영, 유연옥(2011). 유아교사의 사고양식과 유아의 창의성 증진을 위한 역할수행의 관계. 사고개발, 7(1), 53-68.

임선하(1999), 창조성의 측정과 평가. 창조교육학회지, 3(1), 85-95.

임성혜(1988). 집단구성유형에 따른 유아의 인지과제 수행력과 초인지 사용에 관한 연구. 아동연구, 2, 145-148.

임성혜(1998). 집단구성유형에 따른 유아의 인지과제 수행력과 초인지 사용에 관한 연구. 서울여자대학교 일반대학원 석사학위논문.

임승렬(2002). 유아교사의 교직 윤리 의식에 관한 연구. 한국교원교육연구, 19(1), 157-173.

장미라, 이영미, 권희경(2010). 논리적 사고를 촉진하는 교사의 발문이 5세 유아의 개인적 내러티브 발달에 미치는 영향. 유아교육연구, 30(2), 441-449.

전경원(2000). 동·서양의 하모니 창의학. 서울: 학문사.

전경원(2006). 창의성 교육의 이론과 실제. 서울: 창지사.

정대련(2009). 동화로 여는 유아의 논리논술. 서울: 창지사.

정대련, 박혜경(1997). 아동의 창의성 발달을 돕는 교육. 동대논총, 27, 261-281.

정덕희(1991). 아동의 연역적 추론능력 발달에 관한 연구-메타논리를 중심으로. 중앙대학교 일반대학원 석사학위논문.

정인선(2010). 초등교육과 어린이철학교육에 관한 연구. 강원대학교 대학원 박사학위논문.

조명한(1979) 언어심리학. 서울: 정음사.

조부경(1997). 유치원교사의 역할 지각과 역할수행에 관한 한·미 비교 연구. 비교교육연구, 7(1), 235-258.

조선희(2010). 유아의 유추추론과 오류에 관한 연구. 미래유아교육학회지, 17(3), 213-258.

조선희, 유연옥(1998). 유아 사고교육의 이론과 실제. 서울: 창지사.

조선희, 전명남(1998). 유아의 비판적 사고를 촉진하는 질문에 대한 탐색적 연구. 미래유아교육학회지, 5(2), 249-270.

조연순, 성진숙, 이해주(2011). 창의성 교육-창의적 문제해결력 계발과 교육방법. 서울: 이화여자대학교 출판부.

조향근(1980). 교육세계백과대사전. 서울: 교육도서.

조현(2007). 영화매체를 활용한 논술교육 방법론. 국민대학교 종합예술대학원 석사학위논문.

조형숙(2007). 유아교사의 교직윤리교육에 관한 소고. 한국교원대학교 교육연구원 학술발표논문, 1-19.

조형숙, 박은주(2009). 유치원 교사가 경험한 윤리적 딜레마 분석. 유아교육연구, 29(3), 73-101.

최선경(2015). 그림책을 활용한 철학적 탐구공동체 활동이 유아의 정서능력에 미치는 영향. 동덕여자대학교 일반대학원 석사학위논문.

하일선(2010). 현대사회에서 교육자의 자기이해: 소크라테스의 아이러니 논쟁을 중심으로. 교육철학, 47, 203-223.

하주현(2000). 창의적 인성검사 개발. 교육심리연구, 14(2), 197-210.

한국유아교육학회 편(1996). 유아교육사전. 서울: 한국유아교육학회.

허미경(2014). 유아교사의 윤리적 딜레마 해결력 증진 프로그램 개발 및 적용. 덕성여자대학교 대학원 박사학위논문.

Alexander, P. A., Willson, V. L., White, C. S., & Fuqua, J. D. (1987). Analogical reasoning in young children. *Journal of Educational Psychology*, 79, 401-408.

American Council for the Arts. (1997). *Coming to Our Senses: The Significance of the Arts for American Education*. New York: ACA Books.

Aristoteles (1965). *Rhetirics*. (이종요 역, 2015, 아리스토텔레스의 수사학). 서울: HUEBOOKs.

Arter, J., & McTighe, J. (2001). *Scoring rubrics in the classroom*. Thousand Oaks, California: Cowin Press.

Artmam. L.,& Cahan, S. (1993). Schooling and the development of transitive inference. *Developmental Psychology*, 29, 753-759.

Baker, L., & Brown, A. L. (1984). Metacognitive skills and reading. In D. Pearson, R., Barr., M, Kamil, & P, Mosthenthal (Eds.), *Handbook of reading research*. NY: Longman.

Bell, B., & Cowie, B. (2001). The characteristics of formative assessment in science education. *Science Education*, 85(5), 536-553

Berliner, D. C. (1985). Laboratory settings and the study of teacher education. *Journal of Teacher Education*, 36(6), 2-8.

Bernstein, R, R., & Bernstein, M, R. (1999). *Spark of genius*. (박종성 역, 2007, 생각의 탄생). 서울: 에코의 서재.

Beyer, B. K. (1985). Critical thinking: What is it?. *Social Education*, 49, 270-276.

Bornstein, J. C. L. (2003). Toward an understanding of mattew Lipman's Concept of Caring Thinking. *Thinking*, 16(3), 17-24.

Brown, A. L. (1987). Metacognition, executive control, self-regulation and other more mysterious mechanisms. In Weinert, F. E., & Kluwe, R. H.(Eds.), *Metacognition and Motivation and Understanding*. Hillsdale, N. J.: Lawrence Erlbaum.

Bruner, J. S. (1964). *The Course of Cognitive growth*. New York: Wiley.

Bruner, J. S. (1973). *The relevance of education*. New York: Norton.

Burnet, J. (1903). *Platonis opera III, oxonii, E typographeo clarendoniano*. (이상인 역, 2014. 메논[menon]). 서울: 이제이북스.

Burnet. J. (1989). *Platon, Lysis*. (강철웅 역, 2014, 뤼시스[Lysis]). 서울: 이제이북스.

Buzan, T. (2002). *How to Mind Map: The Thinking Tool That Will Change Your Life*. (권봉중 역, 2010, 토니부잔의 마인드 맵). 서울: 비즈니스맵.

Clark, C. M. & Peterson, P. L. (1986). Teachers' Thought Processes. *Handbook of Research on Teaching*(3rd ed.). New York: Macmillan, 255-196.

Clark, P. G. (1994). Learning on Interdisciplinary Gerontological Teams. *Educational Gerontology*, 20(4), 349-364.

Costa, A. (1984). Mediating the metacognitive. *Educational Leadership*, 42(3): 57-62.

Creswell, J. W. (1994). *Research design: qualitative, quantitatave, and mixed methods approaches*. (강윤수, 고상숙, 권오남, 류희찬, 박만구, 방정숙, 이중권, 정인철, 황우형 역, 2006, 연구설계: 정성연구, 정량연구 및 혼합연구에 대한 실제적인 접근). 서울: 교음사.

Csikszentmihalyi, M. (1988). Society, Culture, and Person: A System View of Creativity. In R. J. Sternberg (Ed.). *The Nature of Creativity*. Cambridge University Press.

Csikszentmihalyi, M. (1996). *Creativity: Flow and the Psychology of Discovery and Invention*. New York: Harper Collins.

Damon, W. (1988). *The moral child: Nurturing Children's Natural Moral Growth*. New York: Free Press

Davis, G. A. (2004). *Creativity is Forever*. St. Louis: Kendall Hunt Pub Co.

Davis, G. A. (2004). Objectives and activities for teaching creative thinking. *Creativity and Giftedness*, 33(2), 97.

Davis, G. A., & Rimm, S. B. (1994). *Education of the gifted and talented*. Boston: Allynand Bacon.

DeBono, E. (1971). *Lateral thinking*. London: Ward Lock: Education.

Dewey, J. (1933). *How we think*. Boston: D.C. Heath and company.

Dewey, J. (1986). *The Child and the Curriculum and the School and Society*. Chicago: University of Chicago Press.

Dorothy, G., & Tracey, T. A. (1996). (A) *Piaget primer: how a child thinks*. (김복영, 김유미 역, 1997, 아이들은 어떻게 생각하는가?). 서울: 양서원.

Elizabeth, C. (1996). *American Philosophical Society*. (이정우 역, 2000, 철학 사전: 인물과 개념들). 서울: 동녘.

Ennis, R .H. (1991). Critical thinking: A streamlined conception. *Teaching Philosophy*, 14(1), 5-25.

Ennis, R. H. (1962). A concept of critical thinking. *Harvard Educational Review*, 32(1), 81-111.

Ennis, R. H. (1989). Critical thinking and subject specificity: Clarification and needed research. *Educational Researcher*, 18(3), 4-10.

Feeney. S., & Sysko, L. (1986). Professional ethics in early childhood education: survey results. *Young Children*, 42(1), 15-21.

Fennacy, J. W. (1988). *Teaching and learning in two kindergarten classrooms*. Dissertation University of Southern California.

Fisher, R. (1999). *First stories for thinking*. Oxfore; Nash Polock Publishing.

Fisher, R. (2008). *Teaching Thinking: Philosopical Enquiry in the Classroom*. (노희정 역, 2011, 사고하는 방법). 서울: 인간사랑.

Fisher, R. (1990). *Teaching children to think*. Cheltenham: Nelson Thornes.

Fisher, R. (1998). *Teaching Thinking: Philosophical Enquiry in the Classroom*. London and New York: Cassed.

Flavell, J. H. (1976). Metacognitive as pectson problem solving. In L.B. Resnick(Ed.), *The nature of intelligence*. Hillsdale, NJ: Erlbaum.

Flavell, J. H. (1979). Metacognition and cognitive momitoring :A new area of cognitive-development inqurty. *America psychologist*, 34, 906-911.

Freeman, N. H., & Sepahzad, M. (1987). Competence of young children who fail to make a correct deduction. *British Journal of Developmental Psychology*, 5, 275-286.

Fromm, E. (1959). The Creative Attitude. In H.H. Anderson(Ed.), *Creativity and its Cultivation*.

New York: Harper & Row.

Galbraith, R. E., & Jones, T. M. (1976). *Moral reasoning: A teaching handbook for adapting Kohlberg to the classroom.* Minneapolis, Minn: Greenhaven Press.

Galotti, K. M., Komatsu, L. K., & Voelz, S. (1997). Children's differential performance on deductive and inductive syllogisms. *Developmental Psychology*, 33, 70-78.

Galvez-Martin, M., Bowman, C., & Morrison, M. (1998). An exploratory study the level of reflection attained by preservice teachers. *Mid-Western Educational Researcher*, 11(2), 9-18.

Goodrich, H. (1996). Understanding Rubics. *Educational Leadership*, 54(4), 14-17.

Gopnik, A., & Sobel, D. (2000). Detecting blickets: How young children use information about novel causal powers in categorization and induction. *Child Development*, 71, 1205-1222

Goswami, U. (1996). An a logical reasoning and cognitive development. In H. W. Reese(Ed.), *Advances in child development and behavior.* New York: Academic Press.

Guilford, J, P. (1950). Creativity. *American Psychologist*, 5, 444-454.

Harris, P. L., German, T., & Mills, P. (1996). Children's use of counter factual thinking in causal reasoning. *Cognition*, 61, 233-59.

Herman, J. L, Aschbacher, P. R., & Winters, L. (1992). *A practical guide to alternative assessment.* Alexandria, VA: Association for Supervision and Curriculum Development.

Hermberg, K. (2006). *Husserl's phenomenology: Knowledge, objectivity and others.* London: Continuum.

Hickling, A. K., & Wellman, H. M. (2001). The emergence of children's casual explanations and theories: Evidence from everyday conversation. *Developmental Psychology*, 37(5), 668-683.

Holt, B. G. (1990). *Science with young children.* Washington, D.C.: NAEYC.

Hoyle, E. (1968). *The Role of the Teacher.* New York: Humanities Press.

Husserl, E. (1989). Idea pertaining to apure phenomenology and toa phenomenological philosophy. *second book: studies in the phenomenology of constitution.* Dordrecht: Kluwer Academic Publishers.

Jersild, A. T. (1960). *Child psychology.* London: Staple Press.

Kamii, C., DeVries, R. (1993). *Physical knowledge in preschool education: Implications of Piaget's theory.* New

York, NY: Teachers College Press.

Kreuger, R. A. (1988). *Focus groups: A practical guide for applied reserch.* Newbury Park, CA: Sage.

Leevers, H. J., & Harris, P. L. (2000). Counterfactual Syllogistic Reasoning in Normal 4-Year-Olds, Children with Learning Disabilities, and Children with Autism. *Journal of Experimental Child Psychology*, 76, 64-87

Lipman, M. (1988). *Pilosophy goes to school, philadelphia.* Temple University Press company,

Lipman, M. (1995). Good Thinking. *Inquiry: Critical Thinking Acrossthe Discipline*, 15(2), 37-41.

Lipman, M. (1996). *Natasha: Vygotsky an Dialogues.* New York and London: Columbia University Teachers College Press.

Lipman, M. (2003), *Thinking in Education*, 2nd(ed). New York: Cambridge University Press.

Lipman, M. (2003). *Thinking in Education.* (김혜숙 역, 2005, 고차적 사고력 교육). 서울: 인간사랑.

Lipman, M. (2008). *A Life Yeaching Thinking. Montclair: The Institute for The Advancemet for Children.* Montclair State University.

Lipman, M., Sharp, A. M., & Oscanyan, F. S. (1980). *Philosophy in the classroom*(2nd). Philadelphia: Temple University Press.

Luft, J. (1998). Rubrics: Design and use in science teacher education. paper presented at the *Annual Meeting of the American Education Research Association.* Minneapolis: Education of Teachers in Science,

Maslow, A. H. (1974). *Creativity in self actualizing people.* Durham, NC: Duke University Press.

Massey, S. L., Pence, K. L., & Justice, I. M. (2008). Educators' use of cognitively challenging questions in economically disadvantaged preschool classroom contexts. *Early Education and Development*, 19(2). 340-360,

Mayesky, M. (1995). *Creative activities for young children.* Albany, NY: Delmar Publishers Inc.

McCormack, T., & Hoerl, C. (2005). Children's reasoning about the casual significance of the temporal order of events. *Developmental Psychology*, 41, 54-63.

Moore, A. (2000). Effective practice: what makes a good teacher? *Teaching and learning: Pedagogy, curriculum and culture.* London: Routledge Falmer.

NAEYC (2005). NAEYC code of ethical conduct revised. *National association of elementary school principals.* 1615 Duke Street, Alexandria, VA.

NCTM (2000). *Principles and standards for school mathematics.* Reston, VA: The National Council of Teachers of Mathematics, Inc.

Osborn, A. F. (1963). *Applied imagination principles and procedures of creative problemsolving*(3rd). (신세호 역, 1977, 창의력 개발을 위한 교육). 서울: 교육과학사.

Oscanyan, I. A. (1980). *Critical thinking.* London: Penguin Books.

Paul, R. W. (1987), *Dialogical thinking: Critical thought essential to the acquisition of rational knowledge and passions Teaching thinking skills: Theory and practice*, J. B. Baron and R. J. Sternberg (ed.). New York, NY: W. H. Freemam and Company.

Pears, R., & Bryant, P. (1990). Transitive inferences by young children about spatial position. *British Journal of Psychology*, 81, 497-510.

Piaget, J. & Inhelder, B. (1958). *The growth of logical thinking: From childhood to adolescence.* N.Y.: Basic Books Inc.

Piaget, J. (1974). Need and signficance of cross-cultural studies in genetic psychology: in Berry and Dasen, Culture and cognition. Readings in *cross-cultural psychology*, 299-310.

Polanyi, M. (1962). *Personal Knowledge: Towards a post-critical philosophy.* Chicago: University of Chicago Press.

Polya, G. (1973) *How To Solve It: A New Aspect of Mathematical Method.* Princeton, New Jersey: Princeton University Press.

Pucket, M. B., & Black, J. K. (2000). *Authentic assessment of the young child: Celebrating develop-ment and learning.* N.J: Prentice-Hall.

Raths, L., James, S., McAninch, A. & Raths. A. (2003). *Teaching beliefs and classroom performance: the impact of teacher education.* Greenwich, Conn: Information AgePub.

Reid, J. M. (1993). *Teaching ESL writing.* Englewood Cliffs. NJ: Prentice Hall Regents.

Reiman, A. J., & Theis-Sprinthall, L. (1998). *Mentoring and supervision for teacher development.* New York, NY: Longman, 1998.

Roderick, J, A. (1986). Dialogue writing: context for reflecting on self as teacher and researcher. *Journal of Curriculum and Supervision*, 1(4), 305-315.

Root-Bernstein, R. (2007). Antigenic complementarity in the induction of autoimmunity: a general theory and review. *Autoimmun Rev*, 6(5), 272-277.

Root-Bernstein. R., & Toot-Bernstein, M. (2004). Artistic scientists and scientific artists: The link between polymathy and creativity. In R. J. Sterberg, E. L. Grigorenko, & J. L. Singer (Eds.), *Creativity: From potential to realization. Realization*. Washington, DC: American Psychological Association.

Russell, H. F. (1978). *The Scottish novel: a critical survey*. London: J. Murray.

Schickedanz, J. A.; Yora, M. Z., Stewart, I. S., & Whote, D. A. (1990). *Strategies for Teaching Young Children*(3rd ed). New Jersey: Prentice-Hall. Inc.

Seefeldt, C. C. (1984). *The early childhood curriculum*. NY: Teachers College Press.

Smith, F. (1990). Reviewed work: to think. *The Journal of Educational Thought*, 27(1), 93-96.

Smolucha, F. (1992). A reconstruction of Vygotsky's theory of creativity. *Creativity Research Journal*, 5(1), 49-67.

Sternberg, R. J. (1997). *Thinking styles*.(이종승, 김인선 역, 2004. 사고양식). 서울: 교육과학사.

Sternberg, R. J. (1985). Implicit theories of intelligence, creativity, and wisdom. *Journal of Personality and Social Psychology*, 49, 607-627.

Sternberg, R. J. (1989). A three-facet model of creativity. In R. J. Sternberg(Ed.), *The nature of creativity: Contemporary psychological perspectives*. NY: Cambridge University Press.

Stinson, S. (1988). Creative dance for preschool. Journal of Physical Education. *Recreation and Dance*, 57(3), 27-28.

Stover, L. (1984). Writing To Learn in Teacher Education. *Journal of Teacher Education*, 37(4), 20-23

Surbeck, E., Han, E. P., & Moyer, J. (1991). Assessing Reflective Responses in Journals. *Educational Leadership*, 48, 25-27.

Swartz. R., & McGuinness, C. (2014). *Developing and assessing thinking skills: The International Baccalaureate Project*(Final Report Part 1). Boston: National Center for Teaching Thinking

Taggart, g. L., Phifer, S. J., Nixon, J. A., & Wood, M. (1998). *Rubrics: A handbook of construction and use*. London: Scarecrow.

Taylor, C. W. (1988). Various approaches and definitions of creativity. In R. J. Stenberg,(ed.), *The nature of creativity*. New York: Cambridge University Press.

The American Philosophical Association, Critical Thinking: A Statement of Expert Consensus for Purposes of Educational Assessment, Executive Summary "The Delphi Report", 1990. The California Academic Press.

Torrance, E. P. (1962). *Guiding creative talent*. Englewood Cliffs, NJ: Prentice-Hall, Inc.

Torrance, E. P. (1968). Must pre-primary education stimulation be in compatible with creative development? In Williams, F.E.(Ed), *Creativity at home and in school*. St. Paul, Minn.: Macalester Creativity Project, Macalester College.

Torrance, E. P. (1974). *Torrance tests of creative thinking: Directions manual and scoring guide*(Verbal test booklet A, B). Scholastic Testing Service, Inc.

Torrance, E. P. (1979). *The search for satori and creativity*. Buffalo, NY: Creative Education foundation.

Torrance, E. P. (1988). The nature of creativity as manifest in its testing. In Sternberg, R. J.(Ed.), *The nature of creativity*. Cambridge: Cambridge University Press.

Torrance, E. P.,& Safer, T. H. (1990). *The incubation model of teaching*. Buffalo, NY: Bearly Limited.

Verducci, S. (2000). A conceptual history of empathy and a question it raises for moral education, *Educational Theory*, 50(1), 63-80.

Volkmann, M. J., & Anderson, M. A. (1998). Creating professional identity: Dilemmas and metaphors of a first -year chemistry teacher. *Science Education*, 82(3), 293-310.

Vygotsky, L. S. (1978). *Mind in Society: The Development of Higher Psychological Process*. Cambridge, MA: Harvard University Press.

Vygotsky, L. S. (1925). Principles of social education for deaf and dumb children in Russia. In R. Veer., & J. Valsiner(ed.), *The Vygotsky reader*. Cambridge Blackwell Publishers.

Vygotsky, L. S. (1986). *Thought and Language*. A. Kozulin, Trans. Cambridge, MA: MIT Press.

Walker, L. O., Avant, K. C. (1988). *Strategies for theory construction in nursing*, River, NJ: Prentice Hall.

Wallas, G. (1926). The art of thought. In P.E Veron (Ed), *Creativity: Selected reaking*. New York: Penguin.

Watson, G., & Glaser, E. M. (1980). *Watson-Glaser Critical Thinking Appraisal*. San Antonio San Antonio, TX: Psychological Corp.

Webster, P. (1990). Creativity as creative thinking. *Music Educators Journal*, 76(9), 22-28.

Wellman, H. M. (1990). *The child's theory of mind*. Cambridge. MA: MIT Press.

Wellman, H. M., & Hickling, A. K. (1994). The mind's "I": Children's conception of the mind as an active agent. *Child Development*, 65, 1564-1580.

Wiggins, G. (1989). A true test: Toward more authentic and equitable assessment. *Phi Delta Kappan*, 70, 703-713.

Yinger, R., & Clark, C. (1981). *Reflective Journal Writing: Theory and Practice*. East Lansing, MI: Institute for Research on Teaching.

Zivin, G. (1972). Functions of private seech during problem solving in preschool children. *Dissertation Abstract international*, 224, 72-26.

저자 소개

신원애

총신대학교대학원 철학박사(유아교육전공)
수피아어린이집 원장
동강대학교 초빙교수
총신대학교 원격평생교육원 교수
총신대학교 영유아교육정책연구소 선임연구원
수원대학교 교육대학원 객원교수

(現) 생각발전연구소 소장

정상녀

전남대학교대학원 교육학박사(유아교육전공)
동강대학교 부설유치원 원감
동강대학교 교수학습개발원장
동강대학교 NCS교육지원센터장

(現) 동강대학교 유아교육과 교수

3판
예비교사와 현장교사를 위한
유아교과 논리 및 논술

초 판 1쇄 발행 2016년 9월 5일
초 판 2쇄 발행 2018년 2월 1일
개 정 1쇄 발행 2019년 8월 26일
제3판 1쇄 발행 2022년 8월 19일

지 은 이 | 신원애 · 정상녀
펴 낸 이 | 김기섭
편 집 인 | 이혜란 · 오선율
펴 낸 곳 | 창지사 www.changjisa.com
08589 서울시 금천구 가산디지털 1로 83 파트너스타워 1차 9층
전화 (02)719-2211~3
팩스 (02)701-9386
등 록 | 1977년 4월 28일 · 제1-421호

ISBN 978-89-426-1556-8 (93370)

값 24,000원